Institutions judiciaires
et juridictionnelles

DROIT FONDAMENTAL

COLLECTION DIRIGÉE PAR

STÉPHANE RIALS

DROIT JURIDICTIONNEL

Institutions judiciaires et juridictionnelles

GENEVIÈVE GIUDICELLI-DELAGE

PROFESSEUR A LA FACULTÉ DE DROIT DE POITIERS
DIRECTEUR DE L'INSTITUT D'ÉTUDES JUDICIAIRES

PRESSES UNIVERSITAIRES DE FRANCE

ISBN 2 13 041418 4

Dépôt légal — 1re édition : 1987, octobre
© Presses Universitaires de France, 1987
108, boulevard Saint-Germain, 75006 Paris

Sommaire

DEUXIÈME PARTIE — LES JURIDICTIONS

TABLEAU DES ABRÉVIATIONS

193 - 277   295 - 318

Codes

C. civ. (ou cc)	Code civil
C. com.	Code de commerce
CGI	Code général des impôts
CIC	Code d'instruction criminelle
CJM	Code de justice militaire
COJ	Code de l'organisation judiciaire
CP	Code pénal
CPP	Code de procédure pénale
C. rur.	Code rural
CSS	Code de la sécurité sociale
CTA	Code des tribunaux administratifs
C. trav.	Code du travail
NCPC	Nouveau Code de procédure civile

Juridictions et juges

C. ap.	cour d'appel
C. ass.	cour d'assises
CC	Conseil constitutionnel
CCA	conseil du contentieux administratif
C. cass.	Cour de cassation
CE	Conseil d'Etat
CEDH	Cour européenne des Droits de l'homme
CJCE	Cour de justice des Communautés européennes
CPh	conseil de prud'hommes
CRC	chambre régionale des comptes
HCJ	Haute Cour de Justice
JAP	juge de l'application des peines
JE	juge des enfants
JI	juge d'instruction
TA	tribunal administratif
TASS	tribunal des affaires de sécurité sociale
TC	Tribunal des conflits
T. com.	tribunal de commerce
T. cor.	tribunal correctionnel

TGI	tribunal de grande instance
TI	tribunal d'instance
TPBR	tribunal paritaire des baux ruraux
T. pol.	tribunal de police

Divers

AJDA	*Actualité juridique de droit administratif*
Ann. Fac. Dr.	*Annales de la Faculté de Droit de...*
Ann. Univ.	*Annales de l'Université de...*
ASJ	*Annuaire statistique de la justice*
Ass. plén.	arrêt de l'assemblée plénière de la Cour de cassation
Bull. civ.	*Bulletin des arrêts des chambres civiles de la Cour de cassation*
Bull. crim.	*Bulletin criminel de la Cour de cassation*
ch. mixte	chambre mixte
ch. réun.	chambres réunies
circ.	circulaire
Civ.	arrêt d'une chambre civile de la Cour de cassation
Com.	arrêt de la chambre commerciale de la Cour de cassation
Crim.	arrêt de la chambre criminelle de la Cour de cassation
D.	*Recueil Dalloz*
D.	décret
D.-L.	décret-loi
DS	*Droit social*
EDCE	*Etudes et documents du Conseil d'Etat*
GP	*Gazette du Palais*
IR	Informations rapides *(Dalloz)*
JO	*Journal officiel*
JO Déb. AN	*Journal officiel, Débats de l'Assemblée nationale*
JCP	*Juris-classeur périodique (Semaine juridique)*
L.	loi
Ord.	Ordonnance
rapp.	rapport (rapp. gén. : rapport général)
Rec.	*Recueil des arrêts du Conseil d'Etat*
Rép.	*Répertoire Dalloz*
Rép. proc. civ.	*Répertoire Dalloz de procédure civile*
Defrénois	*Répertoire du notariat Defrénois*
Rev. adm.	*Revue administrative*
Rev. Arb.	*Revue de l'arbitrage*
RDP	*Revue du droit public et de la science politique en France et à l'étranger*
RIDC	*Revue internationale de droit comparé*
RSC	*Revue de science criminelle et de droit pénal comparé*
RTDCiv.	*Revue trimestrielle de droit civil*
S.	*Recueil Sirey*
Soc.	arrêt de la chambre sociale de la Cour de cassation
Som.	Sommaires

Bibliographie sommaire

Y. Bot, *Les institutions judiciaires. Organisation et fonctionnement*, Berger-Levrault, « L'administration nouvelle », 1985.

J.-M. Auby et R. Drago, *Traité de contentieux administratif*, 2 vol., LGDJ, 3ᵉ éd., 1984.

R. Chapus, *Droit du contentieux administratif*, Montchrestien, 1982.

L. Favoreu et L. Philip, *Les grandes décisions du Conseil constitutionnel*, Sirey, 4ᵉ éd., 1986.

R. Merle et A. Vitu, *Traité de droit criminel*, t. I, *Droit pénal général*, Cujas, 5ᵉ éd., 1984.

R. Merle et A. Vitu, *Traité de droit criminel*, t. II, *Procédure pénale*, Cujas, 3ᵉ éd., 1979.

B. Pacteau, *Contentieux administratif*, « Droit fondamental », PUF, 1985.

R. Perrot, *Institutions judiciaires*, « Précis Domat », Montchrestien, 2ᵉ éd., 1986.

A. Pouille, *Le pouvoir judiciaire et les tribunaux*, Masson, 1985.

J. Pradel, *Droit pénal général* (t. I), Cujas, 5ᵉ éd., 1986.

J. Pradel, *Procédure pénale* (t. II), Cujas, 3ᵉ éd., 1985.

J. Pradel et A. Varinard, *Les grands arrêts du droit criminel*, 2 vol., Sirey, 1984 (particulièrement t. II : *Le procès*).

H. Roland et L. Boyer, *Institutions judiciaires*, L'Hermès, 2ᵉ éd., 1983.

G. Stefani, G. Levasseur, B. Bouloc, *Procédure pénale*, « Précis Dalloz », 12ᵉ éd., 1984.

J.-J. Taisne, *Institutions judiciaires*, « Mémentos Dalloz », 1985.

J. Vincent et S. Guinchard, *Procédure civile*, « Précis Dalloz », 20ᵉ éd., 1981.

J. Vincent, G. Montagnier et A. Varinard, *La justice et ses institutions*, « Précis Dalloz », 2ᵉ éd., 1985.

Ces ouvrages seront cités dans les développements par la simple indication du nom de leur(s) auteur(s).

1 LA FONCTION DE JUGER. — La fonction de juger est peut-être la forme la plus ancienne de pouvoir, car nécessaire au maintien de toute société. Fonction religieuse, magique, ou fonction arbitrale, à but de purification ou bien de compensation et de remise en état dans les sociétés anciennes, la fonction de juger est devenue dans les sociétés modernes l'apanage de l'Etat. Elle est confiée à des organes, *les juridictions,* que l'histoire, la différenciation de la société (Durkheim) ont conduit à multiplier et à diversifier. Mais la fonction de juger relève d'une notion commune qui, tout à la fois, donne unité à ce complexe d'organes et réalise un idéal humain : *la justice.*

PREMIÈRE PARTIE

LA JUSTICE

Elément de souveraineté, la justice est *un pouvoir* que l'Etat se réserve, faisant dès lors de celle-ci *un service public*.

Titre premier

La justice : un pouvoir

Chapitre 1

L'existence
du pouvoir judiciaire

La question même de cette existence est posée. Le pouvoir judiciaire aurait « été tué par la Révolution française et plus encore par les structures napoléoniennes » (Perrot). L'analyse mérite d'être approfondie, que soit opposée à la conception traditionnelle une conception moderne dans laquelle le pouvoir judiciaire existe, sans doute aucun.

Section I
La conception traditionnelle

Elle naît, effectivement, de la Révolution qui balaya la justice d'Ancien Régime. Mais, pour comprendre la place alors faite aux institutions judiciaires, il faut avoir présents à l'esprit les fondements de la conception révolutionnaire.

I | FONDEMENTS

La conception judiciaire de la Révolution est le fruit tout à la fois d'une opposition à la pratique judiciaire de l'Ancien Régime, de l'influence de la philosophie et de la volonté d'asseoir les acquis révolutionnaires.

2   LA PRATIQUE JUDICIAIRE DE L'ANCIEN RÉGIME. — Le tissu juridictionnel de l'Ancien Régime se composait d'un inextricable enchevêtrement de juridictions : juridictions royales ordinaires (bailliages ou sénéchaussées, présidiaux, parlements, conseils souverains), juridictions royales d'exception (prévôtés, tribunaux consulaires, tribunaux d'amirauté, Conseil des parties), juridictions seigneuriales dont l'importance avait certes diminué à la veille de la Révolution mais que le pouvoir royal n'avait pas réussi à éliminer, juridictions ecclésiastiques qui conservaient quelques lambeaux (mariage, état civil) de leurs anciennes attributions. En démêler les fils supposait pour les plaideurs bon nombre de conflits de compétence et l'organisation de l'appel, dont les degrés n'étaient pas limités et qui permettait de saisir successivement cinq à six juridictions, rendait cette justice fort coûteuse et fort lente, ce dont se plaignait le tiers état.

Mais l'essentiel est de noter le paradoxe du système de l'Ancien Régime. Le fonctionnement même de la justice, les principes sur lesquels elle reposait faisaient qu'il n'existait pas en théorie de pouvoir judiciaire indépendant des prérogatives royales. Le propre de l'absolutisme royal était, en effet, de confondre tous les pouvoirs en la personne du roi. La fonction de juger n'était guère séparée des autres fonctions royales. Le pouvoir judiciaire résidait ainsi tout entier dans le roi, qui était source de toute justice. Si, normalement, le souverain déléguait le droit de juger aux juridictions, il pouvait toujours retenir cette justice et la rendre lui-même (d'où l'expression de « justice retenue »). Le souverain prononçait donc des sentences quand il le jugeait bon : image idyllique de Saint Louis rendant la justice sous son chêne, réalité plus inique de ces commissions que la fin de l'Ancien Régime appela « chambres ardentes » — commissions purement politiques, d'une composition *ad hoc*, créées par le roi pour juger certains de ses ennemis : Jacques Cœur (1453), Cinq-Mars (1642), Fouquet (1664) —

ou encore des lettres de cachet — par lesquelles le roi faisait incar-
cérer, sans jugement et pour une durée indéterminée, qui il voulait.
Le roi pouvait aussi réformer tout arrêt d'une cour souveraine bien que
ces arrêts fussent en principe insusceptibles de recours. Mais, en vertu du
principe de la justice retenue, le roi se réservait de corriger, dans une
section de son Conseil dénommée Conseil des parties, les arrêts rendus
par ceux auxquels il avait délégué son pouvoir.

La pratique atteste pourtant l'existence d'un véritable pouvoir
judiciaire. Ce pouvoir est né de la vénalité des offices. Longtemps, la
vénalité des offices de judicature fut prohibée (cf. les états généraux
de 1356 et de 1484) et les officiers de justice nommés par le roi et
révocables par lui. Cependant, pressée par des besoins d'argent, la
royauté songea à tirer parti des offices de judicature, comme elle le
faisait des autres offices de charges publiques. François Ier les vendit
publiquement et, en 1522, il établit le « Bureau des parties casuelles »
destiné à « servir de boutique à cette nouvelle marchandise » (Loy-
seau). En 1567, ces offices devinrent cessibles entre vifs, le Bureau per-
cevant, au nom du roi, un droit de mutation à chaque cession. Puis,
en 1604, Henri IV décida que, moyennant le paiement d'un impôt
annuel, la « paulette », les offices pourraient être héréditaires. La
conséquence de cette vénalité, si elle enrichit la royauté, fut aussi de
donner au corps judiciaire une indépendance, qui devint de plus en
plus grande au fur et à mesure que s'instaurait et s'installait une
nouvelle caste sur laquelle le roi n'avait plus aucun pouvoir de révocation. Ce corps judiciaire, dont certains des membres furent d'une
très grande qualité (Lamoignon, Daguesseau ou Pothier...), sûr de son
indépendance, conçut que son rôle était d'être le gardien des principes
fondamentaux de la monarchie, des « lois fondamentales » et en tira
parti pour intervenir dans les affaires de l'Etat. La royauté, face à ces
prétentions, eut une politique équivoque : tour à tour, elle les facilita
ou les repoussa. Lorsque le pouvoir royal était faible, lors de la minorité
du roi, la royauté incitait elle-même les parlements (plus spécialement
celui de Paris) à se mêler des affaires politiques, afin de l'aider face
à la noblesse. Lorsque le pouvoir royal était fort, la royauté tentait
de rappeler aux parlements qu'ils n'étaient qu'un corps judiciaire.
Mais, à la mort de Louis XIV, les choses s'aggravèrent et les parlements
se voulurent un véritable contrepoids à l'absolutisme royal. S'immisçant dans la fonction législative, ils s'autorisèrent, d'une part, du droit

de formuler des « remontrances » au roi, de subordonner l'exécution des ordonnances et édits royaux à leur enregistrement. Pour briser les résistances judiciaires, le roi enjoignait aux parlements, par « lettres de jussion », de procéder sans délai à l'enregistrement mais devant les « itératives remontrances » qui s'ensuivaient, le roi n'avait plus que la ressource de venir lui-même au parlement tenir un « lit de justice » et faire procéder sous ses yeux à l'enregistrement. Ils usèrent, d'autre part, des « arrêts de règlement » par lesquels ils indiquaient, à l'occasion d'un procès, dans quel sens ils statueraient à l'avenir sur tel point de droit, créant ainsi une règle normative. S'immisçant dans la fonction exécutive, les parlements contrôlèrent, parfois de manière abusive, les actes des intendants, les sommant de venir s'expliquer devant eux, à tel point qu'un édit de Saint-Germain de 1741 dut mettre un terme à de telles pratiques. La lutte entre les parlements et la royauté affaiblit profondément l'autorité royale. Le parlement de Paris fut souvent exilé puis toujours rappelé ; les rois composèrent avec ses premiers présidents. En 1771, le chancelier Maupeou supprima purement et simplement les parlements qu'il remplaça par des conseils supérieurs composés de magistrats dont les charges n'étaient plus vénales. Mais les parlements, par leur opposition au roi, s'étaient rendus populaires et Louis XVI, dès son accession au trône, les rétablit (1774).

La fin de l'Ancien Régime se marquait ainsi par un pouvoir véritable des parlements, un pouvoir que son opposition à l'absolutisme royal avait un temps rendu populaire, mais un pouvoir qui, dans sa volonté de maintenir les principes fondamentaux de la monarchie et les privilèges de sa caste, s'opposa à toutes les réformes nécessaires à la France d'alors, précipitant par là même la chute de la royauté et la sienne propre.

3 LES PHILOSOPHES ET LA RÉVOLUTION. — « La Révolution a été faite dans les esprits avant de se faire dans les faits » (A. Mathiez). Ce qui imprégnait les pensées c'était « l'esprit du siècle » (« issu de la lente conspiration des âges », Chateaubriand), un esprit diffus, répandu d'une manière imprécise un peu partout chez les gens cultivés, qui a sapé, miné les anciens respects. Cet esprit du siècle s'est nourri des idées de Voltaire, de Rousseau, de Montesquieu, des Encyclopédistes, de toutes leurs contradictions qui se sont fondues, diluées dans une

aspiration générale commune : « faire table rase », « secouer tous les jougs ».

S'agissant de l'aménagement du gouvernement et des pouvoirs, l'esprit du siècle a surtout emprunté à Montesquieu. Secouer le joug de l'absolutisme royal supposait que toutes les fonctions de l'Etat ne soient pas concentrées entre les mains du seul roi mais réparties, distribuées entre des organes séparés. Constatant qu' « il y a dans chaque Etat trois sortes de pouvoirs : la puissance législative, la puissance exécutrice des choses qui dépendent du droit des gens et la puissance exécutrice de celles qui dépendent du droit civil (...) on appellera cette dernière la puissance de juger », Montesquieu affirme qu' « il n'y a point de liberté si la puissance de juger n'est pas séparée de la puissance législative et de l'exécutrice. Tout serait perdu si le même homme, ou le même corps des principaux ou des nobles, ou du peuple exerçait ces trois pouvoirs : celui de faire les lois, celui d'exécuter les résolutions publiques et celui de juger les crimes ou les différends des particuliers » (*L'Esprit des lois,* chap. VI, livre XI).

La division des fonctions — Montesquieu n'emploie pas le terme de séparation des pouvoirs — va s'imposer dès l'aube de la Révolution. Dans la Déclaration des droits de l'homme et du citoyen du 26 août 1789, est affirmé que « toute société dans laquelle la garantie des droits n'est pas assurée, ni la séparation des pouvoirs déterminée, n'a point de constitution » (art. 16). Mais c'est une conception plus rigide, plus dogmatique qu'imposent les révolutionnaires. Alors que la division n'était pour Montesquieu que l'assurance que « le pouvoir arrêterait le pouvoir », qu'elle constituait un « précepte d'art politique » qui veut « qu'aucun organe de l'Etat ne puisse détenir, en dehors de la nation elle-même, la totalité des compétences attachées à la souveraineté », la séparation devint, avec la Constitution de 1791, une indépendance respective totale des pouvoirs publics, conduisant à leur isolement et à la mise en place de « pouvoirs » qui étaient tout à la fois les fonctions dévolues à l'Etat et les organes auxquels étaient confiées ces fonctions. A chaque organe dénommé pouvoir appartenait un pouvoir propre (conception matérielle et formelle de la séparation). La fonction de juger, ou pouvoir juridictionnel, revint ainsi au « pouvoir judiciaire » (chap. V du titre III de la Constitution de 1791), pouvoir qui ne pouvait être qu'autonome vis-à-vis des deux autres pouvoirs. « Le pouvoir judiciaire ne peut, en aucun cas, être exercé par le Corps législatif ni par le roi » (art. 1 du chap. V). « Les tribunaux ne peuvent ni s'immiscer dans l'exercice du pouvoir législatif, ou suspendre l'exécution des lois, ni entreprendre sur les fonctions administratives ou citer devant eux les administrateurs pour raison de leurs fonctions » (art. 3 du chap. V).

4 LA PROTECTION DES ACQUIS RÉVOLUTIONNAIRES. — L'apparition d'un pouvoir judiciaire, aux côtés des pouvoirs législatif et exécutif, consacra indéniablement la fonction éminente de la justice : la reconnaissance première d'un pouvoir judiciaire date ainsi de la Révolution. Mais la conception même que les constituants s'en firent montre à l'évidence qu'ils eurent une certaine méfiance à l'égard de ce pouvoir qu'ils consacraient. Ils gardaient en mémoire le souvenir des parlements, de leur hostilité aux tentatives de réformes royales et de leur ingérence dans l'action des intendants. En aucun cas, le pouvoir judiciaire ne devait devenir un « rival du pouvoir administratif ». La Révolution voulait imposer un ordre nouveau ; il fallait donc interdire au judiciaire toute immixtion dans l'action de l'exécutif et du législatif. Que le juge soit juge, mais cela seul : telle fut la volonté des constituants. Ce faisant, cette méfiance à l'égard du pouvoir judiciaire a largement imprégné les institutions judiciaires nées de la Révolution et fortement traumatisé la magistrature : la chape que les constituants venaient de faire tomber sur elle n'en finit pas d'être soulevée.

II | INSTITUTIONS

Conçu dans la méfiance, le pouvoir judiciaire est à l'origine un pouvoir limité et contrôlé. L'évolution vers une plus grande autonomie fut lente.

A - Le pouvoir judiciaire originaire

La séparation des pouvoirs instaurait une autonomie des trois pouvoirs, législatif, exécutif, judiciaire, dont il est notable qu'elle ne valait qu'à l'encontre du judiciaire : la non-ingérence imposée ne l'était véritablement qu'à ce dernier. Il suffit de relire la Constitution ou encore la loi des 16-24 août 1790 (toujours en vigueur), qui créait de toutes pièces la nouvelle organisation judiciaire, et la loi des 27 novembre et 1ᵉʳ décembre 1790, qui la complétait, pour s'en convaincre.

5 POUVOIR JUDICIAIRE ET POUVOIR LÉGISLATIF. — La non-ingérence du judiciaire dans les activités législatives fut formellement inscrite dans la loi des 16-24 août 1790 : « Les tribunaux ne peuvent prendre directement ou indirectement aucune part à l'exercice du pouvoir législatif ni empêcher ou suspendre l'exécution des décrets du Corps législatif à peine de forfaiture. » C'était une triple interdiction qui pesait sur la magistrature.

Lui était interdite toute ingérence dans la confection des lois, que devait plus tard reprendre à son compte le Code civil dans son article 5 : « Il est défendu aux juges de prononcer par voie de disposition générale et réglementaire sur les causes qui leur sont soumises. » L'interdiction était celle des arrêts de règlement. Seul, le législatif peut créer, à titre général et impersonnel, des règles de droit objectives. Le judiciaire ne peut trancher que des cas d'espèce par une décision qui ne saurait avoir qu'une autorité relative, limitée à l'affaire. Et quand bien même se créerait une jurisprudence constante, elle ne serait qu'une autorité de fait sans valeur obligatoire ; en aucun cas, une jurisprudence constante ne pourrait servir de fondement juridique à un jugement. La règle est claire : le juge juge, il ne légifère pas.

Lui était aussi interdite toute ingérence dans l'interprétation des lois. La règle était ancienne, puisque l'ordonnance de 1667 imposait un référé royal. Les révolutionnaires la reprirent en imposant aux juges de s'adresser au Corps législatif « toutes les fois qu'ils croiront nécessaire d'interpréter une loi ». Ainsi, s'il surgissait une difficulté d'interprétation, le Tribunal de cassation, institué près du Corps législatif pour assurer l'unité d'application de la loi, devait en référer au législateur qui se prononçait de façon souveraine sur le sens à donner à la loi (technique dite du « référé législatif »).

Lui était enfin interdit de s'ingérer dans l'exécution des lois. Le judiciaire était tenu de ne rien faire qui puisse l'entraver. Le juge ne pouvait donc se réfugier, pour ne pas appliquer une loi, derrière son insuffisance ou son obscurité, le Code civil qualifiant de déni de justice une telle attitude. Le pouvoir judiciaire ne pouvait non plus refuser d'appliquer une loi au motif qu'elle lui paraissait mal faite, inopportune ou contraire à la Constitution. Le contrôle de la constitutionnalité eût été une atteinte à la souveraineté du législatif.

A l'inverse, la non-ingérence du pouvoir législatif dans les activités judiciaires fut loin de préoccuper les révolutionnaires. La seule existence du référé législatif ou des lois interprétatives, dont certaines prises en cours de procès sont manifestement destinées à peser sur la décision judiciaire, le démontre amplement.

6 POUVOIR JUDICIAIRE ET POUVOIR EXÉCUTIF. — La non-ingérence du judiciaire dans le pouvoir exécutif découlait une fois encore de la Constitution et de la loi des 16-24 août 1790 qui disposait (et dispose) : « Les fonctions judiciaires sont distinctes et demeureront toujours séparées des fonctions administratives ; les juges ne pourront, à peine de forfaiture, troubler en quelque manière que ce soit les opérations des corps administratifs, ni citer devant eux les administrateurs pour raison de leurs fonctions. » Interdiction était faite au judiciaire de juger l'administration. Cette interdiction ne découlait nullement comme conséquence nécessaire de la séparation des pouvoirs. C'est une chose que le judiciaire et l'exécutif soient deux pouvoirs distincts, c'en est une autre que le judiciaire puisse connaître d'un procès dans lequel l'administration est partie. Mais l'interdiction était sous-tendue par la méfiance des révolutionnaires à l'encontre d'un pouvoir dont ils craignaient le conservatisme.

Cette interdiction avait pour conséquence remarquable de mettre l'administration hors juridiction. Elle créait un vide juridictionnel au profit de celle-ci dont les actes bénéficiaient d'une totale immunité. Il est inutile de souligner la gravité d'une telle situation. Car l'absence de juge ne s'accompagnait pas de l'absence de litiges. Les particuliers n'eurent plus comme seul recours que de saisir le supérieur hiérarchique. Se développèrent ainsi la pratique et la théorie du « ministre-juge » : les recours hiérarchiques remontant éventuellement jusqu'au chef de l'Etat, il revenait à l'exécutif de trancher les litiges. Il va sans dire que l'impartialité du « ministre-juge » était loin d'être garantie.

La non-ingérence de l'exécutif dans le pouvoir judiciaire trouva, à l'origine, matière à être affirmée par l'indépendance dont bénéficiaient les juges qui, à l'instar des députés, étaient élus et donc à l'abri des pressions de l'exécutif.

B - Le pouvoir judiciaire réaménagé

7 L'AFFRANCHISSEMENT PARTIEL DU POUVOIR JUDICIAIRE. — Cet
affranchissement s'est opéré à l'égard du pouvoir législatif. Car,
au contraire, la non-ingérence de l'exécutif qu'avaient instaurée les
constituants disparut avec le Consulat et la nomination des juges par
le gouvernement. S'ouvrait une ère de dépendance de la magistrature,
d'épurations telles qu'elles firent fuir les meilleurs et cantonnèrent les
« survivants » dans une stricte fidélité. De cette dépendance, l'image de
la magistrature sortit avilie et l'affirmation par diverses constitutions
de l'existence d'un pouvoir judiciaire relevait presque du mythe. Il
fallut attendre longtemps pour qu'il en aille autrement, c'est-à-dire
jusqu'à la Ve République. La Constitution affirme en effet l'indépendance de l'autorité judiciaire, l'inamovibilité des magistrats du siège
et organise la participation du Conseil supérieur de la Magistrature
à la nomination, promotion ou discipline des juges (*infra*, n°s 56 et s.).
   Dans les rapports du judiciaire et du législatif, la majeure partie
des règles antérieures s'est maintenue : prohibition des arrêts de règlement, interdiction du déni de justice, application de toute loi, auto-
censure quant au contrôle de la constitutionnalité des lois. Le seul
changement, mais il est essentiel, est la suppression du référé législatif.
Le référé législatif survécut à la Révolution : il fut successivement
confié au Conseil d'Etat et aux Chambres avant d'être aboli en 1837.
Mais cela faisait beau temps que le Tribunal de cassation lui-même
l'avait « aboli ». Par un arrêt du 15 floréal an IV, le Tribunal de
cassation « abrogea », en effet, l'article 12 du titre II de la loi des
16-24 août 1790, en utilisant pour ce faire le texte même qui interdisait
au juge d'interpréter : « Attendu que l'arrêté du tribunal (...) faisant
un référé au législateur dans une affaire soumise à la décision dudit
tribunal, il s'est par là dépouillé des fonctions judiciaires dont il était
revêtu, pour les attribuer au Corps législatif qui ne peut pas les
exercer ; attendu que si les tribunaux avaient le droit de référer (...) ce
ne pourrait être que pour demander une loi (...) applicable à des cas
à venir et non à des cas arrivés (...) ; attendu que les tribunaux saisis
d'une contestation doivent y statuer ; que s'ils le font conformément
à la loi, le jugement est exécuté ; que s'ils y contreviennent il est sujet
à la cassation et que s'ils refusent de juger, ils commettent un vrai déni
de justice. » Avec l'arrêt du 15 floréal an IV, naissait véritablement le

pouvoir judiciaire. Si Robespierre avait dit : « Dans un Etat qui a
une constitution et une législation, la jurisprudence n'est pas autre
chose que la loi », c'est que la volonté des révolutionnaires avait été
d'imposer le règne de la loi. Or, toute application de la loi, tout passage
du général au particulier, suppose une interprétation. Cette interprétation, les révolutionnaires choisirent de l'accorder au Corps législatif. Ce faisant ils n'imposaient pas le seul règne de la loi, ils imposaient surtout le règne absolu du pouvoir législatif. A mesure que les
assemblées successives intervenaient de plus en plus dans le fonctionnement de la justice, le référé allait se transformer en un mode d'exercice
du gouvernement révolutionnaire, le juge n'étant plus qu'un administrateur qui en réfère à son supérieur, lui demandant des instructions pour
résoudre tel ou tel cas particulier. C'est ce système que brisa le Tribunal
de cassation, le 15 floréal an IV, en interdisant aux juges d'en référer
au Corps législatif, en les sommant d'interpréter eux-mêmes et en se
posant comme le régulateur suprême de l'interprétation. Or, cette
volonté du Tribunal n'a été contrariée par aucun obstacle : le gouvernement révolutionnaire s'estompait, bien des matières cessaient d'être
politiques, on ne craignait plus que le pouvoir judiciaire rétablisse
par sa jurisprudence l'état social et politique de l'Ancien Régime. Et
lorsque la loi du 1er avril 1837 intervint, la Cour de cassation recevant
mission d'unifier l'application et l'interprétation de la loi, celle-ci ne
fit que consacrer le pouvoir qu'en pratique le Tribunal de cassation
avait conquis.

L'exercice véritable de la fonction juridictionnelle suppose le pouvoir d'interprétation. Dès lors qu'il en est ainsi, le pouvoir judiciaire
joue un rôle capital : il donne sens véritable à la loi, il l'adapte aux
besoins du temps, il comble les lacunes, il conduit une politique jurisprudentielle en orientant l'interprétation dans un sens déterminé. De
grands domaines jurisprudentiels (prétoriens) se sont ainsi construits.
Il ne faut pas en sous-estimer le risque. Poussé à l'extrême, ce pouvoir
pourrait être la négation de la loi. Mais le risque ne s'est pas réalisé.
Le pouvoir judiciaire, marqué par tant de défiance, s'est toujours
montré réservé : son audace n'est que très mesurée, trop peut-être même.
Et si la Cour de cassation s'autorise à des critiques, ce n'est pas dans
le cadre de sa fonction juridictionnelle qu'elle le fait mais dans celui
d'une fonction administrative : la rédaction de son rapport annuel
(*infra*, n° 233).

8 LA NAISSANCE DE LA JUSTICE ADMINISTRATIVE. — C'est là un événement capital. La théorie du « ministre-juge », née de la loi de 1790, faisait de l'administration son propre juge. Or, si contestable que soit cette théorie, elle traversa presque tout le XIXᵉ siècle. Toutefois, elle ne peut ainsi survivre que parce que le pouvoir exécutif lui-même en avait tempéré les excès. Pour aider les ministres à prendre leurs décisions, la Constitution de l'an VIII avait en effet institué un organe, appelé Conseil d'Etat, dont le rôle était de conseiller le gouvernement, tant dans ses activités administratives que dans la solution des litiges dont celui-ci pouvait être saisi. Dans le même esprit, furent créés les conseils de préfecture, chargés d'assister, dans chaque département, le préfet. Le rôle des conseils de préfecture fut infiniment modeste, même si, dès l'an VIII, leur fut accordée la nature de juridictions. L'évolution véritable fut le fait du Conseil d'Etat. De simple donneur d'avis, il devint au fil du XIXᵉ siècle une véritable juridiction. A l'origine, le Conseil d'Etat, chargé d'étudier un litige, se bornait à proposer au ministre la décision qui lui paraissait devoir être prise. Le système était donc de la justice retenue, le Conseil d'Etat se comportant comme l'ancien Conseil du Roi. Mais l'influence du Conseil d'Etat était grande : les ministres ne s'écartaient que très rarement de ses propositions. L'institution, prenant de plus en plus de poids et de prestige, se constitua, en 1806, une section spéciale, la Commission du Contentieux, qui, bien que n'ayant pas de caractère juridictionnel, s'entoura de garanties procédurales. En un mot, le Conseil d'Etat concevait son rôle comme celui d'un juge. Cette évolution devait trouver sa consécration théorique dans la loi du 24 mai 1872[1], qui remit au Conseil d'Etat la justice déléguée. Il devenait un vrai juge, statuant par lui-même et souverainement.

Les effets de la loi de 1872 étaient doubles. L'interdiction faite au judiciaire de connaître des actes de l'administration n'interdisait plus à la justice d'en connaître. Car, à partir de 1872, la justice doit s'entendre de l'ordre judiciaire mais aussi de l'ordre administratif ; le « pouvoir judiciaire » doit prendre une nouvelle acception, englobant le juge judiciaire *stricto sensu* et le juge administratif. Et de cette nouvelle

---

1. Tout comme le Tribunal de cassation, le Conseil d'Etat doit sa véritable naissance à lui-même, c'est-à-dire à l'une de ses décisions. La pratique du ministre-juge ayant quelque mal à disparaître, le Conseil rappela au gouvernement qu'il détenait seul le pouvoir de juger (CE 13 décembre 1889, Cadot, *S.*, 1892, 3, 17, note Hauriou).

acception naissait un nouvel équilibre des pouvoirs. Hauriou le disait fort bien : « Nous entendons par juges tous les juges et notamment le juge administratif aussi bien que le judiciaire. Or il est arrivé ceci : c'est que l'autorité administrative, séparée de l'autorité judiciaire à l'époque révolutionnaire, a enfanté à son tour une juridiction très vigoureuse (...). La vérité est que le rôle du juge a été abaissé durant un siècle pendant que s'installait le régime administratif mais que, maintenant, ce régime ayant lui-même enfanté un nouveau juge, le règne du juge peut se rétablir » (Hauriou, *Précis de droit constitutionnel,* 2ᵉ éd., Sirey, 1929, pp. 236 et 237).

Le second effet de la loi de 1872 a été de consacrer la dualité de la justice. Le Conseil d'Etat avait été supprimé, en 1870, après la chute du Second Empire, par le gouvernement de Défense nationale. L'opinion libérale de l'époque envisageait une restauration du pouvoir judiciaire, en confiant à lui seul la fonction de juger. Une telle réforme ne put voir le jour. L'administration, si elle avait accepté un juge issu de ses rangs, n'aurait sans doute pas accepté aussi facilement la compétence du juge judiciaire. Le maintien de juridictions administratives était un gage d'efficacité, l'assurance que l'administration se soumettrait aux décisions de ce juge qu'elle s'était choisi. De plus, l'excellence de l'œuvre du Conseil d'Etat conduisait à lui redonner vie. La dualité des ordres fut donc préférée à l'unité judiciaire. Se créaient ainsi deux ordres de tribunaux, ayant chacun à leur tête une juridiction suprême (pour l'un, le judiciaire, la Cour de cassation, pour l'autre, l'administratif, le Conseil d'Etat), reliés entre eux par une troisième cour souveraine, le Tribunal des conflits, destinée à régler les inévitables conflits de compétence qu'engendre la dualité.

Section II
La conception moderne

« La perspective du règne de la loi se traduit pratiquement par le règne du juge (...). L'équilibre des pouvoirs de justice et des pouvoirs politiques signifie que l'ensemble des organisations juridictionnelles d'un pays doit équilibrer l'ensemble des organisations politiques. Au premier abord, cette balance semble impossible à réaliser. Qu'on observe les faits cependant (...). Ce qui n'est pas réalisé chez nous l'est aux Etats-Unis d'Amérique (...). Le juge tient tous les pouvoirs politiques à la gorge. Il ne les gouverne pas, il ne les empêche même pas : son rôle est purement répressif. Il équilibre leur action par la seule répression de leurs excès de pouvoirs ou de leurs erreurs, par la seule invalidation de leurs actes irréguliers et illégitimes. Sans doute pour mettre nos organismes judiciaires en harmonie avec cette haute situation constitutionnelle, des réformes et des réorganisations s'imposeraient. Mais nous n'envisageons ici que les sommets. De ce point de vue, il nous paraît que deux grandes cours suprêmes se partageant le contentieux, l'une prenant le judiciaire et l'autre l'administratif, reliées par le Tribunal des conflits pour régler leurs compétences, ne feraient pas mauvaise figure en face des grands pouvoirs politiques. Ces autorités juridictionnelles pourraient être employées à plus d'une utile besogne. D'abord au contrôle de la constitutionnalité des lois mais peut-être aussi au jugement du contentieux des élections politiques (...). Et tant d'autres utilisations possibles du contentieux dans le droit constitutionnel auxquelles on ne songe pas, parce qu'on est très habitué au jeu purement politique des pouvoirs publics mais qui peuvent se révéler par la suite : morceau par morceau, très lentement, il est fatal que le jeu constitutionnel évolue lui aussi vers le conflit contentieux, de même que le jeu international, qui a commencé avec la guerre, évolue vers le conflit contentieux de la Cour de La Haye » (Hauriou, *op. cit.*, p. 237 et pp. 240-241).

Il était fatal que le jeu constitutionnel évolue vers le conflit contentieux et que le règne du juge arrive. Hauriou ne s'était pas trompé sur les « sommets » même si l'histoire a choisi d'autres voies que celles qu'il imaginait. Il est alors urgent de réviser certaines idées tant sur l'équilibre des pouvoirs que sur la notion même de pouvoir.

I | L'ÉQUILIBRE DES POUVOIRS

Le nouvel équilibre des pouvoirs est né de la volonté tenace des constituants de 1958 de soumettre tout pouvoir à la Constitution. Et dans ce nouvel équilibre, peut trouver place le « règne du juge ».

9 LA SOUMISSION À LA CONSTITUTION. — La Constitution est la loi fondamentale et le pouvoir constituant le pouvoir originaire. Dérivent de la loi fondamentale deux sortes de pouvoirs : ceux qui la mettent en œuvre par leurs actions (législatif, exécutif), qui sont les représentants de la majorité du peuple et ceux qui contrôlent que, dans leurs actions, législatif et exécutif n'ont pas excédé les limites posées par la Constitution, à savoir le pouvoir judiciaire et sans doute aussi l'opposition. Toute constitution repose ainsi sur cette contradiction que le peuple est volonté mais que la loi fondamentale est limites.

Or, la préoccupation des constituants de 1958 a été de placer la loi fondamentale au-dessus de la loi votée par le Parlement, représentant du peuple. Pour la première fois, était remise en cause la primauté absolue du pouvoir législatif, que la Révolution avait puisée chez Rousseau et qu'elle avait imposée (bien que contraire à une séparation véritable des pouvoirs). Le dogme selon lequel la loi votée par les représentants élus du peuple ne peut être que bonne, qu'elle ne peut donc être contrôlée venait de s'effondrer. A vrai dire, le souci des constituants était de mettre fin à l'omnipotence du Parlement, de protéger l'exécutif contre ses empiétements et d'assurer que la nouvelle répartition des compétences issues des articles 34 et 37 de la Constitution serait bien respectée. C'est ainsi que fut créé le Conseil constitutionnel qui, dans l'esprit des constituants, devait être le garant de l'exécutif contre le législatif, tout comme le Conseil d'Etat, annulant les actes du gouvernement non conformes à la loi, leur apparaissait le garant du législatif contre l'exécutif. La soumission à la Constitution devait servir à « soumettre » le Parlement, du moins à rééquilibrer ses pouvoirs par rapport à ceux du gouvernement. Le judiciaire était quelque peu oublié, si ce n'est qu'en prenant le risque de créer une juridiction — et sans doute certains en ont-ils eu conscience — le rééquilibrage pouvait dès lors profiter à ce dernier. C'est ce qui arriva.

10 LE « RÈGNE DU JUGE ». — Il est vrai que le Conseil constitutionnel se contenta pendant une dizaine d'années de jouer le rôle de garant de l'exécutif. Mais, à partir de 1971 puis surtout de 1974 (*infra*, n° 137), le Conseil constitutionnel se posa en véritable défenseur des libertés publiques. Usant de la mission juridictionnelle qu'il avait reçue de la Constitution, il devint, comme toute juridiction, le protecteur des libertés face aux abus éventuels du législateur. Un nouveau juge était né et le pouvoir judiciaire désormais bien établi en France : un pouvoir divisé certes, ce qui entraîne indéniablement des problèmes de compétence, mais auquel n'échappe pratiquement plus aucun acte (hormis le secteur résiduel des actes de gouvernement). Au pouvoir judiciaire *stricto sensu* revient la tâche de contrôler les actes des particuliers et de trancher leurs différends, à la juridiction administrative incombe la censure des actes illégaux de l'administration, au Conseil constitutionnel appartient la mission d'interdire au Parlement de violer la Constitution et les libertés qu'elle proclame. Le modèle n'est pas celui d'une Cour suprême mais de trois cours souveraines et de trois ordres de juridictions (le judiciaire, l'administratif, le constitutionnel).

Le « règne du juge » s'est établi et sans doute ne pourra-t-il que s'affirmer, soumettant à son contrôle, « morceau par morceau », tout acte. Le pouvoir judiciaire doit être un pouvoir de limite pour garantir les libertés. « Il doit se placer au-dessus de la loi mais en dessous des principes » constitutionnels (Hauriou). Qui pourrait alors interdire au Conseil constitutionnel de ne pas trouver conformes à la Constitution certaines pratiques qui avaient pour but de remettre en cause l'autorité des juges (lois faussement interprétatives ayant pour but de peser sur un procès en cours, lois de validation destinées à remettre en cause la décision d'une juridiction administrative) ?

Le « règne du juge », la soumission à la Constitution posent une question essentielle : le juge n'est-il que le juge national ? La Constitution elle-même impose le respect des traités internationaux que la France a ratifiés et par là même que soit respectée la compétence des juridictions européennes que sont la Cour européenne des Droits de l'homme et la Cour de justice des Communautés européennes. Mais au-delà de la compétence, surgit le droit. Les juridictions européennes ne contribuent-elles pas à l'équilibre interne des pouvoirs, en imposant aux pouvoirs législatif et exécutif le respect du droit européen — du moins tant que celui-ci n'est pas en opposition avec la Constitution ? L'équilibre se trouve dans leur fonctionnement, dans la décision qu'elles prononcent ; il se trouve peut-être plus encore dans l'effet dissuasif de la crainte d'une sanction.

La dissuasion est peut-être la preuve la plus manifeste d'un pouvoir réel du juge. Son effet, connu et relatif, devant les ordres judiciaire et administratif, semble prendre une dimension nouvelle avec le Conseil

constitutionnel et les juridictions européennes. La dissuasion par
crainte de la sanction est apparue, tout en haut de l'édifice des normes,
dans les rapports de la loi et de la constitution. La réaction probable
du Conseil constitutionnel devient une composante de la préparation
du texte législatif. Mais plus désagréable encore paraît la censure d'une
juridiction internationale car il y va du prestige de la France. Et
l'effet dissuasif est d'autant plus grand que la saisine des juridictions
européennes est ouverte aux simples particuliers. Prévenir une condamnation devient une des composantes du droit interne (*cf.* J. Rivero,
Sur l'effet dissuasif de la sanction juridique, *Mélanges Raynaud,* p. 675).
Les juges européens participent ainsi au rééquilibrage des pouvoirs.

Le « règne du juge », au-delà de considérations juridiques, est sans
doute un phénomène de société. Le législatif a perdu de ses vertus
— l'équité semble avoir plus de charmes que la loi — et le protecteur
véritable des citoyens apparaît le juge. L'accès à la justice est la liberté
fondamentale qui permet, de la manière la plus achevée, la défense des
libertés individuelles. Il ne faut donc pas s'étonner du recours grandis-
sant au juge, dans une société individualiste et profondément attachée
aux droits de l'homme. Le paradoxe est alors que l'on parle de « crise »
de la justice. Certains visent par là son encombrement et le regrettent,
méconnaissant totalement la profondeur de la réalité sociologique du
recours au juge. D'autres visent l'insatisfaction des citoyens. L'espé-
rance mise dans la justice serait déçue ; la justice ne pourrait répondre
à l'idéal de justice d'une société éprise d'absolu. A cela, il faut répondre
que l'institution n'est qu'humaine et, qu'en tant que telle, fonctionne
sans doute de façon globalement satisfaisante. Pour autant, l'insatisfaction n'empêche pas les recours. Cela montre, s'il en était besoin, la
place incomparable que le juge a prise dans la conscience collective :
la déception n'a de cause que son rôle magnifié.

II | LA NOTION DE POUVOIR

Il est traditionnel de regretter que la Constitution de 1958 n'ait
fait du pouvoir judiciaire qu'une « autorité » et d'aucuns y voient la
marque d'un avilissement du pouvoir judiciaire. Voilà qui mérite
quelques réflexions sur l'ambiguïté de la terminologie.

11 Pouvoir ou autorité ? — La première réflexion est que l'attitude pessimiste focalise son attention sur le pouvoir judiciaire *stricto sensu,* celui que vise la Constitution dans son titre VIII, alors que justice, pouvoir judiciaire ne peuvent, sauf à nier l'évolution capitale qui s'est produite, s'entendre que de tous les ordres de juridictions réunis. La deuxième réflexion est que, contrairement aux idées reçues, les constitutions qui ont expressément fait référence au pouvoir judiciaire sont minoritaires. Elles ne sont au nombre que de quatre : celles de 1791, de l'an III, de 1815 et de 1848. Les chartes constitutionnelles préférèrent parler d' « ordre judiciaire », les constitutions impériales choisirent le plus souvent les termes neutres de « justice », « tribunaux ». Enfin, après 1848, tout fut oublié : il n'est fait à la justice, à sa nature, aucune référence dans les Constitutions de 1852, 1875 et de 1946. Dès lors, c'est être injuste que d'accuser les constituants de 1958 d'avoir maltraité le pouvoir judiciaire. La troisième réflexion est qu'il ne faudrait pas oublier que, s'il n'existe qu'une « autorité judiciaire » et non un « pouvoir » dans la Constitution de la Vᵉ République, il n'existe pas davantage de « pouvoirs » législatif ou exécutif. La terminologie de « pouvoir » est tombée en une sorte de désuétude, et cela dès avant 1958, certainement parce qu'étaient mortes les raisons idéologiques qui avaient présidé à son érection. La « conception métaphysique » (Burdeau) des pouvoirs a laissé place à une séparation souple des fonctions — la fonction législative, de création de normes, par exemple, étant partagée par le Parlement et l'exécutif. Ce que l'on continue par tradition d'appeler pouvoirs législatif, exécutif ne correspond en rien, du moins en matière de fonctions, à la séparation des pouvoirs révolutionnaires. La quatrième réflexion est qu' « autorité » est peut-être plus que « pouvoir ». La volonté des constituants l'atteste. On remarquera en effet que l'un des « pères » de la Constitution, Michel Debré, disait de la fonction de juger qu'elle était, dans l'ordre des affaires intérieures, le premier devoir de l'Etat. On remarquera aussi que la Constitution fait de l'autorité judiciaire la gardienne de la liberté individuelle, ce qui constitue bien, dans un Etat démocratique, la fonction la plus essentielle et la plus noble. La langue le confirme d'ailleurs. Les dictionnaires font apparaître des similitudes de sens entre pouvoir et autorité : puissance, ascendant, crédit, influence mais la puissance de l'autorité paraît légitime et surtout digne d'admiration. Le pouvoir n'est que ce qu'il est, l'autorité se pare de vertus morales. Les constituants n'ont-ils pas décelé tout ce que la fonction de juger comporte, dans l'inconscient collectif, de sacré et de magique ? (*supra*, n° 10). N'ont-ils pas trouvé la formule la plus adéquate pour qualifier le pouvoir du juge dont la force véritable réside dans l'autorité morale de ses décisions ? (*infra*, n° 25).

Pour aller plus loin

12 Les origines, l'Ancien Régime, l' « esprit du siècle ».

a | L'Ancien Régime. — L'étude de la question mérite d'être approfondie dans trois directions : 1 / le problème des offices, s'il a pu apparaître comme une solution financière, a constitué un grave dommage pour la monarchie : par la multiplication des offices (« Chaque fois que le roi de France crée un office, Dieu crée un imbécile pour l'acheter » disaient les Vénitiens), par leur inflation galopante (que Colbert réussit à maîtriser, la situation se stabilisant véritablement à partir de 1715) et surtout par leur caractère héréditaire qui conféra une indépendance de fait aux titulaires d'offices ; 2 / définir l'Ancien Régime comme identique à la monarchie absolue, c'est oublier l'importance des « lois fondamentales » (le terme se trouve déjà chez les juristes du XVIᵉ siècle). La royauté peut se dire absolue à la condition de ne pas toucher aux situations acquises : « Sire, nous sommes vos très humbles serviteurs, avec nos privilèges. » La monarchie restait ligotée d'innombrables façons et les parlements se sont opposés au roi sur le fondement des lois fondamentales ; 3 / « Ce sont les patriciens qui ont commencé la Révolution » (Chateaubriand, *Mémoires d'outre-tombe*). La popularité des parlements venait de leur opposition au roi, surtout en matière de fiscalité. Opposition réelle, complicité supposée (on connaît la brutale réaction du pouvoir royal face à la révolte du papier timbré : le parlement de Bretagne fut puni proportionnellement autant que les révoltés). Mais cette popularité ne doit pas être surestimée. La « révolution des riches » (Mathiez) et celle des « pauvres » (Michelet) ne pouvaient trouver de compromis. Sur tous ces aspects, on pourra utilement consulter Fr. Olivier-Martin, *Précis d'histoire du droit français*, Dalloz, 1945 ; P.-C. Timbal et A. Castaldo, *Histoire des institutions publiques et des faits sociaux*, Dalloz, 6ᵉ éd., 1979 ; J. Ellul, *Histoire des institutions*, t. II, 5ᵉ éd., Paris, 1967 ; M. Rousselet, *Histoire de la justice*, « Que sais-je ? », PUF, 1960.

b | L' « esprit du siècle ». — On trouvera de très bonnes pages dans J.-J. Chevallier, *Histoire des institutions et des régimes politiques de la France (1789-1958)*, Dalloz, 7ᵉ éd., 1985. On pourra aussi se référer à Tocqueville, *L'Ancien Régime et la Révolution*. Tocqueville y montre combien la notation de Chateaubriand (citée au texte) est juste. Il retrouve dans la France de l'Ancien Régime des foules de sentiments qu'il avait cru nés de la Révolution. Il développe la notion de continuité et insiste sur les deux passions principales des Français du XVIIIᵉ siècle : la plus profonde et venant de plus loin « la haine violente et inextinguible de l'inégalité » ; l'autre plus récente, la liberté, notant que vers la fin de l'Ancien Régime, ces deux passions sont aussi vives l'une que l'autre. A. Mathiez, *La Révolution française*, 3 vol., Paris, 1922-1927 (nouv. éd. en 1 vol., 1959) reprend la même idée. Pour une vue rapide de la Révolution, on peut consulter : A. Soboul, *La Révolution française*, « Que sais-je ? », 1965 (à défaut de lire l'ouvrage essentiel : G. Lefebvre, *La Révolution française*, 1951, 3ᵉ éd. revue et augmentée par A. Soboul,

1963). Les histoires et interprétations de la Révolution, depuis le XIXᵉ siècle, sont nombreuses. Il est impossible d'y faire référence. On notera seulement l'opposition entre un Michelet, favorable *(Histoire de la Révolution française)*, et un Taine, détracteur *(Les origines de la France contemporaine)*.

13 La « séparation des pouvoirs ». — On peut faire retour au texte de Montesquieu et lire les analyses plus modernes qui en sont données. Montesquieu parlait de « distribution des pouvoirs » (XI, 14). La séparation des pouvoirs telle qu'on l'a tirée de son œuvre proviendrait, selon J.-J. Chevallier ou Ch. Eisenmann (reprenant les idées de l'Allemand Struck), d'une lecture superficielle. Dans Montesquieu, aucun des trois pouvoirs n'exerce seul et plénièrement l'ensemble de ses prérogatives ; il s'agit bien, plutôt que de séparation, d'équilibre, de contrôle mutuel des pouvoirs (J.-J. Chevallier, De la distinction établie par Montesquieu entre la faculté de statuer et la faculté d'empêcher, *Mélanges Hauriou*, 1929, p. 129 ; Ch. Eisenmann, *L'esprit des lois* et la séparation des pouvoirs, *Mélanges Carré de Malberg*, 1933, p. 165).

Un approfondissement de la séparation telle qu'elle a été instituée et qu'elle a fonctionné peut se faire avec l'ouvrage de M. Troper, *La séparation des pouvoirs et l'histoire constitutionnelle française*, LGDJ, 1973 (ou 1980). On y trouvera en particulier une explication des conceptions matérielle et formelle (simplement visées au texte). On pourra aussi consulter la chronique de P. Gaudemet, La séparation des pouvoirs, mythe et réalité, *D.*, 1961, chron. 121.

14 Fonction juridictionnelle et pouvoir judiciaire. — Montesquieu conférait une place éminente au pouvoir judiciaire. Pour lui, qui était membre du parlement de Bordeaux, administrer la justice était la tâche la plus ancienne de tout gouvernement. La Révolution, les règles napoléoniennes ont conduit à renforcer le pouvoir exécutif et les tâches administratives : rendre la justice n'apparaissait plus comme la fonction principale de l'Etat. Cela conduisit une partie de la doctrine publiciste de la fin du XIXᵉ siècle à contester toute spécificité et donc toute existence à la fonction de juger. Dans un Etat, il ne saurait y avoir que deux fonctions : les fonctions législative et administrative. « Faire les lois, les faire exécuter me paraissent deux termes entre lesquels il n'y a pas de place à prendre. Pour faire exécuter la loi, il faut bien lui assigner une signification précise. Qu'on le fasse hors de toute controverse ou bien comme un juge après discussion et suivant une procédure, n'est-ce pas en définitive le même acte que l'on accomplit, acte si intimement lié à l'exécution qu'on ne peut l'en séparer » (Berthélémy, *Traité élémentaire de droit administratif*, 13ᵉ éd., 1933). Cette conception ne fit pas l'unanimité de la doctrine publiciste. Les auteurs ont alors tenté de définir la fonction juridictionnelle en recherchant le critère de l'acte juridictionnel *(infra, nᵒ 26)*. On lira plus particulièrement Carré de Malberg, *Contribution à la théorie générale de l'Etat*, 1920, réimpr. CNRS, 1962. Le chap. III du t. 1ᵉʳ est consacré à la fonction juridictionnelle. Carré de Malberg y défend la théorie de la justice comme troisième pouvoir (si l'activité du juge ne se distingue pas par sa nature et son but de celle d'un administrateur, on parvient à l'isoler grâce à des critères extérieurs, organiques, procéduraux). On lira aussi M. Troper, Fonction juridictionnelle ou pouvoir judiciaire, *in* revue *Pouvoirs*, nᵒ 16, « La justice », PUF, 1982 (article sur la nature du pouvoir judiciaire) ; P. Orianne, *Introduction au système juridique*, Bruxelles, Ed. Bruylant, 1982 (les chap. V et VI de la première partie s'intéressent à la nature du pouvoir juridictionnel). Enfin, Th. Renoux, *Le Conseil constitutionnel et l'autorité judiciaire*, revient à la théorie du troisième pouvoir.

Montesquieu conférait — avec hésitation d'ailleurs — une nature politique au pouvoir judiciaire. Pour une analyse et une explication de cette position, v. Hauriou et Gicquel, *Droit constitutionnel et institutions politiques*, « Précis Domat », Ed. Montchrestien, 8ᵉ éd., 1985, mise à jour 1986. La théorie d'un pouvoir politique est à nouveau défendue par A. Pouille, *Le pouvoir judiciaire et les tribunaux*, Masson, 1985. Lire aussi Ph. Raynaud, La loi et la jurisprudence, des Lumières à la Révolution française (et plus particulièrement le passage intitulé « Le pouvoir judiciaire chez Montesquieu »), *in* « La jurisprudence », *Archives de la philosophie du droit*, n° 30, Sirey, 1985.

Sur l'évolution des pouvoirs (séparation/équilibre), sur celle du droit (la nécessité d'une égalité non seulement devant la loi mais *dans* la loi, ce qui implique son contrôle) et les références citées sur les thèmes de « justice et raison », de « raisonnable et déraisonnable », v. Ch. Perelman, Le juge, la règle de droit et la justice, *Mélanges Legros*, 1985, p. 491. V. aussi J. Foyer, La justice : histoire d'un pouvoir refusé, *in* revue *Pouvoirs*, « La justice », n° 16, 1981, p. 17 (l'auteur retrace l'évolution des attitudes envers la justice de l'Ancien Régime à nos jours). V. encore l'ouvrage collectif, *Fonction de juger et pouvoir judiciaire*, Facultés universitaires Saint-Louis, Bruxelles, 1983, et particulièrement p. 1, F. Ost, Juge pacificateur, juge arbitre, juge entraîneur.

15 INSTITUTIONS. — Pour une illustration de la naissance de la juridiction administrative, lire T. Sauvel, La justice retenue de 1806 à 1872, *RDP*, 1970, 237. Pour une parfaite intelligence du référé législatif, il faut nécessairement lire le petit ouvrage de Y.-L. Hufteau, *Le référé législatif et les pouvoirs du juge dans le silence de la loi*, « Travaux et recherches de la Faculté de Droit et des Sciences économiques de Paris », Série Droit privé, n° 2, PUF, 1965. On se référera aussi à T. Sauvel, Le Tribunal de cassation de 1791 à 1795, *EDCE*, 1958, p. 194. Pour compléter, v. M. Troper, *La séparation des pouvoirs et l'histoire constitutionnelle française*, LGDJ, 1973 ou 1980 : la loi de 1790 n'interdisait pas toute interprétation des lois par les tribunaux mais seulement une interprétation réglementaire ; plutôt que de faire un règlement, il fallait demander une interprétation au législateur.

Il serait bon de consulter les constitutions dans le texte même, en particulier celles de 1791, de 1795 d'une part, celle de 1958 d'autre part (par ex., J. Godechot, *Les Constitutions de la France depuis 1789*, Garnier-Flammarion, 1979). La soumission à la Constitution est juridique. Vattel disait : « C'est de la constitution que les législateurs tiennent leurs pouvoirs. Comment pourraient-ils en changer sans détruire le fondement de leur autorité ? » L'inscription dans la Constitution des principes qui doivent régir l'activité politique, des droits et libertés auxquels il ne peut être porté atteinte impose un contrôle de la constitutionnalité des actes des dirigeants (*infra*, n°ˢ 132 et s.). Mais l'ultime garantie de la Constitution n'est pas juridique. Elle dépend de l'attachement que lui portent les citoyens. Or l'abus des constitutions a un peu terni leur image. V. G. Burdeau, Une survivance : la notion de constitution, *Mélanges A. Mestre*, Paris, 1956.

Pour une analyse de la mise en place d'une pyramide institutionnelle qui coïncide désormais avec la pyramide des normes, v. J. Rivero, Fin d'un absolutisme, *in* « Le Conseil constitutionnel », revue *Pouvoirs*, n° 13, 1986. V. dans la même revue, R. de Lacharrière, Opinion dissidente, qui parle de « l'étrange résultat d'une oligarchie suprême, totalement irresponsable et à l'évidence totalement injustifiable ».

La question de la légitimité du contrôle de la constitutionnalité des lois, et de façon plus générale de la légitimité du pouvoir juridictionnel, est, en effet, au centre des réflexions et des débats actuels. Pouvoir « injustifiable » ou pouvoir légitime et démocratique ? On lira avec profit M. Cappelletti, Rapport général, *in* Le contrôle juridictionnel des lois, *légitimité, effectivité et développements récents*, publié par Favoreu et Jolowicz, Economica, 1986, p. 285. Cappelletti y développe l'idée que la légitimité *n'est pas une question de pur droit* ; qu'il faut lui donner une vision philosophique, sociologique et politique. Que la légalité, la légitimité parlementaire, la « croyance en l'infaillibilité de la loi et donc du Parlement » est un mythe qu'ont démenti les lois (contradictoires, ambiguës, etc.)

mais surtout la pratique de régimes despotiques ou totalitaires. Peut-on encore y croire après le IIIe Reich ? L'idée est alors d'un « retour au pluralisme » du droit. de ses sources. à une loi « constitutionnelle » soustraite aux caprices des majorités et à un « partage des pouvoirs » confiant le contrôle des lois à des organes indépendants qui ne peuvent être que les juges. Mais « comment résoudre la contradiction théoriquement insoluble aux termes de laquelle une institution "non démocratique" (puisque non élue) est utilisée pour protéger nos libertés contre les abus de pouvoir et donc contre les perversions non démocratiques ? » Et Cappelletti de conclure *qu'il faut y croire* et renvoie à la très belle profession de foi de J. Rivero : « *Je crois* que démocratie et contrôle juridictionnel sont compatibles », pour terminer ainsi : « Aussi longtemps que les juges constitutionnels statueront avec cette idée à l'esprit — renforcer les libertés fondamentales — la légitimité démocratique du contrôle juridictionnel des lois pourra être difficilement niée. » V., dans le même ouvrage, le rapport très important sur l'Europe occidentale de Favoreu, p. 17. V. encore Favoreu et Philip, *Les grandes décisions*, Le contrôle de la constitutionnalité des lois peut-il conduire au gouvernement des juges ?, p. 252. V. Stasi, Bienvenu et Boré, Le gouvernement des juges, in *Actes des 14es Entretiens de Nanterre*, mars 1987 (à paraître).

Sur les interventions des pouvoirs exécutif et législatif, v. F. Sarda, Le pouvoir et les instances judiciaires, *in* revue *Pouvoirs*, n° 16, 1981, p. 69. On notera, plus précisément, la question des validations : *cf.* CC 22 juillet 1980, *RDP*, 1980, 1691-1658, chron. Favoreu ; *Rev. adm.*, 1980, 416, chron. Bienvenu et Rials. « Il n'appartient pas au législateur ni au gouvernement de censurer les décisions des juridictions. » V. aussi la réaffirmation qu'une validation ne peut avoir d'effets répressifs rétroactifs (CC 30 décembre 1982). V. Perrot, Validations législatives et actes administratifs, *RDP*, 1983, pp. 983 et 1012 avec une étude de la jurisprudence constitutionnelle.

Pour une vision sociologique de la justice, Y. Baraquin, *Les Français et la justice civile*, Documentation française, 1975 ; D. Verneuil, *L'image de la justice criminelle dans la société : fonctions et processus du système pénal*, Paris, SEPC, 1980 ; Cl. Faugeron, Justice et opinion publique. L'ère du soupçon. *in* revue *Pouvoirs*, n° 16. 1981. p. 89 ; Ph. Robert et Cl. Faugeron, *La justice et son public*, Masson, 1978 ; *Les forces cachées de la justice ou la crise de la justice pénale*, Paris, Le Centurion, 1980. Pour une « sociologie judiciaire » (et aussi une « sociologie législative »), J. Carbonnier, *Sociologie juridique*, Colin, coll. « U », 1972. Pour une analyse des fondements, historiques et actuels, de la critique de la justice et leur réfutation v. J.-L. Mestre, Les fondements idéologiques de la critique de la justice, *Mélanges Kayser*, 1979, t. II, p. 257. « Loi » ? « Équité » ? « Droit naturel » ? « Non-droit » ? Voilà des questions qui agitent la philosophie du droit. Comme simples références de base, lire M. Villey, *Leçons d'histoire de la philosophie du droit*, Dalloz, 1962 ; *Philosophie du droit*, Dalloz, 1978. Lire aussi l'ouvrage de J. Carbonnier, *Essais sur les lois*, « Répertoire du Notariat français », 1979, et plus particulièrement la deuxième partie intitulée « Le jeu des lois renouvelé des Grecs » : une mise en garde contre le « déluge » législatif, contre le mécanisme de la loi lorsqu'il lui arrive de tourner à vide, l'appel à la nécessaire « paresse » (du législateur et des juges), c'est-à-dire à leur « autolimitation », mais aussi et surtout une superbe défense de la Loi.

16 JURIDICTIONS EUROPÉENNES. — Le pouvoir juridictionnel est un attribut de la souveraineté (*infra*, n°s 29 et s.). Il est donc exercé par des juges français, appliquant la loi française. Mais cette règle fondamentale se trouve entamée par l'interpénétration du droit international, et plus particulièrement européen. En vertu de la Constitution (art. 55) : « Les traités ou accords ratifiés ou approuvés ont, dès leur publication, une autorité supérieure à celle des lois. » Le juge français, en principe chargé d'appliquer le droit interne, se trouve donc tenu par la Constitution d'appliquer le droit issu des traités internationaux. Cette application appelle toutefois deux remarques. La première est de savoir quel texte le juge français doit appliquer lorsqu'il se trouve en présence d'un texte international directement applicable en France et d'une loi *postérieure* à ce texte mais qui lui est contraire. Alors que la Cour de cassation, suivant le Conseil constitutionnel, fait prévaloir le texte international, le Conseil d'Etat se refuse à une telle solution (CC 15 janvier 1975 ; ch. mixte 24 mai 1975, *D.*, 1975, 297, concl. Touffait ; L. Favoreu, Le Conseil constitutionnel et le droit international, *Ann. fr. Dr. int.*, 1977, p. 95 ; Nguyen Quoc Dinh, La jurisprudence française actuelle et le contrôle de la conformité des lois aux traités, *AFDI*, 1975, p. 859 ; B. Genevois, Le Conseil d'Etat et l'ordre juridique communautaire, *EDCE*, 1979-1980, p. 73 ; Droit communautaire et droit français. Etudes du CE, *Notes et Etudes documentaires*, Documentation française, 1982 ; CE (Ass.) 22 octobre 1979, UDT, *AJDA*, 1980, p. 40, note B. G. ; sur l'applicabilité de la Convention européenne des Droits de l'homme, J.-F. Flauss, Le juge administratif et la Convention européenne des Droits de l'homme, *AJDA*, 1983, p. 387 ; L. Pettiti (actuel juge français à la Cour), L'applicabilité directe de la Convention en droit français, *Ann. Univ. Sc. soc. Toulouse*, t. XXIX, 1981, p. 57 et cet ouvrage en général. Il faut toutefois bien comprendre que la primauté du droit communautaire ou international ne concerne que la loi. La décision du 30 décembre 1976 du Conseil constitutionnel a posé les bornes du droit international, même européen : il ne peut être contraire à la Constitution française. Ce faisant, le CC a condamné la thèse de la nature « supranationale et quasi fédérale des Communautés européennes » et s'est lui-même placé à la charnière du droit constitutionnel et du droit européen. Voir Favoreu et Philip, p. 348. La deuxième remarque est que, si le juge français doit appliquer tout texte de droit interne, fût-il obscur (sous peine de commettre un déni de justice), il n'est, concernant un texte international, tenu de l'appliquer que s'il est clair (sur la théorie de l'acte clair, voir l'argumentation très pertinente de B. Genevois, *in* Le Conseil d'Etat et l'ordre juridique communautaire, *EDCE*, n° 31, p. 73) et doit, si une interprétation est nécessaire, surseoir à statuer pour demander à l'autorité compétente, qui peut être, suivant le cas, le ministre des Affaires étrangères ou bien la Cour de justice des Communautés européennes elle-même, de l'interpréter (*cf.* recours préjudiciel devant la CJCE, organisé par l'art. 177 du traité de Rome : ce recours est facultatif pour les juridictions inférieures, obligatoire pour les cours souveraines : *cf.* Chevallier et Maidani, *Guide pratique Article 177 CEE*, Office des Publications officielles des Communautés européennes, Luxembourg, 1982).

Si l'on s'attache au seul droit européen, il faut, à ce principe que le pouvoir juridictionnel est exercé par les juges français, apporter des dérogations. La coopération des Etats a conduit à la mise en place d'un droit européen mais aussi à l'organisation de la compétence de deux juridictions européennes : la Cour de justice des Communautés européennes et la Cour européenne des Droits de l'homme.

La CJCE est commune aux trois Communautés européennes (CECA, CEE, Euratom), lesquelles, en raison des accords passés, se voient accorder certains pouvoirs normatifs, administratifs ou judiciaires. La CJCE bénéficie ainsi d'une compétence matérielle, fixée par les Etats membres, ce qui fait d'elle une juridiction d'attribution, le juge de droit commun en matière communautaire étant le juge national. Si elle est exclusivement compétente pour trancher les litiges d'ordre public communautaire, elle ne connaît des litiges communautaires d'ordre privé que dans la mesure où ils échappent à la compétence du juge national. Son rôle est d'assurer le respect du droit dans l'interprétation et l'application des traités communautaires et de leurs règlements d'exécution. La CJCE a son siège à Luxembourg. Elle se compose de juges et d'avocats généraux, désignés pour six ans, renouvelables partiellement tous les trois ans, par les Etats membres mais qui ne représentent pas ces Etats. Les juges élisent, à chaque renouvellement triennal, le président. La Cour est assistée d'un greffe. Elle siège, en principe, en audience plénière ; mais, dans le but d'accélérer le cours de la justice, elle se divise, en pratique, en chambres (cinq à l'heure actuelle) qui instruisent et parfois, même, jugent. La Cour dispose, en premier lieu, d'attributions administratives et consultatives ; elle dispose, en second lieu, d'attributions juridictionnelles. Elle est un tribunal international lorsqu'un Etat membre a manqué à l'une de ses obligations ; un tribunal « constitutionnel » lorsqu'elle juge de la transgression des traités par les organes communautaires ; un tribunal administratif pour juger du contentieux de la fonction publique communautaire ; une cour de renvoi des juridictions nationales : saisie des questions préjudicielles, elle doit alors fournir une interprétation des règles communautaires. Pour autant, la CJCE n'est pas une cour supranationale qui serait hiérarchiquement et organiquement supérieure aux cours internes : il faut distinguer clairement la hiérarchie des normes (le droit communautaire ayant primauté sur la loi interne) de la hiérarchie des juridictions : en aucun cas, les juridictions nationales ne sont subordonnées à la CJCE, comme une juridiction nationale inférieure l'est à la cour souveraine de son ordre. La CJCE ne pourrait réformer la décision d'une juridiction nationale ayant mal jugé. Le renvoi préjudiciel est ainsi une technique de prévention mais qui n'a d'importance que si les juridictions nationales veulent bien l'utiliser et tenir compte de la jurisprudence de la CJCE. Or, l'on constate que la Cour de cassation, et plus particulièrement la chambre criminelle, est très « communautaire » : par l'arrêt J. Vabre, elle fut la première à adopter une position favorable à l'intégration du droit communautaire, attitude renouvelée et renforcée dans toute la matière du droit pénal des affaires. Cette attitude conduit à un renouvellement profond du droit interne. Ce sont des pans entiers qui se remodèlent. V. J. Biancarelli, *RSC*, 1984, p. 226 ; *RSC*, 1985, p. 361 ; *RSC*, 1986, p. 443 ; v. Chroniques de jurisprudence, M. Massé, *RSC*, 1985, p. 589 ; *RSC*, 1986, p. 111 ; pour une application expresse des décisions de la CJCE du 10 et du 29 janvier 1985, v. Com. 15 mai 1985, *D.*, 1986, 159, note Goyet. La procédure préjudicielle se caractérise par l'absence de parties au sens procédural du terme, une juridiction nationale ayant jugé bon de saisir la Cour d'un point à interpréter. Dans les procédures contentieuses, le défendeur peut être l'une des Communautés ou l'un des Etats membres ; le demandeur peut être, selon le type de recours, un organe communautaire, un Etat, un particulier (assez souvent une entreprise, en raison du caractère économique du droit communautaire). Sur l'organisation, le fonctionnement, la procédure de la CJCE, v. Pouille, p. 164 ; Vincent, Montagnier et Varinard, nᵒˢ 147 et s. ; A. Touffait, La CJCE, *in* « La Cour judiciaire suprême », *RIDC*, 1978, nᵒ 1, p. 363 ; De la CJCE et de ses règles de procédure, *Assoc. fr. Dr. jud. pr.*, impr. TGI, Paris, mai 1983 ; Philip, *Textes institutifs des Communautés européennes*, « Que sais-je ? », PUF, 1984 ; *La CJCE*, « Que sais-je ? », PUF, 1983 ; L. Goffin, Propos sur les recours individuels de droit communautaire, *RIDC*, 1976, p. 41. Sur les arrêts de la CJCE, v. Boulouis et Chevallier, *Les grands arrêts de la CJCE*, 2 t., Dalloz, 1983 ; on lira avec profit P. Bonassies, Une nouvelle source doctrinale du droit français : la jurisprudence de la CJCE, *Mélanges Kayser*, 1979, t. I, p. 43 : l'auteur y expose que la jurisprudence de la Cour est une source directe, formelle du droit mais que cet apport est limité aux seuls domaines qui ressortissent à la compétence communautaire. En dehors, la jurisprudence de la Cour est une source doctrinale mais d'une particulière importance.

La CEDH est l'un des éléments d'un système tripartite destiné à sanctionner les violations de la Convention européenne des Droits de l'homme, convention signée par les 21 Etats que regroupe le Conseil de l'Europe (signée le 4 novembre 1950, entrée en vigueur le 3 septembre 1953, ratifiée par la France en mai 1974...). La vocation de la Convention est d'apporter une double garantie : faire assurer par chaque Etat membre l'application effective des droits consacrés par la Convention ; faire sanctionner toute défaillance des Etats dans cette application. Les difficultés d'élaboration de la Convention marquent le système, complexe, de procédure définitivement retenu. Le requérant doit saisir la Commission, laquelle joue le rôle de chambre des requêtes, de juge d'instruction et de conciliateur. Si le règlement amiable échoue et si la Commission retient la requête, elle la transmet au Comité des ministres. S'ouvre alors un délai de trois mois pendant lequel la Cour peut être saisie. A défaut de cette saisine, le Comité se prononce sur l'affaire. La CEDH siège à Strasbourg. Elle compte autant de juges que d'Etats membres (soit 21). Ces juges sont élus (pour neuf ans, renouvelables par tiers tous les trois ans, et rééligibles) par l'Assemblée du Conseil de l'Europe, à partir de listes établies par les Etats. Ils élisent le président et le vice-président. La formation normale de jugement est de sept membres (dont nécessairement le juge ressortissant de l'Etat intéressé). La CEDH a compétence pour juger de toute violation à la Convention. Le défendeur ne peut être qu'un Etat ; le demandeur, un Etat ou la Commission. Toutefois, les simples particuliers peuvent indirectement saisir la Cour, puisqu'ils peuvent saisir la Commission, laquelle saisira la Cour si elle le juge utile (la France a accepté le droit de requête individuelle par le décret du 9 octobre 1981 pour cinq ans, renouvelé en octobre 1986 pour trois ans). On notera que la Cour est maîtresse de sa procédure — de type plutôt inquisitoire — qu'elle établit elle-même. Or, depuis janvier 1983, elle en a accentué le caractère contradictoire, en invitant les particuliers requérants (par le truchement de la Commission) à s'associer étroitement à la marche de l'instance. Les arrêts de la CEDH ont force obligatoire (les Etats s'engagent à s'y conformer), mais ils ne valent pas titre exécutoire. Il semblerait que le versement des indemnités se fasse sans trop de difficultés. Les « satisfactions équitables » (par exemple, réparation de la violation du principe du double degré de juridiction) sont plus délicates. V., sur tous ces points, l'article très complet de M. A. Eissen, La Cour européenne des Droits de l'homme, *RDP*, 1986, p. 1539 (avec des références nombreuses). V. aussi A. Pellet, La reconnaissance par la France du droit de requête individuelle devant la Commission européenne des Droits de l'homme, *RDP*, 1981, p. 69 ; G. Cohen-Jonathan, La reconnaissance du droit de recours individuel devant la Commission européenne des Droits de l'homme, *Ann. fr. Dr. int.*, 1981, p. 269 ; G. Ress, Effets des arrêts de la CEDH en droit interne et pour les tribunaux nationaux, in *Actes du 5ᵉ colloque international pour la Convention européenne des droits de l'homme*, Paris, 1982, p. 235. Une question se pose, en effet, qui est celle de savoir si les tribunaux français peuvent ou doivent tenir compte de la jurisprudence de la Cour. On constate que rapports et conclusions devant les hautes juridictions ne manquent pas d'invoquer les arrêts de la CEDH (à vrai dire presque toujours pour constater que nos règles sont en parfait accord avec la Convention et la jurisprudence de la Cour...) ; mais le débat reste ouvert quant à l'autorité véritable de ces décisions : force contraignante, « autorité persuasive » ? G. Rouhette fait remarquer que « l'autorité du précédent, là où elle est reconnue, n'a rien d'automatique ou de tyrannique : elle ne s'impose pas, elle se *mérite* ». La jurisprudence de la Cour commande l'interprétation des tribunaux français dans des hypothèses semblables, non parce qu'elle est un tribunal hiérarchiquement supérieur mais en fonction de ses qualités intrinsèques (v., pour une analyse comparable, *infra*, n° 25) : G. Rouhette, L'ordre juridique processuel. Réflexions sur le droit du procès, *Mélanges Raynaud*, 1985, p. 687 et plus spécialement nᵒˢ 6 et 7 (on y trouvera citée une importante bibliographie). V. aussi V. Berger, *Jurisprudence de la Cour européenne des Droits de l'homme*, Sirey, 1984 ; L. Pettiti, Les arrêts de la Cour européenne, *RSC*, 1985, p. 141 et p. 627 ; *RSC*, 1986, p. 157 et p. 671. Sur la jurisprudence de la Cour de cassation, v. L. Charbonnier, L'article 6 de la Convention européenne des Droits de l'homme et le principe du double degré de juridiction en droit français, concl. sur Civ. 2ᵉ, 3 juillet 1985, *D.*, 1986, 546 ; R. Koering-Joulin, Détention provisoire et article 5, paragraphe 1-c, de la Convention européenne, note sous Crim. 3 janvier 1986, *D.*, 1986, p. 137 ; D. Mayer, La Convention européenne des Droits de l'homme et la détention provisoire, note sous Crim. 6 mars 1986, *D.*, 1986, p. 315 ; sur Le gouvernement des juges (CJCE, CEDH, CC...) : Stasi, Bienvenu, Boré, *14ᵉˢ Entretiens de Nanterre*, Paris, mars 1987 (à paraître).

Chapitre 2

La matérialisation
du pouvoir judiciaire

Le propre du pouvoir judiciaire est d'être investi de la fonction de juger. Cette fonction se matérialise dans un acte, qui porte suivant le contentieux ou les juridictions le nom de « décision », « jugement » ou « arrêt », et qui se distingue fondamentalement des actes des pouvoirs législatif et exécutif par des attributs qui lui sont propres. L'accumulation de ces actes, de ces décisions judiciaires, constitue ce que l'on appelle la jurisprudence.

Section I
La décision judiciaire

Le but de toute action en justice est d'obtenir une décision juridictionnelle, c'est-à-dire un acte par lequel le juge dit le droit existant. La justice étant un pouvoir, ses décisions s'imposent et doivent être respectées et exécutées au besoin par la force. Les attributs du pouvoir judiciaire sont donc au nombre de deux. La fonction de juger implique principalement (et nécessairement, *infra,* n° 29) le pouvoir de « dire le droit » ou *jurisdictio*. Elle implique aussi le pouvoir, lorsque cela est utile, de prescrire toutes les mesures nécessaires pour que le droit dit soit effectivement respecté dans les faits ou *imperium*.

I | « JURISDICTIO »

17 L'ACTE JURIDICTIONNEL. — Tous les actes du juge ne relèvent pas de sa *jurisdictio*. Certains, nécessaires à l'accomplissement de ses fonctions, ne sont que des actes administratifs, qu'ils soient utiles à un bon fonctionnement du service, qu'ils soient utiles à la bonne marche d'un procès. Les actes d'administration judiciaire, les actes d'instruction (*infra*, n° 26), pourtant pris par un juge, ne réalisent pas la spécificité de sa fonction. Seul, l'acte juridictionnel la réalise. La détermination de ce qu'est la fonction juridictionnelle passe donc par la détermination de ce qu'est l'acte juridictionnel.

La difficulté est que cette dernière détermination n'est pas aisée. Peu de matières ont soulevé autant de controverses que le critère de l'acte juridictionnel. Il est impossible ici d'en faire état. La sagesse conduit alors à combiner les critères proposés (c'est d'ailleurs l'attitude de la jurisprudence). Le premier est formel. L'acte juridictionnel est le fait d'une juridiction, c'est-à-dire d'un organe judiciaire spécialisé (critère organique), jugeant selon certaines formes procédurales (critère de procédure). Le critère formel est essentiel pour l'ordre administratif dans lequel il n'est pas toujours simple de distinguer entre administration et juridiction administrative (*infra*, n° 259). Il est quasiment inutile pour l'ordre judiciaire dans lequel les juridictions sont très strictement organisées. Mais ce premier critère est à lui seul insuffisant. Il faut nécessairement y en adjoindre un second, le critère matériel. L'acte juridictionnel apparaît être celui qui tranche une contestation, un conflit d'intérêts lorsque le contentieux est subjectif, celui qui procède à la constatation de la régularité ou de l'irrégularité d'une situation juridique lorsque le contentieux est objectif.

18 LES EFFETS. — Ils expriment le rôle du juge dans la société.

A la différence du législatif et de l'exécutif qui peuvent remettre sans cesse leur œuvre sur le métier, le judiciaire a pour tâche de statuer définitivement sur les situations juridiques. Sa fonction est de rétablir l'ordre juridique, d'en régler tout incident et de le faire en vertu de deux valeurs : celle de Vérité, celle de Sécurité. Le souci du juge doit être de faire triompher la vérité juridique, d'imposer la conformité d'une situation au droit. Mais il doit être plus encore d'assurer la sécurité juridique. L'intérêt des plaideurs, la paix publique ne pouvant s'accommoder de l'éternel recommencement des mêmes procès, le pouvoir du juge doit permettre un règlement des incidents qui ne puisse plus être, une fois les voies de recours exercées ou épuisées, remis en cause. Deux techniques, plus précisément, permettent de répondre à cette exigence.

19 Le dessaisissement du juge. — Dès que, par un acte juridictionnel, le juge s'est prononcé sur le fond de l'affaire (*infra*, n° 26), il cesse d'être juge. Le pouvoir judiciaire épuise ainsi son pouvoir de juridiction en l'utilisant. La sécurité juridique veut que le juge, désormais dessaisi, ne puisse plus se déjuger. Les exceptions au principe sont donc de celles qui ne le remettent pas en cause (le juge peut rectifier une erreur purement matérielle ; dans le contentieux civil, le juge peut interpréter la décision que les parties ont acceptée en se refusant à faire appel ; dans le contentieux pénal, une exception *in favorem* permet au juge des enfants de modifier, dans l'intérêt du mineur, la mesure qu'il avait prise).

20 L'autorité de la chose jugée. — Elle est le privilège de l'acte juridictionnel et constitue une autorité différente de celle de la chose légiférée ou de celle de la chose décidée par l'exécutif. L'autorité de la chose jugée est d'abord une double présomption : une présomption de vérité, une présomption de régularité de la procédure. Elle est ensuite, et surtout, un instrument de sécurité juridique et a pour fonction de mettre fin définitivement au procès. Mais cet instrument est d'une intensité et d'une portée variables.

La sécurité juridique ne pouvant bafouer les droits de la défense et l'acte juridictionnel étant susceptible de recours, il existe une gradation d'intensité de l'autorité. La décision rendue a *autorité* de chose jugée. Lorsque sont écoulés les délais des voies de recours ordinaires, ou lorsque ces voies ont été utilisées, la décision a *force* de chose jugée. Elle devient *irrévocable* lorsque sont expirés les délais des voies de recours extraordinaires ou lorsque ont été exercés ces recours (*infra*, n° 74).

Le fondement de paix publique qui justifie l'autorité de la chose jugée implique que sa portée soit variable suivant que la décision à laquelle elle s'attache relève d'un contentieux subjectif ou objectif.

Dans le contentieux subjectif, l'autorité est *relative*. Elle ne joue qu'entre les parties à l'instance (ou les personnes qui y étaient représentées). C'est dire que les mêmes personnes ne pourront plus plaider, en la même qualité, pour le même objet et la même cause. Mais c'est dire aussi que, la décision n'ayant vérité légale que dans les rapports entre les parties, les tiers ne peuvent se voir opposer, comme une vérité incontestable, l'autorité qui s'attache à la décision. Dans le contentieux objectif, l'autorité est *absolue*. Elle s'impose à l'égard de tous *(erga omnes)*. Cela veut dire que personne, pas même un tiers, n'est admis à critiquer ce qui a été jugé. La force de vérité qui résulte de la décision est considérée comme une vérité légale objective qui s'impose à tous. Assez rare dans la matière civile (filiation, nullité d'un mariage, d'une société, etc.), l'autorité absolue est la règle dans le contentieux pénal, dans le recours pour excès de pouvoir dans l'hypothèse de l'annulation de l'acte ou pour les décisions du Conseil constitutionnel. Si l'autorité relative relève de l'idée de sécurité juridique des plaideurs, celle d'autorité absolue, au-delà, vise la protection de l'ordre public. Une illégalité, une inconstitutionnalité sont des désordres juridiques graves ; il importe que la constitution de la famille et l'état des personnes soient connus et respectés de tous, ou encore que la protection des citoyens soit assurée contre l'arbitraire de poursuites pénales répétées portant sur les mêmes faits.

II | « IMPERIUM »

21 POUVOIR DE COMMANDEMENT. — Le pouvoir judiciaire est un pouvoir délégué par la Constitution et, par là-même, le juge dispose d'un véritable pouvoir de commandement. Sa décision doit être respectée et exécutée. Dans un état de droit, « force doit rester à la loi », c'est-à-dire au juge. Pour cette raison, la décision est généralement nantie d'une formule exécutoire, ordonnant son exécution, requérant le concours de la force publique si nécessaire. Mais le pouvoir de commandement étant extérieur à la formule, toute décision est exécutoire par elle-même, qu'elle comporte ou non de formule (*infra*, n°s 89 et s.).

22 POUVOIR DE COMMANDEMENT ET POUVOIR EXÉCUTIF. — L'*imperium* du juge tient en échec, en théorie, le principe selon lequel
le judiciaire ne peut donner d'injonction à l'administration. Requérant
la force publique, le juge enjoint donc à celle-ci d'accomplir un acte.
En pratique, l'administration fait souvent défaut. Cette carence est
une démonstration de l'indépendance dont veut jouir l'exécutif. La
situation s'aggrave lorsque l'administration, partie au procès, se voit
condamner à exécution. Le contentieux administratif est riche d'affaires
dans lesquelles l'administration n'a pas voulu se soumettre. Une telle
attitude pose, de manière générale, la question de savoir si, dans un
Etat de droit, force ne devrait pas *toujours* rester au juge et s'il est encore
admissible, alors que la séparation des pouvoirs n'est plus vécue
comme un dogme, qu'un pouvoir, quel qu'il soit, puisse ne pas se plier
au pouvoir — constitutionnel — du juge (*infra,* n° 92).

**Section II
La jurisprudence**

On peut définir la jurisprudence comme l'ensemble des solutions
données par les juridictions aux questions de droit, ensemble qui fait
apparaître des solutions concordantes permettant aux particuliers de
se fier à elles. Mais l'on dit aussi d'une décision isolée qu'elle fait jurisprudence : il s'agit le plus souvent des arrêts de principe rendus par
les Cours suprêmes.

23 LA JURISPRUDENCE, SOURCE DU DROIT. — Une conception traditionnelle se refuse à voir dans la jurisprudence une source du
droit, seul le législateur[1] pouvant créer une règle de droit. Cette
conception, largement influencée par l'histoire (la primauté absolue
du pouvoir législatif, la défiance à l'égard du judiciaire), est dépassée.

---

1. Il faut entendre par législateur les organes habilités par la Constitution à édicter des règles de
droit écrites générales, à savoir les pouvoirs législatif et exécutif.

Le juge *crée le droit*. Il le crée parce que le législateur lui-même lui prescrit de le faire sous peine de déni de justice (art. 4 cc)[2] ou encore lui délègue, et cela de plus en plus, une partie de ses pouvoirs pour compléter la loi[3]. Il le crée encore parce que l'application de la loi suppose son interprétation et que cette interprétation est une création. L'œuvre jurisprudentielle n'a cessé de croître au fur et à mesure que s'estompait la Révolution, que vieillissaient les codes napoléoniens, car il s'agissait de les rajeunir, que se transformait la société, car il fallait une nécessaire adaptation du droit. La jurisprudence, source du droit, est une réalité incontestable. Encore faut-il se demander quelle est la nature de la règle ainsi créée.

24 RÈGLE JURISPRUDENTIELLE ET RÈGLE IMPÉRATIVE. — La règle jurisprudentielle se compare-t-elle à la règle légale? Est-elle, comme elle, impérative?

On constatera d'abord que la règle jurisprudentielle emprunte l'impératif de la règle légale. Le juge, en interprétant la loi, lui donne un sens et donc vie véritable. La règle, ainsi issue de la décision judiciaire, est indéniablement jurisprudentielle. Pourtant, le juge, donnant l'illusion de n'être qu'un simple exécutant, présente son œuvre comme celle propre du législateur. L'interprétation fait corps avec la loi. La règle, par une fiction, apparaissant purement légale, en possède donc la force : impérative, générale et abstraite. Toutefois, la règle ainsi créée devient, ce que n'est que très rarement la loi, rétroactive puisqu'elle va s'appliquer au procès c'est-à-dire à une situation née avant sa création. La fiction fait donc de la règle jurisprudentielle une règle légale et qui plus est rétroactive.

On constatera ensuite que la règle jurisprudentielle cesse d'être impérative si elle cesse d'emprunter à la loi. L'article 5 du Code civil interdit l'arrêt de règlement, c'est-à-dire une décision par laquelle le juge déclarerait que telle serait la solution qu'il appliquerait aux procès à venir. Seule la loi peut disposer de manière générale et abstraite

---

2. C'est d'ailleurs de l'article 4 que procède indirectement la légitimité du jugement en équité. Le juge devant toujours se prononcer, s'il est privé du secours d'un texte, ne peut que rechercher par lui-même la solution appropriée et donc statuer en équité.
3. Le législateur utilise souvent des formules larges (bonnes mœurs, intérêt de l'enfant ou de la famille, circonstances exceptionnelles, clause de dureté, etc.), laissant au juge le soin de remplir ces simples cadres.

pour l'avenir et le juge, quand il parle en son nom propre, ne peut le faire. Interdiction est aussi faite au juge de se référer aux règles jurisprudentielles précédentes comme étant des règles impératives. La Cour de cassation censure très sévèrement les décisions qui visent expressément comme règle de droit « la jurisprudence »[4].

On constatera enfin que la règle jurisprudentielle assouplit l'impératif de la loi. La règle jurisprudentielle n'ayant valeur qu'indicative, le juge n'est pas tenu par les précédents (les siens ou ceux des autres juridictions même suprêmes). Dès lors, il n'est guère plus tenu par la règle légale telle qu'interprétée par la jurisprudence. Le revirement est toujours possible. Il est même de l'ordre de la nature. On voit donc que l'indicatif de la règle jurisprudentielle altère, par son contact, l'impératif de la loi.

25 RÈGLE JURISPRUDENTIELLE ET RÈGLE D'AUTORITÉ. — Qu'elles soient impératives ou indicatives, les règles jurisprudentielles tirent leur force véritable du fait qu'elles sont des règles d'autorité. Lorsque les Cours suprêmes posent une règle, sans doute les juridictions du fond sont-elles tenues, à certaines conditions, de l'appliquer à l'espèce en cause. Mais elles gardent toute liberté de l'appliquer ou non dans d'autres affaires. La sécurité juridique voudrait pourtant que les juridictions inférieures se rangent à la position des Cours suprêmes. Lorsque le Conseil constitutionnel ou la Cour de justice des Communautés européennes, par exemple, crée une règle, la Cour de cassation ou le Conseil d'Etat, ainsi que les autres juridictions, devraient, en vertu des textes constitutionnels, l'appliquer.

Pourtant, la « fronde » est possible. Aux juges du fond, il est loisible de « mal faire », sous la menace certes d'une cassation. Aux Cours suprêmes, il est toujours loisible de jouer l'indifférence et de négliger une règle de jurisprudence constitutionnelle ou communautaire. La « fronde » n'est pas nécessairement un mal. Elle permet de susciter des revirements utiles. Elle est toutefois, assez souvent, la manifestation d'un dysfonctionnement. Elle montre, en tout cas, que les Cours suprêmes ont échoué dans leur mission. La force de la jurisprudence n'est pas d'être contraignante. Elle est d'être morale et le

---

4. Civ. 22 octobre 1957, *D.*, 1957, 732 : « Le tribunal a outrepassé les limites du pouvoir juridictionnel » ; Crim. 3 novembre 1955, *D.*, 1956, 557 : « Le tribunal n'avait pas à se référer à une jurisprudence habituelle. » *Cf.* toutefois, *infra*, n° 27.

juge échoue dès lors que sa décision ne convainc pas. Car l'essentiel
est là, dans la conviction. Au juge de convaincre les parties qu'il a
choisi la bonne solution (*infra,* n° 72). Aux juges suprêmes de
convaincre les juges inférieurs, les autres juges suprêmes de la justesse
de leurs solutions. On comprend alors que la question n'est pas tant
de savoir si les décisions de la Cour de justice des Communautés
européennes, de la Cour européenne des Droits de l'homme ou encore
celles du Conseil constitutionnel s'imposent aux autres juridictions
suprêmes et dans quelles conditions. Le propos est assez vain. On
ne voit pas par quelle force l'on pourrait contraindre le Conseil d'Etat
ou la Cour de cassation à appliquer telle ou telle règle. La question
est celle de l'autorité morale de ces décisions. Conseil d'Etat, Cour de
cassation se soumettent, se soumettront à une décision s'ils sont
convaincus de sa justesse. Les jurisprudences n'ont de valeur que si
elles sont des règles d'autorité.

Prend alors une importance capitale la motivation de la décision
judiciaire. Elle est l'instrument de sa force morale. C'est elle qui assure
de la justesse du dispositif. Elle est explication et persuasion, elle est
pédagogie et autorité. Les décisions des cours souveraines seront
d'autant mieux suivies qu'elles seront, qu'elles sont mieux motivées.

La force essentielle du pouvoir judiciaire, véritable pouvoir de
décision, de commandement, créateur de règles de droit, réside dans
son autorité morale. Et plus grande elle est, plus grand le soin que le
pouvoir judiciaire met à s'expliquer et à se justifier, et plus grande
est sa force. La démocratie n'a rien à redouter de l'existence d'un tel
pouvoir tant que son souci est de poser des règles d'autorité plus que
des règles simplement impératives[5]. Le danger serait, devant l'encombrement des tribunaux, que les juges sacrifient cette exigence supérieure à
des notions de rapidité et de rendement.

---

5. Les parlements d'Ancien Régime ne motivaient pas leurs décisions. L'absence de motivation
crée toujours un risque d'arbitraire.

Pour aller plus loin

26 L'ACTE JURIDICTIONNEL ET L'AUTORITÉ DE LA CHOSE JUGÉE. — Ces questions relèvent de la procédure. On renverra donc aux manuels de procédure ou de droit processuel et en particulier à celui de J. Vincent et S. Guinchard, *Procédure civile*, « Précis Dalloz », 20ᵉ éd., 1981. Le titre I de la deuxième partie est consacré à « L'étude de l'acte juridictionnel ». Une bibliographie très importante y est citée. On ne retiendra ici que les ouvrages ou articles fondamentaux. On pourra lire la doctrine publiciste : les manuels de Jèze *(Principes généraux du droit administratif)* ou de Duguit *(Leçons de droit public ; Traité de droit constitutionnel)* ; de Duguit aussi L'acte administratif et l'acte juridictionnel, *RDP*, 1906, p. 413 ; de P. Lampué, La notion d'acte juridictionnel, *RDP*, 1946, p. 6. Mais, pour avoir une vision complète des controverses qu'a suscitées la détermination des critères de l'acte juridictionnel, il faut consulter Vizioz, *Etudes de procédure*, Bordeaux, Ed. Bière, 1956, et P. Hébraud, L'acte juridictionnel et la classification des contentieux, *Recueil de l'Académie de législation de Toulouse*, 1949, p. 131 ; pour la notion qui a inspiré les rédacteurs du NCPC, v. H. Motulsky, *Droit processuel*, Ed. Montchrestien, 1973. Sur l'autorité de la chose jugée, l'ouvrage classique est celui de R. Guillien, *L'acte juridictionnel et l'autorité de la chose jugée. Essai critique*, thèse, Bordeaux, 1931. Toutefois, l'étude de Guillien mérite d'être confrontée à celle de H. Motulsky, Pour une délimitation plus précise de l'autorité de la chose jugée en matière civile, *Ecrits I*, p. 201, Dalloz, 1973 ; *cf.* aussi R. Guillien, Retour sur quelques sujets d'acte juridictionnel et de chose jugée, *Mélanges Vincent*, 1981, p. 117.

Sur la classification des actes du juge : on peut renvoyer à H. Motulsky, *Droit processuel*, qui distingue l'acte juridictionnel, l'acte dit de juridiction gracieuse, l'acte d'administration judiciaire, subdivisant cette dernière catégorie en acte d'administration concernant le service judiciaire et en acte processuel non juridictionnel. L'acte de juridiction gracieuse est propre à la matière civile et soulève bien des controverses : de juridiction pour Motulsky, il est d'administration pour la plupart des auteurs qui gardent une vision très civiliste et très classique de la définition de l'acte juridictionnel (voir, par exemple, Vincent et Guinchard ou Perrot). L'acte d'administration judiciaire peut concerner le service de la justice (répartition des affaires entre les chambres, fixation des audiences, etc.) ou être un acte processuel non juridictionnel (autorisation d'assigner, remise, sursis, jonction d'instances, etc.). Motulsky englobait encore, dans les actes processuels non juridictionnels, des actes qu'il serait plus juste d'appeler des actes d'instruction : il s'agit d'actes ayant pour but exclusif la manifestation de la vérité et destinés, donc, à mettre l'affaire en état d'être jugée (voir ce que le NCPC appelle les « mesures d'instruction » : art. 143 et s.).

Sur la classification des actes juridictionnels : on peut encore renvoyer à Motulsky ou à Perrot *(Cours de droit judiciaire privé*, Cours du Droit). Certains sont des jugements sur le fond, qui tranchent le principal ou statuent sur un incident (art. 480 NCPC) ; d'autres sont des jugements mixtes, qui tranchent dans leur dispositif une partie du principal et ordonnent une mesure d'instruction ou une mesure provisoire » (art. 544) ; certains sont des jugements provisoires qui décident d'une mesure d'attente jusqu'à la fin du procès, mesure destinée à sauvegarder les intérêts d'une partie : il s'agit de l'ordonnance de référé (art. 484) qui est indéniablement un acte juridictionnel, et de l'ordonnance sur requête (art. 493) dont on discute la nature *(infra*, nº 149).

27 LA JURISPRUDENCE. — Le mot a subi une curieuse évolution. A Rome, il désignait la science du droit (science qui devait être empreinte de sagesse, de prudence). C'est toujours dans cette acception que doit être comprise la jurisprudence dans les pays de *common law*. Aujourd'hui, dans l'Europe continentale, jurisprudence désigne les règles juridiques qui se dégagent des décisions judiciaires, notamment dans la mesure où elles se distinguent de la lettre de la loi. *Cf.* R. David, *Les grands systèmes de droit contemporains*, « Précis Dalloz », 8ᵉ éd., 1982. Le passage d'une conception à une autre semble s'être opéré brutalement, du rejet total de toute jurisprudence par la Révolution à la prise de conscience par les rédacteurs des codes napoléoniens de l'utilité des tribunaux. On ne peut que renvoyer au remarquable « Discours préliminaire » de Portalis (Fenet, t. IX), lequel disait que l'on ne peut pas plus se passer de jurisprudence que de lois. Portalis, après avoir assigné la fonction de la jurisprudence (une triple fonction) indique quels procédés (induction, déduction) le juge utilisera pour répondre à sa mission.

L'idée même de jurisprudence repose sur celle de *précédent*. Le terme ne s'entend pas de la même manière dans l'Europe continentale et dans les pays de *common law* : v. R. David, *op. cit.* ; Fragistas, Les précédents judiciaires en Europe occidentale, *Mélanges Maury*, t. II, p. 139. Pour une analyse de la notion et de son utilité, il faut lire J. Ghestin et G. Goubeaux, *Traité de droit civil. Introduction générale*, LGDJ, 1977. De manière générale, ces deux auteurs présentent une étude tout à fait remarquable de la jurisprudence. On pourra lire aussi l'étude de T. Sauvel, Essai sur la notion de précédent, *D.*, 1955, chron. 93. Sur le revirement, lire L. Husson, Réflexions d'un philosophe sur un revirement de jurisprudence, in *Nouvelles études sur la pensée juridique*, coll. « Philosophie du Droit », Dalloz, 1974.

La question de la jurisprudence, source du droit, a opposé la doctrine. On citera les chroniques les plus importantes : J. Maury, Observations sur la jurisprudence en tant que source du droit, *Etudes Ripert*, t. 1, p. 38 ; P. Hébraud, Le juge et la jurisprudence, *Mélanges Couzinet*, 1974, p. 342 ; J. Boulanger, Notations sur le pouvoir créateur de la jurisprudence civile, *RTDCiv.*, 1961, p. 417 ; O. Dupeyroux, La jurisprudence, source abusive du droit, *Mélanges Maury*, t. II, 1960 ; A. Audinet, Faut-il ressusciter les arrêts de règlement?, *Mélanges Brèthe de La Gressaye*, 1967, p. 99. On pourra consulter l'ouvrage de S. Belaïd, *Essai sur le pouvoir créateur et normatif du juge*, « Bibliothèque de Philosophie du Droit », LGDJ, 1974. Sur la distinction normes, règles, décisions, v. P. Mayer, *La distinction entre règles et décisions et le droit international privé*, Dalloz, 1973. On notera enfin que les *Archives de Philosophie du Droit* ont consacré leur n° 30 à « La jurisprudence ».

Un arrêt à remarquer : celui de la 1ʳᵉ chambre civile de la Cour de cassation rendu le 15 janvier 1985 (*D.*, 1985, IR, 265, obs. Julien ; *RTDCiv.*, 1985, 621, obs. Normand). Sa motivation est en effet fort surprenante : « Attendu que la *modification de jurisprudence*, survenue depuis la décision des premiers juges et s'appliquant à des litiges similaires, constituait un élément nouveau, etc. » Certes, la référence à la jurisprudence n'est retenue que comme un *fait*, mais la Cour renvoie dans son arrêt à plusieurs autres de ses arrêts et précise qu'une cour d'appel vient de s'y *rallier*. L'arrêt de règlement n'est pas loin... Cette audace s'explique par l'espèce : des tuiles défectueuses vendues par toute la France, une multitude de procès similaires et la volonté d'y voir donner des réponses elles-mêmes similaires, par souci d'égalité. Le droit de la consommation, avec ses litiges à caractère collectif, perturbe le jeu normal des règles. Notre droit n'est pas adapté au règlement des contentieux de masse (v. arrêt Ferrodo, Soc. 17 mai 1977, *D.*, 1977, 645, note Jeammaud ; *RTDCiv.*, 1977, 602, obs. Normand). V. les propositions de création d'action collective : F. Caballero, Plaidons par procureur. De l'archaïsme procédural à l'action de groupe, *RTDCiv.*, 1985, p. 247 ; v. aussi l'ouvrage collectif publié sous la direction de M. Cappelletti, *Action en justice et Etat providence*, Economica, 1984 ; Accès à la justice, *RIDC*, 1979, p. 617 (v. Actualités et informations).

Sur la force de conviction : v., pour une position identique, C. Atias, *Epistémologie juridique*, « Droit fondamental », PUF, 1985, n° 46.

Sur l'application des règles jurisprudentielles ou européennes : on notera qu'elle dépend aussi de l'acceptation, ou non, du fait constitutionnel ou du fait européen ; *infra*, n° 132 et *supra*, n° 16.

Pour un approfondissement des pouvoirs du juge, en matière de normes cadres : G. Cornu, *L'apport des réformes récentes du Code civil à la théorie du droit civil*, Cours du Droit, 1970-1971.

28 LA MOTIVATION. — On pourra consulter deux ouvrages directement consacrés à la motivation : Centre national de Recherches de logique de Bruxelles, *La motivation des décisions de justice*, Bruxelles, Ed. Bruylant, 1978 : l'ouvrage se compose d'une série d'articles d'histoire, de droit comparé, de logique juridique ; G. Giudicelli-Delage, *La motivation des décisions de justice*, thèse, Poitiers, 1979. Des articles, l'on retiendra : T. Sauvel, Histoire du jugement motivé, *RDP*, 1955, p. 5 ; A. Touffait et A. Tunc, Pour une motivation plus explicite des décisions de justice notamment de celles de la Cour de cassation, *RTDCiv.*, 1974, p. 487 : le parti-pris « anglo-saxon » des auteurs rend plus fragiles les reproches, parfois justifiés, qu'ils adressent à la technique de motivation de la Cour de cassation ; M. Troper, La motivation des décisions constitutionnelles, in *La motivation des décisions de justice*, Bruxelles, Bruylant, 1978. L'auteur démonte parfaitement la fonction de la motivation, les jeux de l'illusion d'un pouvoir lié et de la réalité d'un pouvoir sans contrôle.

La motivation étant aussi une technique, il peut être utile de se référer à des ouvrages de logique juridique. On recommandera ceux publiés par ou sous la direction de Chaïm Perelman : v. en particulier *Logique juridique et nouvelle rhétorique*, Dalloz, 1976 ; en collaboration avec L. Olbrechts-Tyteca, *Traité de l'argumentation, la nouvelle rhétorique*, 4ᵉ éd., Ed. de l'Université de Bruxelles, 1983.

Titre second

La justice : un service public

Chapitre préliminaire

La justice, privilège d'État

Fondamentalement, la justice est un élément de *souveraineté*. Elle est donc devenue, de nos jours, une activité, mieux un privilège de l'Etat. Ce privilège est souvent dénommé « monopole ». Sous ce vocable économiste, est visé le pouvoir de rendre la justice. Mais ce n'est qu'une vue partielle. Le privilège est en vérité double. Si rendre la justice est un monopole de l'Etat, il est une autre prérogative de l'Etat : veiller au respect des lois.

Section I
Rendre la justice

Il y a privilège, car rendre la justice implique l'exercice cumulé de deux pouvoirs : le pouvoir de dire le droit et le pouvoir de commandement (*supra*, n°s 17 et s.). Or si l'Etat partage avec d'autres le premier de ces pouvoirs, le second lui appartient exclusivement. Nul autre que l'Etat ne détient le pouvoir complet de rendre la justice.

I | Le pouvoir de dire le droit

Ce pouvoir, qui est une composante de la fonction de juger, n'est pas le monopole de la justice étatique ; la justice privée peut valablement l'exercer. Mais il faut observer que dire le droit est une composante *nécessaire* de la fonction de juger. Doivent donc être exclus de la notion de justice tous les organes qui n'ont pas ce but.

A - L'exclusion des modes non juridictionnels de règlement des litiges

29   Caractère. — Leur trait commun est qu'ils ne cherchent pas à régler le litige au moyen d'un acte juridictionnel. Ils ne se proposent pas de *trancher* le conflit par l'application d'une règle de droit. Ils se proposent seulement d'*éteindre*. On désigne parfois ces modes de règlement des litiges sous le nom de « justice volontaire » ou de « justice douce ». L'idée de volonté est juste car c'est bien par la volonté des parties que le règlement juridictionnel est écarté ; le qualificatif « douce » illustre le souci des parties de ne pas combattre, de ne faire apparaître ni vainqueur ni vaincu. Mais le terme de justice est plus critiquable puisque le règlement juridictionnel est justement rejeté.

L'exclusion des modes non juridictionnels de la notion de justice n'équivaut pas à nier leur importance. Bien au contraire. La volonté des parties d'éviter le recours à la justice est favorablement accueillie, voire encouragée par les réformes récentes qui tendent à désengorger le service public de la justice. Si la justice reste un privilège d'Etat, l'Etat cherche, par le développement de modes anciens, par la création de modes nouveaux à détourner les parties de la justice.

30   La transaction. — C'est une convention par laquelle les parties mettent fin à une contestation née ou préviennent une contestation à naître, chacune abandonnant partiellement ses prétentions pour aboutir à un accord. Qu'elle intervienne avant toute instance ou alors que le procès est déjà engagé, la transaction règle définitivement l'affaire qui ne peut plus être soumise à un tribunal (cf. art. 2044 et 2052 CC). Certaines transactions, lorsque l'ordre public est en jeu, sont réglementées par la loi. L'administration (les Contributions, les Eaux et Forêts, les Ponts et chaussées, etc.) peut transiger avec l'administré, en particulier en matière répressive. Par exemple, en contrepartie de la reconnaissance de sa culpabilité, le fisc peut réduire le montant des amendes fiscales encourues par le contrevenant et renoncer à toute poursuite pénale à son encontre.

31 LA CONCILIATION. — Elle suppose, comme la transaction, l'entente des parties et l'abandon de certaines de leurs prétentions au bénéfice d'un compromis qui évite le recours à la justice. Mais elle suppose, le plus souvent, l'intervention d'un tiers : le conciliateur, qui se charge de rapprocher les points de vue et d'établir un procès-verbal de conciliation (ou de non-conciliation en cas d'échec). Les révolutionnaires avaient fondé de grands espoirs sur la conciliation dont ils avaient investi les juges de paix, leur donnant mission de procéder obligatoirement à un préliminaire de conciliation (*infra*, n° 151). L'évolution des juridictions a largement amenuisé la conciliation devant le juge. Si elle est toujours recommandée, elle est rarement obligatoire. Elle le reste en matière de divorce ou en matière prud'homale. La technique moderne a été de développer la conciliation hors de la justice. C'est ainsi qu'ont été institués les conciliateurs, personnages bénévoles, dont la mission est de faciliter « le règlement à l'amiable des différends portant sur des droits dont les intéressés ont la libre disposition » (décret du 20 mars 1978 réformé par celui du 15 mai 1981). Toutefois, cette pratique semble avoir été un échec (il n'est plus nommé de conciliateurs). Des expériences en cours tentent de réintroduire la conciliation au sein de la justice (*infra*, n° 41).

32 LA MÉDIATION. — Elle se rapproche de la conciliation. Elle en est, d'ailleurs, lorsqu'elle existe, une sorte de préalable : la médiation ayant pour objet d'aboutir à la conciliation des parties. Mais la médiation se distingue de la conciliation par le rôle et la personne du médiateur. Le médiateur a été institué par la loi du 3 janvier 1973. C'est une personnalité — il n'existe qu'un seul médiateur pour toute la France — nommée par décret pour une durée de six ans et bénéficiant

d'un statut lui assurant une totale indépendance. Sa compétence
s'étend à tous les organismes investis d'une mission de service public.
Il est chargé d'entendre les doléances des administrés et d'adresser à
l'organisme en cause les recommandations que lui inspire le dossier.
Il ne peut être saisi que si l'administré a préalablement tenté une
démarche auprès de l'organisme et à la condition que le dossier transite
par un parlementaire. Il établit un rapport annuel, public. L'institution
est incontestablement un succès, ce qui a conduit à la mise en place,
en 1978, de correspondants départementaux du médiateur, qui jouent
aussi un rôle de conseil des administrés.

B - *Justice étatique et justice privée*

La justice est le fait des seuls organes juridictionnels. Et selon
que ces organes sont privés ou étatiques, elle est elle-même une justice
privée ou une justice étatique.

La justice étatique est celle des tribunaux publics. Justice dans
l'Etat, elle est assurée par des juges nommés par l'exécutif et dont le
Président de la République est garant de l'indépendance (art. 64 de
la Constitution). La fonction de juger procède ainsi de l'autorité indi-
visible de l'Etat dont le Président de la République a la responsabilité.

La justice privée est dite encore *arbitrage*.

33 Présentation de l'arbitrage. — L'arbitrage est un mode
particulier de juridiction, par lequel les parties choisissent un
ou plusieurs arbitres, personnes privées, pour faire juger le litige qui
les oppose. Cette forme particulière de justice est ancienne. Peut-être
a-t-elle été la forme première de justice. Mais c'est sans aucun doute la
Révolution qui lui donna son plus grand rayonnement. Le législateur
révolutionnaire, individualiste et méfiant, on le sait, à l'égard du corps
judiciaire, voyait dans l'arbitrage le moyen le plus raisonnable de
terminer les contestations et imposa, comme obligatoire, la justice
privée pour régler les différends familiaux. Le Code de procédure
civile supprima l'arbitrage forcé mais conserva l'arbitrage facultatif.
C'est ce même arbitrage que réglemente le Nouveau Code de procédure civile, élaborant des règles spécifiques de l'arbitrage interne

(art. 1442 à 1491) puis de l'arbitrage international (art. 1492 à 1507).

C'est en matière internationale que l'arbitrage retrouve ce que fut sans doute sa vocation première, à savoir pallier l'absence de juridictions institutionnalisées. L'état d'inorganisation de la société internationale fait de l'arbitrage une nécessité afin d'éviter les multiples incertitudes concernant la loi applicable ou la juridiction compétente, et a suscité la création d'organismes privés se donnant le nom de chambre ou de cour d'arbitrage. Ce n'est pas dire que l'arbitrage interne soit dénué d'intérêts. Au contraire, les partisans de cette justice privée en avancent plusieurs, lesquels expliquent vraisemblablement le succès incontestable de l'institution, même s'il ne faut pas en ignorer les failles : sa rapidité (on échappe à l'encombrement des tribunaux d'Etat, à la condition d'avoir passé l'obstacle souvent long et difficile de l'accord d'arbitrage) ; sa discrétion (les séances d'arbitrage sont des séances de cabinet à l'abri de toute publicité et de toute curiosité — celle des journalistes, de concurrents ou du fisc...) ; sa « professionnalisation » qui fait de l'arbitrage une justice « entre soi » rendue par des pairs, dont les parties acceptent psychologiquement et techniquement la compétence. L'arbitrage suppose un certain « consensus » entre les parties, « il s'épanouit au sein de collectivités professionnelles dans lesquelles le sens de l'appartenance à une communauté est plus fort que celui de l'appartenance à l'Etat et dans lesquelles le souci de ménager les rapports d'affaires ultérieurs incite les partenaires à un minimum de bonne foi sinon par vertu du moins par raison » (R. David). Ailleurs, les risques de l'institution sont plus grands : celui que les arbitres se considèrent davantage comme les mandataires des parties que comme des juges ; celui qu'ils prennent, s'ils ne sont pas juristes, de trop grandes libertés avec les règles fondamentales de la procédure ; celui aussi que les parties leur accordent moins d'autorité qu'aux juges. Les caractères techniques de l'institution permettent de comprendre pourquoi ces risques existent.

34 CARACTÈRES DE L'ARBITRAGE. — L'arbitrage présente un double visage. Parce qu'il est une justice privée, ses caractères sont fort différents de ceux de la justice étatique quant à son organisation ; mais parce qu'il est un mode juridictionnel de règlement des litiges, ses caractères sont proches quant à sa mission de ceux des tribunaux d'Etat.

Par son organisation, l'arbitrage est une institution tout à fait originale. *La qualité de juge* est conférée à des personnes privées (personnes physiques) appelées arbitres. Nulle autre considération que la confiance des parties n'entre dans ce choix. Aucun impératif, aucune exclusion — si ce n'est celle générale de capacité —, aucune incompatibilité — un juge peut être arbitre mais en tant que simple particulier et non en qualité de magistrat. Cette qualité de juge, fait notable parce qu'impossible dans la justice étatique, est accordée par le choix des parties, soit qu'elles choisissent d'un commun accord un arbitre unique, soit qu'ayant choisi chacune un ou plusieurs arbitres (en nombre égal), ces arbitres choisis en désignent un autre afin que les membres du tribunal arbitral soient toujours, ainsi que l'exige le code, en nombre impair. L'arbitrage ayant un *fondement conventionnel,* il est nécessaire que les parties soient d'accord pour faire juger leur litige par des arbitres. A la différence de la justice étatique, la justice arbitrale ne peut s'exercer qu'avec l'accord *préalable* des parties. Il en résulte que la renonciation à la justice d'Etat doit être le fait des deux parties ; il en résulte aussi que cette renonciation ne peut se faire que dans les matières dont les parties ont la libre disposition (on ne pourrait par exemple demander à des arbitres de prononcer un divorce ou une adoption). L'accord des parties fait l'objet d'une convention qui désigne le ou les arbitres et fixe les règles qu'ils suivront. Cette convention est appelée *compromis* si la contestation est déjà née, *clause compromissoire* si elle vise le règlement éventuel d'un litige futur portant sur l'exécution d'un contrat dans le corps duquel elle est insérée par avance. Mais la clause compromissoire, à la différence du compromis, n'est valable qu'en matière commerciale.

Par sa mission, l'arbitrage est proche de la justice étatique. L'arbitre a pour *rôle de dire le droit.* Toutefois les parties peuvent lui conférer le pouvoir de statuer en équité : on dit alors qu'il est amiable compositeur. Mais cette prérogative ne l'oppose pas au juge étatique, lequel s'est vu conférer le même pouvoir par le NCPC (art. 12, al. 5). L'instance arbitrale, qui se déroule librement, est néanmoins soumise aux principes directeurs du procès (liberté de défense, obligation de preuve, principe du contradictoire). L'arbitre rend une *décision juridictionnelle,* tout comme le juge étatique. Cette décision s'appelle une sentence arbitrale. Elle a autorité de chose jugée et est susceptible de recours (certes particuliers : appel et recours en annulation, l'opposition et le pourvoi en cassation étant exclus). Mais une différence fondamentale distingue la sentence arbitrale d'un jugement ordinaire : elle n'a pas force exécutoire.

II | LE POUVOIR DE COMMANDEMENT

L'*imperium* n'est conféré qu'à la seule justice étatique. On comprend alors toute l'importance de ce deuxième élément.

35 PARFAIRE LE POUVOIR DE LA JUSTICE PRIVÉE. — L'arbitrage apparaît comme un « succédané privé » (Vincent) de la justice étatique. C'est dans le seul accord des parties que se trouve sa force obligatoire. L'arbitre ne dispose d'aucun moyen de contraindre la partie condamnée à s'exécuter. L'Etat détenant le monopole de la contrainte et l'arbitre n'étant pas un fonctionnaire ayant reçu délégation de pouvoir de l'Etat, au cas d'inexécution, la partie qui y a intérêt doit demander à un juge de rendre la sentence arbitrale exécutoire. Ce juge est le juge de l'exécution[1]. Il délivrera la formule exécutoire par une ordonnance d'*exequatur*. Cette formule seule fera de la sentence un jugement au sens plein du terme. Mais l'*exequatur* n'est pas donnée automatiquement. Le juge de l'exécution, s'il ne s'ingère pas dans la *jurisdictio,* s'il ne contrôle pas le bien-fondé de la sentence, se doit toutefois de vérifier si celle-ci respecte les règles d'ordre public. Ce n'est que dans la mesure où elle est régulière que le juge lui accorde de devenir aussi un titre exécutoire.

36 DONNER PRIVILÈGE COMPLET À L'ETAT. — Le pouvoir de rendre la justice semble, à première vue, se confondre avec celui de dire le droit. Mais qu'est-ce que ce pouvoir si l'exécution de la décision dépend de la seule volonté, bonne ou mauvaise, d'une partie ? L'*imperium,* conséquence nécessaire de la *jurisdictio,* lui donne son plein effet et l'Etat est seul à posséder un pouvoir plein et entier.

1. Lequel est un membre du TGI ; à l'heure actuelle, c'est en pratique le président du tribunal.

Une telle vérité paraît une évidence. Et pourtant, il n'en va ainsi que depuis que l'Etat a acquis sa pleine souveraineté. L'histoire montre que, tant que le pouvoir de l'Etat n'a pas été fortement assis, tant que celui-ci a dû partager son autorité avec des seigneurs puissants, la justice — *jurisdictio* et *imperium* — a été l'apanage de plusieurs. Pour « faire la France contre l'intérieur » — c'est-à-dire contre les barons et les justices ecclésiastiques —, les légistes dirent que la Cour du roi tenait son autorité de ce dernier, que, détentrice de cette autorité, la Cour n'était liée par aucune loi, n'avait pas à justifier ses décisions et que tout sujet pouvait en appeler, en dernier ressort, à la justice du roi. C'était dire que le roi était seul souverain en matière de justice. La résistance seigneuriale fut longue et parfois violente, certains seigneurs n'acceptant ni les décisions de la Cour du roi, ni même qu'il y fût fait appel (tel ce seigneur qui fit couper la main droite de son vassal qui en avait appelé au roi d'une sentence le condamnant à avoir la main gauche coupée). Mais, dès le XVIᵉ siècle, le pouvoir royal était solidement assis, le principe de la justice privilège d'Etat était tout aussi solidement acquis.

Le privilège se double d'une obligation : l'Etat doit rendre la justice lorsqu'elle lui est demandée. Le juge qui refuserait de juger se rendrait coupable d'un déni de justice engageant la responsabilité de l'Etat (*infra*, nº 87). La solution s'imposait. Du moins, le privilège d'Etat l'imposait-il. Tout plaideur doit trouver son juge. L'Etat, s'étant réservé le pouvoir exclusif de rendre la justice, se doit de la rendre à chaque fois qu'on la lui demande.

Section II
Veiller au respect des lois

A côté des juges chargés de rendre la justice, les juridictions connaissent d'autres magistrats[2] dont la fonction n'est pas de juger

2. Le terme magistrat est employé par simplification. Dans l'ordre administratif, le terme de juge est plus usité (*infra*, nº 53).

mais de veiller à la bonne application de la loi et au respect de l'ordre public. Or cette deuxième fonction est encore pour l'Etat le lieu d'un privilège. Le privilège réside dans la présence d'un agent de l'Etat auprès de ceux qui doivent rendre la justice : présence obligatoire ou facultative, peu importe. Ce qu'il convient de remarquer, c'est que l'Etat peut toujours être présent s'il le désire, qu'il a toujours le droit de requérir ou de communiquer et que ce droit de présence n'est conféré qu'à lui seul. Aucun particulier ne bénéficie d'un tel avantage. Voilà le privilège qu'il convient de mieux connaître.

I | NATURE

37 CE N'EST PAS UN PRIVILÈGE DE REPRÉSENTATION. — Une confusion est à éviter. Les magistrats chargés de veiller au respect des lois ne parlent pas au nom de l'Etat, n'agissent pas pour son compte. Lorsque celui-ci veut saisir les tribunaux pour la défense de ses intérêts, il doit avoir recours à des avocats comme le font les simples particuliers. La seule mission de ces magistrats est la défense des intérêts, non de l'Etat, mais de la société : veiller au respect de l'ordre public, à la bonne application de la loi, à la défense de l'intérêt général ou social.

La chose est claire. Le commissaire du gouvernement devant les juridictions administratives, le ministère public devant les juridictions judiciaires ne sont pas des représentants de l'Etat. Aucune ambiguïté ne persiste de nos jours. Certes, il n'en fut pas toujours ainsi. Tant que l'autorité royale fut faible, le roi, comme tout particulier, devait choisir pour défendre ses intérêts, un avocat. Mais dès que son pouvoir s'affermit, à partir du XIVe siècle, le roi investit certains avocats de la charge de défendre ses intérêts : devenant magistrats, ces derniers durent se consacrer exclusivement à la représentation des intérêts royaux. C'est alors que naquit l'ambiguïté, avec la dualité de leurs fonctions. Les intérêts royaux étaient en effet doubles : intérêts de la personne privée du roi, intérêts de sa personne publique, c'est-à-dire de la société. Le représentant du roi était ainsi tout à la fois le défenseur de l'Etat et de l'intérêt général. L'apparition des Etats modernes dissocia ces deux intérêts et leur représentation avant de faire disparaître la première. A sa création (en 1831, devant le Conseil d'Etat), le commissaire du gouvernement apparut comme un véritable porte-parole de l'Etat. Et ce n'est pas sans heurts qu'il gagna l'indépendance que lui reconnaît aujourd'hui le Conseil d'Etat : « Le commissaire du gouvernement n'est pas un représentant de l'administration » (CE 10 juillet 1957, Gervaise, *Rec.*, 466).

38 C'EST UN PRIVILÈGE DE PRÉSENCE. — Il reste, de nos jours, que les magistrats chargés de veiller au respect des lois sont, comme les magistrats chargés de rendre la justice, des fonctionnaires nommés par le pouvoir exécutif.

Auprès des juridictions judiciaires, le ministère public est organisé de façon structurée et hiérarchisée ; à la différence des magistrats du siège qui sont appelés à juger, les membres du ministère public (ou « parquet ») sont soumis à l'autorité du garde des Sceaux, ministre de la Justice (art. 5 de l'ordonnance du 22 décembre 1958). Certes le principe de hiérarchie est tempéré (*infra,* n° 58) et la conscience du magistrat de son devoir et du prestige de sa fonction le tempère plus encore. Mais la règle est ferme : c'est un agent de l'Etat, hiérarchiquement soumis au pouvoir exécutif, qui est chargé de la défense de l'intérêt général.

Auprès des juridictions administratives, le ministère public est exercé par un membre de la juridiction qui, non sans ambiguïté, porte le titre de commissaire du gouvernement. Son indépendance à l'égard du gouvernement est pourtant grande. Le commissaire du gouvernement n'est intégré à aucun corps hiérarchique, il est seulement désigné par décret pour remplir, temporairement, cette fonction. Il apparaît comme le libre « serviteur de la loi » (on l'appelle parfois « commissaire de la loi »).

Ainsi ce sont des magistrats, fonctionnarisés, qui ont la charge de veiller, avec plus ou moins d'indépendance selon l'ordre, au respect des lois.

II | RÉGIME

Ce régime est un thème à variations, variations imposées ou libres[3].

39 DROIT D'ACTION. — Il est des matières, parce que liées à l'ordre
public dont l'Etat est le garant, dans lesquelles le ministère
public se constitue demandeur (affaires pénales ou civiles). On dit
que le ministère public est *partie principale*. De cette qualité, découlent
certaines conséquences pratiques. Le ministère public doit accomplir
tous les actes nécessaires à la conduite du procès ; il a droit à la
communication de toutes les pièces versées au dossier ; il peut exercer
toutes les voies de recours.

Devant les juridictions pénales, le ministère public est *nécessairement partie* et *nécessairement partie principale*. Il a pour fonction
de représenter la société lésée par l'infraction. Cette représentation se
dédouble. D'une part, il appartient au ministère public de mettre en
mouvement l'action publique, c'est-à-dire de déclencher les poursuites en saisissant la juridiction, d'instruction ou de jugement, compétente. Ce droit de poursuite du ministère public est marqué par deux
règles. La première est celle de l'opportunité des poursuites : le ministère
public est libre de choisir de déclencher ou non l'action publique. La
seconde est celle de l'absence, en principe, de monopole : la victime
lésée par l'infraction peut prendre l'initiative de déclencher les poursuites pénales. D'autre part, il appartient au ministère public d'exercer
l'action publique. Cette prérogative constitue, cette fois, un monopole.
Peu importe qui a pris l'initiative de la poursuite, l'action publique est
toujours et nécessairement exercée par le seul ministère public. En
tant que partie principale au procès pénal, il lui revient donc de soutenir
les intérêts de la société, en accomplissant les actes de procédure
nécessaires, en prenant les réquisitions qui s'imposent, en soutenant
l'accusation le jour de l'audience, en exerçant le cas échéant les voies
de recours. Mais le ministère public est une partie quelque peu extra-

---

3. On notera cette règle capitale : quelle que soit la variation, *les juges ne sont jamais tenus de suivre*
les réquisitions ou conclusions du ministère public.

ordinaire. Il a en effet droit de regard sur toute la procédure : droit de
se faire communiquer le dossier à tout moment, droit d'être présent
à tout acte d'instruction, droit d'être consulté avant la prise de toute
décision juridictionnelle. Il a encore le droit d'abandonner l'accusation. Son rôle de défenseur de la société n'en fait pas forcément
l'adversaire véritable du prévenu ou de l'accusé. Et si, d'aventure,
le ministère public l'estime innocent et qu'il requiert son acquittement
ou sa liberté, il abandonne, ce faisant, l'accusation mais par là-même
continue à exercer l'action publique. Seul le représentant de la société
détient ce pouvoir de développer des moyens identiques à ceux de
son adversaire (simple adversaire procédural en l'occurrence : étymo-
logiquement, celui qui fait face).

Devant les juridictions civiles, le ministère public peut se constituer
demandeur dans les cas spécifiés par la loi[4] et, de façon générale, toutes
les fois que l'ordre public est mis en cause, cela sans la moindre
réserve. La règle est acquise depuis le Nouveau Code de procédure
civile (art. 423). Antérieurement, la formule — héritée de l'arrêt
Honoré Bodin (Civ. 17 décembre 1913, S., 1914, note Ruben de Cou-
derc ; D., 1914, I, 26, note Binet ; RTDCiv., 1915, 207, obs. Japiot) et
reprise par le décret du 20 juillet 1972 — ne donnait pouvoir d'agir au
ministère public qu'à l'occasion de faits portant directement et principalement atteinte à l'ordre public. La règle nouvelle (n'exigeant
plus d'atteinte directe et principale), plus floue, plus fluide — la notion
d'ordre public est variable — donne au ministère public un pouvoir
plus grand, trop grand peut-être si l'on considère que les litiges civils
sont d'abord et principalement d'intérêt privé. Si le droit d'action du
ministère public semble aller de soi devant les juridictions pénales,
tant l'on considère que la répression est un monopole d'Etat, ce même
droit d'action au civil n'est pas sans soulever de questions tant serait
grave une ingérence inconsidérée dans la vie privée des citoyens.

40 DROIT D'OBSERVATIONS. — Le privilège est là tout autre. C'est
celui de faire entendre la voix du ministère public. Ce dernier
intervient, dans un procès en cours, pour présenter des observations à

4. En matière proprement civile : actes de l'état civil (art. 99 cc) ; absence (art. 122 cc) ; nullités
du mariage (art. 184, 190, 191 cc) ; garde d'un enfant mineur, exercice de l'autorité parentale
(art. 493 cc). En matière commerciale : redressement et liquidation judiciaires.

la formation de jugement, pour lui indiquer quelle est, selon lui, la solution conforme au droit. On dit qu'il est *partie jointe,* parce qu'il se joint simplement aux débats pour faire connaître son opinion. Pour exercer cette fonction, il a droit à la communication du dossier et à la prise de conclusions. Mais là s'arrête son rôle : il n'a pas à effectuer d'actes de procédure, il n'a pas à exercer de voies de recours.

Devant les juridictions administratives, le commissaire du gouvernement peut décider de prendre des conclusions devant la formation de jugement lorsqu'il est en désaccord avec la décision prise par la formation d'instruction.

Devant les juridictions civiles, la « communication »[5] est soit obligatoire, soit facultative. La communication obligatoire est légale, lorsqu'elle est celle prévue, à peine de nullité du jugement, par l'article 425 NCPC. La communication obligatoire est encore judiciaire lorsqu'elle est celle ordonnée par le juge, soucieux d'obtenir l'avis du ministère public. Le plus souvent, la communication est facultative : le ministère public, de sa propre initiative, demande à recevoir communication du dossier afin de pouvoir présenter ses observations à l'audience. Et ce pouvoir lui appartient à chaque fois que bon lui semble. Le rôle tenu par le ministère public devant les juridictions civiles est alors comparable à celui tenu par le commissaire du gouvernement devant les juridictions administratives. C'est une voix calme, objective, à la différence de celle des parties, qui s'élève dans le prétoire et qui peut utilement guider le juge, surtout lorsque l'affaire pose une question de principe. Mais il est notable que cette voix puisse se faire entendre, sans que les parties n'aient mot à dire, sans même que le juge l'ait sollicité. Privilège d'Etat...

Pour aller plus loin

41 MODES DE RÈGLEMENT DES LITIGES. — Sur les modes non juridictionnels, v. M. Boitard, La transaction pénale en droit français, *RSC*, 1941, p. 151 ; Dupré, *La transaction pénale*, préface E. Faure, 1977 ; R. Le Moal, *Rép. proc. civ.*, 2ᵉ éd., vᵒ « Transaction » (importante bibliographie). On remarquera que l'ordonnance du 1ᵉʳ décem-

---

5. Le terme de « communication » vient du fait que pour que le ministère public puisse présenter ses observations, il faut qu'il ait eu préalablement connaissance, donc communication, du dossier.

bre 1986 (sur la concurrence) a réduit le domaine de la transaction pénale, en la supprimant en matière d'infractions économiques. V. aussi Auby, *La transaction en matière administrative*, *AJDA*, 1956, 1 ; Terneyre, *Les transactions fiscales*, note sous CE(s), 28 septembre 1983, Etabl. Prévost, *Les Petites Affiches*, 2 avril 1984, p. 8 ; v. Merle et Vitu, t. II, n° 882.

V. D. Latournerie, *Médiation et justice*, *EDCE*, 1983-1984, p. 79 ; Pierot, *Le médiateur, rival ou allié du juge ?*, *Mélanges Waline*, t. II, p. 683 ; Braibant, *Les rapports du médiateur et du juge administratif*, *AJDA*, 1977, p. 283 ; Chrétien, *1973-1983 : dix ans de médiation*, *RDP*, 1983, p. 1259 ; J.-P. Costa, *Le médiateur et la section du rapport et des études du Conseil d'Etat*, *Rev. adm.*, 1985, p. 543 : l'auteur y développe l'idée qu'au-delà de leurs différences, ces deux institutions gagneraient à collaborer. *Cf.* pour la référence nordique du médiateur, Legrand, *L'ombudsman*, LGDJ, 1960. Le médiateur disposait, en 1984, de 31 collaborateurs. Les affaires lui sont principalement transmises par les députés (2 961 contre 736 par les sénateurs) ; le médiateur a étudié, cette année-là, 5 355 dossiers (*ASJ*, 1986).

V. R. Guillien, *Saint-Nicolas-du-Chardonnet, Bons offices, conciliation, médiations*, *Mélanges Pelloux*, 1980, p. 169 ; G. Bolard, *De la déception à l'espoir : la conciliation*, *Mélanges Hébraud*, 1981, p. 47 ; Y. Desdevises, *Remarques sur la conciliation dans les textes récents de procédure civile*, *D.*, 1981, chron. 241 ; Ph Bonnet, *Du suppléant du juge de paix au conciliateur*, *JCP*, 1979, I, 2949 ; P. Estoup, *Etude et pratique de la conciliation*, *D.*, 1986, chron. 161. Ce dernier auteur, président de la Commission sur la conciliation, rappelle que, dans sa finalité, le système judiciaire doit dépasser le droit pour servir l'idée de justice et que les procédures de conciliation peuvent y contribuer dans une large mesure ; que les juges devraient utiliser les pouvoirs que leur offre le NCPC en matière de conciliation (art. 21). La conciliation fait gagner du temps et de l'argent aux justiciables, elle décharge le magistrat de la rédaction de la décision mais surtout, elle apaise les conflits, l'accord intervenu ne laissant ni amertume ni regret. C'est donc de qualité de la justice qu'il est question. L'avancée de la conciliation nécessiterait, toutefois, un changement dans la mentalité des auxiliaires de justice et des compétences particulières du juge (juriste et psychologue). La conciliation serait particulièrement utile, devant le tribunal d'instance, au règlement de différends qui nécessiteraient des investigations d'un coût disproportionné aux intérêts en présence et à l'ensemble des litiges ne mettant pas en jeu des intérêts financiers élevés. Seraient créés des « suppléants conciliateurs », nommés par le premier président sur proposition des juges d'instance, qui seraient chargés, sous le contrôle de ces juges, de concilier les parties. Un lien organique serait ainsi recréé entre les conciliateurs et l'institution judiciaire. La conciliation devrait aussi être favorisée devant le tribunal de grande instance ou la cour d'appel (conciliation en référé, conciliation devant le juge de la mise en état, conciliation devant les chambres de la famille).

Sur la conciliation, la médiation et la transaction en matière administrative, v. Auby et Drago, p. 27 et s.

Sur la justice étatique et la justice arbitrale, v. P. Estoup, *L'amiable composition*, *D.*, 1986, chron. 221. Cet auteur voit, dans l'amiable composition, un pont jeté entre la justice étatique et l'arbitrage privé et un moyen terme entre le procès traditionnel et la voie de la conciliation ; v. B. Oppetit, *Arbitrage, médiation, conciliation*, *Rev. Arb.*, 1984, n° 3, p. 307. Les références en matière d'arbitrage sont nombreuses. V. J. Rubellin, *Jurisclasseur de proc. civ.*, fasc. « Arbitrage », 1005 et la bibliographie citée ; B. Goldman, *Encycl. Dalloz*, v° « Arbitrage international ». On signalera plus spécialement, tant pour l'étude de l'arbitrage interne que pour celle de l'arbitrage international, H. Motulsky, *Ecrits*, t. II, Dalloz, 1984 ; R. David, *Arbitrage et droit comparé*, *RIDC*, 1959, p. 5 ; *Arbitrage du XIXᵉ et arbitrage du XXᵉ siècle*, *Mélanges Savatier*, 1956, p. 219 ; *L'arbitrage en droit civil, technique de régulation des contrats*, *Mélanges Marty* ; B. Oppetit, *Arbitrage judiciaire et arbitrage contractuel*, *Rev. Arb.*, 1977, p. 315 ; *Sociologie de* l'arbitrage, *Année sociologique*, 1976 ; XIᵉ Colloque des Instituts d'études judiciaires, Dijon, octobre 1977, Le juge et l'arbitrage, *Rev. Arb.*, 1980, p. 233 ; Auby, L'arbitrage en matière administrative, *AJDA*, 1955, I, 81 ; Puisoye, Les juridictions arbitrales dans le contentieux administratif, *AJDA*, 1969, 277 ; Rials, Arbitrage et règlement amiable, *Répertoire du contentieux administratif*. On notera que, classiquement, l'arbitrage est écarté du contentieux administratif. Il n'est possible qu'en vertu de textes : tout particulièrement, la loi du 9 juillet 1975 a complété l'article 2060 C. civ. en prévoyant que « des catégories d'établissements publics à caractère industriel et commercial peuvent être autorisées par décret à compromettre » ; la loi du 30 décembre 1982 a permis à la SNCF de conclure des conventions d'arbitrage (art. 25). *Cf.* Mestre, Les établissements publics industriels et commerciaux et les recours à l'arbitrage, *Rev. Arb.*, 1976, 4 ; Auby et Drago, p. 45 et s.

42 FONCTION DE MINISTÈRE PUBLIC. — Sur l'organisation, le fonctionnement du ministère public en matière répressive, v. Merle et Vitu, t. II, nᵒˢ 1002 et s. ; Pradel, nᵒˢ 107 et s. V. aussi F. Goyet, M. Rousselet et M. Patin, *Le ministère public*, 3ᵉ éd., 1953 ; M.-L. Rassat, *Le ministère public entre son passé et son avenir*, 1967 ; M. Rolland, Le ministère public en droit français, *JCP*, 1956, I, 1271 à 1281 ; Le ministère public, agent non seulement de répression mais de prévention, *JCP*, 1957, I, 1342 ; *Pour une nouvelle conception du ministère public*, numéro spécial du *Nouveau pouvoir judiciaire*, nᵒ 278, mars 1977.

Sur l'indépendance du ministère public à l'égard des juridictions, *cf.* B. Bonzom, *Revue pénale et de Droit pénitentiaire*, 1984, p. 47 et p. 165 ; note sous Crim. 11 décembre 1984, *JCP*, 1986, II, 20626. L'indépendance est double. Le ministère public est indépendant des juridictions : séparation des fonctions de poursuite et de jugement, *infra*, nᵒ 185 ; impossibilité pour les juges de donner des ordres ou injonctions au ministère public. Les juges, de leur côté, ne sont jamais tenus de suivre les réquisitions du ministère public. Au civil, v. G. Sutton, La communication au ministère public, *GP*, 1973, doctr. 342 ; P. Julien, *D.*, 1979, IR, 292 ; sur le rôle du parquet dans l'administration de la preuve, v. R. Perrot, *RTDCiv.*, 1983, p. 591 (obs. sur Reims, 25 juin 1982) et *RTDCiv.*, 1985, p. 212 (obs. sur une ordonnance du juge de la mise en état du TGI de Nice, 28 juin 1984, v. aussi *D.*, 1984, IR, 420, obs. Julien).

Sur les commissaires du gouvernement. Quant à l'histoire, v. T. Sauvel, Les origines des commissaires du gouvernement auprès du CE statuant au contentieux, *RDP*, 1949, p. 5. En droit positif, v. R. Guillien, Les commissaires du gouvernement près les juridictions administratives, *RDP*, 1955, p. 281 ; O. Dupeyroux, Le ministère public auprès des juridictions administratives, *Mélanges Mestre*, p. 179 ; Pacteau, nᵒ 254.

Chapitre 1

L'organisation du service public de la justice

43 VUE D'ENSEMBLE[1]. — La justice est gérée par un ministère, le ministère de la Justice, dit encore « Chancellerie », à la tête duquel se trouve un ministre qui porte le titre de « ministre de la Justice, garde des Sceaux ».

Le ministre de la Justice[2] est un *administrateur* investi de prérogatives importantes. Les unes ont trait au fonctionnement du service (proposition de nomination ou d'avancement des magistrats, nomination des officiers ministériels, exercice du pouvoir disciplinaire sur le corps des magistrats et des auxiliaires de justice...). Toutes ces décisions, de nature administrative, peuvent être soumises au contrôle du Conseil d'Etat. Les autres ont trait à la confection des lois. C'est au ministre de la Justice de soutenir devant le Parlement les projets de lois qui intéressent le droit dans ses multiples domaines. Ce n'est que de façon très occasionnelle que le ministre de la Justice est un juge : il lui échoit de présider le Tribunal des conflits et, en l'absence du

---

1. En raison de la division du système de justice, le ministère de la Justice ne coiffe pas l'intégralité des juridictions. Par exemple, le Conseil constitutionnel est hors ministère de la Justice ou encore, et c'est plus contesté, les tribunaux administratifs qui relèvent du ministère de l'Intérieur (l'amendement présenté par J. Foyer tendant à transférer l'administration des TA au ministère de la Justice a été jugé « très désobligeant », *JO Déb. AN*, décembre 1985, p. 5139).
2. Sous l'Ancien Régime, le chef suprême de la justice était le chancelier. Il était le premier des Grands Officiers de la couronne et le représentant du roi. Il pouvait ainsi présider le Parlement, les cours souveraines et même le Conseil du Roi, à la place de celui-ci ; il proposait les ordonnances. La charge, supprimée à la Révolution, fut rétablie sous la Restauration avant d'être abolie en 1848.

Premier Ministre, les séances solennelles du Conseil d'Etat. Il ne pourrait exercer d'autres fonctions juridictionnelles sans remettre en cause la séparation des pouvoirs. Le titre de garde des Sceaux porté par le ministre de la Justice correspond à une autre fonction, celle de détenir les cachets destinés à authentifier les documents officiels de la République française[3].

Le ministère de la Justice, ou Chancellerie, a pour fonction d'assister le ministre dans sa tâche. Sa triple structure est conforme à celle de tout département ministériel. Le cabinet est l'élément politique du ministère. Ses membres, librement choisis par le ministre, voient leur avenir étroitement lié au sien : son départ entraîne le leur. L'inspection générale des services judiciaires a un rôle de contrôle sur l'activité des services du ministère et de toutes les juridictions judiciaires, hormis la Cour de cassation. L'administration centrale se compose de différents services qui sont regroupés autour de cinq directions spécialisées : la direction des affaires civiles et du sceau (élaboration des lois civiles et commerciales, fonctionnement des services de l'état civil, de l'aide judiciaire...) ; la direction des affaires criminelles et des grâces (contrôle de l'action publique, fonctionnement du casier judiciaire central, élaboration des lois pénales, établissement du compte général de l'administration de la justice, préparation des mesures de grâce et d'amnistie...) ; la direction de l'administration pénitentiaire (gestion des différents établissements pénitentiaires, exécution des peines, travail des condamnés, mesures post-pénales...) ; la direction des services judiciaires (organisation des juridictions, statut des personnels...) ; le service de l'administration générale et de l'équipement.

---

3. Ce titre est une survivance historique. Sous l'Ancien Régime, un officier de la couronne était chargé de garder les sceaux du roi. Cet officier était, souvent, le chancelier lui-même qui cumulait les deux titres. Le chancelier a disparu, le garde des Sceaux survécu, du moins le titre lequel, depuis la Restauration, échoit au ministre de la Justice. C'est ce titre qui, normalement, donne préséance au ministre de la Justice sur tous les autres ministres.

Section I
Les principes gouvernant les organes juridictionnels

Les principes ont trait à la structure, à la matière, à la territorialité. Certains s'imposaient ; d'autres sont le résultat de choix législatifs.

I | LA STRUCTURE

44 DIVISION DES ORDRES ET UNITÉ DES JURIDICTIONS. — Le service public de la justice est un service divisé. Cette *division* n'est pas le résultat d'un choix délibéré mais bien la conséquence de l'histoire politique et constitutionnelle, laquelle a conduit à la création de trois ordres distincts : l'ordre constitutionnel, l'ordre administratif et l'ordre judiciaire (*supra,* n° 10). Appartiennent à l'ordre constitutionnel les juridictions issues de la Constitution, à savoir le Conseil constitutionnel et la Haute Cour de Justice. L'ordre constitutionnel présente la particularité de ne se composer que de juridictions souveraines. Au sommet des ordres administratif et judiciaire, se trouvent deux cours souveraines : le Conseil d'Etat et la Cour de cassation. Appartiennent à l'ordre administratif toutes les juridictions qui relèvent du contrôle du Conseil d'Etat, à l'ordre judiciaire toutes celles qui relèvent de celui de la Cour de cassation.

Il arrive que l'on parle encore d'ordres civil et pénal. La formule est pratique mais ne doit pas tromper. Si l'on doit distinguer entre les *matières* civile et pénale (*infra,* n° 48), loin de l'existence de deux ordres séparés, c'est bien plutôt d'*unité de la justice civile et pénale* dont il faut parler. Il est vrai qu'au premier abord, justices civile et pénale semblent nettement séparées. Les juridictions de droit commun ne sont pas les mêmes, les juridictions d'exception non plus. Les chambres pénales (chambre d'accusation, chambre des appels correctionnels, chambre criminelle), devant les juridictions supérieures, sont nettement différenciées des formations civiles. Mais l'opposition n'est que superficielle. Il s'agit de dédoublement fonctionnel et non de séparation. Ce sont les mêmes organes qui sont appelés à statuer indifféremment au civil et au pénal. Le tribunal correctionnel et le tribunal de grande instance ne font qu'un, de même que le tribunal de police et le tribunal d'instance. Le juge des enfants a une mission civile tout autant que pénale. Les chambres ne sont que des formations des juridictions supérieures ; et, même pour les juridictions plus spécifiques (cour d'assises, tribunal pour enfants), les magistrats professionnels, qui y participent, appartiennent au tribunal de grande instance ou à la cour d'appel. Ce sont encore les mêmes magistrats qui sont appelés à juger, soit qu'il y ait absence totale de spécialisation, comme dans les plus petites juridictions, les mêmes juges siégeant alternativement au civil et au pénal, soit que, comme dans les juridictions plus importantes connaissant une certaine spécialisation, par le mécanisme du roulement annuel, les juges passent successivement d'une matière à l'autre. Enfin, l'unité se marque incontestablement par le fait que les juridictions civiles et pénales relèvent du même contrôle, celui de la Cour de cassation, et ne peuvent donc appartenir qu'à un seul et même ordre : l'ordre judiciaire.

45 Hiérarchie des juridictions. — Les ordres administratif et judiciaire — la règle ne vaut pas pour l'ordre constitutionnel — sont des ordres hiérarchisés. Ils se présentent sous la forme d'une pyramide au sommet de laquelle se trouve une cour souveraine. La pyramide judiciaire compte trois niveaux : les juridictions de première instance, les juridictions d'appel qui leur sont hiérarchiquement supérieures et la Cour de cassation qui est la cour souveraine. La pyramide administrative est de forme variable. Elle peut être à deux niveaux : les juridictions de première instance, les tribunaux administratifs, n'étant soumises qu'au seul contrôle par voie d'appel de la cour souveraine, le Conseil d'Etat. Elle peut être aussi, comme celle de l'ordre judiciaire, à trois niveaux : par exemple, les chambres régionales des comptes (juridictions de première instance) sont soumises, par l'appel, au contrôle de la Cour des comptes, elle-même soumise, par la cassation, à celui du Conseil d'Etat.

La hiérarchie des juridictions est destinée, de manière générale, à garantir contre l'erreur et à permettre ainsi que soit rendue une bonne justice. Mais, la hiérarchie est plus précisément double.

Le principe de hiérarchie se cumule d'abord avec *le principe du double degré de juridiction* (c'est un principe qui subit des dérogations en vertu de l'affaire ou de la nature de la juridiction (*infra*, nº 67). Le principe du double degré de juridiction veut que la même affaire puisse être jugée deux fois par des juges différents. Le « re-jugement » est en effet une assurance contre une possible *erreur de fait ou de droit*. Il est une garantie de bonne justice. Mais il est aussi, à l'inverse, une perte d'argent et de temps. Voilà pourquoi le système actuel est celui de l'*appel unique*. Sous l'Ancien Régime, au contraire, le nombre d'appels n'était pas limité et la même affaire pouvait faire l'objet de cinq à six recours successifs. L'appel unique est une sorte de transaction entre la valeur de vérité et celle de sécurité. On postule que deux jugements constituent un gage suffisant que la solution donnée est conforme à la vérité juridique et qu'il est temps, pour assurer la sécurité, de conclure, au moins sur le fait (le fait pouvant encore être remis en cause si, à l'occasion d'une cassation sur le droit, il est renvoyé à nouveau devant les juges du fond). Cette présomption de vérité est d'autant plus forte que le principe du double degré est cumulé avec le principe de hiérarchie. Le second jugement est l'œuvre d'une juridiction hiérarchiquement supérieure dont les juges sont plus anciens, donc plus expérimentés, que ceux des juridictions de première instance. Il est alors facile de postuler que la décision rendue est la bonne : confirmative de celle des premiers juges, elle la renforce ; infirmative, on ne peut que la considérer meilleure puisque prise par des magistrats de plus grande qualité. Ce sont ces raisons qui ont conduit à choisir l'*appel hiérarchique* alors que les révolutionnaires, dans un souci dogmatique d'égalité, s'étaient refusés à lier double jugement et hiérarchie : l'appel était « circulaire », c'est-à-dire porté devant une juridiction voisine, de même nature et de même degré, les juges d' « appel » ne présentant donc guère qu'une compétence égale à celle des premiers juges.

Le principe de hiérarchie se cumule ensuite avec *le principe de cassation*, lequel veut que toute décision rendue en dernier ressort par les juridictions du fond (juridictions de première instance et juridictions d'appel) soit susceptible d'un contrôle en *droit*. Le but en est d'assurer le respect de la règle de droit, de permettre un contrôle de son application et une uniformité de son interprétation. Le fondement même du principe de la cassation imposait que celle-ci soit confiée, dans chaque ordre, à une juridiction unique et souveraine, à laquelle les autres soient hiérarchiquement soumises. Certes des différences techniques se manifestent entre les deux ordres, mais le principe reste le même. Sa généralité est telle qu'il ne supporte pratiquement aucune exception (*infra*, n°ˢ 77 et 81).

On se gardera d'une confusion. La hiérarchie est des juridictions et *non des juges*. Les juges, quel que soit leur grade, ne connaissent pas de soumission hiérarchique. Ils sont indépendants, libres de leurs décisions et n'ont à obéir qu'à leur seule conscience (*infra*, n° 58).

46 COLLÉGIALITÉ OU UNICITÉ. — Le principe de la collégialité signifie que la formation de jugement est une formation collégiale, composée de juges qui siègent, délibèrent et décident ensemble, statuant à la majorité. Le principe d'unicité signifie, au contraire, que la formation de jugement se réduit à un juge unique, siégeant et décidant seul. On attribue, à la première, bien des vertus. La collégialité est un gage de justice éclairée, car, par le débat, l'échange d'opinions et d'expériences, la décision peut approcher au plus près la Vérité ; elle est aussi une garantie d'impartialité et d'indépendance : on ne peut suspecter un collège de magistrats, comme on pourrait le faire d'un juge seul, de favoriser une partie, de céder à des pressions, d'obéir à des ordres de l'exécutif, etc. A la seconde, on reconnaît un avantage : dans un service encombré, l'unicité de juge permet de multiplier le nombre de formations de jugement et de rendre plus rapide le cours de la justice ; on lui reconnaît aussi une vertu : celle de rendre les juges plus responsables, puisque ne pouvant se retrancher derrière l'écran protecteur de la collégialité. Alors que nombre de pays ont choisi le juge unique, la France a, de manière principale, choisi la collégialité. Cela mérite explications. Les juges des pays de *common law* n'arrivent à cette fonction qu'à un âge mûr, après une longue expérience des professions judiciaires, et jouissent d'une totale indépendance et d'un grand prestige. Les juges français sortent fort jeunes et sans expérience d'une école, doivent faire carrière, ce qui limite leur indépendance, et leur prestige personnel n'est pas nécessairement grand (*infra*, n° 55). Dès lors, la collégialité est un choix plus sage. On remarquera que l'ordre administratif ne fait pratiquement pas de place au juge unique et qu'au contraire, il renforce souvent la collégialité pour que ses décisions aient plus de poids et de prestige, face à cette partie quelque peu « exorbitante » qu'est l'administration. L'ordre judiciaire a toujours connu des juges uniques, mais dans des fonctions où le contact personnalisé est sans doute souhaitable : juges de paix devenus juges d'instance ou juges d'instruction. Mais, ce qui est manifeste, c'est le recul, dans l'ordre judiciaire, du principe de la collégialité. L'encombrement de la justice en est sans doute la raison majeure. Un nombre croissant de fonctions sont confiées à des juges uniques dans le cadre du tribunal de grande instance. Ce dernier peut encore tenir des audiences à juge unique, sur décision de son président (pour le tribunal correctionnel, *infra*, n° 196). Toutefois, deux remarques s'imposent. La première est que, si l'on excepte le référé, l'unicité ne concerne que les juridictions de première instance. Et, même si des réformes récentes ont réduit le quorum d'audience des formations de la Cour de cassation (*infra*, n° 226), la collégialité reste la règle devant les juridictions d'appel et de cassation. La deuxième est que la décision du Conseil constitutionnel, déclarant inconstitutionnelle une loi tendant à généraliser le juge unique en matière délictuelle (*infra*, n° 101), a, semble-t-il, donné un coup d'arrêt à l'unicité.

II | La matière

47 Les termes de l'alternative. — S'agissant de l'attribution de la *matière à juger*, le choix qui s'offrait au législateur était le suivant. Attribuer la matière à des juridictions identiques, réparties sur le territoire, qui se seraient vu conférer une universalité de compétences : une juridiction unique, mais répétée à plusieurs exemplaires, aurait ainsi eu le pouvoir de tout juger, les divorces, les litiges commerciaux, les infractions, etc. Ou, à l'inverse, attribuer la matière à une multiplicité d'organes différents à compétence spécialisée : en fonction de la nature des rapports en cause, de l'objet du litige ou parfois de la qualité des parties, la juridiction apte à juger l'affaire ne serait pas la même. C'est cette deuxième solution qu'a retenue le droit positif, estimant souhaitable de distinguer selon le genre de contentieux et de confier chaque catégorie de litiges ou d'infractions au juge réputé le plus apte. C'est ce que certains auteurs (MM. Roland et Boyer) ont fort justement appelé le « principe d'adéquation » du juge au litige. Le législateur a ainsi préféré un meilleur fonctionnement du service public de la justice, escompté de la spécialisation, à une stricte égalité (*infra*, n° 98).

48 Diversité et spécialisation des juridictions. — La première spécialisation est la séparation fondamentale entre les ordres de juridiction. Mais, à l'intérieur même de chaque ordre, la diversification des juridictions s'est imposée, faisant naître deux grandes distinctions, qui supportent, à vrai dire, quelques nuances.

La première grande distinction est celle des *juridictions de droit commun* et des *juridictions d'exception* (dites, dans l'ordre administratif, *juridictions d'attribution*). Les juridictions de droit commun ont une *compétence de principe* pour connaître de tous les litiges qui n'ont pas été attribués par la loi à un autre tribunal ; les juridictions d'exception ou d'attribution ont, à l'inverse, une compétence spécialisée, cantonnée à certaines matières ou hypothèses limitativement énumérées par les textes. On dira, ainsi, que le tribunal de grande instance, en matière civile, le tribunal administratif, dans l'ordre administratif, sont des juridictions de droit commun parce qu'ils sont compétents pour juger de tous les litiges aussi longtemps qu'un texte ne vient pas leur retirer compétence pour telle ou telle catégorie d'affaires. On dira encore que le tribunal de commerce, le conseil de prud'hommes, le Conseil d'Etat, la Cour des comptes, etc. sont des juridictions d'exception ou d'attribution parce que compétence leur est expressément conférée pour des catégories d'affaires déterminées. Cette distinction est fondamentale et joue un rôle essentiel. En particulier, les textes conférant attributions aux juridictions d'exception ou d'attribution sont d'interprétation stricte et ne sauraient être étendus au-delà des limites fixées par le législateur. Tout litige, qui n'entre pas dans une des catégories strictement définies, relève nécessairement de la compétence des juridictions de droit commun : on parle à ce sujet de compétence *résiduelle*, les juridictions de droit commun ayant vocation à recueillir ce « contentieux résiduel » afin qu'aucun vide juridictionnel ne se crée. Pour autant, il est nécessaire de mesurer la portée de cette distinction.

Dans l'ordre judiciaire, la diversité ne caractérise que la première instance : l'unité organique est restaurée devant les juridictions supérieures.

La deuxième grande distinction que fait naître la diversité des juridictions est celle qui, dans l'ordre judiciaire, oppose la matière pénale à la matière civile. La première est celle de la répression des infractions, la seconde est celle du jugement des intérêts privés des particuliers. Les juridictions chargées de juger ces affaires ne sont pas les mêmes. Alors qu'il n'existe qu'une juridiction de droit commun au civil, il en existe trois au pénal, dont la compétence est déterminée par la gravité de l'infraction : la cour d'assises juge les crimes, le tribunal correctionnel les délits, le tribunal de police les contraventions. Les juridictions d'exception sont aussi spécifiques (telles les juridictions pour mineurs). Mais, il ne s'agit là que d'une division des matières qui ne remet pas en cause le principe de l'unité de la justice civile et pénale.

49 LA COMPÉTENCE D'ATTRIBUTION. — Face à la pluralité d'ordres et à la multiplicité de juridictions dans chaque ordre, celui qui s'adresse à la justice doit, pour trouver son juge, résoudre ces deux problèmes : le premier est de savoir à quel ordre il convient de soumettre l'affaire (*infra*, nos 269 et s.) ; le deuxième est, une fois déterminé l'ordre compétent, de savoir quelle juridiction de cet ordre saisir. C'est poser la question de la compétence matérielle, dite compétence d'attribution : une question complexe, dont l'étude relève de la procédure et dont il ne sera fait ici qu'une présentation sommaire.

La compétence peut se définir, de manière générale, comme *l'étendue du pouvoir de juger* qui appartient à une juridiction. La détermination de la compétence d'attribution s'opère à l'aide de règles de répartition qui subissent parfois quelques assouplissements.

Les *règles de répartition des compétences* font apparaître deux types de compétences, l'exclusive et l'ordinaire, déterminées en fonction de critères variables selon les matières. En matière civile, le critère essentiel est celui de la *nature* de l'affaire : l'état des personnes dépend du tribunal de grande instance, les litiges individuels du travail relèvent du conseil de prud'hommes et les litiges commerciaux du tribunal de commerce. Mais il existe aussi un critère secondaire qui est le *montant de la demande* : la valeur du litige commande la répartition des compétences entre le tribunal d'instance et le tribunal de grande instance (suivant que le montant de la demande est inférieur ou supérieur à 30 000 F). En matière pénale, le critère principal est celui de la *gravité de l'infraction* (*supra*, n° 48) ; mais ce critère en admet un autre : celui de la *personne* de l'auteur de l'infraction. Parfois, les deux critères se combinent (détermination de la compétence des juridictions pour mineurs) ; parfois, le second se substitue au premier (détermination de la compétence de la Haute Cour de Justice). En matière administrative, le critère principal est celui de l'affaire, mais celui-ci se combine parfois avec le critère personnel. La *compétence exclusive*[4] doit s'entendre de la compétence attribuée à une juridiction à l'exclusion de toute autre pour statuer sur une question : tout autre tribunal est *rigoureusement* incompétent. C'est ainsi que compétence exclusive est attribuée au tribunal de grande instance en matière d'état des personnes (filiation, mariage, divorce...), de propriété immobilière, etc. ; que le tribunal de commerce a compétence exclusive en matière de « faillite » ; et que l'intégralité de la compétence du conseil de prud'hommes ou des juridictions de sécurité sociale constitue une compétence exclusive. L'incidence de cette compétence exclusive se manifeste notamment dans l'impossibilité d'une prorogation de compétence. Le tribunal, saisi d'une question qui relève de la compétence exclusive d'un autre tribunal, doit nécessairement surseoir à statuer. On parle de « question préjudicielle ». Si devant le tribunal de grande instance est soulevée l'illégalité d'un décret qui sert de fondement à la prétention de l'une des parties, le tribunal doit surseoir à statuer en attendant que l'ordre administratif se soit prononcé sur la légalité du décret. De même une juridiction répressive, saisie d'une exception relative à la filiation d'une personne, doit, devant cette question préjudicielle, attendre, pour rendre sa sentence, que le tribunal de grande instance compétent ait tranché la question de la filiation. La *compétence ordinaire* est celle qui « reste », une fois déduite la compétence exclusive.

Les *assouplissements aux règles de répartition* des compétences sont rares car ces règles sont d'ordre public. Mais on peut en relever quelques-uns. Une technique, propre au contentieux pénal et que l'on

---

4. L'ordre administratif ne connaît pas la compétence exclusive dans les rapports des juridictions entre elles. Mais la séparation des ordres fait que l'ensemble des attributions des juridictions administratives constitue une compétence exclusive par rapport aux juridictions de l'ordre judiciaire.

nomme la « *correctionnalisation* », aboutit à une modification de compétence. Elle consiste à traiter un crime en délit — en « oubliant » par exemple une circonstance aggravante — afin de faire juger l'infraction par le tribunal correctionnel et non par la cour d'assises. La *prorogation de juridiction* permet à une juridiction de droit commun de bénéficier d'un élargissement de compétence et de juger ainsi des matières relevant de la compétence ordinaire d'une autre juridiction (par exemple, le tribunal de grande instance peut juger d'un litige commercial). La prorogation de compétence mérite que soient faits deux commentaires. *L'action civile* — d'abord —, portée devant les juridictions répressives, entraîne une prorogation de compétence au profit de ces dernières. Lorsque la victime d'une infraction, en effet, fait juger de son dommage par la juridiction pénale, elle donne à cette juridiction l'aptitude de juger d'une question de nature civile qui normalement relève de la compétence du tribunal de grande instance (ou du tribunal d'instance). Et la loi du 8 juillet 1983, en permettant que le juge pénal se prononce sur l'action civile quand bien même il aurait acquitté le prévenu a donné un champ d'application plus large encore à cette prorogation de compétence (art. 470-1 CPP ; art. 372 CPP pour la cour d'assises). La *plénitude de juridiction* — ensuite —, qui donne vocation au tribunal qui en dispose d'étendre sa compétence au-delà de ses limites afin qu'il puisse se prononcer sur toute demande, entraîne nécessairement, lorsqu'elle joue, prorogation. La cour d'assises a plénitude de juridiction (art. 231 CPP) : ainsi, saisie d'un fait qu'elle estime n'être qu'un délit, elle garde tout de même l'aptitude de le juger (à l'inverse, le tribunal correctionnel saisi d'un crime ne pourrait que se déclarer incompétent)[5]. Le « *juge de l'action est juge de l'exception* » : cette formule traduit le pouvoir d'extension du tribunal, saisi du litige principal, qui peut connaître des questions accessoires qui viennent se greffer sur celui-ci, quand bien même ces questions relèveraient de la compétence ordinaire d'une autre juridiction. Ainsi, le tribunal d'instance, régulièrement saisi d'un litige, peut se prononcer sur une question accessoire relevant de la compétence ordinaire du tribunal de grande instance. Il arrive que l'extension de compétence

5. Toutefois, l'on discute pour savoir quelles sont les juridictions qui ont plénitude de juridiction. La cour d'assises, bien sûr, la cour d'appel à n'en pas douter ; mais des doutes subsistent pour le tribunal de grande instance.

porte sur une « question préalable » (c'est-à-dire une question qu'il
faut préalablement trancher avant de poursuivre l'instance). Si, devant
un tribunal administratif, lors d'un litige est soulevée l'exception
d'illégalité d'un décret (de la compétence du Conseil d'Etat), le tribunal
peut, avant de poursuivre l'instance, apprécier la légalité de ce décret.
Un autre exemple est fourni par la matière pénale et présente l'originalité de traiter comme une question préalable ce qui, en théorie,
devrait être une question préjudicielle. Il appartient, en effet, au juge
pénal d'apprécier la légalité d'un acte réglementaire, ou non, qui
concerne la liberté individuelle, lorsqu'il est saisi d'une exception
d'illégalité, soulevée comme moyen de défense par le contrevenant.
Cette compétence du juge pénal a été admise par la chambre criminelle,
le 25 avril 1985 (mettant fin à la jurisprudence Avranches et Desmarets).
La solution est remarquable : certes, la décision du juge pénal n'a
d'effet que relatif quant à la légalité du décret ; il n'en reste pas moins
que l'ordre judiciaire reçoit compétence dans un domaine qui relève
de la compétence exclusive de l'ordre administratif.

III | LA TERRITORIALITÉ

50 SÉDENTARITÉ DES ORGANES. — Le choix offert au législateur
était entre sédentarité et itinérance. La sédentarité implique que
le juge ne se déplace pas. Un siège, un lieu, a été fixé à la juridiction
et c'est en ce lieu que justice est rendue. Aux justiciables de se
déplacer. L'itinérance implique, au contraire, que le juge soit ambulant et aille tenir audience, « audience foraine », dans des lieux
variables. L'itinérance présente l'avantage de rapprocher le juge du
justiciable, d'éviter aux plaideurs des déplacements coûteux en temps
et en argent. Mais la sédentarité a, pour elle, l'avantage de donner
à la justice un caractère permanent et de lui assurer une meilleure
organisation (meilleures conditions de travail des juges, meilleure
organisation des greffes, meilleur équipement du service public). Deux
systèmes donc : le premier privilégie la commodité d'accès du justiciable à la justice, l'autre le bon fonctionnement du service public de
la justice. C'est ce dernier système qui a prévalu et c'est ainsi que,

dès la Révolution[6], le choix s'est exercé en faveur de la sédentarité. Mais, dans le souci de l'intérêt du justiciable rural, l'itinérance n'a pas été totalement écartée. Les anciens juges de paix avaient une juridiction qui couvrait plusieurs cantons et tenaient des audiences foraines ; et, aujourd'hui, le premier président de la cour d'appel peut autoriser le juge d'instance à tenir des audiences hors de son siège habituel ; quant au conseiller délégué du tribunal administratif, il peut siéger au chef-lieu de chaque département de son ressort pour juger certaines matières.

51 MULTIPLICITÉ ET DÉCENTRALISATION DES ORGANES. — Le choix même de la sédentarité imposait, pour ne pas trop éloigner le justiciable de son juge, que, sur le territoire, se multiplient les juridictions de même nature et de même degré. La justice n'est donc pas rendue en un lieu unique, sauf lorsqu'il s'agit des cours suprêmes dont le rôle particulier, unifier l'interprétation et l'application de la règle de droit, imposait nécessairement l'unicité de juridiction et donc, dans un système de sédentarité, l'unité de lieu. Pour les juridictions du fond, de multiples juridictions du même type existent (surtout dans l'ordre judiciaire), chacune ayant un ressort, une circonscription qui lui est propre et n'ayant de pouvoirs qu'à l'égard des affaires qui s'y trouvent localisées. Le ressort des juridictions de première instance (ou premier degré) est moins étendu que celui des juridictions d'appel (ou second degré), ce qui implique donc que les juridictions du premier degré soient beaucoup plus nombreuses que celles de second degré. Il était, en effet, surtout essentiel, pour rendre plus commode l'accès à la justice, de rapprocher le justiciable de son juge lors de la première instance. On peut donc ainsi parler de décentralisation judiciaire, favorable aux plaideurs certes, mais qui fait naître la question de la compétence de ces juridictions.

52 LA COMPÉTENCE TERRITORIALE. — La multiplicité d'organes de même nature impose de répartir les procès entre ces organes. Chaque juridiction ne peut exercer sa compétence qu'à l'intérieur de son « ressort territorial ». Aussi faut-il localiser l'affaire pour déterminer,

6. Lors de la création du Tribunal de cassation, certains avaient penché pour un tribunal itinérant. Mais, très rapidement le choix d'un tribunal sédentaire, fixé à Paris, fut retenu.

parmi toutes les juridictions de même nature, laquelle est territorialement compétente. Par exemple, si, par sa nature, la cause doit être
portée devant le tribunal de grande instance, encore faut-il savoir
lequel des quelque 180 tribunaux de grande instance existant en
France est compétent. Les règles de la compétence territoriale appellent
trois remarques.

La première est que la détermination de la juridiction compétente ne se pose que pour les juridictions de première instance. Au second
degré, la juridiction compétente est nécessairement celle dans le ressort
de laquelle se trouve situé le tribunal qui a rendu le jugement attaqué.

La deuxième remarque est que les règles de compétence territoriale,
même si elles sont édictées pour la commodité des plaideurs, ne sont
pas étrangères au bon fonctionnement de la justice : souci d'éviter
l'encombrement des tribunaux, souci de répartition des tribunaux en
fonction de la population d'un département ou d'une région, etc.
C'est pourquoi les règles de compétence territoriale sont considérées
comme d'ordre public. C'est vrai, en matière administrative, le tribunal
incompétent étant tenu de relever son incompétence d'office (sauf
exceptions à la portée d'ailleurs limitée : cf. art. R 46 CTA). C'est
vrai, en matière pénale, le procès ne pouvant jamais y être la chose
des parties ; il va sans dire que le juge pénal peut toujours relever
d'office son incompétence. C'est encore vrai, mais avec des nuances,
en matière civile. Le contentieux privé apparaissant la chose des
parties, on a longtemps pensé que ces dernières pouvaient librement
déroger aux règles de la compétence territoriale et prévoir, dans leurs
contrats, des « clauses attributives de compétence » (« pour tout litige
né du présent contrat, le tribunal compétent sera le tribunal de X »).
Le droit positif se montre plus réticent : dans le souci d'une meilleure
organisation de la justice, dans le souci de protéger certains plaideurs
dont on a pris conscience qu'ils étaient plus faibles que leurs
cocontractants[7]. A la suite de quelques textes spéciaux, le Nouveau
Code de procédure civile, dans son article 48, prohibe, de manière
générale, les clauses attributives de compétence, quelle que soit la

---

7. Certaines sociétés espéraient d'un déplacement de la compétence territoriale (souvent fixée
à Paris) que le plaideur simple particulier, devant la gêne de plaider, renoncerait à son action.

nature du contrat, sauf si elles ont été conclues entre commerçants agissant en cette qualité, à la condition qu'elles figurent dans l'acte d'engagement lui-même en caractères apparents. Les règles de la compétence territoriale ne sont donc plus d'intérêt privé que pour les seuls commerçants parties à un litige commercial.

La troisième remarque est que les critères de détermination de la compétence territoriale sont variables selon les matières, mais que l'on peut schématiquement dire que la législation prend en considération le lien soit personnel *(ratione personae)* soit réel *(ratione loci)* qui unit l'affaire au ressort d'une juridiction. La localisation est personnelle lorsqu'elle est déterminée par la situation dans l'espace de l'une des parties. La règle traditionnelle, héritée du droit romain *(Actor sequitur forum rei),* connue aussi des droits coutumiers et canon, est que le tribunal compétent est celui du lieu où demeure le défendeur. Elle repose, d'une part, sur la présomption que, jusqu'à preuve du contraire c'est-à-dire jusqu'à condamnation, la personne assignée n'a rien à se reprocher ; d'autre part, sur une règle de courtoisie, corollaire de la première, qui implique que ce soit à celui qui prend l'initiative d'une action d'en supporter la gêne. C'est ainsi que déterminent la compétence la demeure du défendeur dans le contentieux privé (art. 42 NCPC), la résidence du prévenu en matière correctionnelle, le siège de l'autorité qui a pris la décision attaquée en matière administrative. Toutefois, la loi, prenant en compte l'intérêt de demandeurs qui apparaissent dans une situation de faiblesse (économique ou physique), autorise que soit saisi, dans certaines hypothèses, le tribunal du lieu où demeure le demandeur : demeure de l'assuré, demeure de la victime d'un accident, demeure du parent qui a la garde des enfants mineurs, demeure du créancier d'aliments, etc. (*cf.,* entre autres, art. 46 NCPC). La localisation est réelle lorsqu'elle est déterminée par l'objet du litige : emplacement de l'immeuble litigieux, lieu d'ouverture de la succession, lieu de la formation ou de l'exécution du contrat, lieu où se trouve situé l'établissement principal en matière prud'homale, lieu de réalisation d'un fait juridique (par exemple, lieu où le crime a été commis, lieu d'arrestation du prévenu...). On constate que, dans certaines hypothèses, un choix est ouvert entre plusieurs localisations personnelles, ou entre une localisation personnelle ou une localisation réelle. Le choix appartient alors au demandeur, partie privée ou ministère public.

Section II
Les principes gouvernant les corps judiciaires

Pour fonctionner, le service public de la justice dispose d'un personnel, généralement permanent, que l'on peut appeler le « personnel des juridictions ». Mais il a aussi besoin du concours de ceux que l'on dénomme justement les « auxiliaires de justice ».

I | LE PERSONNEL DES JURIDICTIONS

A - *Juges et magistrats*

53 TERMINOLOGIE. — La formule pourrait paraître tautologique à défaut d'explications. Dans l'ordre judiciaire, l'expression « magistrat » est très largement utilisée. On y distingue les magistrats du siège, qui ont pour fonction de juger, et les magistrats du parquet, chargés de porter la parole au nom du ministère public. Dans l'ordre judiciaire, tous sont magistrats, certains seuls sont juges. Dans l'ordre administratif, l'expression magistrat est fort peu usitée[8]. On lui préfère celle de juge, d'autant plus que les commissaires du gouvernement, chargés de porter la parole au nom du ministère public, ne constituent pas un corps à part mais sont choisis parmi les juges. Sous réserve de ces remarques, on tient pour globalement et usuellement équivalentes les deux expressions.

---

8. La Constitution, parlant des « magistrats », ne vise que l'ordre judiciaire. Le Conseil d'Etat l'a rappelé : « Le mot magistrat au sens de l'article 64 de la Constitution ne s'applique qu'aux magistrats de carrière de l'ordre judiciaire » (CE, Ass. 2 février 1962, Beausse, *Rec.*, 82). La loi hésite : elle a utilisé le terme « magistrats » pour les chambres régionales des comptes en 1982, mais le mot « membres » pour les tribunaux administratifs en 1986.

54 QUELLE MAGISTRATURE ? — La place de la justice dans la société, la mission qu'elle a à remplir nécessitent que soient assurées deux exigences minimales : l'indépendance et la compétence de la magistrature, et qu'elles le soient cumulativement. La chose n'est pas si simple si l'on en croit l'histoire.

Sous l'Ancien Régime, par la vénalité et l'hérédité des offices (*supra,* n° 2), l'indépendance du corps judiciaire, à l'égard du pouvoir royal, était certes entière. En revanche, il n'est guère sûr que la magistrature ait toujours présenté toutes les garanties de compétence, la fortune ou la génétique n'apparaissant être, en la matière, que des critères assez peu pertinents.

La Révolution, ayant aboli la patrimonialité, décida que les juges seraient élus, par une élection temporaire de six années. Une magistrature élue est-elle pour autant indépendante ? Elle l'est, certes, à l'égard du pouvoir exécutif mais elle ne l'est pas à l'égard de ses mandants, qu'il s'agisse du peuple ou de manière plus restreinte d'une profession ou d'un groupe d'intérêts. La magistrature élue n'est pas à l'abri de la politisation, du corporatisme, voire du fanatisme. A défaut d'une pleine indépendance toutefois, parce que tributaire de ses électeurs, elle court moins le risque — qui s'était réalisé avec la caste repliée sur ses privilèges qu'était la magistrature d'Ancien Régime — de s'isoler de la société et des principes qui sont les siens. Reste à savoir si une magistrature élue est compétente. La logique voudrait que les électeurs élisent les meilleurs. Cela s'est parfois produit : sous la Révolution, le peuple a élu assez souvent des juristes renommés. Mais il ne faut pas négliger les hypothèses dans lesquelles la compétence n'a pas été et ne sera guère l'enjeu de l'élection. La compétence peut, de toute manière, être différemment conçue. Ce peuvent être le bon sens, l'expérience pratique d'un professionnel ; ce peuvent être les connaissances juridiques. L'électeur est sans doute mieux à même de juger des premières que des dernières. La magistrature élue risque fort, ainsi, d'être une magistrature d'équité, de pratique plus qu'une magistrature de droit. Or il ne faut pas oublier qu'il n'y a pas de véritable équité dans l'ignorance du droit mais seulement arbitraire. La remarque mériterait d'être atténuée si cette magistrature élue, usant de son prestige de confiance, était une magistrature de conciliation plus que de jugement.

Le Consulat inaugura, en l'an VIII, la nomination des magistrats par le chef de l'Etat, nomination qui se généralisa sous l'Empire. Un lien organique se créait entre les deux pouvoirs, exécutif et judiciaire. La justice devenait, ce qu'elle n'avait jamais été, un service public et le juge un fonctionnaire nommé. C'est ce qu'elle est restée. Mais une justice fonctionnarisée peut-elle être indépendante ? L'évolution des idées a conduit à penser que l'indépendance organique de la magistrature n'était pas une bonne chose, que celle-ci devait prendre place dans l'organisation de l'Etat afin d'en faire respecter les principes et de les respecter elle-même ; mais que l'indépendance personnelle des magistrats, quant à elle, devait être sauvegardée par de solides garanties statutaires. L'histoire de cette indépendance personnelle a été plus que tumultueuse et les « épurations » successives dans la justice judiciaire, ou à l'inverse le favoritisme et les intrigues politiques l'ont plus que remise en question. Ce n'est qu'au lendemain de la Libération que la IVe République tenta de donner des garanties d'indépendance suffisantes au corps judiciaire. Le Conseil supérieur de la Magistrature voyait le jour qui devait, avec la Ve République, devenir un organe d'indépendance de la magistrature. Si la nomination des magistrats par le gouvernement crée un risque de dépendance de la magistrature, à l'inverse, elle est sans doute le meilleur moyen de garantir la compétence des juges. A la condition, toutefois, que les critères de nomination soient bien des critères de compétence... : titres, concours, etc.

Le choix de la nomination n'en était pas pour autant exclusif. Une certaine hésitation persiste. Si la vénalité des offices est définitivement bannie, il n'en va pas de même de l'élection. La magistrature actuelle est ainsi duelle. Elle est, d'abord et principalement, une *magistrature de carrière*. Elle se compose de corps dans lesquels les membres, qui y font carrière, sont nommés par le gouvernement mais dont l'indépendance est assurée par des garanties statutaires variables avec les fonctions ou les ordres et dont la compétence est principalement assurée par voie de concours et recrutement au sein d'écoles. Elle est, ensuite et accessoirement, une *magistrature occasionnelle et temporaire* dont l'existence répond à des préoccupations et modalités diverses. Ici, la préoccupation est idéologique : faire rendre la justice par le peuple souverain et s'en remettre au sort pour la désignation des jurés de la cour d'assises. Là, elle est politique et se traduit par l'élection au sein du Parlement des juges de la Haute Cour de Justice ou par la désignation par les Présidents de la République, de l'Assemblée nationale et du

Sénat des membres du Conseil constitutionnel. Là encore, la préoccupation est d'adéquation du juge au litige et se révèle dans la composition du Tribunal des conflits, émanation par élection des juridictions suprêmes des ordres judiciaire et administratif, ou dans la désignation des assesseurs du tribunal pour enfants ; plus spécialement, préoccupation d'adéquation et volonté de conciliation se combinent pour faire des juges du conseil de prud'hommes, du tribunal de commerce, du tribunal paritaire des baux ruraux des juges élus par les professionnels et de ceux du tribunal des affaires de sécurité sociale des juges désignés parmi les partenaires sociaux. Une part importante du contentieux est ainsi jugée par des juges occasionnels. Que la raison invoquée à l'existence de cette magistrature soit la confiance ou l'expérience, la magistrature de carrière cède du terrain. Mais c'est une cession toute provisoire. Outre que la compétence de la magistrature occasionnelle, dans le contentieux civil, est cantonnée à la première instance, les deux magistratures cohabitent parfois : que la loi ait obligatoirement instauré leur collaboration dans l'échevinage ou que la déficience de la magistrature occasionnelle soit compensée par l'intervention de la magistrature de carrière (juge départiteur, impossibilité de constituer ou de faire fonctionner la juridiction). On ne peut en douter : la magistrature de carrière est le choix fondamental.

▶ CARRIÈRE

55 Accès. — L'accès se fait pour tout juge ou magistrat par une nomination par décret du Président de la République. Cette nomination fait suite à un recrutement dont on peut constater qu'il tend à une certaine uniformisation. L'ordre administratif, en effet, connaissait, par le passé, un recrutement spécifique pour chaque juridiction. Aujourd'hui, ordres administratif et judiciaire connaissent les deux mêmes voies de recrutement, mais diversement conçues et pratiquées.

a | Voie normale : les écoles. — Pour l'ordre judiciaire, cette école s'appelle l'Ecole nationale de la Magistrature (ENM). Née en 1970, prenant la suite du Centre national d'Etudes judiciaires (CNEJ) créé en 1958, l'ENM a pour vocation première d'assurer la formation professionnelle des futurs magistrats et pour vocation seconde de pourvoir à l'information et au perfectionnement des magistrats en poste. L'admission à l'ENM peut se faire sur concours ou sur titres. Une fois admis, les « auditeurs de justice », tel est leur nom, reçoivent une formation professionnelle mais sont déjà intégrés au corps judiciaire (art. 1, ord. 22 décembre 1958). La particularité de l'ENM est qu'elle ne reçoit et ne forme que des magistrats.

Pour l'ordre administratif, l'école de recrutement est l'Ecole nationale d'Administration (ENA). Créée en 1945, avec pour mission d'unifier les modes de recrutement dans la fonction publique et de parfaire la formation des futurs administrateurs civils, l'ENA est devenue la voie de recrutement normale des juges administratifs. Ainsi, tous les auditeurs au Conseil d'Etat et à la Cour des comptes en sont issus, tous les conseillers de deuxième grade des chambres régionales des comptes et trois quarts des conseillers de deuxième classe des tribunaux administratifs doivent l'être. On notera donc que l'ENA est la voie exclusive, ou quasiment exclusive, du recrutement à la base des juridictions administratives. La grande différence de l'ENA, par rapport à l'ENM, est qu'elle forme des administrateurs — ses élèves se voient d'ailleurs appliquer le statut de la fonction publique — et que certains seulement deviendront des juges. Le concours de fin d'école, que connaissent l'ENM et l'ENA, n'a pas alors la même fonction. Il s'agit bien de classer par ordre de mérite. Mais alors qu'à l'ENM cet ordre de mérite ne décidera que de l'affectation à tel ou tel poste du jeune magistrat, à l'ENA l'ordre de classement décidera du statut et de la fonction : les meilleurs choisiront le Conseil d'Etat, les autres choisiront soit d'être administrateurs soit d'être juges dans une autre juridiction administrative.

b | Voie latérale : le « tour extérieur ». — Dans l'ordre judiciaire, le recrutement latéral par accès direct à un poste, s'il était théoriquement possible dès le début du XXe siècle, n'a véritablement pris forme qu'avec l'ordonnance de 1958. Pallier la pénurie des effectifs est sans doute la raison profonde de cette voie latérale, laquelle se dédouble. Le recrutement latéral peut d'abord être à *titre définitif* (art. 29 à 32 et 40, ord. 22 décembre 1958). Ce recrutement, très faible en pourcentage (un dixième des vacances de l'année) ne s'adresse qu'à certaines personnes limitativement énumérées mais dont il est remarquable qu'elles accèdent directement à des postes différents dans la hiérarchie judiciaire selon les fonctions qu'elles exerçaient précédemment (certains peuvent ainsi être nommés directement conseillers à la Cour de cassation). Le recrutement latéral peut ensuite être à *titre temporaire*. Son but est de remédier à la crise des effectifs sans pour autant barrer la route aux jeunes générations de magistrats. La loi du 17 juillet 1970 a ainsi prévu le recrutement temporaire (de trois à neuf ans) de certaines personnes limitativement énumérées (essentiellement des retraités), lesquelles ne peuvent accéder qu'aux postes de juges des tribunaux d'instance et de grande instance, sans avancement possible. Ce mode de recrutement est lui-même temporaire (limité en principe au 31 décembre 1991).

Dans l'ordre administratif, le « tour extérieur » occupe une place beaucoup plus importante. Une première raison tient au fait que l'ENA ne peut fournir à elle seule tous les juges administratifs. Mais la raison profonde n'est pas là. Il s'est toujours agi de maintenir un contact entre administration et justice administrative. Le souci était que le juge administratif connaisse toutes les servitudes de l'administration avant de la juger mais aussi que l'administration accepte l'autorité morale des décisions rendues, accepte de s'y soumettre, de les exécuter. La participation de membres directement issus de l'administration répond à ce souci. S'opère ainsi une sorte d'osmose : les membres des juridictions sont détachés dans l'administration, la justice recrute certains de ses membres dans l'administration. L'importance accordée au tour extérieur se manifeste si l'on veut bien considérer qu'il ne s'agit pratiquement pas de recruter les juges de base mais ceux de la hiérarchie. Un quart des postes de maîtres des requêtes du Conseil d'Etat ou de conseillers référendaires de la Cour des comptes, mais un tiers de ceux de conseillers d'Etat ou de conseillers-maîtres de la Cour des comptes sont réservés au tour extérieur. Plus le poste est élevé, plus le tour extérieur prend de l'importance (à noter un mouvement inverse pour les tribunaux administratifs : *infra*, n° 253). A côté de ce « tour extérieur » destiné à recruter des membres du corps de carrière, les juridictions administratives connaissent le « service extraordinaire » : des personnalités extérieures, choisies en raison de leur compétence, sont affectées temporairement (quatre ans) au Conseil d'Etat ou à la Cour des comptes. Mais si ces personnalités portent le titre de conseillers d'Etat ou de conseillers-maîtres en service extraordinaire, elles ne sont pas des membres à part entière des juridictions administratives.

56 Avancement. — La question même de l'avancement s'explique par l'existence d'une hiérarchie. Les corps de carrière, loin de se composer d'un groupe unique[9], sont constitués de grades et de fonctions qu'en théorie il est possible de parcourir de l'accès à la magistrature jusqu'à la retraite. Le grade est une position administrative au sein de la hiérarchie (s'y attachent des conséquences quant au traitement) ; la fonction, détachée ou non du grade, est le poste effectivement occupé[10] : or, certaines fonctions sont plus prestigieuses que d'autres. On conçoit le désir de tout magistrat de monter dans la hiérarchie ; on imagine sans mal que ce peut être le moyen, pour l'exécutif, de tenir en dépendance les magistrats. En théorie, deux systèmes de promotion sont concevables. L'avancement peut se faire par ancienneté : ce système garantit l'indépendance mais n'assure pas la promotion rapide des meilleurs. Il peut se faire au choix : avantages et inconvénients sont alors inversés. En pratique, le choix est le système principalement retenu. Il repose, à la base, sur la notation de chaque magistrat par les chefs de juridiction (ce qui est très vivement critiqué par certains syndicats de magistrats). Mais le système fonctionne différemment suivant le grade du magistrat à promouvoir.

Pour les magistrats de grade hiérarchiquement inférieur, le choix se fait en général à l'aide d'un tableau d'avancement. Dans l'ordre judiciaire, qui connaît deux grades, le passage d'un grade à l'autre[11] ne peut se faire que si le magistrat a été inscrit au tableau d'avancement, établi par la Commission d'avancement à partir des notations individuelles et communiqué pour avis au Conseil supérieur de la Magistrature pour les magistrats du siège. Cette Commission d'avancement, organe national, dont la composition est fixée par la loi du 17 juillet 1970 et le décret du 31 décembre 1982, est commune au siège et au parquet. L'affectation à une fonction ne peut se faire que si le magistrat a été inscrit sur une liste d'aptitude, établie par la même Commission. L'ordre administratif connaît un système similaire. Au sein des chambres régionales des comptes, existe un tableau d'avancement (et une liste

---

9. A la différence de certains pays étrangers (Grande-Bretagne), ou de ce qu'avait proposé M. Debré, alors garde des Sceaux, en 1958.
10. Un magistrat a un grade (par exemple, second grade, premier groupe) et une fonction (par exemple, juge d'instruction ou encore juge d'instance...).
11. En revanche, l'avancement d'échelon à l'intérieur de chaque grade, le passage d'un groupe à l'autre (chaque grade comprenant deux groupes) se fait à l'ancienneté.

d'aptitude pour accéder à la présidence), établi par le Conseil supérieur des chambres régionales des comptes ; au sein des tribunaux administratifs, un tableau d'avancement est établi sur proposition du Conseil supérieur des tribunaux administratifs. Au Conseil d'Etat et à la Cour des comptes, il en va différemment. Si le choix est de principe, en pratique, jusqu'au grade de conseiller d'Etat inclus ou jusqu'à celui de conseiller référendaire de première classe, l'avancement se fait à l'ancienneté : les présidents ne proposant à promotion que dans l'ordre du tableau. Cette règle, simplement coutumière, a beaucoup fait pour l'indépendance de ces deux juridictions.

Pour les magistrats de grade hiérarchiquement élevé, le choix ne s'accompagne pas, en principe, des mêmes garanties. Ces magistrats sont les magistrats hors hiérarchie de l'ordre judiciaire, les présidents des sous-sections, sections et présidents adjoints ainsi que le vice-président du Conseil d'Etat, les conseillers-maîtres, les présidents de chambre et le président de la Cour des comptes, le président du tribunal administratif de Paris. On remarquera que, concernant ces magistrats, la promotion s'analyse surtout comme un changement de fonction. Ainsi, dans l'ordre judiciaire, un conseiller à la Cour de cassation, un premier président de cour d'appel et le président du tribunal de grande instance de Paris, par exemple, sont tous des magistrats hors hiérarchie. Le changement de fonction présente toutefois une importance car tous les postes hors hiérarchie ne sont pas équivalents ni également prestigieux. Or ces changements se font simplement sur proposition du vice-président du Conseil d'Etat ou du président de la Cour des comptes ; pour les magistrats du siège de l'ordre judiciaire, sur proposition du Conseil supérieur de la Magistrature pour les fonctions de conseiller à la Cour de cassation ou de premier président de cour d'appel, sur simple avis pour tous les autres postes. On constate donc que le gouvernement se réserve un pouvoir d'autant plus grand que le poste à pourvoir est élevé. Certes, le Conseil supérieur de la Magistrature constitue une limite à ce pouvoir mais il n'en existe aucune pour les postes les plus élevés des juridictions administratives ou du parquet.

▶ STATUT

57. CHARGES. — Elles ont toutes pour objectif d'assurer l'impartialité du juge : l'indépendance est une vertu que le juge doit pratiquer et que la loi lui impose.

a / Charges professionnelles. — Outre les charges habituelles qui pèsent sur tout fonctionnaire (obligation de résidence en particulier), des obligations pèsent sur les magistrats en raison de l'éminence de leurs fonctions. Sans doute varient-elles avec les ordres mais les règles générales sont d'inspiration voisine. Dans l'exercice de ses fonctions, le juge doit prêter serment et conserver le secret du délibéré. Et, de façon plus générale, les magistrats sont tenus à l'obligation de ne pas déroger à l'honneur et à la dignité de leur fonction ; ils sont aussi tenus à une *obligation de réserve* qui leur impose de se garder de toute manifestation publique d'opinions politiques ou de toute manifestation d'hostilité envers le gouvernement[12]. Cette obligation pose indéniablement une question d'interprétation. Une interprétation trop large conduirait à exclure toute syndicalisation de la magistrature. C'est ce qui fut longtemps. De nos jours, l'ordre judiciaire compte deux syndicats (le Syndicat national de la Magistrature, le premier créé en 1968, et l'Union syndicale de la Magistrature) ainsi qu'une association (Association professionnelle des Magistrats) ; les juges administratifs ont formé le Syndicat de la Juridiction administrative. La volonté de continuité du service public (*infra*, n° 93), mais peut-être aussi de réserve politique, a conduit le législateur à interdire le droit de grève aux magistrats de l'ordre judiciaire. Aucune règle équivalente n'existe dans l'ordre administratif. Mais, le Conseil d'Etat n'a jamais fait grève et les tribunaux administratifs n'en ont guère abusé (deux heures en trente ans...). Des *interdictions de juger* peuvent encore frapper les juges. Certaines sont très spécifiques (art. 1597 CC ou 711 CPP) mais d'autres, générales, visent à écarter tout soupçon sur l'impartialité du juge. Certaines incapacités sont édictées en raison d'un lien de proche parenté ou d'alliance (entre magistrats, entre magistrats et auxiliaires de justice)

12. Cette règle n'est formulée expressément que pour la magistrature judiciaire. Sans doute se méfie-t-on plus, par tradition, de l'ordre judiciaire que de l'ordre administratif présumé plus respectueux des règles de la fonction publique.

et jouent de plein droit. D'autres ne jouent que sur initiative du juge ou demande des plaideurs. Le juge lui-même, ayant conscience que son indépendance pourrait être remise en cause peut se « déporter », c'est-à-dire s'abstenir spontanément de juger. Les plaideurs peuvent, dans des conditions strictes, demander la récusation du juge dont ils suspectent l'impartialité (voire le renvoi devant une autre juridiction : mais ici, ce n'est plus un juge seul mais une juridiction tout entière qui est suspectée d'être partiale).

b | Charges extra-professionnelles. — La même volonté d'imposer aux magistrats la vertu d'indépendance a conduit le législateur à leur interdire certaines activités, hors juridiction. Les principes, sauf quelques nuances propres à chaque corps, sont les mêmes dans les ordres administratif et judiciaire. Est d'abord posée l'interdiction de l'exercice d'une autre profession. L'interdiction de cumul vaut pour toute autre activité professionnelle, publique ou privée. Seuls sont admis les travaux littéraires, scientifiques ou artistiques (à la condition qu'ils ne portent pas atteinte à la dignité de la fonction), les charges d'enseignement et, pour l'ordre administratif, le détachement au sein de l'administration. Est ensuite incompatible, avec la profession de magistrat, l'exercice d'un mandat politique. L'interdiction est constante pour les mandats parlementaires (national et européen). L'ordre judiciaire impose même des interdictions territoriales d'exercice au magistrat dont le conjoint exerce un tel mandat. Pour les magistrats exerçant dans une juridiction à compétence territoriale restreinte, leur sont interdits, dans le ressort de leur judicature, les mandats locaux ou régionaux. Subsistent de plus des incapacités temporaires d'exercice dans les ressorts dans lesquels les magistrats ont eu un mandat électif ou ont été candidats à une élection[13]. Mais il faut bien comprendre la portée de ces interdictions. Elles ne valent que si le magistrat est en exercice. Libre à lui de choisir de se mettre en disponibilité pour exercer une autre activité ou candidater à une élection politique.

---

13. Cf. art. 8 et 9, ord. 22 décembre 1958. Il faut noter que les magistrats de la Cour de cassation ne sont soumis qu'à l'incompatibilité d'un mandat personnel de parlementaire.

58 GARANTIES. — Une première garantie consiste à protéger le magistrat contre le mécontentement ou le ressentiment du justiciable. Le Code pénal (art. 222 à 228) protège le magistrat contre les voies de fait, en réprimant les outrages, les actes de nature à jeter le discrédit sur la justice, les pressions, les violences. Mais, il est plus essentiel, encore, de garantir la magistrature de l'arbitraire du pouvoir exécutif.

a | Indépendance. — L'indépendance du juge est nécessaire à sa propre liberté, mais elle est surtout le prix d'une bonne justice : les droits du juge garantissent ceux du justiciable. On conçoit donc que l'indépendance soit une exigence fondamentale de la fonction de juge, mais pas nécessairement de celle de tout magistrat.

L'indépendance des *juges* se marque par celle de la décision. Le juge ne peut recevoir d'ordre, même d'un magistrat de grade plus élevé. Mais elle se marque, surtout, par la règle de l'*inamovibilité*. Celle-ci veut dire que l'on ne peut déplacer un juge, sans son assentiment, même pour le promouvoir. En vertu de l'article 64 de la Constitution et de l'article 4 de l'ordonnance de 1958, les magistrats du siège de l'ordre judiciaire sont inamovibles. Dans l'ordre administratif, sont inamovibles, par lois particulières, les juges de la Cour et des chambres régionales des comptes. Les membres des tribunaux administratifs bénéficient des mêmes prérogatives, bien que le législateur se soit abstenu d'utiliser le terme d'inamovibilité (art. 1 de la loi du 6 janvier 1986). Reste le Conseil d'Etat. Aucun texte ne protège ses membres, mais sa longue indépendance a créé une véritable inamovibilité de fait (on ne compte qu'un seul cas de révocation, en 1960, d'un conseiller, réintégré en 1969). Même si, en la matière, un texte est toujours une sage précaution à opposer aux débordements éventuels de l'exécutif, la véritable indépendance réside parfois davantage dans le caractère des hommes que dans les articles de loi. Mais, à défaut de texte, l'indépendance des juges administratifs a été affirmée expressément par le Conseil constitutionnel : elle constitue un « principe fondamental reconnu par les lois de la République » (CC 22 juillet 1980).

L'expression « *parquet* » ne vise véritablement que l'ordre judiciaire. L'ordre administratif, en effet, ne distingue pas entre siège et parquet, parce que les commissaires du gouvernement chargés de remplir les fonctions de ministère public sont des juges comme les autres et qu'ils fournissent en toute indépendance la solution qu'ils estiment la plus conforme au droit. Seules les juridictions des comptes connaissent un parquet, mais celui-ci est composé de juges de ces juridictions. Cela emporte comme conséquence que, si, en tant que parquetiers, ils sont dans une situation précaire, ces juges sont, en revanche, inamovibles en tant que membres de la juridiction. Dans l'ordre judiciaire, les membres du parquet ne sont pas inamovibles et ne sont pas indépendants. Les parquets (parquet du tribunal de grande instance, parquet de la cour d'appel dit « parquet général », parquet de la Cour de cassation) sont hiérarchisés. Les magistrats doivent obéissance à leur supérieur hiérarchique (le substitut au procureur de la République, le substitut général ou l'avocat général au procureur général) et sont tous soumis à l'autorité du ministre de la Justice. Ce devoir d'obéissance est requis sous peine de sanctions disciplinaires. Cette règle supporte, toutefois, des exceptions : celle dite « des pouvoirs propres des chefs de parquet » qui permet au procureur général ou au procureur de la République d'accomplir valablement un acte contrairement à l'ordre reçu, mais en engageant sa responsabilité ; celle dite « la plume est serve mais la parole est libre » qui n'impose devoir d'obéissance que dans les réquisitions écrites. Enfin, il ne faudrait pas oublier que le corps judiciaire étant un corps unique, les magistrats peuvent être affectés indifféremment au siège ou au parquet : tout magistrat du parquet devient ou redevient inamovible dès lors qu'il est affecté au siège.

b | Discipline. — Les magistrats sont tous susceptibles de faillir à leur fonction et d'engager leur responsabilité disciplinaire. Aucun n'est donc à l'abri de sanctions qui vont de l'avertissement, blâme, à la mise à la retraite et à la révocation. Le principe est commun à tous mais des divergences apparaissent quant aux organes et procédures disciplinaires.

Dans l'ordre judiciaire, la discipline des magistrats du siège est assurée par le Conseil supérieur de la Magistrature (hors la présence du Président de la République et du ministre de la Justice). La décision prise, sans recours possible, s'impose au ministre. La discipline des magistrats du parquet est assurée par le ministre. Toutefois, doit être préalablement saisie, pour avis, la commission de discipline du parquet. Le ministre n'est pas tenu de suivre la décision de la commission, sauf à respecter deux limites. La première est que, si le ministre veut se montrer plus sévère que la commission, il doit demander une deuxième délibération. La deuxième est que, si la commission n'a retenu aucune faute, le ministre, s'il désire quand même sanctionner, doit saisir une commission spéciale dont l'avis s'impose à lui.

Dans l'ordre administratif, deux systèmes cohabitent. Celui des juridictions des comptes est d'assurer par elles-mêmes leur propre discipline. La règle est traditionnelle pour la Cour des comptes (D. 19 mars 1852). Pour les chambres régionales des comptes a été institué un Conseil supérieur qui se prononce sur les sanctions à infliger (art. 22 à 26, loi 10 juillet 1982). Celui du Conseil d'Etat ou des tribunaux administratifs est que la sanction est prise par l'exécutif. Toutefois, devant le Conseil d'Etat, existe, pour les sanctions les plus graves, l'intervention à titre consultatif d'une « commission interne » instituée auprès du vice-président (D. 30 juillet 1963). Les mesures, prises à l'encontre des membres des tribunaux administratifs, le sont sur proposition du Conseil supérieur des Tribunaux administratifs. On a pu regretter que les pouvoirs de ce Conseil n'aient pas été calqués sur ceux du Conseil supérieur de la Magistrature et que la discipline des membres des tribunaux administratifs ait été laissée en dernière instance à l'exécutif.

B - Greffiers

Le greffe est partie intégrante de toute juridiction, qui ne peut fonctionner sans son assistance. Les greffiers[14] sont membres de la juridiction et comme les magistrats prêtent serment et sont soumis aux mêmes incompatibilités.

59 ATTRIBUTIONS DES GREFFIERS. — *a | Attributions communes.* — On résume ces attributions en disant que le greffier est la mémoire et la plume du tribunal. Il est vrai qu'il est étroitement lié à l'activité juridictionnelle. Son rôle est d'abord d'assister les magistrats à l'audience et dans tous les cas prévus par la loi. Il atteste ainsi la régularité formelle de ce qui s'est passé à l'audience ou dans le cabinet du juge (juge d'instruction, par exemple). Par sa présence, il authentifie

---

14. L'expression secrétaire-greffier, adoptée en 1967, n'a pu s'imposer. Par deux décrets du 10 août 1982, la terminologie traditionnelle a été restaurée. Et, si le décret du 23 septembre 1983 traite des « secrétariats-greffes », il n'utilise que l'expression « greffiers ».

les actes du juge. Par cette fonction, le greffier est officier public. Son absence entraînerait la nullité de la décision (avec atténuation de la règle au civil, en particulier devant le juge de la mise en état). Le greffier tient aussi un certain nombre de registres. Il tient le répertoire général (ancien « rôle ») où sont enregistrées toutes les affaires et les événements les plus importants de la procédure. Il ouvre et constitue, pour chaque affaire, un dossier où se trouvent indiqués des renseignements sur les parties, leurs prétentions et où se trouvent joints les différents actes de la procédure, des conclusions jusqu'au jugement (ce dossier est transmis, en cas de recours, à la juridiction supérieure). Il tient le registre d'audience (anciennement appelé « plumitif »), qui contient des indications sur la date de l'audience, le nom des juges, des parties, la nature de l'affaire, voire les incidents, les décisions prises par le tribunal. Ce registre est cosigné par le président et le greffier (toutefois, il n'est pas obligatoire devant les juridictions administratives). Le greffier est encore chargé d'établir les minutes (la minute étant l'original de la décision signée par le président et le greffier) ; il délivre au gagnant copie du jugement revêtue de la formule exécutoire (dite « la grosse ») et à tout intéressé une simple copie appelée « expédition ». Il est enfin dépositaire des archives de la juridiction.

b | Attributions particulières. — Devant certaines juridictions, des tâches supplémentaires sont confiées au greffier. Ce peut être l'enregistrement de certaines déclarations (par exemple, au greffe du tribunal de grande instance : renonciation à succession ou acceptation sous bénéfice d'inventaire). Ce peut être aussi la tenue de certains registres : registre du commerce et des sociétés, au greffe du tribunal de commerce ; répertoire civil et double des registres d'état civil, au greffe du tribunal de grande instance et au greffe du tribunal correctionnel, répertoire des fiches nécessaires à l'établissement du casier judiciaire. Mais, on retiendra surtout que revient au greffier du tribunal administratif, du Conseil d'Etat ou du conseil de prud'hommes la notification des jugements. Par cette activité, le greffier devient aussi huissier et simplifie grandement la procédure. Le rôle du greffe administratif est d'ailleurs très important tout au long de l'instruction, puisqu'il sert d'intermédiaire en diffusant les requêtes, mémoires en défense, réplique, etc., en avisant les parties des mesures d'instruction (de leur date, de leur résultat...), de la date d'audience, etc.

60 Statut des greffiers. — Les greffiers sont des fonctionnaires. La règle, ancienne pour l'ordre administratif, ne s'est
imposée que récemment dans l'ordre judiciaire.

Dans l'ordre administratif, le greffe du Conseil d'Etat est assuré
par un secrétariat, le secrétariat de la Section du Contentieux lequel a
à sa tête un secrétaire du contentieux qui est un maître des requêtes
nommé par le vice-président. Le greffe du tribunal administratif se
compose d'un bureau central établi auprès du tribunal et de bureaux
annexes dans chaque préfecture du ressort. Le bureau central est
tenu par un greffier en chef assisté de greffiers. Ils sont nommés par
le commissaire de la République, sur proposition du président du
tribunal administratif. Un personnel d'exécution (commis, dactylo...)
complète le greffe. La loi du 6 janvier 1986 a créé un secrétaire général
des tribunaux administratifs. Issu du corps de ces tribunaux, il est
désigné sur proposition du Conseil supérieur. Sa tâche est, entre
autres, de gérer les greffes et d'organiser la formation de leurs personnels. Les fonctions de greffiers des bureaux annexes sont tenues, le
plus souvent à temps partiel, par des fonctionnaires de préfecture.

Dans l'ordre judiciaire, longtemps, les greffiers eurent un statut
hybride : d'une part, officiers ministériels, ils étaient titulaires de leur
charge ; d'autre part, fonctionnaires, ils touchaient de l'Etat une rémunération — modeste. Ils étaient assistés, dans leur tâche, par des greffiers
fonctionnaires et par des employés du greffe que les greffiers titulaires
rémunéraient eux-mêmes. La loi du 30 novembre 1965 supprima ce
système curieux et complexe, en imposant — avec mesures transitoires
et indemnisations — la fonctionnarisation. Mais, pour des raisons
obscures, les greffiers titulaires de charges des tribunaux de commerce
échappèrent à la réforme. Ils restent toujours, et aucune réforme ne
semble en vue, des officiers ministériels et des fonctionnaires. Sauf
cette exception, la fonctionnarisation est générale, comme est générale
l'implantation des greffes. Toute juridiction de première instance, civile
ou pénale, toute cour d'appel et la Cour de cassation bénéficient
d'un greffe fonctionnarisé. Dans les juridictions dotées d'un parquet,
le greffe couvre, en principe, les services administratifs du siège et du
parquet. Il peut cependant exister un secrétariat du parquet autonome.
Le greffe est hiérarchisé. Il est dirigé par un greffier en chef assisté de
greffiers. Greffiers en chef et greffiers sont recrutés par concours (externe
ou interne), et bénéficient d'une formation professionnelle à l'Ecole

nationale des Greffes. A leurs côtés, se trouve tout un personnel d'exécution : commis, sténodactylographes, agents de bureau... Le nombre des greffiers en chef, des greffiers et des personnels d'exécution varie avec l'importance de la juridiction (par exemple : le greffe du tribunal de grande instance de Paris comprend quelque 35 greffiers en chef, environ 300 greffiers auxquels on peut ajouter pas moins de 550 agents d'exécution). Il est notoire que, quel que soit ce nombre, il est insuffisant. Les greffes souffrent d'un manque en personnel et en équipement. La lenteur de la justice trouve en partie explication dans les greffes. Une accélération du cours de la justice passe obligatoirement par un sérieux effort à leur égard.

II | LES AUXILIAIRES DE JUSTICE

Ce qui caractérise les auxiliaires de justice, c'est que, quel que soit leur statut, ils sont indépendants de l'Etat. C'est donc en toute liberté qu'ils peuvent apporter leur concours à la justice, ce qui est une garantie de sauvegarde des intérêts privés et des libertés individuelles.

61 AUXILIAIRES DES PARTIES, AUXILIAIRES DU JUGE. — Il est traditionnel de distinguer, entre les auxiliaires de justice, ceux qui portent « secours » aux parties et ceux qui portent « secours » au juge. Il est vrai qu'un tel partage peut être tenté. Certains auxiliaires ont pour but d'aider le juge, soit dans la recherche des preuves, c'est le cas de la police judiciaire en matière pénale, soit dans la prise de décision, c'est le cas des experts et techniciens commis pour fournir au juge des éclaircissements sur des questions techniques (médicales, comptables, immobilières, etc.). Certains autres ont pour tâche d'apporter une aide aux parties, d'organiser leur défense, de signifier et de faire exécuter les actes les concernant : c'est le cas des avocats, des avoués ou encore des huissiers. Mais le partage est assez artificiel. Les auxiliaires des parties sont tout autant ceux du juge : avocats appelés à compléter le tribunal, huissiers ayant pour tâche d'assurer le service intérieur des tribunaux et de faire exécuter la décision du juge — c'est-à-dire de lui donner effectivité. Mais, au-delà même de ces données techniques, les auxiliaires sont au service de la justice. Certes, auxiliaires des parties, ils ont le droit, voire le devoir, d'avoir une vue *partiale* de l'affaire ; mais cette partialité ne doit jamais aller jusqu'à la tromperie ou la fraude : un devoir d'honnêteté à l'égard du juge et de la justice leur est fait.

A - Les avocats

62 Organisation de la profession. — Les avocats constituent une profession libérale et indépendante, organisée en ordres ou barreaux, chaque barreau étant autonome et implanté auprès d'un tribunal de grande instance ou d'une cour d'appel. L'ordre constitue une personne morale de droit public, regroupant obligatoirement tous les avocats. Il est géré par un bâtonnier (élu par ses pairs pour une durée de deux ans) qui le représente, et par un conseil de l'ordre (élu pour trois ans, renouvelé par tiers tous les ans). L'une des tâches principales du conseil est d' « arrêter le tableau » (c'est-à-dire de statuer sur les demandes d'admission aux petit et grand tableaux, chaque ordre étant « maître de son tableau », sous réserve d'un recours devant la cour d'appel. Ne peuvent solliciter leur inscription au barreau que les candidats titulaires du certificat d'aptitude à la profession d'avocat (capa) (sauf dispenses limitées à certaines catégories professionnelles). Admis à un stage d'une durée, en principe, de deux ans, les avocats stagiaires peuvent solliciter, à son issue, leur inscription au grand tableau en tant qu'avocat, si leur a été délivré le certificat de fin de stage. Le conseil s'assurera qu'aucune incompatibilité de nature à nuire à l'indépendance des postulants n'existe (est ainsi prohibée toute activité professionnelle concurrente, publique, commerciale ou salariée ; seuls sont admis les cumuls avec les fonctions d'enseignement, l'exercice d'un mandat parlementaire et la participation, exclusive de toute fonction dirigeante, dans une société où la responsabilité n'est pas illimitée). La deuxième tâche principale du conseil est de siéger comme conseil de discipline pour sanctionner, par un « arrêté disciplinaire », susceptible d'un recours devant la cour d'appel, tout avocat ayant manqué aux devoirs de la profession (les sanctions disciplinaires allant de l'avertissement à la suspension et à la radiation). Les avocats peuvent exercer leur profession selon des modalités diverses : soit individuellement soit en groupe (association, société civile professionnelle, collaboration à la condition qu'elle ne soit pas de nature salariale).

63 FONCTIONS DE L'AVOCAT. — Ces fonctions sont doubles.

La fonction d'assistance est traditionnelle et, historiquement, la première (encore que, sous certains aspects, elle soit neuve). Elle est, d'abord, et simplement, une activité de conseil, qui se réalise à l'aide de consultations orales ou écrites. Cette activité est juridique sans être nécessairement judiciaire. L'aide apportée par l'avocat peut l'être en dehors de tout procès : il peut s'agir de donner des informations, de rédiger un contrat, d'élaborer des statuts, etc. Cette forme d'aide se développe largement, à l'heure actuelle. Il faut bien dire que les avocats ont longtemps laissé le champ libre à d'autres professions juridiques — puisqu'en l'espèce ceux-ci ne disposent d'aucun monopole — en dédaignant cet aspect purement juridique de l'activité de conseil. Elle devrait, à l'avenir, occuper une grande place dans les fonctions de l'avocat. Le conseil peut aussi être le préliminaire d'une procédure contentieuse. L'assistance est ensuite, en effet, une activité de défense en justice, une activité judiciaire qui se manifeste par la participation de l'avocat aux mesures d'instruction et par le prononcé d'une plaidoirie le jour de l'audience. C'est là l'image traditionnelle de l'avocat « homme de la parole ». Dans l'exercice de cette fonction d'assistance judiciaire, l'avocat dispose de certaines prérogatives. Il peut remplir sa mission devant toute juridiction, publique, disciplinaire ou arbitrale, et cela, sans aucune limitation territoriale. Il dispose d'un monopole de plaidoirie devant les tribunaux de grande instance, les cours d'appel, les tribunaux répressifs et les tribunaux administratifs (sauf aux parties à se défendre elles-mêmes avec l'autorisation du président). Afin de sauvegarder son indépendance et de garantir les droits de la défense, l'avocat bénéficie, en premier lieu, d'une immunité (de parole et d'écrit). La seule limite à sa liberté est que son propos soit utile à la défense et non injurieux à l'égard du juge. Sont déclarés, en deuxième lieu, inviolables son cabinet et sa correspondance (seul un juge d'instruction peut ordonner perquisition et saisie, en respectant certaines formalités obligatoires). Lui est accordée, en troisième lieu, la liberté de refuser un dossier, ou de refuser de défendre une thèse — imposée par son client — qu'en son âme et conscience il ne peut soutenir. En contrepartie, la déontologie professionnelle[15] le soumet

---

15. La formule actuelle de la prestation de serment (issue de la loi du 18 mai 1982) est la suivante : « Je jure, comme avocat, d'exercer la défense et le conseil avec dignité, conscience, indépendance et humanité. »

à certains devoirs : un devoir général de déférence et de correction à l'égard de la justice et des magistrats, un devoir de confraternité à l'égard de l'avocat de l'adversaire, et, envers ses clients, un devoir de dévouement dans l'assistance, et de modération dans la fixation des honoraires. Enfin, déontologie et Code pénal font peser sur l'avocat un secret professionnel, qu'il ne peut violer sans commettre une infraction pénale, et auquel la jurisprudence de la chambre criminelle donne la nature de secret absolu.

La fonction de représentation est, pour l'avocat, une fonction plus nouvelle. C'est à la loi du 31 décembre 1971 que l'avocat doit de pouvoir représenter son client devant toutes les juridictions de première instance (alors qu'antérieurement à 1972, il ne pouvait le faire que devant les juridictions d'exception : devant le tribunal de grande instance, la représentation ou « postulation » était le monopole des avoués). La représentation s'entend de l'accomplissement des actes de procédure nécessaires à la marche du procès : actes techniques, obéissant à un formalisme précis, qu'il est nécessaire de confier à des hommes de l'art. Dans cette fonction, l'avocat devient le mandataire (« mandataire *ad litem* ») de son client : il accomplit les actes du procès au nom du plaideur qui se trouve ainsi engagé par ces actes ; en contre-partie, l'avocat a toutes les obligations d'un mandataire : il doit rendre compte de son mandat et engage sa responsabilité pour erreur ou négligence (afin de garantir cette responsabilité, la loi de 1971 a imposé aux avocats une assurance professionnelle). Quant à ses caractères, le mandat *ad litem* est présumé (l'avocat est réputé vis-à-vis du juge et de l'adversaire avoir reçu pouvoir : art. 417 NCPC) ; il est général (il permet à l'avocat d'accomplir tout acte utile à la marche du procès). Une telle souplesse ne s'explique que par les rapports de confiance qui lient l'avocat et son client. On comprend donc que le mandat puisse être révoqué dès que disparaissent ces rapports. La fonction de représentation peut être exercée, en principe, devant toute juridiction. Toutefois, il est des matières où la représentation est exclue, la loi exigeant la comparution de la personne. La représentation constitue, devant le tribunal de grande instance, un monopole de l'avocat mais limité territorialement au tribunal dont dépend le barreau où il est inscrit. Ce monopole emporte deux conséquences : l'avocat ne peut se décharger sans conditions de sa mission (art. 419 NCPC) ; il perçoit une rémunération tarifaire (« émoluments »). Devant les autres juridictions où l'avocat peut représenter son client, il n'y a ni monopole, ni territorialité, ni tarification.

B - Les officiers ministériels

Titulaires d'offices acquis avec l'agrément du gouvernement, ils exercent leurs fonctions à titre de monopole et doivent, en contre-partie, accorder leur ministère dès lors qu'ils en sont légalement requis.

64 GÉNÉRALITÉS. — Les officiers ministériels sont des particuliers ayant acquis une « charge ». Le système est de la patrimonialité. Le titulaire de la charge, voulant la céder à titre onéreux ou gratuit, présente au gouvernement un successeur. Ce système distingue donc le « titre » et la « finance ». Le titre est le droit d'exercer la fonction : il est subordonné à une investiture personnelle, délivrée par le gouvernement après contrôle de conditions d'âge, nationalité, honorabilité et d'aptitudes et qualifications du postulant. La finance est la valeur négociable du droit de présentation d'un postulant par le titulaire de la charge (à la différence du système de vénalité de l'Ancien Régime, l'Etat ne perçoit rien). Le gouvernement garde un droit de regard sur les prix de cession, se réservant de refuser son agrément, et dispose encore du pouvoir de création ou suppression d'un office en fonction de l'intérêt général.

Les officiers ministériels sont regroupés obligatoirement au sein de structures corporatives plus ou moins complexes (ordre des avocats aux Conseils ; chambres régionales et nationale des avoués ; chambres départementales, régionales, nationale des huissiers). Ces structures exercent des fonctions de règlement, de contrôle des comptabilités, de discipline et de représentation auprès des pouvoirs publics.

65 CATÉGORIES. — Certains officiers ministériels ne sont pas des auxiliaires de justice, ou ne le sont que de manière très occasionnelle : ainsi les notaires, les commissaires-priseurs ou les agents de change. D'autres ont pour tâche essentielle de participer à l'administration de la justice : ce sont les avoués près les cours d'appel, les avocats au Conseil d'Etat et à la Cour de cassation et les huissiers de justice.

1 / *Les avoués près les cours d'appel.* — Maintenus malgré la réforme de 1971, sans doute en raison de la grande spécialisation qui est la leur et de la nécessité d'une présence permanente au siège de la cour, les avoués ont pour mission de représenter leurs clients devant la cour d'appel. Ils bénéficient en cela d'un monopole mais leur postulation est territoriale (c'est-à-dire limitée à la cour d'appel). Seuls, les contentieux pénal et social font échec à ce monopole. Investis d'un mandat *ad litem,* leurs droits et obligations sont en tous points comparables à ceux de l'avocat représentant son client. On notera que le maintien des avoués conduit à partager, en appel, le secours apporté au plaideur entre la représentation de l'avoué et l'assistance de l'avocat.

2 / *Les avocats au Conseil d'Etat et à la Cour de cassation.* — En raison de l'extrême spécialisation de leurs tâches, ces avocats bénéficient d'un monopole (à l'exclusion du contentieux social), et exercent tout à la fois des fonctions de représentation et d'assistance (la plaidoirie, fort courte, se réduisant à quelques observations orales sur les mémoires déposés).

3 / *Les huissiers de justice.* — La fonction actuelle est issue de la fusion des anciennes professions d'huissiers (chargés du service intérieur des tribunaux) et de sergents (chargés de signifier et d'exécuter les décisions de justice). Les huissiers exercent, d'abord, un monopole. A ce titre, ils ont la charge de rédiger les actes de procédure, de les signifier. Les significations obéissent à un formalisme rigoureux (et coûteux) mais qui présente des garanties incomparables (une notification, même par lettre recommandée, n'assure pas que le destinataire a été touché en personne par l'acte ; les diligences de l'huissier permettent au contraire de le savoir précisément). A ce titre, ils ont encore la charge de procéder à l'exécution forcée des actes publics (jugements, actes notariés revêtus de la formule exécutoire) et sont, à l'occasion, chargés des saisies et expulsions. Entre enfin dans le monopole des huissiers le service interne des juridictions : les « huissiers-audienciers » procèdent à l'appel des causes, notifient les actes entre avocats, tiennent la police de l'audience sous le contrôle du président. Cette fonction de monopole est, en principe, territorialement limitée à la circonscription du tribunal d'instance de leur résidence. En dehors de tout monopole, les huissiers peuvent ensuite procéder au recouvrement de certaines créances (à

l'amiable ou par voie d'injonction de payer), ou encore dresser des constats, soit à la requête des particuliers soit sur commission du tribunal. Ces constats ne valent qu'à titre de simple renseignement. On notera que l'huissier, accomplissant un acte de procédure, le signifiant, etc., le fait au nom de son client : il est donc mandataire et engage sa responsabilité si, par sa faute, l'acte est déclaré nul.

Pour aller plus loin

66 ORDRES. — On se méfiera des interprétations restrictives. Certains ne veulent voir dans les institutions judiciaires que l'ordre judiciaire, oubliant que, par sa définition, « judiciaire » signifie ce qui est « relatif à l'administration de la justice » *(Littré)*. La justice administrative est tout autant la justice que la justice judiciaire. Plus nombreux sont ceux qui s'arrêtent là, estimant que hors de l'ordre judiciaire et de l'ordre administratif, il n'est plus de justice. C'est à notre avis une vision passéiste ; l'ordre constitutionnel est un ordre juridictionnel et, qui plus est, un ordre avec lequel notre droit devra de plus en plus compter. La justice étant judiciaire, administrative et constitutionnelle, les trois ordres de juridiction relèvent des institutions judiciaires.
  Deuxième question terminologique : qu'est-ce qu'un « ordre de juridiction » ? Dans un sens technique, l'ordre de juridiction implique, en principe, une hiérarchie complète de tribunaux soumis au contrôle d'une cour souveraine. Les ordres judiciaire et administratif correspondent parfaitement à cette définition technique. Mais, il existe aussi une conception extensive de l'ordre de juridiction, et cela, en raison de la rédaction de la Constitution. Alors que le projet prévoyait que le Parlement serait compétent pour créer des « juridictions », le texte définitif retient sa compétence pour la création des « ordres de juridiction ». Sauf à réduire quasiment à néant le rôle du législateur en la matière, il fallut interpréter très largement le terme ordre : c'est ainsi que les tribunaux d'instance à compétence pénale exclusive, les conseils de prud'hommes, etc. ou encore la Cour de cassation constituent à *eux seuls* des ordres de juridiction *(cf.* Favoreu et Philip, p. 139). La notion d'ordre, adoptée dans ce manuel, est la notion traditionnelle, sauf à dire que la Constitution nous semble avoir créé un ordre constitutionnel dont la particularité est de n'être pas hiérarchisé.
  Troisième question terminologique : cour suprême ou cour souveraine ? Notre droit ne connaît pas, au sens strict du terme, une cour suprême (« suprême » : « qui est au-dessus de tout », *Littré*), mais des cours souveraines (« souverain » : « qui est le plus haut en son genre », *Littré*). Il aurait fallu pour qu'existât une cour suprême que celle-ci puisse au moins être saisie par les autres juridictions (Cour de cassation ou Conseil d'Etat), Le Tribunal des conflits donnerait l'image d'une ébauche de cour suprême, si sa vocation n'était pas restreinte aux seules questions de compétence *(infra,* n° 269). Il n'existe donc que des cours souveraines, mais les cloisonnements institutionnels et leur intangibilité font qu'à l'intérieur même de chaque ordre, elles sont « les plus hautes en leur genre » et « celles qui sont au-dessus de tout ». La pratique qui nomme souvent cours suprêmes le Conseil d'Etat et la Cour de cassation n'est peut-être donc pas si hérétique. V., avec une définition peu « orthodoxe », *La Cour judiciaire suprême*, numéro spécial, *Revue internationale de droit comparé*, 1978, n° 1 : Chambre des Lords, Cours suprêmes des Etats-Unis, de Californie, de Louisiane, du Canada, du Québec, du Japon, de Suède, de Norvège, Cour de cassation et Conseil d'Etat français, Cours de cassation de Belgique,

d'Italie, Hoge Raad, Cour fédérale de justice de RFA, Tribunal fédéral suisse, Cour de justice des Communautés européennes, Cours suprêmes d'URSS et de Pologne, Tribunal fédéral yougoslave, essai sur la Cour suprême idéale.

Sur la division des ordres administratif et judiciaire : C. Durand, *Les rapports entre les juridictions administratives et judiciaires*, thèse, Rennes, 1954, Bibl. Droit public, t. 2 ; F.-P. Benoit, Juridictions judiciaires et juridictions administratives, *JCP*, 1964, I, 1838 ; J.-C. Groshens, Réflexions sur la dualité de juridictions, *AJDA*, 1963, p. 536 ; v. Auby et Drago, *Traité*, n° 107.

67   SUR LE PRINCIPE DU DOUBLE DEGRÉ DE JURIDICTION. — Tout plaideur est en droit, sauf exception légalement prévue, de faire juger son affaire deux fois. Or cette garantie ne se trouve pleinement réalisée que lorsque les deux juridictions successives sont rigoureusement distinctes : « Attendu que la loi, en soumettant la même poursuite à un double degré de juridiction et en confiant l'examen du recours à un juge supérieur, a voulu assurer une garantie efficace à la justice ; que ce recours serait illusoire si le même magistrat pouvait, dans la même affaire, remplir son office devant les deux degrés de juridiction » (Crim. 23 février 1961). Pour une application par la deuxième chambre civile, v. Civ. 3 juillet 1985, *D.*, 1986, 547, concl. Charbonnier. Les conclusions de M. Charbonnier sont intéressantes car le moyen du pourvoi avait soulevé la violation de l'article 6 de la Convention européenne des Droits de l'homme et plus précisément la violation des règles d'indépendance et d'impartialité. Tout en reconnaissant que la violation de la Convention pouvait être retenue sur le fondement de l'impartialité, l'avocat général a invité la Cour à ne pas retenir le texte européen dans la mesure où la loi interne fournissait un moyen de cassation : la Cour a donc soulevé d'office la violation du double degré de juridiction.

Il faut signaler que le Parlement a autorisé, par la loi du 30 décembre 1985, la ratification du Protocole n° 7 à la Convention visant, entre autres, le principe du double degré de juridiction (art. 2). L'exposé des motifs montre que la ratification était possible sans que soit modifié le droit interne actuel, bien que ce dernier exclue l'appel pour une série de décisions : soit en raison de la nature de la décision (ne tranchant que d'intérêts faibles : demande inférieure au taux du ressort, contravention faiblement sanctionnée), soit en raison de la nature de la juridiction (cour d'assises, juridictions militaires). On notera que, si l'on comprend le souci d'éviter l'encombrement, l'importance d'une affaire ne s'évalue pas nécessairement au montant de sa demande. On notera aussi que, pour des raisons diverses dont l'une était la suspicion qui entoure la composition des cours d'assises, le ministère Badinter avait, un temps, envisagé la création d'un appel des arrêts d'assises. Mais les ébauches de projets n'ont pas abouti.

Selon le Protocole n° 7, le principe du double degré de juridiction peut faire l'objet d'exceptions pour des infractions mineures ; et « il a été convenu et rappelé par le gouvernement, dans une déclaration ayant accompagné la signature du Protocole que l'examen peut se limiter au recours en cassation. Le Protocole ainsi interprété est compatible avec les règles concernant les voies de recours contre les arrêts des cours d'assises » (Exposé des motifs, *Déb. AN*, 1984-1985, n° 2790).

On notera enfin que le Protocole ne vise que le jugement pénal mais que le principe est, en droit interne, de portée générale. Toutefois, on remarquera que le Conseil constitutionnel n'a jamais accordé à ce principe valeur constitutionnelle. Les dispositions portant atteinte à ce principe, par exemple dans la loi Sécurité et Liberté, n'ont été déclarées non conformes à la Constitution que comme portant atteinte au principe d'égalité. Le principe d'égalité apparaît ainsi comme un principe global dans lequel viennent se fondre bien d'autres. *Cf.* Favoreu et Philip, p. 489 et p. 506.

68 ORGANISATION JURIDICTIONNELLE. — Existe-t-il un principe de la collégialité ? Rien n'est moins sûr. « La collégialité souffre déjà de tant d'exceptions qu'on peut difficilement voir en elle un principe et de surcroît un principe fondamental reconnu par les lois de la République » (R. G. Schwartzenberg, cité par Favoreu et Philip). Il est à noter, en effet, que le Conseil constitutionnel, par sa décision du 23 juillet 1975 sur le juge unique en matière correctionnelle, n'a pas tranché entre unicité et collégialité. Les sénateurs, auteurs de la saisine, soutenaient que « l'abandon de la collégialité était inconstitutionnel comme contraire au principe fondamental reconnu par les lois de la République selon lesquelles les juridictions de jugement sont toujours collégiales, spécialement en matière de répression des délits ». Or, le Conseil n'a pas répondu sur ce point. L'unicité n'est peut-être pas interdite, même en matière délictuelle, sauf à respecter l'égalité. V. Favoreu et Philip, p. 507. V. aussi, IXᵉ Colloque des instituts d'études judiciaires, Nice, 1974, *Les juges uniques en droit français*, avec les rapports de MM. Vincent, Roujou de Boubée, Charles et Normand. V. aussi R. Perrot, *Le juge unique en droit français*, *Rev. int. Dr. comp.*, 1977, p. 659 ; J. Vincent, Juridiction collégiale ou juge unique dans la procédure civile française, *Annales Fac. Dr. Lyon*, 1971, II, *Mélanges Faletti*, p. 561.

Pour une comparaison avec les pays de *common law* (droit anglais, droit des Etats-Unis), v. R. David, *Les grands systèmes de droit contemporain, op. cit.* L'organisation judiciaire y est décrite. Cette description montre combien il n'est pas raisonnablement concevable de vouloir transposer, dans notre système de droit et dans notre type de société des techniques — ne serait-ce que l'unicité — venues d'outre-Manche ou d'outre-Atlantique.

Sur la pratique des opinions dissidentes ou séparées, v. La Cour judiciaire suprême, *RIDC*, n° 1, 1978.

La compétence est largement étudiée dans les manuels et traités de procédure. On renverra à la bibliographie citée par Vincent et Guinchard, nᵒˢ 107 à 342, par Merle et Vitu, nᵒˢ 1363 à 1401, par Pradel nᵒˢ 56 à 106, par Auby et Drago nᵒˢ 598 à 697, par Chapus pp. 81 à 143, par Pacteau nᵒˢ 83 à 96. On pourra compléter en se référant à Giverdon, *Répertoire proc. civ.*, 2ᵉ éd., vᵒ « Compétence » ; à Solus et Perrot, *La compétence*, Sirey, 1973. On trouvera en particulier une matière non développée au texte — car relevant spécifiquement de la procédure — qui est celle du règlement des conflits de compétence.

La doctrine distingue souvent compétence absolue (d'attribution) et compétence relative (territoriale) : v. Solus, Compétence d'attribution et compétence territoriale, *JCP*, 1947, I, 663. Une telle classification a été contestée par Eisenmann, Sur la compétence des juridictions, *D.*, 1948, chron. 49, critique à laquelle répondit Solus, Considérations sur la compétence des juridictions, *D.*, 1949, chron. 153.

Sur une question assez rarement abordée, à savoir l'application immédiate des lois créant ou réorganisant de nouvelles juridictions (notamment pénales d'exception), v. Levasseur, Réflexions sur la compétence : un aspect négligé du principe de la légalité, *Mélanges Hugueney*, p. 13.

V. les deux arrêts rendus par la chambre criminelle le 25 avril 1985 (affaires Bogdan et Vuckovic) au *D.*, 1985, p. 329, concl. Dotenwille, *D.*, 1986, chron. Favoreu, p. 169. La chambre criminelle, appliquant l'interprétation donnée par le Conseil constitutionnel à l'article 66 de la Constitution selon lequel il revient à l'autorité judiciaire d'être la gardienne des libertés individuelles, a « sauté le pas » et estimé que le juge judiciaire a plénitude de juridiction en matière d'atteintes à la liberté individuelle et que cela lui donne compétence pour apprécier la légalité de tous les actes réglementaires et non réglementaires qui concernent la liberté individuelle.

69   LES GENS DE JUSTICE. — Sur le Conseil supérieur de la Magistrature, voir l'ordonnance n° 58-1271 du 22 décembre 1958 portant loi organique. Le CSM comprend onze membres : le Président de la République, président, le ministre de la Justice, vice-président, qui peut éventuellement suppléer le Président de la République, et neuf membres, tous désignés par ce dernier pour quatre années (durée renouvelable une fois). Parmi ces neuf membres, six, appartenant à l'ordre judiciaire (trois pour le parquet, trois pour le siège), sont choisis sur une liste (comportant le triple de noms de magistrats à désigner) établie par le bureau de la Cour de cassation ; un est conseiller d'Etat (choisi sur une liste de trois noms établie par l'assemblée générale du Conseil d'Etat) ; deux autres sont des personnalités extérieures au monde judiciaire. V. A. Besson, Le Conseil supérieur de la Magistrature, D., 1960, chron. 1.

On a contesté la désignation des membres du CSM. Certains trouvent que la Cour de cassation y a trop de poids ; d'autres que l'élection serait préférable. Se pose surtout la question des pouvoirs du CSM : simple organe destiné à protéger l'indépendance des magistrats (comme dans le système actuel) ou organe de gestion des personnels judiciaires (comme dans le système de la IVᵉ République) ? Une commission d'étude (rapport de mars 1983) avait préconisé que le CSM redevienne un organisme de direction du corps judiciaire, que se crée une indépendance organique, et non seulement statutaire, de la magistrature. Le risque de corporatisme n'était pas loin... L'étude n'a pas débouché sur un projet.

Le CSM siégeant disciplinairement (discipline des magistrats du siège) est une juridiction administrative. Bien que l'article 57 de l'ordonnance précise que le CSM « statue sans recours », le Conseil d'Etat estime que n'est pas écarté le recours en cassation (ceci est conforme à sa position générale en la matière, supra, n° 81). Le Conseil d'Etat se pose donc comme juge de la légalité d'une décision prise, entre autres, par le premier président de la Cour de cassation (présidant de droit le CSM statuant en matière disciplinaire). Cette « immixtion » suscite quelques « grincements »..., cf. J.-L. Bonnety, Le juge administratif, juge de la situation du magistrat judiciaire, JCP, 1978, I, 2898 ; cf. aussi Ch. Bréchon-Moulènes, L'impossible définition de Conseil supérieur de la Magistrature, RDP, 1973, p. 599.

Sur la magistrature, v. l'ordonnance n° 58-1270 portant loi organique. Selon le Conseil constitutionnel, « magistrature », au sens de la Constitution, ne vise que les magistrats du siège et non ceux du parquet : cf. décision n° 84-182 du 18 janvier 1985 et Th. Renoux, Indépendance de la justice et respect du principe d'égalité : à propos des deux décisions du Conseil constitutionnel du 18 janvier 1985, D., 1986, p. 425 et plus spécialement n° 9. Dans une acception moins stricte, v. M. Rousselet, Histoire de la magistrature française, 2 t., Plon, 1957 ; M. Pauti, Les magistrats de l'ordre judiciaire, thèse, Paris, 1974 ; P. Martaguet, Comment devient-on magistrat ?, in revue Pouvoirs, n° 16, 1981, « La justice », p. 107 ; J.-L. Bodiguel, Qui sont les magistrats français ? Esquisse d'une sociologie, in revue Pouvoirs, op. cit., p. 31 ; E. Bloch. Faire carrière sous la Vᵉ République, ibid., p. 97 ; Casamayor, Les juges, Le Seuil, 1957 ; P. Arpaillange, La simple justice, Julliard, 1980 ; R. Lindon, La magistrature dans l'Etat, D., 1986, chron. 178 ; G. Masson, L'indépendance des magistrats vis-à-vis du pouvoir politique de 1870 à nos jours, thèse, Paris, 1974 ; P. Hébraud, Les garanties d'indépendance des juges, Travaux de l'Institut de Droit comparé de Paris, 1958 ; J. Libmann, La « politisation » des juges : une vieille histoire ?, in revue Pouvoirs, op. cit., p. 43 ; P. Lyon-Caen, L'expérience du syndicat de la magistrature, ibid., p. 55 ; J. Dania, Magistrature et liberté syndicale, DS, 1977, 327 ; v. l'annulation par le CE de l'abaissement des notes de deux substituts pour activités syndicales : CE 31 janvier 1975, Exertier, Rec., 74 et Volff, même date, Rec., 71 et commentaire J. Robert, RDP, 1975, p. 812. Le Syndicat national de la Magistrature publie un mensuel intitulé Justice ; l'Union syndicale des Magistrats un mensuel intitulé Le nouveau pouvoir judiciaire et l'Association professionnelle des Magistrats la *Revue de l'APM*. Sur la grève, v. R. Tunc, La grève et la justice, *Rev. adm.*, 1951, p. 530 ; Quermonne, Le droit public prétorien de la grève, *D.*, 1959, chron. 13.

Pour l'ordre administratif, il n'y a pas de texte d'ensemble. Il faut se reporter aux différents textes ci-dessus cités. V. Y. Gaudemet, L'avenir des juridictions administratives, *GP*, 1979, 1, 511 ; M. Combarnous, Le nouveau statut des membres des tribunaux administratifs, *AJDA*, 1975, p. 1961 ; P. Viargues, Plaidoyer pour les tribunaux administratifs, *RDP*, 1979, p. 1257 ; M. Tourdias, Indépendance des membres des tribunaux administratifs, la loi du 6 janvier 1986, *AJDA*, 1986, p. 275 ; L. Richer, Indépendance des membres des tribunaux administratifs. Des droits du juge à ceux du justiciable, *AJDA*, 1986, p. 278 ; O. Dupeyroux, L'indépendance du Conseil d'Etat statuant au contentieux, *RDP*, 1983, p. 566 ; pour un commentaire de la décision du Conseil constitutionnel du 22 juillet 1980, v. Favoreu et Philip, p. 470.

Greffiers : v. Cl. Candau, *Rép. proc. civ.*, 2e éd., vo « Secrétariat-greffe ». On notera que le NCPC (titre XIX du livre I qui concerne toutes les juridictions) ne parle plus de greffe mais de « secrétariat de la juridiction ». Sur l'équipement des greffes, v. *Courrier de la Chancellerie*, no 20, 1983 ; nos 28-29-31, 1984 ; no 37, 1984 (« La justice au rendez-vous de la technologie » : le schéma directeur de l'informatique judiciaire pour 1984-1988) ; no 46, 1985 (« Une révolution dans l'organisation des greffes »), no 53, novembre 1986 (« Budget de l'informatisation »). La conservation des archives pose des problèmes de place : v. *Cour. Chanc.*, no 32, 1984, selon lequel les archives d'une cour d'appel représentent 27 km linéaires (+ 2 km par an), celles d'un tribunal de grande instance 220 km (+ 11 km par an).

La présence obligatoire du greffier est une règle moins rigoureuse au civil qu'au pénal. *Cf.* art. 165 NCPC : « Le juge peut procéder à toute mesure d'instruction (...) sans être assisté par le secrétaire de la juridiction ». *Cf.* aussi art. 151 et 170 NCPC : de nombreuses mesures peuvent ne revêtir que la forme d'une simple mention au dossier. En revanche, la règle est impérative au pénal : *cf.* Angers, 26 novembre 1981, *D.*, 1982, 484, note Pradel : la présence du greffier est une exigence d'ordre public. *Cf.* aussi art. 92 et 396 CPP ; v. Pradel, no 144 et P. Mimin, La plume du greffier, *JCP*, 1947, I, 623. Sur les secrétariats des conseils de prud'hommes, v. Pautrat et Le Roux-Cocheril, *Les conseils de prud'hommes*, Sirey, 1984, nos 190 et s.

Auxiliaires. Principaux textes : Avocats : loi no 71-1130 du 31 décembre 1971 (aménagée pour la région parisienne par la loi du 29 décembre 1984) et décret no 72-468 du 9 juin 1972. Avoués près la cour d'appel : loi du 27 ventôse an VIII et ordonnance no 45-2591 du 2 novembre 1945, décrets no 45-118 du 19 décembre 1945 et no 78-837 du 26 juillet 1978. Avocats aux Conseils : ordonnance du 10 septembre 1817. Huissiers de justice : ordonnance no 45-2592 du 2 novembre 1945, décret no 56-222 du 29 février 1956 et décret no 75-770 du 14 août 1975. On trouvera ces textes dans l'édition Dalloz du NCPC en appendice à ce Code.

Effectifs : on comptait, en 1983, 15 757 avocats (dont 3 063 stagiaires), 288 avoués à la cour, 60 offices d'avocats aux Conseils (mais 80 personnes portant ce titre en raison des charges exercées en sociétés civiles professionnelles), 2 796 huissiers de justice.

Bibliographie : on pourra se reporter aux longs développements et à la bibliographie citée dans Vincent, Montagnier et Guinchard, nos 615 à 713 ; Perrot, nos 387 à 448. Pour une étude d'autres auxiliaires de justice : police judiciaire voir Vincent, Montagnier et Guinchard, nos 563 à 592 ; Merle et Vitu, t. II, nos 1580 et s. ; Pradel, no 119 et s. Experts et techniciens : Vincent, Montagnier et Guinchard, nos 597 à 614 ; on y ajoutera les administrateurs judiciaires, les mandataires liquidateurs (loi no 85-99 du 25 janvier 1985 : l'administrateur recevant mission d'assister le débiteur et le mandataire liquidateur de représenter les créanciers).

Chapitre 2

La mission du service public de la justice

Section I
L'efficacité

Ce que les justiciables attendent du service public de la justice, c'est qu'une fois saisi, il rende justice vite, bien et qu'exécution s'ensuive.

Sous-section I
Rendre la justice en temps utile

70 LE DÉLAI RAISONNABLE. — L'article 6-1 de la Convention européenne des Droits de l'homme dispose que « toute personne a le droit que sa cause soit entendue dans un délai raisonnable ». Le « délai raisonnable » est variable avec les contentieux et les affaires. Mais on peut dire, de manière générale, que, contrairement sans doute aux vœux des justiciables, ce n'est qu'exceptionnellement que délai raisonnable, temps utile équivalent à rapidité, célérité. La justice ne saurait avoir pour souci primordial d'être rapide et la rapidité peut en devenir l'ennemie. La justice expéditive est celle des justiciers et non des juges.

La *lenteur* est protectrice des libertés individuelles car elle permet au juge réflexion et aux justiciables recours. Les règles mêmes de la procédure organisent cette lenteur : succession des phases de l'instance, instauration de délais minima à respecter, existence de voies de recours. Tout concourt à la mise en place d'un espace de temps incompressible dans lequel peuvent se développer les droits de la défense. La lenteur est une nécessité fondamentale de protection du justiciable.

Ce n'est qu'exceptionnellement que la *célérité* s'avère préférable. Le temps de la procédure peut, dans certaines hypothèses, créer le risque d'un préjudice grave, voire irréparable. L'urgence nécessite des règles spéciales. Il apparaît nécessaire de prendre rapidement des mesures provisoires, indépendamment du résultat de l'instance au fond. Aussi existe-t-il la procédure particulière du référé (*infra*, n° 149).

71 LES EXCÈS. — Ce sont les lenteurs qui sont regrettables car elles constituent, en fait, de véritables « dénis de justice ». Justice n'est pas vraiment rendue si la solution intervient trop tardivement : à quoi sert de faire un procès si le dénouement doit en être attendu pendant de longues années ?

Les causes de ces lenteurs sont doubles. Il n'est pas niable que certains plaideurs abusent des règles protectrices de la procédure pour retarder un jugement qu'ils envisagent comme défavorable. Les manœuvres dilatoires ne sont pas rares malgré le risque encouru de subir le prononcé d'une amende judiciaire[1]. Mais, la raison profonde est l'encombrement de la justice : l'accroissement des moyens du service public en magistrats, en personnel administratif, en matériel n'ayant guère suivi l'accroissement des procédures.

Les palliatifs proposés se résument ainsi : diminuer le nombre des instances, réorganiser le service de la justice. La diminution des

---

1. La faculté de saisir la justice est une liberté. Mais elle est susceptible d'abus. La technique juridique met en place, pour lutter contre ces abus, ces sortes de garde-fous que sont les amendes judiciaires. Le décret du 20 janvier 1978 a réorganisé cette matière lui donnant un régime uniforme quel que soit l'ordre, judiciaire ou administratif. Le principe est que « celui qui agit en justice de manière dilatoire ou abusive peut être condamné à une amende civile de 100 à 10 000 F » (*cf*. art. 32-1 NCPC ; art. 57-2 nouveau du décret du 30 juillet 1963 ou art. R. 77-1 CTA ; il existe aussi un certain nombre de textes spéciaux). La sanction infligée par le juge l'est au nom de l'intérêt de la justice elle-même. Toutefois, la notion de pratique dilatoire ou abusive est floue et l'usage de l'amende reste limité.

premières instances peut s'obtenir par une « déjudiciarisation » de certaines matières, par le recours à des modes non juridictionnels de solution des conflits et par la mise en place de techniques de prévention des litiges. La diminution des recours (surtout en cassation) peut s'obtenir par la mise en place de filtres, ou par un examen rapide par une formation restreinte (C. cass.) ou par des juges uniques (CE). Mais il est vrai que ces types de systèmes qui limitent le nombre de recours véritablement examinés font l'objet d'une certaine défaveur : on craint que de ce tri, la justice ne sorte bradée et inégalitaire. La réorganisation des services est la solution la plus facilement admise par les juges. Les techniques utilisées sont diverses : pour exemple, on citera l'augmentation des personnels, la multiplication de chambres, les jugements à juge unique, la création de formations au sein des tribunaux, ce qui permet avec une unité de moyens d'augmenter le nombre de juridictions. Mais aucun de ces palliatifs n'a permis de venir à bout de l'encombrement. L'encombrement de la justice n'est pas seulement un problème technique. Il relève plus fondamentalement de la conception que la société se fait du recours au juge et du rôle de ce dernier (*supra,* n° 10).

Sous-section II
Rendre une bonne justice

« Vous avez dit qu'il n'y avait de pire injustice que le retard d'une décision de justice. Il y a pire injustice : c'est la mauvaise décision de justice » (V. Giscard d'Estaing, discours du 24 novembre 1979 devant le Conseil d'Etat).

72 LES CONDITIONS D'UNE BONNE JUSTICE. — Techniquement, le service public de la justice doit tout mettre en œuvre pour que la décision du juge soit bonne : bonne, c'est-à-dire correcte, c'est-à-dire acceptable.

La *rectitude* de la décision, on peut l'espérer en raison d'une part de la *qualité* du juge (de sa qualification assurée par son mode de recrutement et par la formation qu'il a reçue ; de son indépendance (*supra,* n°s 55 et s.) ; d'autre part des *règles de procédure* qui permettent l'ins-

truction ou la mise en état de l'affaire, la participation des parties par
l'accès qu'elles ont au dossier, la possibilité du juge de s'entourer
d'experts ou de techniciens, règles auxquelles on peut ajouter, le plus
souvent, celle de la collégialité, la délibération provoquant discussion
et réflexion, ou encore celle de la pratique du délibéré qui permet de
mûrir une décision.

L'*acceptation* de la décision, par le gagnant bien sûr, mais aussi par
le perdant, est le critère le plus sûr d'une bonne justice. La véritable
efficacité est celle qui rétablit la paix sociale et la bonne décision est
celle qui convainc le perdant. Pour ce faire, il est nécessaire que le
jugement réponde au moins à deux exigences. La première est que la
décision soit motivée, c'est-à-dire que le juge donne les raisons qui
expliquent la solution retenue. Sans motivation, on ne peut espérer
d'acceptation. La deuxième est que la décision soit rédigée avec une
clarté suffisante pour que le justiciable comprenne la réponse donnée
et les raisons qui la justifient. La compréhension est le préalable
nécessaire d'une possible acceptation. Or, la langue « judiciaire » se
voulait volontiers ésotérique et archaïsante. Il convient de reconnaître
que, sous l'influence de la Chancellerie et de ses circulaires, la langue
du Palais s'est sensiblement simplifiée afin de devenir intelligible au
plus grand nombre.

73 LES RÉPARATIONS DE L'ERREUR. — Quelle que soit la qualité du
service, l'erreur est toujours possible.

Il est donc nécessaire que soient mis en place des procédés de réparation. La réparation est double : elle vise à faire modifier la décision
supposée erronée ; elle vise à mettre en jeu la responsabilité du juge
ou de la justice.

I | LES VOIES DE RECOURS

74 L'EXISTENCE DE VOIES DE RECOURS. — Elles représentent le
moyen procédural, la voie de droit, d'obtenir l'annulation
totale ou partielle d'un jugement, de faire procéder à un nouvel
examen de la chose jugée une première fois (faire discuter de la

régularité de la procédure suivie ou/et remettre en cause la qualité de la décision rendue). L'exercice de ces voies de recours est facultatif et enfermé dans des délais précis. Comme pour toutes les voies de droit, elles ne sont ouvertes qu'à la condition d'un intérêt à agir — celui qui a obtenu gain de cause ne peut exercer un recours, faute d'intérêt.

Les voies de recours sont diverses et font l'objet de plusieurs classifications. La première classe les voies de recours en fonction de la juridiction compétente et distingue rétractation, réformation, cassation. Certaines voies de recours sont en effet portées devant la juridiction même qui a rendu la décision attaquée : on parle alors de voies de rétractation. D'autres voies de recours sont portées devant une juridiction hiérarchiquement supérieure : la voie peut alors être de réformation s'il est demandé à la juridiction supérieure de sanctionner toute erreur de droit ou de fait ; la voie peut aussi être de cassation si le rôle de la juridiction supérieure est de sanctionner toute non-conformité à la règle de droit. La deuxième classification s'opère en fonction des conditions de recevabilité. Dans l'ordre judiciaire — la distinction n'est pas connue de l'ordre administratif — il est traditionnel de distinguer entre les voies de recours ordinaires, c'est-à-dire ouvertes à toute personne justifiant d'un intérêt (appel, opposition), des voies de recours extraordinaires, c'est-à-dire exercées en fonction des seuls cas d'ouverture limitativement prévus par la loi et subsidiaires, puisque ne pouvant être exercées qu'en l'absence de toute voie ordinaire (recours en cassation, révision, tierce-opposition).

A - *Les voies de recours devant les juridictions judiciaires*

▶ LES VOIES DE RECOURS ORDINAIRES

Ce sont l'appel et l'opposition. Elles ont en principe un effet suspensif de l'exécution (*infra*, n° 89), un effet dévolutif dans la mesure où l'affaire est rejugée en fait et en droit.

75 L'OPPOSITION. — C'est une voie de rétraction. Elle permet de substituer à une décision non contradictoire une décision rendue après débat. Elle entraîne toujours extinction du premier jugement et laisse, à la juridiction, entière liberté de jugement.

Mais si les effets de l'opposition sont toujours identiques, le domaine révèle deux types d'opposition bien différents. La première hypothèse est celle du jugement par défaut (*infra*, n° 109)[2]. La deuxième hypothèse est celle de l'ordonnance pénale (*infra*, n° 194).

76 L'APPEL. — Il est une voie de réformation[3] et constitue la voie de recours ordinaire la plus usitée. Au moyen de l'appel, la partie, qui a succombé, totalement ou partiellement, devant la juridiction du premier degré — et qui portera dorénavant le nom d'« appelant », quelle qu'ait été sa position procédurale en première instance, demandeur ou défendeur, alors que son adversaire deviendra l'« intimé » — demande que son affaire soit jugée, en fait et en droit, par une cour d'appel qui est hiérarchiquement supérieure au tribunal qui a jugé l'affaire en premier lieu (*supra*, n° 45). La cour d'appel ainsi saisie peut réformer le jugement par un arrêt « infirmatif », ou bien le maintenir par un arrêt « confirmatif ».

La voie de l'appel n'est, toutefois, pas toujours ouverte. En particulier, n'en bénéficient pas les « petites affaires » : certaines contraventions, ou, en matière civile, les affaires dont le montant est inférieur au taux du ressort (13 000, 15 000 F).

L'appel exercé met en place ce que l'on nomme « *l'effet dévolutif* ». Cela signifie que la juridiction du second degré est saisie de toute l'affaire afin de pouvoir la juger en droit et en fait. Si le principe est clair, l'étendue de l'effet dévolutif est plus difficile à cerner, du moins en pratique. En théorie, elle est gouvernée par deux principes. Le premier de ces principes est que *l'effet dévolutif est délimité par l'acte d'appel* : « il est dévolu autant qu'il est appelé » *(tantum devolutum quantum appellatum)* : si l'appelant n'a succombé que partiellement en première instance, son appel se limitera au(x) seul(s) chef(s) sur le(s)quel(s) il a succombé et la cour d'appel ne pourra

---

2. Se pose parfois la question de l'itératif défaut : le défendeur ayant fait défaut ne se présentant pas à la nouvelle audience. Traditionnellement, le juge ne pouvait que confirmer la première décision ; la loi du 30 décembre 1985 permet au tribunal pénal de modifier sa décision, à condition de ne pas l'aggraver (art. 494-1 CPP).

3. A noter que l'appel est aussi une « voie de *nullité* » : il peut avoir pour objet de faire sanctionner un vice (et non un mal-jugé, c'est-à-dire une erreur dans l'appréciation du fait ou du droit, comme le fait la voie de réformation) : non-respect des règles procédurales, telles règles de citation, contradiction, etc. *Cf.* l'art. 542 NCPC : « L'appel tend à faire réformer ou annuler par la cour d'appel un jugement rendu par une juridiction du premier degré. » Mais l'appel-nullité est en pratique subsidiaire.

guère aborder les autres chefs jugés en première instance. Ce principe prend, en matière pénale, une coloration particulière dite de l'interdiction de la *reformatio in pejus* : lorsque le prévenu est seul à faire appel, la cour d'appel ne peut réformer la décision qui lui est soumise dans un sens défavorable au prévenu. Il faut toutefois bien comprendre que l'intimé, le ministère public, la partie civile restent rarement sans réaction. Le plus souvent, ils forment un appel incident : or l'acte d'appel incident délimite lui aussi l'effet dévolutif. Ainsi, l'appel du ministère public permet à la cour d'appel de retrouver toute sa liberté et fait disparaître l'interdiction de la *reformatio in pejus* ; l'appel de l'intimé aboutit à étendre l'effet dévolutif et parfois à reconstituer le litige dans son intégralité.

Le second de ces principes est que *l'effet dévolutif ne peut pas aller au-delà des questions soumises au premier juge.* Le contraire aboutirait à faire du juge d'appel un juge de première instance pour certains points du procès. Toutefois, cette règle a été sensiblement atténuée en matière civile qui accepte certaines demandes nouvelles en appel (*cf.* art. 564 et 567 NCPC). L'assouplissement s'explique par la volonté de gagner du temps et par le souci de vider tout le contentieux afin d'éviter qu'il renaisse et que voie le jour une nouvelle instance. En matière pénale, l'obligation *d'évocation* conduit aussi à supprimer un degré de juridiction (*cf.* art. 520 CPP)[4]. L'évocation est loisible à la cour d'appel en matière civile si celle-ci estime de bonne justice de donner à l'affaire une solution définitive (art. 568 NCPC).

▶ LES VOIES DE RECOURS EXTRAORDINAIRES

77 LE RECOURS EN CASSATION. — C'est la voie de droit qui permet de soumettre une décision de justice au contrôle de la juridiction suprême qu'est la Cour de cassation. La spécificité du juge de cassation est qu'il est uniquement juge du droit : ne peuvent être invoqués, dans le pourvoi, que des moyens de droit à l'exclusion de tout moyen de fait. Son rôle n'est pas de procéder à un nouvel examen des faits. On l'exprime traditionnellement par cette formule : « Le

---

4. On parle d'évocation lorsque la juridiction du second degré saisie d'un jugement ordonnant une mesure d'instruction, statuant sur un incident, ne renvoie pas l'affaire devant le tribunal mais statue elle-même sur le fond de l'affaire.

juge de cassation ne juge pas les affaires mais les jugements. » Cela veut dire qu'il doit seulement se prononcer sur la rectitude juridique des décisions qui lui sont soumises, vérifier que la procédure et le jugement sont conformes au droit. Ce faisant, le juge de cassation assure, au sommet de la hiérarchie judiciaire, une interprétation uniforme de la règle de droit.

a | *Intérêt d'une bonne justice.* — Existent, en matière civile, un pourvoi dans l'intérêt de la loi et un pourvoi pour excès de pouvoir, lesquels ne peuvent être exercés que par le procureur général près de la Cour de cassation, le premier contre les décisions juridictionnelles, le second contre tout acte du juge quand bien même il serait de nature administrative. Le pourvoi dans l'intérêt de la loi, exercé contre une décision devenue irrévocable, a pour but le respect objectif de la loi sans que la cassation obtenue ne puisse avoir aucun effet sur la situation des parties (art. L 17 loi 3 juillet 1967). Le pourvoi pour excès de pouvoir, qui peut intervenir à tout moment, est destiné à faire respecter le principe de la séparation des pouvoirs et l'annulation obtenue vaut à l'égard de tous (art. L 18 loi 3 juillet 1967). La matière pénale distingue, d'une part, le pourvoi dans l'intérêt de la loi dont les effets sont en tous points semblables à ceux du pourvoi portant le même nom en matière civile : par exemple, le pourvoi dans l'intérêt de la loi contre une décision d'acquittement permet de sanctionner l'erreur de jugement commise par la juridiction mais ne remet nullement en cause la décision d'acquittement (*cf.* art. 620 CPP) ; et d'autre part, le pourvoi en annulation sur ordre du garde des Sceaux, très voisin du pourvoi pour excès de pouvoir : il peut s'exercer contre des décisions non définitives, même de nature administrative. Toutefois, l'annulation ne peut avoir qu'un effet positif sur la situation de l'accusé ou du condamné, sans jamais pouvoir lui nuire. On parle en pratique de « pourvoi dans l'intérêt de la loi et du condamné » (*cf.* art. 621 CPP).

b | *Intérêt des parties.* — Le pourvoi en cassation, dans l'intérêt des parties[5], n'est ouvert qu'à l'encontre des décisions rendues en

5. L'intérêt du condamné est curieusement compris par la chambre criminelle : elle a, en effet, créé le principe de la peine justifiée afin de nier tout intérêt à agir du condamné dans certaines hypothèses. Par exemple, sous prétexte que le maximum de la peine encourue est le même

dernier ressort et dans les cas prévus par la loi. En matière pénale, les cas d'ouverture sont strictement énumérés par les articles 591 et 592 du Code de procédure pénale. On pourrait éviter l'énumération en disant qu'ils se ramènent tous à la violation de la loi. C'est d'ailleurs l'attitude choisie par les rédacteurs du Nouveau Code de procédure civile qui ont renoncé à la traditionnelle liste des cas d'ouverture au profit de la formule de l'article 604 NCPC : « Le pourvoi en cassation tend à faire censurer par la Cour de cassation la non-conformité du jugement qu'il attaque aux règles de droit. »

Le pourvoi a pour but d'obtenir une décision qui, en raison du rôle du juge de cassation, ne peut être que de rejet ou de cassation. Si la Cour de cassation rejette le pourvoi, elle maintient la décision attaquée laquelle devient irrévocable. Si la Cour accueille le pourvoi, elle casse (totalement ou partiellement) la décision attaquée et renvoie l'affaire devant une juridiction de même degré qui jugera l'affaire une nouvelle fois. La juridiction du fond, ainsi saisie, a exactement les mêmes pouvoirs que toute juridiction du fond, à savoir examiner l'affaire, dans son ensemble, aussi bien en fait qu'en droit. Elle peut ainsi, soit se conformer à l'interprétation consacrée par la Cour de cassation, soit ne pas s'y conformer. Dans cette seconde hypothèse, il est vraisemblable qu'un second pourvoi sera formé par le plaideur qui, ayant obtenu gain de cause devant la Cour de cassation, vient à nouveau de perdre devant la juridiction de renvoi. Cette résistance des juges du fond fait apparaître l'existence d'une sérieuse difficulté d'interprétation et le conflit entre la Cour de cassation et les juridictions du fond mérite attention. C'est pourquoi, de ce second pourvoi, devra être saisie la formation la plus solennelle de la Cour de cassation, l'assemblée plénière (infra, n° 231). L'assemblée plénière peut, se rangeant à l'interprétation des juridictions du fond, désavouer la chambre primitivement saisie : le pourvoi rejeté, la décision de la juridiction de renvoi devient irrévocable. L'assemblée plénière peut aussi condamner la résistance des juges du fond et se ranger à l'interprétation donnée par la chambre. L'arrêt de la cour de renvoi est donc cassé et l'assemblée plénière désigne une seconde juridiction de renvoi

pour l'escroquerie et le vol, la chambre criminelle refuse de censurer une fausse qualification (vol pour escroquerie ou *vice versa*). Pourtant, il n'est pas sûr que les juges, s'ils avaient retenu la bonne qualification, auraient condamné à la même peine.

(c'est-à-dire une troisième juridiction du fond) pour statuer sur l'affaire. Mais cette fois-ci, la juridiction de renvoi doit se conformer à la décision de l'assemblée plénière sur les points de droit jugés par celle-ci (art. L 131-4 COJ)[6]. Il faut, dans l'intérêt des plaideurs, savoir mettre un point final à une divergence d'interprétation. La *cassation sans renvoi* est assez exceptionnelle : elle suppose que le juge de cassation puisse redresser l'erreur de droit commise par le jugement sans toucher à l'édifice de fait. Le *renvoi sans cassation*, spécifique de la matière pénale, est utilisé par la chambre criminelle dans l'hypothèse d'une décision régulière (qui ne peut donc pas être cassée) mais pour laquelle la Cour de cassation désire voir appliquer une autre règle de droit (la chambre criminelle désirant, par exemple, faire appliquer une loi pénale plus douce promulguée après la condamnation).

78 LE RECOURS EN RÉVISION. — C'est la voie ouverte pour faire sanctionner une erreur de fait, une erreur judiciaire. Il faut, dès l'abord, comprendre et apprécier la portée de ce recours. Il s'agit, en raison de l'erreur de fait involontairement commise par le juge, de faire rejuger une affaire qui n'est plus susceptible d'autres recours mais de remettre, par là même, en cause l'autorité de la chose jugée. Les règles du recours en révision balancent ainsi entre deux exigences : rectifier l'erreur commise ; éviter les abus, tout perdant ayant tendance à croire que le juge a commis une erreur. Le recours en révision apparaît techniquement comme un ultime recours ouvert dans des circonstances exceptionnelles.

En matière civile, le recours en révision est une voie de rétractation. Il est réglementé strictement par les articles 593 à 603 NCPC, tant pour les causes d'ouverture que pour le délai d'action. Le recours tend à faire rétracter un jugement passé en force de chose jugée mais acquis par fraude.

En matière pénale, on parle officiellement de pourvoi en révision et les articles 622 à 626 CPP organisent une procédure originale à deux titres. Tout d'abord, seules les décisions portant condamnation peuvent faire l'objet d'une révision : un acquittement, même prononcé à tort,

---

6. Cette règle date de 1837. Elle avait pour but et a eu effectivement pour effet d'asseoir l'autorité de la Cour de cassation. Les juridictions du fond étaient relativement frondeuses et ce n'est qu'à partir de 1837 que l'autorité de la Cour de cassation a été véritablement reconnue.

est irrémédiablement couvert par l'autorité de la chose jugée. Le pourvoi en révision ne s'intéresse qu'au sort des personnes injustement condamnées. Ensuite, le pourvoi en révision n'est pas une voie de rétractation. C'est à la chambre criminelle de décider de la recevabilité du pourvoi. Si la chambre criminelle estime le pourvoi fondé, elle annule la décision de condamnation, le faisant sans renvoi lorsqu'elle juge qu'il ne subsiste plus rien de la poursuite, le faisant avec renvoi, devant une juridiction du même degré, dans le cas contraire pour que le condamné soit rejugé[7].

79 LA TIERCE-OPPOSITION. — C'est une voie de droit ignorée de la matière pénale[8] et qui, en matière civile, présente une double originalité (*cf.* art. 582 à 592 NCPC). En premier lieu, elle émane d'un *tiers*, c'est-à-dire d'une personne qui n'était ni partie, ni représentée au jugement attaqué. Un tiers, malgré la relativité de l'autorité de la chose jugée, peut subir les conséquences d'une décision à laquelle il est étranger. Par la tierce-opposition, il peut contester ce qui a été jugé. En deuxième lieu, la tierce-opposition a pour seul objectif de rendre le jugement *inopposable au tiers* qui l'exerce. Le jugement attaqué est donc maintenu pour les parties et dans les rapports entre elles. Le tiers obtient seulement d'ignorer la situation juridique consacrée par le jugement. Le jugement rendu sur tierce-opposition est susceptible des mêmes recours que les décisions de la juridiction dont il émane.

7. Afin d'éviter tout abus, les conditions de recevabilité sur lesquelles la chambre criminelle doit se prononcer sont extrêmement strictes. Elles sont définies par l'article 622 CPP : découverte de nouvelles pièces, contrariété de jugement (deux personnes ayant été condamnées par des tribunaux différents pour les mêmes faits), condamnation d'un témoin pour faux témoignage et fait nouveau.
   Dans les trois premiers cas, la chambre criminelle peut être saisie soit par le condamné, soit par le ministre de la Justice ; dans le dernier cas (fait nouveau), elle ne peut être saisie que par le ministre qui détient ainsi le pouvoir de « filtrer » les « faits nouveaux » et de ne faire accéder à la révision que les affaires pour lesquelles il estime qu'il y a bien fait nouveau. Son approbation constitue une sorte de droit de veto.
8. Le contentieux répressif est juge principalement de l'action publique dont le monopole d'exercice appartient au ministère public. Il est juge, accessoirement, de l'action civile et l'on sait combien les juridictions répressives, et en particulier la chambre criminelle, se montrent strictes quant à la qualité de victime permettant la constitution de partie civile. Le droit d'intervention des tiers est strictement limité (sécurité sociale, fonds de garantie automobile, assureur). On conçoit que, dans un tel système, déjà si peu enclin à accueillir toutes les victimes, l'on n'admette pas la tierce-opposition.

B - Les voies de recours
devant les juridictions administratives

Le développement même du système juridictionnel administratif a conduit à l'expansion et à la diversification des voies de recours, assurant aux justiciables une garantie renforcée, qui se rapproche de celle conférée aux justiciables dans l'ordre judiciaire.

► LES VOIES DE RECOURS DEVANT UN JUGE SUPÉRIEUR

Le contentieux administratif connaît les voies de recours classiques de l'appel, des pourvois en cassation et dans l'intérêt de la loi.

80 L'APPEL. — Il constitue le cadre fondamental dans lequel évolue le contentieux administratif contemporain depuis la réforme de 1953 qui a fait du Conseil d'Etat un juge d'appel. Le Conseil d'Etat considère, en effet, que le principe du double degré de juridiction est un principe général du droit qui ne peut être écarté que par une loi. D'autre part, le Conseil d'Etat est juge d'appel de droit commun. Cela donne à l'appel une place d'autant plus fondamentale que le Conseil d'Etat est en même temps un juge souverain qui n'est soumis à aucun autre organe supérieur de cassation.

Les conditions de recevabilité de l'appel devant le Conseil d'Etat sont assez voisines de celles existant en procédure civile. Toutefois, l'appel est possible, en principe, contre toutes les décisions juridictionnelles rendues en première instance, car la procédure administrative ne connaît pas le taux de ressort. L'appel est parfois ouvert à d'autres que les parties ou représentés (électeur pouvant appeler d'un jugement annulant en première instance des élections ; tiers qui aurait eu « qualité pour introduire le recours » ou « former tierce-opposition »).

Les effets de l'appel présentent eux aussi quelques spécificités. En premier lieu, le recours et le délai d'appel n'ont pas d'effet suspensif, sauf en certaines matières (élections municipales et départementales) et sauf prononcé, difficile, du sursis à l'exécution (*infra*, n° 89). En deuxième lieu, l'appel a, comme au civil, un effet dévolutif. Mais le Conseil d'Etat doit tenir compte des faits nouveaux intervenus depuis le premier jugement : par exemple, une loi nouvelle validant l'acte administratif attaqué (le Conseil d'Etat ne peut que constater qu'il n'y a pas lieu de statuer). En troisième lieu, le Conseil d'Etat se reconnaît largement le droit d'évoquer (CE 18 mars 1981, SARL Préfabat, tab. 886 et CE(s) 22 mai 1981, Mlle Bloc'h, *Rec.*, 236 ; *AJDA*, 1982, 166, concl. Costa).

81 LE RECOURS EN CASSATION. — Il est fondamentalement le moyen de contrôle du Conseil d'Etat sur les juridictions spécialisées (tout comme l'appel est le moyen de contrôle du Conseil d'Etat sur les tribunaux administratifs). La cassation, d'une part qui rapporte au Conseil d'Etat les juridictions spéciales et l'appel, d'autre part qui rapporte au Conseil d'Etat les juridictions territoriales, permettent d'assurer l'unité du système juridictionnel administratif. Moyen de contrôle des juridictions spéciales composées de magistrats non professionnels, risquant de succomber au corporatisme, voire de démontrer une certaine incompétence ou encore partialité, la cassation se révèle si nécessaire que le Conseil d'Etat affirme que le recours en cassation est une voie de droit commun, qui existe non seulement en vertu de textes mais aussi en vertu d'un principe général du droit et qui ne peut être écarté que par la volonté *expresse* du législateur. Le texte qui dispose qu'une décision n'est susceptible d'aucun recours n'emporte pas pour autant exclusion du recours en cassation. « Seule une volonté clairement manifestée par le législateur pourrait l'écarter » (CE 7 février 1947, d'Aillières, *Rec.*, 50 ; *RDP*, 1947, 68, concl. Odent, chron. Waline ; *JCP*, 47, II, 3508, note Morange).

Les conditions de recevabilité du recours répondent au souci d'un large usage de ce moyen de contrôle. Le recours est possible contre tous les jugements rendus en dernier ressort, y compris les jugements avant dire droit, à la condition toutefois qu'ils ne soient susceptibles d'aucun autre recours (ce qui fait du recours en cassation tout à la fois une voie de droit commun et une voie supplétive).

Les spécificités du recours en cassation tiennent au pouvoir dévolu au Conseil d'Etat et aux effets de ses arrêts. Le Conseil d'Etat peut être saisi pour incompétence, vice de forme ou de procédure, violation de la loi (sans que le pourvoi puisse invoquer de moyens nouveaux). Son rôle est bien évidemment de contrôler les motifs de droit, c'est-à-dire de vérifier la rectitude du raisonnement juridique qui sous-tend la décision et la validité de l'analyse ou de l'interprétation des textes applicables. Mais le Conseil d'Etat, à la différence de la Cour de cassation, excède ce rôle pour exercer un certain contrôle sur les motifs de fait. Il revient au juge de cassation de vérifier l'exactitude des faits retenus par les premiers juges, la qualification juridique donnée à ces faits ; mais il ne lui revient pas de contrôler les « appréciations » des juges du fond quant à la consistance, l'importance des faits (par exemple : une éventuelle disproportion de la sanction par rapport à la faute). La distinction de la qualification et de l'appréciation est subtile, voire floue. Un flou qui permet au Conseil d'Etat d'étendre plus ou moins son contrôle selon, a-t-on dit, qu'il « se méfie » ou non de certaines juridictions, selon qu'elles sont plus ou moins intégrées à l'organisation juridictionnelle générale (Peiser, thèse, p. 405). L'arrêt du Conseil d'Etat peut être, comme celui de la Cour de cassation, de rejet, rendant irrévocable la décision prise, ou d'annulation. La cassation sans renvoi est possible mais rare puisqu'il est rare que l'annulation fasse perdre à l'instance tout objet. La cassation avec renvoi, quant à elle, est doublement particulière. Tout d'abord il est renvoyé devant la juridiction même dont émane la décision annulée — parfois composée identiquement. Ensuite le juge de renvoi est tenu de s'incliner devant la décision du Conseil d'Etat (alors que les décisions de la Cour de cassation ne s'imposent, en principe, qu'après un second renvoi)[9].

82   Le recours dans l'intérêt de la loi. — Il est encore dit recours en cassation dans l'intérêt de la loi. Dans son principe, il ne présente aucune particularité par rapport au même recours en procédure civile. Le propos est d'éviter qu'une décision contraire à la loi ne fasse jurisprudence. Les conditions de mise en œuvre de ce recours sont donc souples : aucun délai, le seul intérêt demandé est celui de la loi ; les seules exigences tiennent à la qualité du requérant (seuls les ministres concernés peuvent agir) et au caractère irrévocable de la décision (qui ne doit pas être susceptible d'autres recours). Il est à noter que le recours dans l'intérêt de la loi acclimaté du civil à

---

9. Ce qui ne veut pas dire que le renvoi soit purement formel. Les hypothèses d'un vrai débat sont nombreuses : cassation pour vice de forme qui laisse entière liberté au juge de renvoi quant au fond ; le juge peut se fonder sur des moyens non censurés par le Conseil d'Etat ; enfin l'interprétation de l'arrêt même de cassation peut donner lieu à débat de sorte qu'un nouveau recours en cassation n'est pas exclu.

l'administratif par le Conseil d'Etat vers 1820, après avoir connu la légalisation, n'a plus à l'heure actuelle qu'un fondement jurisprudentiel. Pourtant, quoique rare, ce type de recours est en pleine expansion.

► LES VOIES DE RECOURS DEVANT LE MÊME JUGE

D'utilisation peu fréquente, elles apparaissent comme complémentaires des voies de recours contre un juge supérieur et se fondent soit sur l'absence ou la négligence de certaines personnes lors de l'instance initiale soit sur le vice de la décision.

● *La rétractation liée à la négligence d'une partie ou à l'absence d'un tiers*

Tout comme en procédure civile, il existe deux voies de rétractation pour cause de négligence ou d'absence : l'opposition et la tierce-opposition.

83 L'OPPOSITION. — Dans son principe elle tend, tout comme dans le contentieux privé, à rendre effectif le principe du contradictoire et à faire rejuger ce qui ne l'avait pas été avec la présence réelle des parties (*infra*, n° 109). Ouverte seulement donc contre les décisions rendues par défaut, elle ne bénéficie qu'au seul défendeur (il ne s'agit pas d'une absence s'analysant comme un défaut de comparution mais d'une négligence consistant dans la non-production d'un mémoire ou d'observations orales). Son domaine est toutefois fortement réduit. Depuis 1959, les jugements des tribunaux administratifs ne sont plus susceptibles d'opposition (*cf.* art. R 187 CTA) car l'opposition y apparaissait comme faisant double emploi avec l'appel.

84 LA TIERCE-OPPOSITION. — Elle consiste, comme en procédure civile, à faire rétracter un jugement au profit du tiers qui l'attaque. Un double mouvement caractérise le domaine de la tierce-opposition. L'un, quant au domaine matériel, est d'ouverture : en principe, la tierce-opposition est possible devant toutes les juridictions[10] et peut jouer pour tous les contentieux et pour toutes les décisions. L'autre, quant au domaine personnel, est de cantonnement de la tierce-opposition. La qualité « de tiers opposant » (l'aptitude à faire tierce-opposition) est très strictement appréciée par la jurisprudence afin d'éviter toute immixtion exagérée. Les règles sont les mêmes qu'en procédure civile : ne pas avoir été partie ou représenté à l'instance initiale, se prévaloir d'un droit auquel le jugement porte atteinte. Quelle que soit la souplesse d'interprétation, l'appréciation est stricte et la porte de la tierce-opposition n'est pas grande ouverte. Il faut comprendre en effet que la tierce-opposition, si elle n'était pas cantonnée, pourrait s'avérer un facteur d'insécurité juridique. Elle ouvre une nouvelle instance qui peut aboutir à une modification du jugement initial — ce n'est pas une simple inopposabilité comme au civil : la nouvelle instance rouvre l'ancien procès et peut donner accès au juge supérieur si le tribunal (jugeant en premier ressort) refuse de revenir sur le jugement antérieur.

● La rétractation liée à un vice de la décision

Voies très exceptionnelles[11], elles sont au nombre de deux et sont destinées à corriger des décisions affectées d'un vice et qu'il serait contraire à une bonne justice de maintenir : le principe de l'autorité de la chose jugée ayant moins à redouter d'une modification de la chose jugée que d'un maintien qui jetterait sur lui le discrédit. L'une de ces voies, la révision, semble assez peu usitée alors que l'autre, la rectification d'erreur matérielle, apparaît en extension.

85 Le recours en révision. — Il vise à obtenir de la juridiction qu'elle rejuge une affaire sur laquelle elle n'a pas régulièrement statué. Le recours apparaît comme une voie extraordinaire — au sens où on l'entend au civil — puisqu'il ne peut exister sans texte. Il est ainsi possible devant le Conseil d'Etat (*cf.* art. 75 à 77 de l'ord. du 31 juillet 1945) et aussi devant quelques juridictions spéciales (Cour des

---

10. Conseil d'Etat : art. 79, ord. 45 ; ᴛᴀ : art. R 188 à R 190 ᴄᴛᴀ ; « règle générale de procédure » selon le Conseil d'Etat qui l'étend à la plupart des juridictions spéciales (ᴄᴇ 3 novembre 1972, Dame Talleyrand-Perigord, *Rec.*, 707).
11. Pour réfréner l'ardeur processuelle, des amendes peuvent frapper les plaideurs téméraires et même, dans le recours en révision, l'avocat qui a introduit la demande.

comptes, art. 21, D. 20 septembre 1968). Mais c'est fondamentalement un recours du Conseil d'Etat au Conseil d'Etat.

Les cas d'ouverture devant le Conseil d'Etat sont au nombre de trois. Le premier concerne les jugements rendus sur pièces fausses ; le deuxième vise les irrégularités de procédure (composition irrégulière de la section ou de l'assemblée ; irrégularité dans la publicité du jugement, sa lecture ou ses mentions). Inutile de dire que ces recours sont extrêmement rares ; le troisième cas vise la rétention d'une pièce décisive par l'adversaire, la partie ayant été condamnée faute de représenter une pièce décisive qui était retenue par son adversaire. C'est le cas le plus fréquent de révision (ce peut être, en particulier, un moyen de sanctionner les silences et secrets de l'administration).

86 LE RECOURS EN RECTIFICATION D'ERREUR MATÉRIELLE. — D'origine jurisprudentielle, car créé par le Conseil d'Etat pour tenter de pallier les insuffisances du recours en révision, ce recours a pour fonction de faire disparaître des jugements entachés d'erreurs certaines qui sont le fait des juges. C'est fondamentalement, une fois encore, un recours du Conseil d'Etat au Conseil d'Etat (même si, en principe, ce recours peut être exercé devant toutes les juridictions ; mais la règle que ce recours ne vaut pas contre les décisions susceptibles d'appel exclut d'emblée toutes les juridictions inférieures). Toute erreur matérielle du juge ouvre droit à recours. C'est dire premièrement que les causes sont variées (confusion entre deux dossiers, affirmation erronée de l'absence d'observations orales, chiffres faux, etc.) ; c'est dire deuxièmement que l'erreur ne peut jamais être juridique : l'erreur d'appréciation juridique, de raisonnement, n'est pas susceptible de rectification ; c'est dire enfin que l'erreur doit être le fait du juge et qu'elle ne doit pas être imputable aux parties, en particulier, à celle qui a succombé. L'erreur ainsi définie doit encore être susceptible d'avoir exercé une influence sur le jugement de l'affaire.

Les conditions posées font que les recours sont rarement recevables. Mais si la recevabilité est admise, le justiciable a déjà pratiquement recours gagné.

II | LA RESPONSABILITÉ

La responsabilité d'un service public, en cas de fonctionnement défectueux ou de faute, est un problème classique. Mais il présente, en la matière, des particularités en raison même du service dont il s'agit. L'impossibilité de remettre en cause l'autorité de la chose jugée, l'indispensable protection des juges contre les déceptions des perdants, les nécessaires dignité, sérénité et autorité de la fonction juridictionnelle imposent un régime très spécial.

87 LA RESPONSABILITÉ DE L'ETAT. — La question qui se pose est de savoir dans quelle mesure l'Etat peut être tenu responsable pour fonctionnement défectueux du service de la justice.

Si l'on s'attache exclusivement à la responsabilité découlant de la seule activité juridictionnelle[12], il paraît difficile d'admettre que toute erreur de jugement puisse entraîner la responsabilité de l'Etat. Ce qui a été jugé, bien ou mal, a présomption de vérité légale dès lors que tous les recours ont été épuisés. Admettre le contraire serait remettre en cause l'autorité de la chose jugée sans laquelle il ne peut y avoir ni paix sociale ni justice. L'erreur, qui peut donc faire naître la responsabilité de l'Etat, ne peut être qu'étrangère au jugement lui-même : une faute commise dans l'exercice de la fonction juridictionnelle mais une faute extérieure à la décision juridictionnelle. Dès lors, la responsabilité apparaît nécessairement réduite. C'est sur ces fondements que les ordres juridictionnels ont organisé, de manière assez proche mais par des sources différentes, la responsabilité de l'Etat.

a / Dans *l'ordre administratif,* aucun texte ne vise la responsabilité de l'Etat. Mais le Conseil d'Etat estime que, si en principe la responsabilité de l'Etat ne peut être recherchée, une faute lourde commise dans l'exercice de la fonction juridictionnelle peut faire naître cette

---

12. Pour les activités non juridictionnelles (activités de police judiciaire ; d'état civil...) : la responsabilité peut être engagée pour faute simple ou pour inégalité devant les charges publiques.

responsabilité (CE 29 décembre 1978, Darmont, *D*., 79, 278, Vasseur[13]. Ainsi, le Conseil d'Etat faisait, en 1978, cesser l'un des derniers cas d'irresponsabilité de la puissance publique).

b / Dans *l'ordre judiciaire,* le principe général de la responsabilité est posé par l'article L 781-1 COJ (issu de la loi du 5 juillet 1972). La formulation selon laquelle « l'Etat doit réparer tout dommage » ne doit cependant pas tromper, les conditions imposées faisant de la responsabilité de l'Etat une hypothèse assez rare : celle-ci ne peut être engagée que pour faute lourde[14] ou déni de justice. La solution est donc fort proche de celle du droit administratif. Il faut ajouter au principe deux régimes spéciaux à la matière pénale, matière dans laquelle la liberté individuelle est gravement en jeu et les erreurs judiciaires particulièrement ressenties comme injustes. Le premier crée une responsabilité de l'Etat en cas de condamnation suivie de révision. La preuve de l'innocence de la personne étant apportée par la révision, il est normal que l'Etat répare ce préjudice. Des dommages-intérêts sont attribués par la Cour de cassation lors de la procédure de révision. Le deuxième régime institue une responsabilité de l'Etat en cas de détention provisoire injuste. Lorsqu'une personne ayant fait l'objet d'une telle mesure bénéficie d'un non-lieu ou d'un acquittement, il apparaît clairement qu'elle a été détenue injustement. Depuis la loi du 17 juillet 1970, la victime de cette mesure peut obtenir des dommages-intérêts si la détention lui a causé un préjudice manifestement anormal et d'une particulière gravité (art. 149 CP) (*infra*, n° 232).

88 LA RESPONSABILITÉ DU JUGE. — L'hypothèse est ici celle d'une faute personnelle du juge. Un justiciable se prétend victime d'une faute précise commise par un juge déterminé : malveillance à son égard, perte des pièces du dossier... Le principe est que le juge est responsable. Le Conseil d'Etat tend à admettre cette responsabilité

---

13. Motifs de l'arrêt de Darmont : 1 / la mise en œuvre de la responsabilité nécessite la preuve d'une faute lourde ; 2 / l'autorité qui s'attache à la chose jugée s'oppose à la mise en œuvre de cette responsabilité dans le cas où la faute lourde résulterait du contenu même de la décision juridictionnelle.
14. Faute lourde : « Celle qui a été commise sous l'influence d'une erreur tellement grossière qu'un magistrat normalement soucieux de ses devoirs n'y eût pas été entraîné » (Civ. 16 octobre 1968, *D*., 69, Som. 44).

en cas de faute *personnelle* caractérisée et la loi du 18 janvier 1979 pose le principe que « les magistrats de l'ordre judiciaire ne sont responsables que de leurs fautes personnelles ». La loi ne définit pas la faute personnelle mais deux certitudes s'imposent : la faute doit se rattacher à l'exercice de la fonction juridictionnelle mais une erreur entachant la décision (mal-jugé, mauvaise application ou interprétation de la loi) ne peut constituer une faute.

Ce qui est notable, c'est que si le juge est personnellement responsable, la victime de la faute ne peut pas agir directement contre lui[15] mais doit assigner l'Etat. Au regard de la victime, l'Etat est garant du dommage causé. Ensuite, il appartient à l'Etat d'exercer une action « récursoire » contre le juge. On comprend le souci du législateur de ne pas exposer les juges à des litiges qui remettraient en cause leur autorité. Mais on constate que la responsabilité est, pour le particulier, toujours celle de l'Etat qu'elle soit directe ou en garantie.

Sous-section III
Rendre une justice effective

Une chose est d'obtenir une décision juridictionnelle. Une autre chose est d'en obtenir exécution. Le jugement ne prend pourtant sa pleine efficacité que du jour où il est exécuté. Toute décision de justice a *force exécutoire* ce qui signifie que, de plein droit, elle peut et doit être exécutée. La fonction judiciaire est en effet une fonction d'autorité : le juge disposant, en outre, de la *jurisdictio,* de l'*imperium* (*supra*, n° 21).

89 EXÉCUTION DÉFINITIVE ET EXÉCUTION PROVISOIRE. — Tout jugement étant de par lui-même exécutoire devrait pouvoir être exécuté immédiatement. Toutefois, il y aurait parfois des inconvénients graves à procéder à une telle exécution : l'exécution immédiate d'un jugement qui fait l'objet d'un recours — et qui donc peut être réformé ou rétracté — peut s'avérer désastreux tant pour le bénéficiaire de l'exécution — qui doit rendre ce qu'il a reçu par exemple — que pour celui qui a subi l'exécution — si par exemple l'autre partie ne peut plus répéter. La possibilité ou non d'exécution immédiate reçoit des solutions différentes selon les contentieux.

15. La procédure de « prise à partie », vieille de plus de trois siècles, a disparu en 1972.

La matière administrative pose le principe de l'exécution immédiate. Les recours ne sont pas en effet suspensifs (sauf exceptions : contentieux électoral ou disciplinaire). Toutefois, le Conseil d'Etat peut accorder au justiciable le sursis à exécution (art. 45 du D. 30 juillet 1963), mais à la seule condition que l'exécution immédiate entraîne un préjudice sérieux et difficilement réparable.

La matière civile distingue entre voies de recours ordinaires et voies de recours extraordinaires. Alors que les voies de recours extraordinaires (cassation, révision, tierce-opposition) ne sont pas suspensives — le jugement frappé de recours peut donc être immédiatement exécuté —, les voies de recours ordinaires (appel et opposition) le sont : aucune exécution n'est donc possible pendant le délai de recours et tant qu'une décision définitive n'est pas obtenue. Toutefois, le Nouveau Code de procédure civile apporte une exception importante, celle de l'exécution provisoire (art. 514 à 526) : l'exécution immédiate peut avoir lieu mais à titre provisoire seulement. L'exécution provisoire est ainsi de droit pour les ordonnances de référé et les mesures provisoires prises en cours d'instance. En décider autrement aurait été priver de tout intérêt ce type de décisions ; l'exécution est facultative dans les autres cas : le juge l'ordonne à la demande d'une partie, s'il l'estime nécessaire et compatible avec la nature de l'affaire et peut la subordonner à la constitution d'une garantie réelle ou personnelle suffisante pour répondre de restitutions ou réparations éventuelles.

La matière pénale rejette en principe l'exécution immédiate, toutes les voies de recours, sauf la révision, ayant un effet suspensif. L'exécution d'une sentence pénale a des conséquences graves pour la liberté individuelle : l'emprisonnement ne se répare pas. Toutefois, le principe connaît des exceptions et l'exécution immédiate est prévue par le Code de procédure pénale, notamment par les articles 471 et 465. Le premier de ces articles organise la mise en liberté du prévenu incarcéré lorsque le jugement est d'acquittement ou d'emprisonnement avec sursis : la liberté prévaut ici. Le deuxième de ces articles prévoit, à l'inverse, la possible incarcération (nonobstant recours) du prévenu condamné à plus d'un an d'emprisonnement. Le Code impose seulement en contrepartie qu'il soit prononcé rapidement sur le recours.

90 EXÉCUTION VOLONTAIRE ET EXÉCUTION FORCÉE. — Plus important
est de savoir comment les jugements sont exécutés et s'ils
sont bien exécutés. Dans bon nombre d'espèces, l'existence même du
jugement suffit à donner pleine satisfaction : l'exécution se confond
avec le respect de la chose jugée (annulation d'une convention non
encore exécutée). Mais fréquemment, la décision impose au perdant
une obligation de faire ou de ne pas faire (cesser une activité, quitter
un local, payer une indemnité...). Le plus souvent, la partie condamnée
s'exécute spontanément : *l'exécution est volontaire*. Reste l'hypothèse
où le perdant ne s'exécute pas spontanément. Si des mesures d'inti-
midation, telle l'astreinte qui consiste dans la condamnation au
paiement d'une somme d'argent par jour de retard dans l'exécution du
jugement, s'avèrent inefficaces, il est alors nécessaire de procéder à
l'exécution forcée. L'exécution forcée étant doublement nécessaire :
nécessaire pour remplir le gagnant de ses droits, nécessaire pour
assurer le prestige de la justice, bafouée par l'inexécution. Mais les
conditions de l'exécution forcée diffèrent suivant que l'exécution
s'exerce contre un particulier ou contre l'administration.

91 EXÉCUTION À L'ENCONTRE D'UN PARTICULIER. — L'article 502 NCPC
dispose que « nul jugement ne peut être mis à exécution que
sur présentation d'une expédition revêtue de la formule exécutoire ».
La formule exécutoire — dont le texte est différent suivant les contentieux — est apposée sur la première expédition (c'est-à-dire copie)
du jugement, appelée grosse et délivrée à la partie gagnante. Ce titre
exécutoire permet de procéder à une exécution forcée.

a | L'auteur de l'exécution est, dans les matières civile et adminis-
trative, un huissier de justice. En aucun cas, en effet, la partie gagnante
ne peut procéder elle-même à l'exécution. En matière pénale — pour
les dispositions pénales et non pour les condamnations civiles qui,
bien sûr, suivent les règles de la matière civile —, l'exécution relève
de la compétence exclusive du parquet : recouvrement d'amendes,
emprisonnement du condamné ou au contraire élargissement de
l'acquitté. Il faut noter que si la mise à exécution relève du ministère
public, le régime de l'exécution de certaines peines est confié à un juge, le
juge de l'application des peines (*infra*, n° 197).

b | Les modalités de l'exécution dépendent de la volonté bonne ou mauvaise du perdant. Si ce dernier oppose une résistance persistante, le titre exécutoire donne aux huissiers et procureurs de la République pouvoir de requérir la *force publique* : celle-ci prêtera main-forte pour obtenir l'exécution de la décision. Le recours à la force publique pose la question de sa carence. Il arrive, en effet, que la force publique requise se refuse à intervenir pour des raisons de sécurité, ou d'opportunité. Le Conseil d'Etat estime, d'une part, que le justiciable (...) est en droit de compter sur la force publique (CE 30 novembre 1923, Couietas, *D.,* 23, III, 59), mais, d'autre part, « que le refus de l'Etat, fondé sur des motifs d'ordre public, est légal ». Toutefois, comme l'on ne peut équitablement faire peser sur un seul la charge d'une mesure d'intérêt général, la non-exécution ouvre droit à indemnisation, en vertu du principe général d'égalité devant les charges publiques. On voit donc que l'exécution de certaines décisions de justice n'est jamais obtenue. L'administration, se faisant juge de l'opportunité de sa propre intervention, se fait, par là même, juge de l'utilité de l'application d'une décision de justice : voilà qui est fortement regrettable — d'autant que les conflits sociaux multiplient de telles hypothèses.

92 EXÉCUTION À L'ENCONTRE DE L'ADMINISTRATION. — Condamnée, l'administration peut s'exécuter spontanément ; elle peut aussi tergiverser voire même refuser de s'exécuter. Or, les moyens d'assurer l'exécution des décisions de justice à l'encontre de l'administration étaient si faibles que depuis quelque vingt années le législateur a essayé de les renforcer.

a | Les obstacles traditionnels. — Premièrement, les décisions des juridictions administratives ne comportent pas de formule exécutoire à l'égard des personnes publiques : l'exécution forcée ne peut donc avoir lieu contre l'administration, laquelle bénéficie d'une véritable immunité. Aucune saisie ne peut être effectuée — l'intérêt privé d'un créancier ne pouvant porter atteinte à un patrimoine détenu au profit de l'intérêt général ; le recours à la force publique est impossible — l'administration disposant du monopole de la force publique, on voit mal comment elle pourrait l'utiliser contre elle-même. Deuxièmement, le juge ne peut adresser aucune injonction à l'administration.

C'est la conséquence de la séparation des pouvoirs. Le juge ne peut donc imposer aucune obligation de faire à l'administration (réintégrer un fonctionnaire, démolir un ouvrage).

Les décisions de justice ne pouvaient ainsi, en raison de cette conception traditionnelle, être exécutées que si l'administration le voulait bien. Lorsque le débiteur était l'Etat, sa résistance n'était pas surmontable (il arrive même que le gouvernement demande au Parlement la validation par voie législative du texte annulé par le juge). Lorsque le débiteur était une personne publique autre que l'Etat (région, département, commune, établissement public), la résistance pouvait être vaincue si l'autorité de tutelle en décidait ainsi (en inscrivant d'office au budget de la collectivité condamnée les crédits nécessaires à l'exécution de la décision). L'exécution de la décision dépendait donc toujours de la bonne volonté de l'administration, qu'elle soit de tutelle ou pas : le prestige de la justice en était bien affaibli. Et il n'est guère juste que l'administration ne soit pas tenue de se plier à une décision judiciaire (dans les pays anglo-saxons au contraire, les juges délivrent des injonctions ou *writs* contre les personnes publiques, lesquelles sont dans une situation égale à celle des autres justiciables).

b | Les palliatifs. — Divers moyens indirects de contraindre l'administration ont été mis en place depuis une vingtaine d'années sous l'influence du Conseil d'Etat et de la doctrine (en particulier J. Rivero). La *réparation* a été de tout temps admise : l'administration récalcitrante peut être condamnée à des dommages-intérêts pour ne pas avoir respecté l'autorité de la chose jugée. Toutefois, ce nouveau jugement peut faire l'objet d'une nouvelle inexécution... *L'incitation* a ensuite été utilisée. En vertu du décret du 30 juillet 1963, le Conseil d'Etat peut attirer l'attention de l'administration sur la nécessité d'exécuter la décision (le Conseil d'Etat agissant d'office ou sur demande de la partie lésée). En vertu de la loi du 3 janvier 1973, le médiateur peut être saisi par la partie privée : ce dernier a le pouvoir d'enjoindre à l'administration de s'exécuter dans un certain délai, sous peine de voir l'inexécution du jugement faire l'objet d'un rapport publié au *Journal officiel*. La *coercition* apparaît avec l'importante loi du 16 juillet 1980. La loi innove doublement et de manière remarquable, premièrement en permettant au Conseil d'Etat (quelle que soit la juridiction ayant rendu la décision non exécutée) de prononcer d'office ou sur demande une astreinte à l'encontre de l'administration ; deuxièmement, en posant le principe que toute décision judiciaire doit être exécutée par l'administration dans les délais de quatre mois suivant notification. Si le délai expire sans exécution, la partie lésée, si son débiteur est une personne publique autre que l'Etat, peut saisir le préfet pour en obtenir un mandatement d'office et, si son débiteur est l'Etat, peut obtenir du comptable de l'administration le mandatement immédiat sur simple présentation du jugement (tout refus du comptable entraîne une lourde sanction pécuniaire à sa charge). L'ensemble de ces palliatifs constitue un système d'exécution spécifique du contentieux administratif : un système un peu dispersé de techniques indirectes, mais qui a au moins le mérite de permettre une exécution effective et de redonner une certaine crédibilité au contentieux administratif.

Section II
L'égalité

L'égalité est ici un mot clé, presque fétiche, voire mythique. Elle recouvre de façon non technique toutes les règles de fonctionnement. Mais le système de justice balance constamment entre deux types d'égalité : l'égalité formelle qui consiste à donner à tous les mêmes droits ; l'égalité réelle qui consiste à créer des discriminations *in favorem* au profit de certaines catégories de justiciables. Suivant les époques ou suivant les matières, l'une ou l'autre de ces deux égalités l'emporte.

Sous-section I
Assurer en tout temps la justice

93 LA PERMANENCE OU CONTINUITÉ DU SERVICE. — Le moment de naissance d'un litige ne doit pas être cause d'inégalité. Afin que le plaideur puisse, à tout moment, trouver un juge, il ne doit pas y avoir vacance de la justice. C'est avec force que le décret du 27 février 1974 dispose : « L'année judiciaire commence le 1er janvier et se termine le 31 décembre. La permanence et la continuité du service demeurent toujours assurées » (actuel art. R 711-1 coj). Le fondement du principe est clair. L'Etat se réservant le monopole de la justice, il est juste, pour assurer l'égalité, que le service public de la justice fonctionne sans interruption.

Sa mise en œuvre est plus délicate. La permanence du service conduit à permettre que la justice soit saisie même les dimanches et jours fériés, du moins en cas d'urgence (saisine du juge des référés) ; c'est en son nom aussi que les magistrats de l'ordre judiciaire se sont vu interdire, par l'ordonnance du 22 décembre 1958, tout droit de grève et, de façon plus générale, « toute action concertée de nature à arrêter ou entraver le fonctionnement des juridictions » (*supra*, n° 69). La permanence n'est pourtant pas totale — l'égalité n'est pas parfaite. Elle ne saurait conduire à priver les magistrats de vacances. Le décret prévoit ainsi un « service allégé » durant l'ancienne période des « vacances judiciaires » (15 juillet - 15 septembre)[16] ; par ailleurs, certaines juridictions — au contentieux et à la composition très particuliers — ne fonctionnent que de manière intermittente, par session : cours d'assises, tribunaux paritaires des baux ruraux, tribunaux des affaires de sécurité sociale, juridictions administratives spécialisées.

Sous-section II
Assurer à tous la justice

94 La gratuité de la justice. — Permettre à tous l'accès à la justice et un accès égal, telle est la fonction du principe de la *gratuité* de la justice. La justice, en effet, comme tout service, a un coût de fonctionnement — coût en personnel, coût en matériel. Dire alors qu'elle est gratuite signifie que ce coût est pris en charge, non par les usagers, les justiciables, mais par la collectivité nationale sous forme de l'impôt. Il faut toutefois comprendre la portée, ou encore la relativité de ce principe, qui, pour assurer une égalité réelle, procède à une discrimination : pour tous, la gratuité concerne — ne concerne que — l'accès au tribunal ; pour les moins fortunés, la gratuité s'entend aussi dans l'aide accordée pour leur permettre le recours aux auxiliaires de justice.

---

16. Le changement est surtout symbolique. Le travail accompli par les magistrats durant l'été est sans doute le même après qu'avant 1974. Mais il ne faut jamais négliger la force des mots...

I | L'ACCÈS AU TRIBUNAL

95 UNE DOUBLE GRATUITÉ. — Le principe de la gratuité signifie
d'abord que les plaideurs ne paient pas leurs juges. Ce principe
est né dans la loi des 16-24 août 1790. Sous l'Ancien Régime, la
rémunération des juges leur venait des plaideurs, et plus exactement du gagnant : c'est lui qui devait les « épices » (à l'origine
un présent en nature converti en présent en espèces puis en une
taxe obligatoire). La Révolution a aboli les épices : l'esprit de lucre
paraissant peu compatible avec l'égalité des citoyens et l'indépendance
des juges. Le principe de la gratuité de la justice n'a plus depuis lors
été remis en cause. Le statut de la magistrature interdit aux juges
toute rémunération autre que celle que leur verse l'Etat.

Mais le principe a pris un contenu nouveau. Il signifie aussi, aujour-
d'hui, que les plaideurs n'ont plus à participer aux frais du service
public de la justice. Pendant longtemps, l'Etat percevait, à l'occasion
de chaque procès, des droits et des taxes fiscales : droits d'enregistrement, de timbre, frais de procédure. Par cette fiscalité des actes
judiciaires, le plaideur participait au fonctionnement des greffes. La
loi du 30 décembre 1977, complétée par le décret du 20 janvier 1978, a
supprimé, devant les juridictions civiles et administratives tous ces
débours. En matière pénale, la règle ancienne a été maintenue. Les
frais de poursuite (c'est-à-dire ceux engagés par les autorités judiciaires :
frais de citation, commission rogatoire, indemnités aux témoins, etc.)
doivent être avancés par celui qui a pris l'initiative de la poursuite,
c'est-à-dire l'Etat (ministère public / administration) ou la partie
civile (agissant par voie d'action) avant d'être définitivement mis au
compte du perdant (le prévenu ou accusé dans les cas où il n'est pas
acquitté ; l'Etat ou la partie civile en cas d'acquittement, suivant, soit
que l'initiative avait été celle de l'un ou de l'autre, soit que la juridiction
décide ou non de décharger la partie civile succombante (art. 475
et 543 CPP ; art. 375 CPP)).

II | LE RECOURS AUX AUXILIAIRES DE JUSTICE

L'action en justice implique d'avoir recours à des conseils (avocats, huissiers, experts...), tous auxiliaires de justice dont les frais d'intervention sont à la charge des justiciables, au risque de détourner de la justice les moins fortunés. Pour que l'égalité ne reste pas seulement théorique, mais qu'elle soit une réalité pratique, il faut que soit mis en place un système permettant à tous l'accès à la justice. La mise en place d'un tel système paraît d'autant plus nécessaire que le procès n'est plus un « luxe ». L'évolution des données économiques, sociales, la « juridicisation » sans cesse croissante, la transformation des droits substantiels — ne serait-ce que le droit de la famille — exposent riches et pauvres au risque d'un procès : bail, accident, licenciement, divorce... autant d'incidents, autant de procès qui peuvent jalonner la vie quotidienne.

96 NATURE DES FRAIS. — En matière pénale, les frais de défense incombent toujours au prévenu ou à l'accusé quand bien même il serait acquitté. En matières civile — entendue largement — et administrative, il est traditionnel de distinguer entre *dépens* et *honoraires*[17]. Les dépens — c'est-à-dire les émoluments (perçus à l'occasion de la rédaction d'actes de procédure accomplis par les avocats, avoués, huissiers) et les frais divers (frais de déplacement, honoraires de l'expert, indemnités dues aux témoins...) — sont, en règle générale, à la charge du perdant, lequel prend donc ainsi à sa charge ses propres dépens et ceux de l'adversaire ; les honoraires — dus à l'avocat — restent, en règle générale, à la charge de chaque plaideur. Toutefois le juge peut, sur le fondement de l'article 396 NCPC ou celui de l'article 700 NCPC, modifier ces règles : soit ne pas laisser les dépens à la charge du perdant, soit ne pas laisser les honoraires à la charge du gagnant (*cf.* équivalent de l'art. 700 pour la partie civile au pénal : art. 375, al. 2, CPP)[18].

---

17. Dans une terminologie traditionnelle, on parle de frais « répétibles » pour ceux qui sont remboursables par le perdant et de frais « irrépétibles » pour ceux que le gagnant ne peut normalement pas se faire rembourser.
18. L'article 700 NCPC ne s'applique pas devant les tribunaux administratifs : CE 11 mai 1983, *D.*, 1984, 411, note Font-Réault ; *JCP*, 1984, I, 2064, concl. Robineau.

97   LES INSTITUTIONS D'AIDE : L'AIDE JUDICIAIRE ET LA COMMISSION
D'OFFICE. — Ces deux institutions, si elles sont différentes, ont en
commun de permettre aux personnes ayant de faibles revenus de se
défendre gratuitement, tous les frais étant pris *en charge par l'Etat*.
Cela les distingue très nettement d'un système existant précédemment,
à savoir l'assistance judiciaire — créée en 1851. L'assistance judiciaire
supposait que son bénéficiaire soit indigent et que l'avocat, désigné,
intervienne à titre purement bénévole : la collectivité faisait ainsi
reposer le devoir d'assistance sur une seule personne, l'avocat. Les
institutions nouvelles indiquent que l'idée de solidarité sociale est
venue remplacer celle d'assistance individuelle. L'Etat se substitue
à l'auxiliaire dans la prise en charge des frais (art. 9 loi du 3 juin 1972) ;
ce dernier, s'il ne reçoit rien de son client, perçoit une indemnité
versée par le trésor public (art. 19 de la loi du 3 janvier 1972).

a | L'aide judiciaire (en matières civile et administrative) a été
créée par la loi du 3 janvier 1972. Mais c'est la loi du 31 décembre 1982
qui a fini de la modeler pour lui donner une structure égalitaire. L'aide
judiciaire doit permettre *l'égalité réelle dans le droit à la défense*.
Pour ce faire, elle a un rôle financier : s'agissant d'aide aux moins
fortunés, *l'essentiel est l'insuffisance des ressources*. Et pour que rien
ne vienne entraver l'octroi de l'aide, le champ d'application de la loi
est large : large quant aux bénéficiaires (art. 1 - art. 3), large quant
aux procédures (art. 4 et 5). Le souci d'une égalité réelle a conduit à une
certaine souplesse dans le seuil de l'insuffisance, lequel est double et
distingue l'aide judiciaire totale — tous les frais incombant à l'Etat
— et l'aide judiciaire partielle — une portion des frais restant à la
charge du bénéficiaire. C'est par rapport à un plafond de revenus,
corrigé par les charges familiales, que se détermine l'octroi de l'aide,
totale ou partielle (art. 2).

Mais bien qu'essentiel, le critère de ressources n'est pas un élément
péremptoire. La prise en charge, ou le refus, *s'accompagne d'un
droit de regard sur les actions*. Soit pour rejeter la demande d'aide
— pour éviter que soient dilapidés les deniers publics pour des causes
insoutenables —, bien que les conditions soient remplies, parce que
« l'action apparaît manifestement irrecevable ou dénuée de fondement » (art. 3). Soit pour accorder, à titre exceptionnel — et dans un
souci d'équité —, une aide aux personnes dont les ressources excèdent

le plafond, si « leur situation paraît particulièrement digne d'intérêt au regard de l'objet du litige et des charges prévisibles du procès » (art. 16). La décision sur la demande d'aide est ainsi liée à une appréciation du fond même de la demande en justice : un lien qu'il serait regrettable, surtout au regard de la première hypothèse, de généraliser... D'ailleurs, que l'indépendance des deux décisions soit nécessaire, le législateur en a été conscient en donnant compétence en matière de demande d'aide judiciaire, non à la juridiction de jugement mais à un organisme appelé le bureau d'aide judiciaire[19].

L'aide judiciaire accordée rend gratuit le recours à l'auxiliaire. Toutefois, il faut distinguer suivant que l'aide est totale ou partielle (dans ce dernier cas, paiement sera dû par le bénéficiaire dans la proportion fixée par le bureau d'aide judiciaire). Il faut aussi tenir compte de l'issue du procès. En effet, seul le gagnant est déchargé. Si les dépens, donc, sont mis à la charge du bénéficiaire de l'aide judiciaire, le système de gratuité ne couvre que ses propres dépens : il reste tenu de ceux exposés par son adversaire (sauf décision du tribunal qui peut laisser à la charge du trésor public une partie — qui ne peut excéder les trois quarts selon l'art. 96-1 du décret — des dépens exposés par l'adversaire : art. 26).

L'aide judiciaire doit maintenir *l'égalité réelle dans l'exercice de la défense*. Dans une vision purement financière, le législateur de 1972 avait admis que l'appui de l'Etat s'accompagnât d'une inégalité dans les conditions de la défense. Les auxiliaires étaient désignés par le bâtonnier ou le président des organes professionnels dont ils dépendent. Désormais, ils sont *librement choisis* par le bénéficiaire de l'aide judiciaire lui-même (art. 23 modifié par la loi du 31 décembre 1982). C'est rétablir non seulement la liberté de choix mais l'égalité d'un choix. A l'instar des autres plaideurs, le bénéficiaire de l'aide judiciaire peut choisir l'auxiliaire auquel il accorde sa confiance ; il redevient

---

19. Il existe un bureau d'aide judiciaire devant chaque juridiction de droit commun (tribunal de grande instance, cour d'appel, Cour de cassation, tribunal administratif, Conseil d'Etat, Tribunal des conflits : art. 11), à la composition variable selon la juridiction auprès de laquelle il est établi mais toujours hétérogène (magistrat, avocat, avoué, huissier, fonctionnaires des administrations financières, de l'action sanitaire et sociale : *cf.* D. 1er septembre 1972, modifié par D. 28 février 1983). La décision prise par le bureau est susceptible de recours mais exercée par les seuls garde des Sceaux (bureau établi près du Conseil d'Etat ou du Tribunal des conflits) ou ministère public (bureau établi auprès de toute autre juridiction) et portée devant le président de la juridiction de jugement (art. 18).

un plaideur comme un autre, du moins tant qu'il désire choisir. La désignation n'est plus qu'un moyen de suppléer à l'absence de choix ou au refus de l'auxiliaire choisi (art. 23).

b / C'est à la loi du 31 décembre 1982 qu'il revient d'avoir ajouté un titre nouveau à la loi de 1972 qui prévoit l'indemnisation des *commissions et désignations d'office* en matières pénale et civile[20]. La loi de 1972 avait, en matière pénale, laissé subsister l'ancien système de l'assistance judiciaire qui faisait à l'avocat commis d'office un devoir de charité. La loi de 1982 y substitue un devoir de solidarité sociale. L'avocat commis d'office perçoit une rémunération de l'Etat, exclusive de tout honoraire, si les ressources de son client s'avèrent insuffisantes. L'avocat doit nécessairement, avant toute perception, s'adresser au bureau d'aide judiciaire qui appréciera, qui de l'Etat ou de son client, lui doit règlement. Dans l'hypothèse où les ressources correspondent au seuil de l'aide judiciaire partielle, l'avocat ne peut fixer d'honoraires qu'avec l'agrément du bâtonnier (art. 31).

L'apport de la loi de 1982 est indéniable. Reste que le contentieux répressif marque, de sa particularité, même l'octroi du droit à la défense et les modalités de son exercice. L'inculpé, prévenu, accusé ne peut espérer une prise en charge de ses frais de défense par l'Etat qu'à la condition de *renoncer à choisir son avocat.* Cela est d'autant plus regrettable dans une matière où la liberté individuelle est gravement en jeu et où une défense efficace passe non seulement par les qualités de l'avocat mais aussi par les liens de confiance et de compréhension qui peuvent s'établir entre un client et son conseil. Mais cette solution, à la suite d'autres, montre combien l'inculpé, prévenu, accusé n'est pas une partie ordinaire, et combien les droits en sont — malgré la présomption d'innocence... — limités.

---

20. Matière civile : *cf.* l'article 31 de la loi de 1972 : « en application des articles 1186, 1209, 1261 NCPC », lesquels visent la désignation d'un auxiliaire à l'occasion de mesures concernant l'autorité parentale et la tutelle.

Sous-section III
Assurer à tous la même justice

Un tel souci implique que les justiciables, se trouvant dans la même situation, puissent bénéficier, en toute égalité, des mêmes juges, jugeant selon des règles de procédure et de fond identiques. Mêmes juges, mêmes règles procédurales, mêmes règles substantielles : tels sont les trois impératifs pour assurer à tous la même justice.

I | Mêmes juges

A - Egalité et privilèges de juridiction

98 Principe d'identité de juridictions. — *Dans sa formulation, le principe est simple :* tous les justiciables ont égale vocation à être jugés par les mêmes juridictions, et *semble naturel :* tous les hommes étant égaux, ils doivent être jugés sans discrimination. Est-ce à dire pour autant que la multiplicité de juridictions est critiquable comme contraire à l'égalité devant la justice ? Le principe ne peut se comprendre sans quelques explications.

La première explication est *historique.* L'Ancien Régime — régime fondé sur l'inégalité — connaissait les privilèges de juridiction. Selon son état, c'est-à-dire suivant qu'il appartenait au tiers état, au clergé, ou à la noblesse, le justiciable n'était pas jugé par les mêmes juridictions. Ces discriminations — qui créaient des juridictions « d'états » — furent supprimées par la Révolution. « Tout privilège en matière de juridiction est aboli ; tous les citoyens sans distinction plaideront en la même forme et devant les mêmes juges, dans les mêmes cas » (art. 16 du titre II de la loi des 16-24 août 1790). Depuis, l'égalité est de rigueur et bénéficie à tout justiciable plaidant en demande ou en défense devant toutes les juridictions nationales. Tout justiciable, c'est-à-dire tout citoyen français[21], comme le disait la loi de 1790, mais aussi

---

21. Règle effectivement applicable à tout national depuis l'abolition de la mort civile.

tout étranger, voire même tout apatride (depuis un arrêt de la chambre civile du 21 juin 1948, arrêt Patino, *JCP*, 1948, II, 4422, note P. L. P. pour les étrangers ; et la Convention de New York de 1966 pour les apatrides)[22]. *L'état de la personne* ne doit donc plus être pris en compte pour désigner la juridiction compétente.

C'est cette volonté d'égalité qui a conduit le législateur à supprimer, par la loi du 21 juillet 1982, les juridictions « d'états » qu'étaient les *tribunaux militaires* (*infra*, n° 204). Mais cette volonté d'égalité se nourrit souvent d'une ambiguïté, née de la confusion, de l'assimilation abusive, entre juridiction « d'états » et juridiction d'exception. Mais ceci appelle une deuxième explication.

La deuxième explication est *technique*. Ce qu'interdit le principe d'égalité, c'est que des privilèges de juridiction soient liés à l'état, à la qualité des personnes. Il n'interdit nullement que la *nature des litiges* soit à l'origine d'une diversification. La multiplicité de juridictions n'est pas en soi critiquable, si elle s'explique par la multiplicité de natures des litiges. La compétence du tribunal de commerce ou du conseil de prud'hommes ne se fonde pas sur la qualité de commerçant ou de salarié des justiciables, mais sur la nature du litige portant sur un acte de commerce ou un contrat de travail. Le salarié qui divorce, le commerçant légataire universel ne peuvent prétendre — de par leur état — être jugés par le conseil de prud'hommes ou le tribunal de commerce. Or, il arrive que l'on oublie cette distinction fondamentale — état des personnes / nature du litige — et que l'existence même de juridictions d'exception apparaisse comme un outrage au principe de l'égalité. On trouvera un exemple flagrant de cet amalgame dans la suppression de la Cour de sûreté de l'Etat par la loi du 4 août 1981 (la date est tout un symbole...). Si les tribunaux militaires étaient effectivement une atteinte au principe d'égalité car liés à l'état des personnes, il ne pouvait, en aucun cas, en être de même pour la Cour de sûreté de l'Etat, juridiction d'exception certes, mais qui voyait sa compétence délimitée par la nature des litiges.

---

22. Toutefois, jusqu'en 1963, on exigea encore du non-national demandeur qu'il verse une caution, dite *judicatum solvi*, destinée à garantir le paiement éventuel d'une condamnation. Cette ultime discrimination a été abolie par la loi du 9 janvier 1973 sur la nationalité française. Mais il faut noter qu'elle constituait une discrimination quant aux règles de procédures plus qu'une atteinte à la règle d'égalité de juridiction.

99 NUANCES AU PRINCIPE D'IDENTITÉ DE JURIDICTIONS. — *Dans son application, le principe mérite d'être nuancé,* une double nuance.

a / La prolifération des juridictions d'exception atténue quelque peu le principe. S'il est vrai qu'il n'y a pas là atteinte directe au principe (*supra,* n° 98), cette prolifération crée une discrimination peu compatible — psychologiquement du moins — avec l'égalité de tous devant la justice. Il n'empêche aussi que les juridictions spécialisées s'efforcent parfois de protéger des intérêts corporatifs, pour ne pas dire des intérêts de classe (les juridictions disciplinaires confèrent des quasi-privilèges de juridiction). Le risque est de voir chaque catégorie sociale, un peu influente, tenter d'échapper au droit commun. Il est vrai, pour relativiser cette inquiétude, que si discrimination — « psychologique » — il y a, elle ne vaut que pour la première instance. Depuis l'ordonnance du 22 décembre 1958, il n'existe plus de juridiction d'appel d'exception.

b / L'existence de privilèges véritables de juridiction limite, en droit, le principe. Rares, certes, ces privilèges reposent pour certains, sur des *prérogatives* de *pouvoirs* ou de *fonctions* : prérogatives du Président de la République (et des membres du gouvernement), qui relève par les actes de sa fonction de la Haute Cour de justice ; des maréchaux et amiraux de France (et quelques autres) qui ne sont justiciables que du Haut Tribunal des Forces armées ; des magistrats (*cf.* l'art. 679 CPP) ; des diplomates (certaines immunités ayant pour résultat de faire échapper certaines personnes à la compétence des juridictions françaises) ; de l'administration dont le véritable privilège de juridiction réside dans le fait que les litiges la concernant ne peuvent être portés que devant les juridictions administratives.

Reste un dernier privilège de juridiction, pleinement dérogatoire au principe puisque fondé sur l'état du justiciable, mais qui apparaît comme une *discrimination in favorem* (une discrimination destinée non à créer une inégalité mais à instaurer une réelle égalité) : les *mineurs,* en raison de leur âge, sont jugés par des juridictions spécifiques...

B - *Egalité et choix de la juridiction*

100 JUGES NATURELS. — L'égalité postule d'abord que l'on soit jugé par ses *juges naturels* désignés en fonction de règles procédurales communes à tous. Le principe subit ici de rares exceptions. Certaines sont liées à la qualité des personnes en cause ; il est des circonstances où le juge naturel peut être dessaisi par récusation, suspicion, déport (causes tenant au juge), par renvoi (cause tenant par exemple à la qualité d'officier de police judiciaire de l'inculpé ou prévenu), etc. Certaines sont liées à la nature de l'affaire : par exemple, la loi du 6 août 1975 a prévu dans le ressort de chaque cour d'appel un tribunal compétent pour l'instruction de certaines infractions économiques et financières d'une grande complexité. Mais c'est au président de la chambre d'accusation, saisi par le juge d'instruction ou le ministère public, d'opérer le renvoi. Les parties privées n'ont guère de possibilité de contester ce choix — voire même de proposer le renvoi —, ce qui crée indéniablement une inégalité[23].

101 JUGE UNIQUE. — L'égalité postule ensuite que la juridiction compétente présente, quel que soit le justiciable ou l'affaire, une *composition identique*. Or si le principe est, sur ce point, largement respecté, il faut noter que l'institution du *juge unique* peut faire figure, en matière pénale, de dérogation. En vertu de la loi du 29 décembre 1972, le tribunal correctionnel, dont la formation collégiale est de règle, peut siéger à juge unique pour juger des infractions visées par l'article 398-1 CPP. C'est au président du tribunal de grande instance, seul, qu'il revient de décider — par une mesure d'administration non susceptible de recours — si telle ou telle affaire, relevant de l'article 398-1, sera jugée en formation collégiale ou par un juge unique. En aucun cas, les parties ne peuvent intervenir dans ce choix[24].

---

23. Selon l'article 706-2 CPP, la décision n'est pas susceptible de recours, à l'exception du pourvoi en cassation qui n'est pas suspensif.
    Des règles techniquement différentes mais à la philosophie identique peuvent être relevées en matière de terrorisme (*infra*, n° 205).
24. A la différence, en matière civile, l'institution du juge unique ne peut apparaître comme contraire à l'égalité puisque le renvoi à la formation collégiale est de droit si une partie le demande.

Les auteurs d'infractions similaires peuvent ainsi être jugés par une juridiction différemment composée. La loi est manifestement contraire au principe d'égalité des justiciables devant la justice, ainsi que l'a expressément déclaré le Conseil constitutionnel, le 23 janvier 1975, en se prononçant sur l'inconstitutionnalité d'un texte généralisant l'institution du juge unique et remettant discrétionnairement le soin de la composition du tribunal à son président.

On voit donc que l'inégalité tient à l'existence d'une décision discrétionnaire. Dès lors, en effet, qu'une procédure ne peut être dérogatoire qu'avec le consentement des parties, on ne peut plus dire qu'il y a atteinte à l'égalité[25].

II | Mêmes règles procédurales

L'article 16 du titre II de la loi des 16-24 août 1790 disposait que « tous les citoyens sans distinction plaideront *en la même forme* » et l'article 6-1 de la Convention européenne des Droits de l'homme, ratifiée par la France, énonce : « Toute personne a droit à ce que sa cause soit entendue équitablement (...), par un tribunal indépendant et impartial. »

La lecture de ces deux articles laisse entrevoir le principe. L'égalité n'est pleinement réalisée que par une double identité : mêmes droits des parties, même impartialité du juge.

102 L'ÉGALITÉ DES DROITS DES PARTIES. — *Plaider en la même forme* supposerait *des droits égaux pour chaque partie*. Si la règle paraît relativement respectée devant les juridictions civiles, elle subit bien des exceptions devant les juridictions pénales et administratives.

a / De manière générale, on peut affirmer *l'inégalité de droit des parties privées* face à ces deux parties que sont le ministère public et l'administration. Qu'il s'agisse de l'exercice de son droit d'observations, ou plus certainement encore de celui de son droit de demande, le *ministère public* dispose de prérogatives exceptionnelles (*supra*, n° 39).

---

25. Ainsi, de l'ordonnance pénale : certes, cette procédure simplifiée est dérogatoire mais par la voie de l'*opposition*, le justiciable peut obtenir d'être jugé selon la procédure normale.

Les prérogatives de l'*administration* le sont tout autant. Dans le contentieux administratif, l'égalité entre particuliers et administration est loin d'être totale. La théorie de l'acte exécutoire en fournit un exemple : alors que l'administré ne conquiert que de haute lutte le sursis, à l'exécution de la décision, la règle, qu'il n'y a pas de sursis pour décisions négatives (refus divers de nomination, réintégration, autorisation, etc.) ou encore pour acte déjà exécuté (la célérité de l'administration désarme le juge...), bénéficie largement à l'administration. « Dans un Etat de droit, on ne peut que répugner à la politique du "fait accompli" qu'autorise la théorie absolue de l'acte exécutoire » (Pacteau). Dans le contentieux pénal, l'administration disposait et dispose encore de pouvoirs exorbitants. En premier lieu, des textes divers permettent aux différentes administrations de mener des enquêtes préliminaires, avec des pouvoirs dont ne disposent pas les officiers de police judiciaire dans les procédures de droit commun. Ces textes sont manifestement incompatibles avec l'instauration d'un Etat de droit, ainsi que l'a clairement affirmé le Conseil constitutionnel, à propos de la loi de finances pour 1984, laquelle avait tenté de donner un statut légal aux enquêtes menées par les contributions directes. On notera, toutefois, que les trois derniers textes, relatifs à la matière, à savoir les lois de finances pour 1985 et 1987 et l'ordonnance du 1er décembre 1986, tendent à réinscrire ces pouvoirs sous le contrôle de l'autorité judiciaire. En deuxième lieu, l'administration dispose, quant au déclenchement des poursuites, soit d'un monopole excluant toute initiative du parquet (ainsi en matière fiscale ; ainsi, encore, lorsqu'elle utilise le système de la transaction), soit d'un pouvoir concurrent de celui du ministère public (par exemple, en matière douanière avec l'action fiscale). En troisième lieu, l'administration, qui peut aussi choisir de se constituer partie civile, dispose de la prérogative de conclure et de faire entendre ses observations, sans pour autant se constituer partie civile.

b / A l'inégalité de droit s'ajoute *l'inégalité de fait*. Le combat prend parfois des allures de pot de terre contre pot de fer. Combat de l'administré contre l'administration, mais aussi combat de simple particulier contre des groupes, des entreprises bien armées financièrement et juridiquement. La multiplication des actions des syndicats, groupements professionnels mais surtout des associations de défense tend à réduire ces inégalités de fait, à rétablir l'équilibre. Quelles que soient les craintes que l'on puisse émettre quant à la multiplication de ces associations et de leurs actions, c'est indéniablement dans une volonté de rétablir une certaine égalité entre parties qu'il faut chercher le fondement de la bienveillance actuelle du législateur et de la jurisprudence. La faveur de la Cour de cassation va tout particulièrement aux associations de défense des consommateurs ou usagers, bien plus qu'aux groupements professionnels. C'est qu'elle postule entre professionnels une certaine égalité alors que le consommateur, l'usager, lui apparaît comme la partie la plus faible et par voie de conséquence comme celle devant être protégée.

103 L'IMPARTIALITÉ DU JUGE. — « *L'impartialité du juge* » apparaît comme une garantie fondamentale et comme une composante nécessaire de l'égalité. Encore faut-il s'interroger sur le bienfondé d'une égalité purement formelle.

Dans une *égalité formelle*, exiger l'impartialité du juge, c'est s'opposer à ce que celui-ci, dans sa décision, prenne en compte des données extérieures au litige lui-même, telles que sympathie ou antipathie mais aussi telles que qualité, catégorie sociale des parties. C'est, en somme, interdire au juge tout parti pris qui ne soit fondé sur les éléments de la cause. Le devoir d'impartialité est techniquement un devoir d'objectivité, devoir assorti de garanties procédurales.

Ces garanties peuvent être générales (elles sont alors *a posteriori*) : il s'agit des voies de recours propres à faire réformer la mesure supposée partiale. Ces garanties peuvent aussi être spécifiques (elles sont alors préventives) : impossibilité de siéger en cas de parenté ou d'alliance entre magistrats, ou entre magistrat et avocat d'une partie ; déport du magistrat qui en conscience s'estime menacé dans son indépendance ; récusation à l'initiative des parties.

Techniquement, le devoir d'objectivité suppose que le juge respecte le rôle à lui dévolu par les règles procédurales, règles variables suivant que la procédure est inquisitoire ou accusatoire. Dans la procédure inquisitoire, le juge dispose de larges pouvoirs pour mettre l'affaire en état d'être jugée. Il peut ainsi — et doit même — pallier les insuffisances d'une demande ou d'une défense, l'inexpérience d'une partie. Les contentieux pénal et administratif connaissent ce type de procédure qui contribue, ou pourrait du moins contribuer, à atténuer l'inégalité des particuliers par rapport à l'administration et au ministère public. Mais, en aucun cas, l'action du juge ne doit favoriser une des parties au détriment des droits de l'autre. La règle imposée au juge d'instruction marque bien ce devoir d'objectivité : « instruire à charge et à décharge ». Dans la procédure accusatoire, le procès est la chose des parties. Le juge a un rôle passif, il se borne à trancher entre deux prétentions opposées en fonction des éléments que chaque partie lui apporte. C'est ce que techniquement l'on appelle la « neutralité » du juge. Dans un tel système, la possibilité pour le juge de secourir un plaideur maladroit est réduite. A l'origine purement accusatoire, la procédure civile a perdu peu à peu ce caractère, notamment avec l'apparition du juge de la mise en état. Il reste que si la « neutralité » du juge ne peut plus s'analyser comme « passivité », et si le juge civil peut contribuer activement à l'instruction de l'affaire, l'article 146 NCPC interdit qu'une mesure d'instruction soit ordonnée en vue de suppléer la carence de la partie dans l'administration de la preuve. Il est exigé beaucoup plus de réserve du juge civil, et peut-être peut-on, à certains égards, le regretter.

Le devoir d'impartialité du juge pose en effet une question plus fondamentale, celle que pose de façon générale l'égalité : l'impartialité et *a fortiori* la neutralité du juge sont-elles justifiées ? Ne devrait-il pas y avoir discrimination par équité ? Le juge « neutre » ne favorise-t-il pas le plaideur le plus cultivé ou le plus riche, celui qui peut s'entourer des meilleurs conseils ? Ne convient-il pas que le juge tempère éventuellement la rigueur des règles procédurales, en prenant en considération l'inégalité des parties en présence ? Le Nouveau Code de procédure civile est une invite au juge à accepter d'être — dans certaines limites — le « juge-providence » : au juge d'utiliser son pouvoir d'office dans un esprit d'équité. « La justice faite ne doit-elle pas être autre chose que la récompense du plaideur diligent ? » (Beauchard).

III | Mêmes règles substantielles

104 La question de l'égalité dans les règles de fond. — Il ne peut y avoir égalité que si tous les justiciables sont soumis à la *même loi,* si les règles du droit substantiel sont appliquées de manière commune à tous. Une égalité formelle repose ainsi nécessairement sur ces deux éléments. Le premier est l'uniformité des règles de droit et l'uniformité de leur application. C'est dire que l'égalité suppose un contrôle de l'interprétation et de l'application, un contrôle des juridictions suprêmes. Le deuxième est l'absence de règles discriminatoires, spécifiques à certaines personnes ou à certaines catégories. Or, la réalité juridique atteste largement de l'existence de règles de fond discriminatoires. Certaines trouvent leur fondement dans la force, les autres dans la faiblesse. C'est la toute-puissance de l'administration — issue d'une séparation stricte des pouvoirs —, par exemple, qui lui vaut certains privilèges : certains actes de l'administration appelés « actes de gouvernement » bénéficient d'une véritable immunité juridictionnelle, les préservant de tout recours ; l'administration ne peut en principe être condamnée à une obligation de faire, en raison de l'interdiction de prononcer contre elle des injonctions... C'est la faiblesse présumée des femmes, des enfants, des salariés, des consommateurs, etc. qui explique les règles de fond dérogatoires édictées en leur faveur. Encore faut-il distinguer la source de la dérogation. Elle peut naître de la loi ou de la jurisprudence. Et cette deuxième hypothèse n'est pas sans poser de questions sur la conception du rôle du juge dans la cité. Le juge peut-il contribuer à réformer le droit et la société, en ayant un *préjugé favorable* pour certaines catégories de plaideurs ? L'exemple de l'arrêt de la cour de Paris du 7 mars 1984 (*D.*, 1984, ir, 66) est remarquable, la cour affirmant une discrimination en faveur des salariés que le législateur n'a jamais expressément faite.

Deux remarques peuvent être faites. L'équité peut être source d'abus. « Dieu nous préserve de l'équité des Parlements » disait-on sous l'Ancien Régime. Il est toujours délicat, parfois regrettable, même pour le législateur d'établir une règle de fond sur une inégalité, quand bien même celle-ci aurait pour but d'en redresser d'autres.

Dès lors, si le juge peut rétablir, par équité, un équilibre procédural, il serait bon que la création d'une règle substantielle, fondée sur une inégalité, restât l'exception. Rétablir l'équilibre, au détriment de la sécurité juridique, risque de rendre l'inégalité trop imprévue et donc trop injuste.

Section III
La loyauté

La justice ne serait pas sans loyauté. Or, deux principes concourent à son existence. L'un semble en être l'essence même, il en constitue la garantie « substantielle » : c'est le principe du contradictoire. L'autre en apparaît comme la garantie formelle : c'est le principe de publicité.

I | LE PRINCIPE DU CONTRADICTOIRE

105 PRINCIPE DU CONTRADICTOIRE ET RESPECT DES DROITS DE LA DÉFENSE. — Les deux formules sont souvent utilisées ensemble, ou bien encore l'une pour l'autre. Les « droits de la défense » sont nés — quant à la formulation — dans le contentieux pénal. Ils expriment bien les droits de la partie poursuivie face à un demandeur omniprésent (le ministère public) : l'inculpé, le prévenu, l'accusé étant défendeurs à l'action publique. Mais l'expression a fait fortune — cf. les arrêts du Conseil d'Etat — et est souvent utilisée, parfois même de préférence à celle de principe du contradictoire. Il est vrai qu'elle est plus suggestive. Pourtant, elle risque d'être trompeuse. Les droits de la défense ne sont pas ceux uniquement du défendeur. Ils sont ceux de toute partie au procès, quelle que soit sa position dans l'instance, ou même de tout tiers en intervention forcée ou volontaire. Sans doute est-ce ce risque de confusion, cette ambiguïté qui ont conduit les rédacteurs du Nouveau Code de procédure civile à délaisser la formule « droits de la défense », lui préférant celle de « contradiction ».

106 L a contradiction, principe général du droit. — Parmi les principes généraux du droit, le principe du contradictoire est peut-être l'un des plus fondamentaux, à valeur constitutionnelle auquel le législatif, l'exécutif et le juge ne peuvent donc déroger. Il est une garantie élémentaire de loyauté sans laquelle il ne peut y avoir de justice véritable. L'œuvre de justice est, en effet, une œuvre de *confrontation* : le jugement est l'aboutissement de la confrontation de prétentions, moyens, arguments. Il est indispensable que tout justiciable puisse avoir connaissance des prétentions de son adversaire ou du ministère public, des moyens et preuves avancés contre lui, que le dossier lui soit complètement connu. Et cette nécessité s'explique tant pour assurer le respect des droits de la défense que pour assurer que la justice, rendue en connaissance de cause, n'est pas faussée. Pour ces raisons, le principe est de portée générale. Il est applicable à tous les contentieux et à toutes les juridictions[26].

107 P rincipe du contradictoire et tâches procédurales. — L'article 16 du ncpc dispose : « Le juge doit, en toutes circonstances, faire observer et observer lui-même le principe du contradictoire. » Le respect du principe incombe donc aux parties et au juge.

Il revient au demandeur la tâche d'appeler régulièrement le défendeur (art. 14 ncpc), afin que celui-ci soit informé du procès dirigé contre lui, et cela en temps utile pour le mettre en mesure de se défendre (de là l'exigence d'un délai minimum variable selon les matières du contentieux privé ou pénal appelé « délai de comparution »). Aux parties, revient ensuite la tâche de se faire connaître mutuellement, en toute loyauté leurs moyens, leurs éléments de preuve. L'échange doit se faire au cours de l'instruction, pendant les débats d'audience jusqu'à

26. Le Nouveau Code de procédure civile s'ouvre sur un livre I contenant les « Dispositions communes à toutes les juridictions ». Les « Dispositions liminaires » font partie de ces Dispositions communes. La contradiction y est traitée comme un des « Principes directeurs du procès ». A noter qu'en aucun cas, ce principe ne vaut pour la matière gracieuse. Le Code de procédure pénale la prévoit dans ses articles 167 à 197. *Cf.* les conclusions du commissaire du gouvernement Corneille sous l'arrêt Téry (ce 20 juin 1913, *GAJA*, p. 119). Voir aussi ce 12 mai 1962, Soc. La Huta, *Rec.*, p. 313 : « Le principe du contradictoire s'étend à toutes les juridictions administratives. »

leur clôture. Il arrive, parfois, que des explications soient encore fournies, après la clôture des débats, dans une note écrite (« note en délibéré »). Cette pratique n'est pas toujours admise mais lorsqu'elle l'est, il faut nécessairement que la note soit communiquée à l'adversaire pour qu'il puisse le cas échéant y répondre.

Au juge revient d'abord la tâche de faire observer par les parties le principe du contradictoire, de statuer sur les incidents (retard ou refus de communication qui peuvent entraîner des injonctions) ou l'écart de pièces tardives (art. 133-135 et art. 11). Lui revient ensuite la tâche d'observer lui-même le principe du contradictoire. Durant l'instruction de l'affaire, dès lors que le juge procède à des mesures d'instruction (enquête, expertise...), les parties doivent être convoquées et les rapports, avis, procès-verbaux doivent leur être communiqués (art. 173 NCPC, art. R 145 CTA). Ces règles sont communes au contentieux privé et administratif[27]. Le contentieux répressif est plus particulier. A vrai dire, l'instruction pénale échappe au principe de la contradiction. Le juge d'instruction mène son instruction, recherche les éléments de preuves, les consigne au dossier. L'inculpé a certes accès — par l'intermédiaire de son avocat — au dossier, et en a donc connaissance[28] mais il n'a guère la possibilité de débattre, d'apporter ses propres éléments de preuve[29]. Un tel système — très inquisitorial — est sans doute regrettable. Le législateur en a atténué les effets en trois domaines : en cas d'expertise, l'inculpé peut faire connaître ses observations sur le rapport d'expertise (art. 167 CPP) ; devant la chambre d'accusation, il peut déposer un mémoire et présenter des observations sommaires ; enfin, toute mise en détention provisoire doit être précédée, depuis la loi du 9 juillet 1984, d'un débat contradictoire.

L'audience est le lieu privilégié du débat, et donc de la contradiction. Le juge peut susciter cette contradiction en invitant les parties

---

27. La tâche procédurale du juge administratif est plus importante que celle du juge civil. En effet, le juge administratif se charge lui-même de la communication des pièces, il dirige l'instruction (la procédure est de caractère inquisitorial). Le juge civil (marque d'une procédure plus accusatoire) se contente de régler les incidents. Mais lorsque le juge civil procède à des mesures d'instruction, sa tâche est très semblable à celle du juge administratif.

28. Depuis la loi Constans du 8 décembre 1987, l'inculpation met en place les droits de la défense. L'inculpé devient partie au procès, obtient l'assistance d'un avocat lequel peut consulter le dossier deux jours ouvrables avant l'interrogatoire de son client.

29. Les mêmes règles valent pour la partie civile.

(ou leurs avocats) à s'expliquer contradictoirement. Toutefois, il faut noter que le débat n'est pas obligatoire. Le principe du contradictoire est respecté dès lors que le juge a mis les parties à même de débattre : que le débat ait lieu, ou que les parties s'en soient abstenues ne change rien.

Enfin, l'élaboration de la décision impose certaines contraintes au juge que l'on pourrait ainsi résumer : le juge ne peut, en principe, fonder sa décision que sur les seuls éléments de fait ou de droit se trouvant dans le débat. Quant aux faits, le juge ne peut tenir compte ni de pièces, ni d'éléments non soumis à la contradiction, ni de ses investigations personnelles (qui ne seraient pas légalement autorisées : connaissances personnelles du juge, information communiquée par un tiers), car ne se trouvant pas soumises à débat[30]. Quant au droit, l'article 16, alinéa 3, du Nouveau Code de procédure civile — après bien des vicissitudes[31] — interdit au juge de « fonder sa décision sur les moyens de droit qu'il a relevés d'office, sans avoir au préalable invité les parties à présenter leurs observations ». Ce dernier point est de loin le plus délicat. Enchevêtrement de deux corps de règles : le pouvoir d'office du juge et l'obligation que le Nouveau Code de procédure civile fait au juge de trancher le litige conformément aux règles du droit qui lui sont applicables, de donner ou restituer les qualifications exactes, de relever les moyens de pur droit quel que soit le fondement juridique invoqué par les parties (art. 12 NCPC) d'une part, et le principe du contradictoire d'autre part. Il peut se faire que ce soit au cours du délibéré que le juge s'aperçoive de l'erreur de qualification, ou de fondement juridique. Devant les juridictions civiles, afin de respecter la contradiction, le juge devra provoquer les observations des parties. Devant les juridictions administratives et répressives, le juge pourra passer outre à la contradiction et exercer son pouvoir d'office sans susciter les observations des parties[32]. C'est là une restriction certaine au principe.

---

30. Arrêt de principe Civ. 22 juin 1951, *Bull. civ.*, 1951, IV, n° 52, p. 366.
31. On en rappellera simplement les étapes : CE 12 octobre 1979, *Rec.*, 370 ; ch. mixte 10 juillet 1981, *Bull. civ.*, 81, ch. mixte n° 6 ; décret du 12 mai 1981.
32. Les moyens d'ordre public soulevés d'office par le juge peuvent échapper valablement au principe du contradictoire : CE (Ass.) 12 octobre 1979, Rass. des nouveaux avocats de France, *Rec.*, 370 ; 21 octobre 1981, Bienvenot, *Rec.*, 383. V. Ch. Debouy, *Les moyens d'ordre public dans la procédure administrative contentieuse*, PUF, 1980, pp. 435-452.

108 Principe du contradictoire et immutabilité du litige. — Le principe de l'immutabilité du litige a pour fonction de délimiter la sphère du procès : dès lors qu'une instance a été engagée sur un terrain, il n'est plus possible — du moins en théorie — de le modifier. Ce faisant, l'immutabilité du litige favorise la contradiction. Elle assure qu'une partie ne verra pas brutalement basculer les termes du litige, le procès s'amplifier ou se modifier, dans des conditions qu'elle n'avait pas prévues. Le principe est admis dans tous les contentieux mais diversement appliqué. Ce sont les juridictions administratives qui l'appliquent avec le plus de rigueur. Toute demande nouvelle est rejetée et il est traditionnel de dire que « plus le procès évolue, plus il se fige ». La procédure civile donne au principe de l'immutabilité du litige une certaine souplesse : les demandes nouvelles connexes à la demande initiale (additionnelles, reconventionnelles, en intervention) sont admises en première instance. La procédure pénale applique le principe de l'immutabilité aux juridictions de jugement, lesquelles ne peuvent statuer que sur les faits qui leur sont soumis et ne juger que les personnes qui leur sont déférées. Toutefois, le juge d'instruction peut, de sa propre initiative, inculper toute personne concernée par les faits dont il est saisi ; la Chambre d'accusation, de son côté, peut étendre son pouvoir à des faits nouveaux non visés dans l'acte de poursuite. Une fois encore, le contentieux répressif développe des règles très particulières.

109 Principe du contradictoire et défaut de l'une des parties. — Le défaut s'entend de l'absence ou de la négligence d'une ou des parties : le défendeur, régulièrement « appelé », ne comparaît pas ; l'instance engagée, l'un des plaideurs s'abstient d'accomplir les actes de la procédure nécessaires à son déroulement. Le défaut pose un problème délicat car il met en opposition deux impératifs. Le premier impératif est que, l'instance introduite, il est nécessaire qu'un jugement soit rendu. La justice ne peut être soumise au bon ou au mauvais vouloir de l'un des plaideurs et si l'on admettait que l'absence ou la négligence empêche le prononcé d'un jugement, bon nombre de plaideurs trouveraient là le moyen de faire échec à un procès dont ils redoutent l'issue. Le deuxième impératif est le respect du principe du contradictoire. Or juger en l'absence d'une partie ne permet au juge qu'une vision partielle du litige et sa décision risque d'être faussée. Le droit positif tente la conciliation de ces deux impératifs par une réponse générale et par des réponses spécifiques aux hypothèses de défaut mais différentes selon les contentieux.

a | Le défaut n'équivaut pas à un aveu. — Quels que soient les contentieux et les règles, que celles-ci soient affirmées par les textes ou dérivées de la jurisprudence, il est clair que le défaut est dépouillé de toute idée de sanction. La Cour de cassation censure impitoyablement toute décision donnant systématiquement tort au défaillant (Civ. 2 mars 1977, *Bull. civ.*, II, n° 59 ; Civ. 17 décembre 1979, *Bull. civ.*, II, n° 295) (*cf.* aussi l'art. 472 NCPC).

b | La négligence de l'une des parties. — Une telle notion ne se conçoit que dans les contentieux administratif et privé, le rôle du juge étant tel en matière pénale qu'aucun acte de procédure n'est attendu des parties[33]. La négligence s'analyse en effet comme l'abstention dans l'accomplissement des actes de procédure nécessaires. Cette négligence peut être le fait du demandeur ou du défendeur. Le principe voudrait que le demandeur qui, après avoir introduit l'instance, ne procède pas aux actes nécessaires, soit réputé s'être désisté, et que sa citation soit déclarée caduque. Or, ce n'est là qu'une possibilité offerte au juge. Il peut tout aussi bien, si cette négligence ne le met pas dans l'impossibilité de statuer, rendre un jugement contradictoire[34]. De même, la négligence du défendeur pourrait apparaître comme un acquiescement. Mais, le juge garde entière liberté, en raison des pièces du dossier, de ne pas tenir l'acquiescement pour acquis et de rendre un jugement contradictoire[35]. Et si, par hasard, la négligence est celle cumulée des deux parties, le NCPC permet au juge de radier l'affaire d'office.

33. Le ministère public doit répondre, dans certains délais, à certaines ordonnances du juge d'instruction, mais la négligence du parquet permet tout simplement au juge de passer outre et de continuer son travail.
34. V. art. 468 NCPC. V., pour le principe : art. 53-3 du décret du 30 juillet 1963 et art. R 113 CTA ; pour l'atténuation : CE 6 janvier 1967, *JCP*, 1967, II, 15013. Devant la juridiction administrative, après dépôt de la requête introductive, c'est le juge qui réclame aux parties, dans un délai imparti, le dépôt de mémoires.
35. V. art. 469 NCPC. V., pour le principe de l'acquiescement, le décret du 16 janvier 1981 : « Lorsque le défendeur ou le ministre appelé à présenter ses observations n'a pas observé le délai qui, lors de la communication de la requête ou d'un mémoire ultérieur du requérant, lui a été imparti, il est réputé avoir acquiescé aux faits exposés dans les mémoires du requérant » et, pour l'atténuation : CE 2 novembre 1960, Legros, *Rec.*, tabl., p. 1092.
   A noter qu'en matière administrative, l'opposition est largement ouverte à tout défendeur défaillant, quelles que soient les raisons de sa négligence. C'est une belle preuve de l'importance que le Conseil d'Etat a attachée au principe du contradictoire.

c / *L'absence du défendeur* n'est envisageable que devant les juridictions judiciaires (en raison de la particularité de la procédure administrative qui ne connaît pas de délai de comparution). Cette absence pose d'abord la question de savoir si le défendeur défaillant peut être contraint de comparaître. La formule de la contrainte était connue du droit romain (*obtorto collo :* le demandeur pouvait traîner, par le cou, son adversaire jusque devant le préteur), des juridictions ecclésiastiques qui sanctionnaient l'offense faite au tribunal, parfois même de l'excommunication. Les procédés de contrainte sont aujourd'hui restreints à la matière pénale : le juge pouvant délivrer soit un mandat d'amener, soit un mandat d'arrêt pour contraindre le récalcitrant à se présenter devant la justice. Le droit privé fait au contraire prévaloir la liberté du plaideur de ne pas se présenter. Cette absence pose la question de sa compatibilité avec le principe de la contradiction. Un jugement est rendu en l'absence du défendeur, sans débat contradictoire donc. Une des conséquences du principe du contradictoire serait que le défaillant puisse contester cette décision, faire rejuger l'affaire et obtenir ainsi un débat. Mais, par ailleurs, faut-il offrir systématiquement cette possibilité à tout défaillant, quelles que soient les raisons de cette défaillance, quand bien même il s'agirait d'une manœuvre dilatoire destinée à retarder l'issue d'un procès ? C'est une solution de compromis que retient le droit positif. En l'absence du défendeur, le jugement rendu est soit réputé contradictoire soit de défaut. Réputé contradictoire, il n'offre au défaillant aucune garantie particulière. Réputé par défaut, il lui ouvre la voie de l'opposition (*supra,* n° 75). Le jugement par défaut est, au privé, très restrictif — ce qui rend très exceptionnelle l'opposition : il ne peut s'agir que d'un jugement en dernier ressort (pour lequel la voie de l'appel est fermée), rendu à la suite d'une citation qui n'a pas été délivrée à personne (c'est-à-dire qui n'a pas été remise en mains propres au défendeur mais qui a été remise à un tiers ou en mairie) (*cf.* art. 473 NCPC). Le jugement par défaut, devant le tribunal correctionnel ou de police, suppose que la citation n'ait pas été faite à personne ou bien que le tribunal reconnaisse que l'absence était justifiée (accident, maladie...) (*cf.* art. 410 à 415 CPP)[36]. La voie de

---

36. La cour d'assises connaît la règle spéciale de la contumace. L'accusé absent, appelé contumax, est jugé sans aucun débat. Mais s'il se constitue prisonnier ou est arrêté avant la prescription de la peine, l'arrêt rendu est de plein droit anéanti et l'accusé est rejugé selon les formes ordinaires (*cf.* les art. 627 à 641 CPP).

l'opposition est donc *plus largement ouverte* au pénal qu'au civil. Les intérêts en jeu le justifient[37].

II | Le principe de la publicité

Exercée au nom du peuple français, la justice doit être rendue publiquement, afin d'attester de la loyauté de la procédure. C'est une garantie fondamentale, reconnue tant par le droit interne que par le droit international : la Déclaration universelle des Droits de l'homme et la Convention européenne des Droits de l'homme, imposent que... « la cause soit entendue... publiquement... » Garantie fondamentale que la présence — au moins virtuelle — du public dans le prétoire : la publicité permet la transparence, la clandestinité peut conduire à tous les abus et arbitraires. Ce n'est pas dire pour autant que la publicité doive accompagner toutes les phases de la procédure, et qu'elle soit toujours conseillée. Le principe veut, pour être respecté, que la justice soit *rendue* publiquement : l'audience, le prononcé du jugement doivent donc être publics. Mais d'autres phases de la procédure peuvent ou doivent rester secrètes : l'instruction, le délibéré. Une sorte de balance s'établit entre le secret et la publicité. Vouloir attester de la loyauté de la procédure ne peut se faire au détriment de l'intérêt général et de certains intérêts particuliers. Le secret peut ainsi s'imposer, pour permettre à la justice de fonctionner sereinement, ou pour éviter que certaines personnes ou certaines situations ne servent de pâture au scandale.

110 Secret et justice sereine. — Dans le cadre de l'*instruction* civile ou administrative, le propos est de rassembler des preuves et, pour chacune des parties, de rechercher ses moyens, de construire son argumentation. La discrétion est de mise et le *principe du contradictoire suffit amplement à assurer la loyauté* de la procédure. On ne voit pas dès lors ce que l'instruction aurait à gagner avec la publicité et le principe du secret est admis, ici, sans contestation.

37. D'autant que la pratique des tribunaux répressifs est souvent de condamner à une forte peine, voire au maximum, le défaillant afin de l'inciter à faire opposition : le débat contradictoire peut ainsi avoir lieu.

Dans le cadre de l'instruction pénale, les choses sont plus complexes. D'une part, la loi elle-même pose l'obligation au secret (art. 11 CPP)[38] ; d'autre part, ce secret est largement contesté, même par certains magistrats. Il est vrai que le juge d'instruction mène de manière inquisitoriale l'instruction et que le principe du contradictoire ne peut dès lors assurer la loyauté de la procédure : la publicité pourrait servir de garde-fou et protéger ainsi l'inculpé, elle apparaîtrait comme un moyen de garantir le respect des droits de la défense. Mais par ailleurs, outre que le secret peut être utile pour rassembler les preuves et permettre de découvrir la vérité, le suspect et l'inculpé eux-mêmes peuvent trouver avantage à l'absence de publicité — un non-lieu n'efface pas forcément le mal causé par l'annonce publique d'une inculpation. Le secret peut ainsi apparaître, soit comme un obstacle aux droits de la défense, soit comme une garantie. Quoi qu'il en soit en théorie, le secret de l'instruction pénale est bien malmené par la presse — ou une certaine presse — avide de faits divers et scandales ; et des rectifications ayant pour auteur le ministère public sont parfois nécessaires pour rétablir, ne serait-ce que la vérité procédurale. Le secret s'avère ainsi, dans certaines conditions, plus néfaste que la publicité.

Le secret du *délibéré* est considéré comme un principe général du droit public français (CE 15 octobre 1965, Mazel, *JCP,* 1966, II, 14487) et est appliqué, sans exception, devant toutes les juridictions des ordres judiciaire et administratif. Imposer le secret implique, en premier lieu, que les juges doivent délibérer en dehors de toute présence étrangère (avocats, ministère public, parties...) ; en deuxième lieu, que les juges doivent « garder religieusement le secret des délibérations » (obligation imposée par l'ordonnance du 22 décembre 1958, régissant la magistrature). Cette obligation emporte deux conséquences : rien dans le jugement ne doit laisser transparaître les positions individuelles (la Cour de cassation et le Conseil d'Etat annulent les jugements indiquant à quelle majorité ils ont été acquis : CE 17 novembre 1922, Légillon, *Rec.,* 849 ; CE 15 octobre 1965, Mazel, *op. cit.* ; Soc. 15 janvier 1964, *JCP,* 1964, éd. Av., IV, 4444) ; aucune opinion dissidente, opinion séparée à la suite du jugement, ou dans une intervention orale ou écrite,

---

38. L'obligation au secret ne pèse que sur ceux qui concourent à l'instruction (juges, officier de police judiciaire, etc.), mais pas sur les parties : rien ne les empêche de faire des commentaires, ce qui crée le risque de voir divulguer une vérité tronquée voire fausse : c'est pour le moins contraire à une bonne justice.

n'est admissible (à la différence de pratiques étrangères : par exemple *speechs* des membres de la Chambre des Lords). La justification principale du secret du délibéré est de mettre les juges à l'abri de pressions extérieures ou de vengeances ; mais le principe de la collégialité en est une autre : en effet, la décision étant prise par le collège des juges parlant d'une voix unique, l'opinion de chaque juge n'a pas à être connue ni à transparaître.

111 Secret et respect dû aux justiciables. — L'audience est parfois secrète, soit que le huis clos est prononcé, soit que le tribunal se retire pour débattre en chambre du conseil. Bienséance, moralité, secrets d'Etat, intimité de la vie privée conduisent au huis clos, au pénal. Le secret est toujours de règle devant les juridictions des mineurs dans le but de les protéger d'une publicité nuisible. Devant les juridictions civiles, les débats en chambre du conseil sont prévus par la loi, dans des hypothèses assez nombreuses (divorce, déchéance, retrait de l'autorité parentale, filiation) et chaque fois que le juge estime qu'il pourrait résulter de la publicité une atteinte à l'intimité de la vie privée ou encore chaque fois que les parties toutes ensemble le demandent (art. 435 NCPC). On constate que le juge dispose d'un pouvoir d'appréciation assez large pour décider du secret ou de la publicité.

112 Publicité de l'audience. — L'audience est en principe synonyme de publicité : l'opinion devient le témoin — virtuel le plus souvent — du respect des formes, de la régularité des débats, de l'impartialité du juge, bref de la loyauté de la justice. A ce titre, la publicité de l'audience est « un principe général du droit » ainsi que l'a rappelé le Conseil d'Etat à propos d'un décret ayant voulu la restreindre (CE 4 octobre 1974, Dame David, *Rec.*, 464, concl. Gentot).

Mais le *domaine* du principe n'est peut-être pas aussi général que pourrait le laisser croire l'arrêt Dame David.

L'affirmation — faite dans cet arrêt — s'appliquait aux juridictions de l'ordre judiciaire. Et il est vrai que, pour cet ordre, la règle de la publicité est de portée tout à fait générale — elle prévaut tant devant les juridictions civiles (art. 433 NCPC) que devant les juridictions pénales (le CPP répète à plusieurs reprises le principe : art. 316, 400, 512, 535).

En revanche — et cela ne manque pas d'être suprenant — le Conseil d'Etat qui tient la publicité des audiences pour un principe général du droit lorsqu'il s'agit des juridictions judiciaires, décide, traditionnellement, que « la publicité des audiences n'est exigée devant les juridictions administratives qu'à la condition qu'un texte législatif ou réglementaire impose l'observation de cette règle de procédure » (CE 25 juin 1948, Brillaud, *Rec.,* p. 292 ; CE 4 octobre 1967, Wattebled, *Rec.,* p. 351). Des textes spéciaux existent pour le Conseil d'Etat (art. 66, ord. 31 juillet 1945) et pour les tribunaux administratifs (art. R 165 CTA), qui se trouvent ainsi soumis à l'obligation de publicité. La position du Conseil d'Etat se justifie, sans doute, par l'origine administrative des juridictions administratives : l'empreinte de cette origine se traduisait par le secret ; d'ailleurs on parle plus volontiers de « séance » que « d'audience » (cf. PAPL, n° 119).

A cette question du domaine du principe, s'ajoute celle de *sa portée.* Que doit-on entendre par publicité ? Jusqu'où peut aller la publicité ? Sans doute aucun, la publicité s'entend de la présence du public dans le prétoire. Mais les moyens modernes de reproduction et de diffusion (presse, photographie, enregistrement, radio, télévision) permettraient de substituer à la notion traditionnelle une notion nouvelle : la publicité devenant une information largement diffusée. La loi du 29 juillet 1881 sur la presse réglemente les comptes rendus des débats ; l'interdiction de certains procédés, dans la salle, en cours d'audience — magnétophone, télévision, appareils photographiques, caméras — se maintient pour l'instant. La notion traditionnelle avait pour vocation de garantir et d'attester la loyauté de la justice, une notion nouvelle risquerait fort d'excéder à un point tel cette vocation qu'elle finirait par l'oublier : privilégier le droit à l'information des citoyens deviendrait plus essentiel que le bon fonctionnement de la justice et le respect qui est dû aux témoins, experts, juges et à l'accusé. C'est cette raison qui a conduit le garde des Sceaux et le Parlement à rejeter toute retransmission en direct ou bien en différé dans la loi du 11 juillet 1985 (*cf.* PAPL, n° 119).

113 PUBLICITÉ ET LECTURE DU JUGEMENT. — La justice étant un pouvoir, ses décisions doivent être publiques. Aussi, pour avoir une existence juridique, les jugements doivent-ils être prononcés oralement, en audience publique, quand bien même les débats auraient eu lieu à huis clos ou en chambre du conseil. Cette règle, de portée très générale, concerne tous les contentieux et pratiquement toutes les juridictions. Toutefois, elle fait l'objet de contestation, car elle serait une perte de temps. La critique doit, d'abord, être relativisée. Il est possible que le *dispositif* soit lu (à l'exclusion du rappel des faits et des motifs) ; il faut, ensuite, remarquer que, seule, cette lecture permet de *fixer* avec précision le moment où le jugement est rendu (art. 453 : « la date du jugement est celle à laquelle il est prononcé »), de fixer, donc, le moment exact du dessaisissement du juge, son œuvre étant achevée et donc insusceptible de toute modification de sa part, de fixer, ainsi, le moment où la décision acquiert force exécutoire, le point de départ des délais de recours, lorsque ceux-ci courent à compter du prononcé du jugement ; il faut dire enfin que la lecture publique donne au prononcé du jugement la solennité qui convient à l'œuvre de justice[39].

Pour aller plus loin

114 CÉLÉRITÉ. SIMPLIFICATION. — Pour une étude générale, on se reportera aux travaux du XVᵉ Colloque des Instituts d'études judiciaires, Clermont-Ferrand, octobre 1983, Le temps dans la procédure, *Ann. Fac. Dr. de Clermont-Ferrand*, 1983, fasc. 20. V. aussi M. Raynaud, *Le principe de célérité en droit judiciaire privé. Mythe ou réalité*, Association française de Droit judiciaire privé, Impr. TGI Paris, mai 1984. Mythe peut-être, si l'on en croit le *Courrier de la Chancellerie* n° 31, 1984, intitulé « Un plan d'action pour la justice ». V. aux nᵒˢ 28-29, 1984, les expériences de certaines juridictions (Juvisy, Beauvais, Dijon, Poitiers). V. n° 42, 1985 : « Le contentieux civil : les délais diminuent ». La cour d'appel de Poitiers a ramené, en 1986, à neuf mois le délai de règlement des affaires (contre une moyenne nationale de dix-neuf à trente-quatre mois) et à moins de trois mois celui du règlement des affaires sociales (contre dix à seize mois). Un arrêté du 16 janvier 1985 a créé une commission tendant à l'amélioration du fonctionnement des juridictions.
La célérité est un *droit*, un droit du justiciable. La Convention européenne l'affirme et la chambre criminelle rappelle régulièrement l'exigence d'un « délai raisonnable », du « plus court délai » (pour exemples, Crim. 23 février 1983, *Bull.*, n° 66 ; *Crim.* 22 juin 1983, *Bull.*, n° 193 ; la notion de délai raisonnable vaut aussi pour l'instruction, Crim. 6 mars 1986, *Bull.*, n° 94). On notera qu'ont été introduits, par les lois du 2 février 1981, 10 juin 1983, 30 décembre 1985, des délais assez brefs pour accélérer les instances en cassation (art. 567-2 et 574-1 CPP).
Mais la célérité peut-elle être un droit des institutions ? On remarquera que

39. Pour gagner du temps, l'article 452 du NCPC prévoit que le jugement est prononcé par l'un des juges qui l'ont rendu même en l'absence des autres et du ministère public. Obliger à faire lire le jugement devant la formation entière qui avait délibéré était un accaparement sans doute devenu excessif avec l'encombrement de la justice. Dans le même esprit, la loi du 30 décembre 1985 a modifié l'article 485 du CPP : la lecture peut être limitée au dispositif du jugement ; elle peut être faite en l'absence des autres magistrats du siège ayant participé à la formation collégiale.

célérité et simplification sont souvent liées. On voit apparaître très nettement ce lien dans la loi Sécurité et Liberté du 2 février 1981. La circulaire du 7 février 1981 précisait en effet : « La lenteur de la procédure déconsidère la justice pénale tout en émoussant son effet dissuasif. Il convenait donc de réduire la durée de certains procès en soumettant à une procédure accélérée, mais non expéditive, les affaires simples. L'intérêt du prévenu coïncide d'ailleurs, en l'espèce, avec celui de la société : un procès raisonnablement rapide améliore la garantie des libertés. » Bien qu'en grande partie abrogée, cette loi était révélatrice d'un état d'esprit qui n'a pas disparu. Depuis le début des années 80, la volonté est à la simplification, ou du moins au traitement plus rapide des affaires simples. Le mouvement amorcé devant le tribunal de police, dès 1972, avec l'ordonnance pénale, s'est amplifié : comparution immédiate devant le tribunal correctionnel de la loi du 10 juin 1983 (modifiée par la loi du 9 septembre 1986), mais aussi jugement en formation restreinte devant la Cour de cassation (loi du 6 août 1981), mais encore jugement par la sous-section d'instruction devant le Conseil d'Etat (décret du 10 janvier 1980), voire même pouvoir des présidents des sous-sections de rejeter, seuls, les conclusions entachées d'irrecevabilité manifeste (décret du 29 août 1984). Sans doute, un tel mouvement est-il nécessaire, face à l'encombrement des juridictions. Il n'en reste pas moins que « simplicité » n'équivaut pas nécessairement à « évidence » et que simplicité et célérité cumulées peuvent conduire à la négation même de la justice et des droits du justiciable (sauf à faire preuve du même optimisme — raisonnable ? — que les rédacteurs de la circulaire de 1981). V. B. Petit, L'évidence, *RTDCiv.*, 1986, p. 485.

Sur « l'explosion » et l'encombrement. Il faut noter que c'est un phénomène mondial dans les pays développés : *cf.* La Cour judiciaire suprême, *RIDC*, 1978, nº 1 ; A. Grisel, *La surcharge de travail des cours suprêmes de justice et les remèdes à cette situation*, rapp. gén. au Xᵉ Congrès international de droit comparé, Budapest, 1981, p. 405. Toutefois, A. Tunc, Synthèse, in *La Cour judiciaire suprême*, p. 23, avance l'hypothèse que l'explication se trouve dans la différence de conceptions du droit. Dans les pays anglo-saxons où le droit est jurisprudentiel, les cours suprêmes « filtrent » les affaires, afin de ne retenir que celles utiles à la construction du droit ; dans les pays où le droit s'entend loi, le « filtrage » des affaires n'est pas admissible (d'où une surcharge des cours suprêmes). M. Cappelletti (cité par Tunc) estime que le rôle « abaissé » de la magistrature lui a conféré des attitudes mécaniques, exclusives de tout pouvoir de sélection ; ces juges de carrière seraient d'un esprit « bureaucratique » et accepteraient fort bien la routine de millions d'affaires. Les juges choisis parmi les avocats ou même élus des pays anglo-saxons préféreraient le petit nombre des affaires retentissantes.

115 ACCÈS À LA JUSTICE. — L'accès à la justice est une liberté constitutionnelle (décision CC 2 décembre 1980). C'est aussi une *faculté*. Cette faculté a été contestée par Ihering *(La lutte pour le droit)*, lequel faisait un devoir à chaque particulier (dont le droit avait été méconnu), envers lui-même et envers la société, de saisir la justice afin que le droit ne devienne pas un « bois mort » (expression de G. Ripert, *Les forces créatrices du droit*, p. 364). On s'est aussi demandé s'il ne s'agissait pas d'une liberté purement abstraite, sans contenu concret réel. Traité sur le terrain du droit, le libre accès à la justice est une liberté vide puisqu'elle ne peut se réaliser que si existe une action en justice. En revanche, pris comme un *fait*, l'accès révèle qu'il n'y a pas égalité devant la justice : soit que l'intérêt à agir soit trop faible, soit surtout qu'une partie de la population dite « quart monde » se trouve pratiquement exclue de tout accès à la justice. V. l'ouvrage collectif sous la direction de M. Cappelletti, *Accès à la justice et Etat providence*, Economica, 1984 ; v. la motivation très explicite de l'arrêt de la cour d'appel de Colmar, 10 février 1977, *D.*, 1977, 471, note D. Mayer, Pradel et Varinard ; *Grands arrêts*, t. II, nº 7.

Faciliter l'accès à la justice. Le Conseil de l'Europe a, par une recommandation du

15 mai 1981, indiqué des mesures à mettre en œuvre par les Etats membres (recommandation R 81-7). Bureaux d'accueil, permanences tenues par les avocats ou juges, guides et brochures édités par le ministère. Les guides pratiques, édités par ce dernier, sont le *Guide des droits des victimes* (1981), le *Guide pratique de la justice* (1984) et le *Petit dictionnaire de la justice* (1984). En particulier, le *Guide pratique* a pour but de présenter le fonctionnement de la justice, les gens de justice, les différentes juridictions et la manière de les saisir. Le *Petit dictionnaire* a pour but « d'ouvrir les portes d'un langage souvent obscur pour les non-spécialistes », en répertoriant et expliquant les mots les plus souvent utilisés. Les fiches pratiques sont assez nombreuses : L'aide judiciaire, Pour connaître et faire reconnaître vos droits, A quel tribunal s'adresser, Comment porter plainte, Les jeunes en difficulté, Le divorce, La pension alimentaire, etc. V., pour une étude générale, C. Balle, B. Bastard, D. Emsellem, G. Garioud, *Le changement dans l'institution judiciaire, les nouvelles juridictions de la région parisienne*, ministère de la Justice, 1981.
   Une des mesures pour faciliter l'accès à la justice est la simplification du langage judiciaire : v. A.-J. Arnaud, *Clefs pour la justice*, Seghers, 1977 ; v. les circulaires : du 2 mai 1974, relative à la rédaction des actes d'huissier, du 18 juin 1978, relative à la rédaction des actes d'huissiers en matière pénale, du 15 septembre 1977, sur le vocabulaire judiciaire. Sur ces questions, v. Sourioux et Lerat, *Le langage du droit*, PUF, 1975 ; les *Archives de la Philosophie du Droit*, t. XIX, *Le langage du droit*, Sirey, 1974 ; Schwarz-Liebermann, Langage et droit, *Mélanges Vincent*, 1981, p. 399 ; J. Vérin, Recherches sur les problèmes de communication entre les justiciables et la justice, *RSC*, 1976, p. 190.

   116 ERREUR. — Sur la question générale des voies de recours, consulter en matière pénale : Merle et Vitu, t. II, n°s 1480 à 1542, Pradel n°s 584 et s. (*cf.* la bibliographie citée par ces auteurs) ; on signalera simplement G. Levasseur, De quelques singularités des voies de recours en matière répressive, *Mélanges Vincent*, 1981, p. 219 ; J. Robert, La peine justifiée, *Mélanges Patin*, 1966, p. 567 ; J. Audier, Le « biais » de la peine justifiée, *RSC*, 1978, p. 553. En matière civile, Vincent et Guinchard, n°s 835 et s. (et les références citées par ces auteurs) ; J.-P. Faget, *Mémento des délais et voies de recours*, Editions administratives centrales, 1981. En matière administrative, Auby et Drago, n°s 1454 à 1587 ; Chapus, n°s 665 à 769 ; Pacteau, n°s 318 et s. L'ouvrage de Peiser, cité au texte, est sa thèse, *Le recours en cassation en droit administratif*, LGDJ, 1957.
   On renverra, pour la difficile distinction du fait et du droit, aux ouvrages célèbres de G. Marty, *La distinction du fait et du droit. Essai sur le pouvoir de contrôle de la Cour de cassation sur les juges du fait*, Sirey, 1929 ; H. Motulsky, *Principes d'une réalisation méthodique du droit privé (la théorie des éléments générateurs des droits subjectifs)*, Sirey, 1948 ; Travaux du Centre national de Recherches de Logique, *Le fait et le droit. Etudes de logique juridique*, Bruxelles, Bruylant, 1961 ; M. Rotondi, Considérations en fait et en droit, *RTDCiv.*, 1977, p. 1 (et la bibliographie citée p. 12) ; F. Rigaux, *La nature du contrôle de la Cour de cassation sur les juges du fait*, 1966. On y ajoutera la lecture de Ch. Atias, *Epistémologie juridique*, PUF, 1985, n°s 70 et s., lequel suppute que « la qualification de fait ou de droit vient ensuite couvrir une démarche assez largement instinctive. Serait-ce aller trop loin que de soutenir que la position adoptée n'est pas toujours sans rapport avec le degré d'encombrement du rôle de la juridiction ? » L'abandon du contrôle de la qualification de la cause réelle et sérieuse du licenciement par la chambre sociale, laissant au juge du fait une appréciation souveraine, ne viendrait-il pas confirmer la supputation de Ch. Atias ? *Cf.* Soc. 9 octobre 1986, *D.*, 1987, p. 3, note G. Lyon-Caen.
   Sur la responsabilité, v. Montané de La Roque, Essai sur la responsabilité du juge administratif, *RDP*, 1952, p. 609 ; J.-M. Auby, La responsabilité de l'Etat en matière de justice judiciaire, *AJDA*, 1973, p. 4 ; Lombard, La responsabilité du fait de la fonction juridic-

tionnelle, *RDP*, 1975, p. 585 ; G. Vedel et P. Delvolvé, *Droit administratif*, PUF, « Thémis », 1982, 7ᵉ éd., pp. 558 et s., pp. 574 et s. ; v. CE (Ass.) 29 décembre 1979, *RDP*, 1979, p. 1742, note Auby ; *D.*, 1979, 278, note Vasseur ; *AJDA*, 1979, 11, note Lombard ; v. Merle et Vitu, nᵒˢ 1565 à 1600.

117 EXÉCUTION. — On renverra aux manuels de Merle et Vitu, t. I, nᵒˢ 621 et s. ; Pradel, t. I, nᵒˢ 639 et s. (et les bibliographies citées : on se rappellera le rôle joué par le juge de l'application des peines) ; de Vincent et Prévault, *Précis des voies d'exécution*, Dalloz, 15ᵉ éd., 1984 ; on y ajoutera J. Prévault, L'évolution du droit de l'exécution forcée depuis la codification napoléonienne, *Mélanges Vincent*, 1981, p. 297 ; M. Fréjaville, Le déclin de la formule exécutoire et les réactions des tribunaux, *Mélanges Ripert*, t. I, p. 214. La formule exécutoire utilisée au judiciaire est la suivante : « « La République française mande et ordonne à tous huissiers de justice, sur ce requis, de mettre ledit jugement à exécution, aux procureurs généraux et aux procureurs de la République près les tribunaux de grande instance d'y tenir la main, à tous les commandants et officiers de la force publique de prêter main-forte lorsqu'ils en sont requis. » La formule exécutoire utilisée à l'administratif est : « La République mande au ministre (au préfet) en ce qui le concerne et à tous huissiers à ce requis, en ce qui concerne les voies de droit commun contre les parties privées, de pourvoir à l'exécution de la présente décision. » En matière administrative, v. Pacteau, nᵒˢ 309 et s. ; Vedel et Delvolvé, pp. 725 et s. ; Chapus, pp. 392 et s. ; Auby et Drago, nᵒ 1444. Pour comprendre l'influence de J. Rivero, lire Le Huron au Palais-Royal, ou réflexions naïves sur le recours pour excès de pouvoir, *D.*, 1962, p. 37 et Nouveaux propos naïfs d'un Huron sur le contentieux administratif, *EDCE*, 1979-1980, p. 27. V. aussi les critiques et souhaits émis avant 1980 : Chevalier, L'interdiction pour le juge administratif de faire œuvre d'administrateur, *AJDA*, 1972, p. 67 ; Y. Gaudemet, Réflexions sur le pouvoir d'injonction, *Mélanges Burdeau*, p. 807. Sur la loi du 16 juillet 1980, v. le commentaire de J. Tercinet, *AJDA*, 1981, p. 3 ; P. Bon, Un progrès de l'état du droit, *RDP*, 1981, p. 5 ; Y. Cannac, L'exécution des décisions de la jurisprudence administrative, in *Répertoire du contentieux administratif Dalloz* ; P. Delvolvé, L'exécution des décisions de justice contre l'administration, *EDCE*, 1983-1984, p. 111 ; Baraduc-Bénabent, L'astreinte en matière administrative, *D.*, 1981, chron. 95. On pourrait rapprocher, quant aux difficultés d'exécution, l'administratif du social : *cf.* les difficultés de réintégration des salariés, le cas limite étant l'affaire Fleurence, Soc. 7 décembre 1977. *D.*, 1978. 524, note Jeammaud et Venin.

Sur « la procédure du sursis à exécution », v. les articles de M. M. Etchegaray, de Saint-Marc et Lepage-Jessua, *GP*, 1985, I, doctr., p. 87, 124, 159.

118 PROCÈS ÉQUITABLE. — L'exigence d'un procès équitable est encore formulée par l'article 14 du Pacte international relatif aux droits civils et politiques de 1966 (v. la publication en France par le décret nᵒ 81-76 du 29 janvier 1981). Sur l'égalité en général, v. Une même justice, Iᵉʳ Colloque magistrats-avocats, 4 mai 1985, *JCP*, 1986, I, 3268. On lira avec profit la note de Th. Renoux, Indépendance de la justice et respect du principe d'égalité (note sous CC 18 janvier 1985), *D.*, 1986, p. 425. Pour les décisions du Conseil constitutionnel, on se reportera à Favoreu et Philip, *Les grandes décisions du Conseil constitutionnel*, Sirey, 1986. Ces décisions sont très nombreuses : le principe d'égalité est le principe le plus souvent visé par le Conseil (51 fois en treize ans) ; il constitue la « base », l'ossature de la « Charte jurisprudentielle des droits et libertés fondamentaux », *cf.* Favoreu et Philip, p. 277 et p. 379. V. F. Luchaire, Un Janus constitutionnel : l'égalité, *RDP*, 1986, p. 1229 : un « Janus » car l'une de ses faces est l'égalité formelle, l'autre l'inégalité réelle (v. en particulier l'égalité devant la loi, laquelle englobe l'égalité devant la justice). La thèse développée par F. Luchaire vient conforter celle développée au texte ci-dessus. Pour une étude approfondie de l'égalité en droit pénal,

v. M. Danti-Juan, *L'égalité en droit pénal*, thèse, Poitiers, 1984, et A propos du principe de l'égalité en droit pénal français, *Revue de Droit pénal et de Criminologie*, 1985, p. 217. L'auteur montre l'égalité voulue par la loi (soit une égalité abstraite, soit une égalité concrète) et ses limites (incriminations d'une répressivité accrue envers certains — « bêtes noires » — du législateur, les violents ou les délinquants d'affaires ; ou, à l'inverse, excuses absolutoires, parfois choquantes lorsqu'il s'agit du délateur, etc.) ; il montre aussi l'égalité assurée par la justice (semble-t-il, à le lire, tant bien que mal, plutôt mal que bien). On pourrait y ajouter les aspects procéduraux. V. M. Danti-Juan, L'égalité en procédure pénale, *RSC*, 1985, p. 505. Sur le juge unique et la décision du Conseil constitutionnel du 23 juillet 1975, v. *D.*, 1977, 627, Hamon et Levasseur ; *JCP*, 1975, II, 18200, Franck ; *RDP*, 1975, p. 1313, Favoreu et Philip ; *AJDA*, 1976, p. 44, Rivero. Sur la formation spécialisée en matière économique et financière et sur la crainte qu'elle soit contraire à l'égalité, *cf.* Stéfani, Levasseur et Bouloc, *Procédure pénale*, n° 368 ; P. Couvrat, Les méandres de la procédure pénale, *D.*, 1976, chron. 43 ; sur ces deux questions (juge unique, formation financière), une position très ferme quant à la violation du principe d'égalité : M. Puech, Les principes généraux du droit (aspect pénal), *RIDC*, 1980, numéro spécial, p. 337 et plus spécialement p. 356. Sur les perquisitions fiscales et la décision constitutionnelle du 29 décembre 1983 qui a été à l'origine d'une nouvelle législation (en matière fiscale loi du 30 décembre 1984, en matière économique ordonnance du 1er décembre 1986, en matière douanière loi du 30 décembre 1986) tendant à réinscrire les procédures d'enquête diligentées par l'administration dans une procédure judiciarisée et qui ne soit pas susceptible de porter atteinte au principe d'égalité et au respect des libertés individuelles : *cf.* Drago et Decocq, *JCP*, 1984, II, 20160 ; Etien, *Rev. adm.*, 1984, p. 142 ; Philip, *AJDA*, 1984, p. 97 ; v. aussi Luchaire, *Le fisc, la liberté individuelle et la Constitution*, Economica, 1984, plus spécialement p. 97.

Sur le rôle joué par les groupements et associations, surtout en matière pénale, on renverra à la bibliographie citée par Merle et Vitu, t. II, nᵒˢ 913 et s. et Pradel, t. II, nᵒˢ 218 et s. ; v. encore Pradel et Varinard, *Grands arrêts*, t. II, n° 7. On notera que, si l'action des syndicats a été très tôt retenue alors que la même année était rejetée celle des associations (ch. réunies 5 avril 1913 / Crim. 18 octobre 1913), les associations bénéficient, depuis la loi Royer du 27 décembre 1973, à la fois de la faveur du législateur et de celle de la jurisprudence. du moins de la chambre criminelle. V. pour le législateur, entre autres, les articles 2-1 à 2-6 CPP (racisme, violences sexuelles, enfance martyrisée, crimes contre l'humanité, crimes de guerre, honneur de la Résistance et des déportés, sexisme). Pour la jurisprudence, on notera la volonté d'étendre la recevabilité même à des associations non agréées, par un raisonnement par analogie. V. sur le renversement des rôles (au législateur le cas par cas, au juge la règle générale) : Crim. 10 novembre 1976, *JCP*, 1977, II, 18709, note M. Delmas-Marty ; Colmar 10 février 1977, *D.*, 1977, 471, note D. Mayer ; C. assises Paris 15 décembre 1977, *D.*, 1978, note D. Mayer. On notera toutefois que ce « vent favorable » l'est surtout à l'égard des associations de consommateurs et que la jurisprudence interprète restrictivement les autres textes (racisme, chasse, etc.). V. D. Salingardes, L'action civile des groupements de consommateurs, *Mélanges de Lagrange*, 1978, p. 181 et R. Vassas, L'action civile des associations de consommateurs, *GP*, 1983, 1, doctr. 160. On retiendra, toutefois, l'idée émise par Mireille Demas-Marty que « l'action des consommateurs est une situation naturelle en régime démocratique » (*JCP*, 1977, *op. cit.*). Elle développe et précise cette idée d'une « mise en place d'une nouvelle rationalité politique où la démocratie s'exprime — non plus à travers une voix unique, celle de l'Etat souverain, seul représentant du peuple — mais à travers les voix multiples (modèle polycentrique ou polyphonique) reconnues à ces groupements » : v. M. Delmas-Marty, Ni victimes, ni procureurs, qui sont-ils ?, *in* XXIIIᵉ Congrès français de Criminologie (Association française de Criminologie et Centre de Recherches de Politique criminelle), *L'action publique menacée ou partagée ?*, Paris, octobre 1986 (à paraître) ; v. aussi M. Delmas-Marty, *Le flou du droit*, Les voies du droit, PUF, 1986 et pour une inspiration d'ensemble, F. Ewald, *L'Etat providence*, Grasset, 1986.

Pour des exemples de règles substantielles discriminatoires destinées à rétablir une égalité concrète, on se référera, pour les incriminations pénales, aux travaux de M. Danti-Juan déjà cités. On peut y ajouter les règles particulières au travail ou aux conditions de travail des femmes et des enfants (se reporter au Code du travail). Lire en particulier A. Supiot, Femme et famille en droit du travail, in *Le droit non civil de la famille*, Publications de la Fac. Dr. de Poitiers, PUF, 1983, p. 375 ; v. aussi F. Dekeuwer-Defossez, *Dictionnaire juridique. Droits des femmes*, Dalloz, 1985. Il faut aussi penser aux règles du droit de la consommation qui, pour rétablir un équilibre entre le consommateur, simple profane, et le professionnel, ont sérieusement réaménagé les règles classiques des obligations : en particulier, la loi du 10 janvier 1978, dite loi Scrivener, sur la protection du consommateur, la loi du 21 juillet 1983 sur la sécurité des consommateurs à laquelle il faut ajouter la directive communautaire du 25 juillet 1985, ou encore la loi du 11 octobre 1985 sur la clause pénale. Ainsi que le dit très justement F. Zénati, *RTDCiv.*, 1986, p. 212 : « De la même manière que l'inégalité des parties contractantes suscite une législation d'ordre public, l'inégalité des parties au procès appelle un renforcement des pouvoirs du juge. » On se contentera ici de renvoyer à G. Cas et D. Ferrier, *Traité des droits de la consommation*, PUF, 1986 (on s'attachera surtout au développement consacré à l'équilibrage des contrats de consommation).

Sur le rôle et les qualités exigées du juge, lire A. Meeus, L'art de juger, *Mélanges Legros*, 1985, p. 437. Neutralité technique ou neutralité sociale ? V. sur neutralité sociale et « socialisme juridique », Miaille, *Une introduction critique au droit*, Maspero, 1976 ; R. Charvin et G. Quiot, *Mutations de l'appareil judiciaire et lutte des classes*, Editions Sociales, 1976 ; v. aussi sur la « politisation », les références déjà citées au n° 69. Sur les pouvoirs du juge, v. aussi la très belle préface de Cl. Lombois à la thèse de J.-J. Daigre (citée *infra*). Sur les principes directeurs du procès et sur les différences de conceptions selon les matières, on renverra aux manuels de procédure (civile, pénale, administrative). Mais on ne peut pas ne pas citer Motulsky, *Droit processuel*, Montchrestien, 1973 ; *Ecrits I. Etudes et notes de procédure civile*, Dalloz, 1973. On citera aussi la thèse très classique de J. Normand, *Le juge et le litige*, 1965. Sur le pouvoir donné au juge de faire respecter le principe du contradictoire, *cf.* J.-J. Daigre, *La production forcée de pièces dans le procès civil*, thèse, Poitiers, PUF, 1979 ; La doctrine et la réforme de la procédure civile. A propos du pouvoir discrétionnaire du juge en matière de production forcée de pièces, *JCP*, 1981, I, 3020 ; v. aussi Y. Lobin, L'astreinte en matière civile depuis la loi du 5 juillet 1972, *Mélanges Kayser*, 1979, t. II, p. 447. Sur l'obligation faite au juge civil de respecter lui-même le principe du contradictoire, la bibliographie est importante. On renverra pour l'essentiel à Vincent et Guinchard, n°s 378 et s. On citera seulement P. Raynaud, L'obligation pour le juge de respecter le principe de la contradiction. Les vicissitudes de l'article 16, *Mélanges Hébraud*, 1981, p. 715 ; CE 12 octobre 1979, *D.*, 1979, 606, note Bénabent et chron. Delvolvé ; Le nouveau code de procédure civile devant le Conseil d'Etat, *D.*, 1979, 281 ; XIIIe Colloque des Instituts d'études judiciaires, Aix-en-Provence, novembre 1981, *Le principe du contradictoire*. Sur les pouvoirs du juge sur le fond du litige, v. J. Normand, Le juge et le fond du litige, *Mélanges Hébraud*, 1981, p. 595 ; J. Miguet, Réflexions sur le pouvoir des parties de lier le juge par les qualifications et points de droit, *Mélanges Hébraud*, 1981, p. 567. Sur le principe de la contradiction et l'immutabilité du litige, v. J. Miguet, *Immutabilité et évolution du litige*, LGDJ, 1977 et J. Beauchard, *Le renouvellement en appel de la matière litigieuse dans le procès civil*, thèse, Poitiers, 1979. Sur les pouvoirs du juge administratif, v. Chapus, n° 516 ; De l'office du juge : contentieux administratif et nouvelle procédure civile, *EDCE*, 1977-1978, p. 13 ; Ch. Debbasch, La charge de la preuve devant le juge administratif, *D.*, 1983, chron. 43.

119 PUBLICITÉ OU CHAMBRE DU CONSEIL. — V. VIe Colloque des Instituts d'études judiciaires, Toulouse, mai 1968, *Le principe de la publicité de la justice* : rapport Auby (procédure administrative), rapport Vitu (procédure pénale), rapport Perrot (procédure civile), *Ann. Fac. Dr. Toulouse*, t. XVI ; P. Kayser, Le principe de la publicité de la justice dans la procédure civile, *Mélanges Hébraud*, 1981, p. 501 ; v. aussi Travaux de l'Institut de sciences criminelles de Poitiers (vol. 6), *Justice pénale, police et presse*, octobre 1986, Cujas (à paraître).

Sur les questions traditionnelles du secret de l'instruction, v. bibliographie citée *in* Merle et Vitu, t. II, n°s 1139 et s. Sur les techniques nouvelles, v. R. Lindon, La télévision à l'audience, *D.*, 1985, chron. 81. V. surtout J. Pradel, Les techniques audiovisuelles, la justice et l'histoire, *D.*, 1986, chron. 113 et le rapport Braunschweig (président de la commission de réforme) au VIIIe Congrès de l'Association française de Droit pénal, Grenoble, 28-30 novembre 1985, *L'enregistrement et la diffusion télévisée des débats judiciaires*. Sous la pression des médias et plus spécialement de la télévision, la matière de l'enregistrement et diffusion des débats a pris un relief particulier, aggravé par l'affaire Barbie. Pendant des décennies, les prises de vue et de son furent totalement libres. Les abus conduisirent à interdire l'utilisation de tout appareil par une loi du 6 décembre 1954, ce que confirma la loi dans ses articles 308 et 403. La loi Sécurité et Liberté du 2 février 1981 abrogea certains de ces textes, mais posa, dans son article 38 *ter*, un principe d'exclusion de tout enregistrement. Toutefois, la même loi permettait au président de la cour d'assises d'ordonner l'enregistrement des débats à fins probatoires (l'enregistrement ne pouvait être utilisé que par la cour d'assises elle-même ou par la Cour de cassation sur pourvoi) ; elle permettait aussi au président d'autoriser des prises de vue de la salle avant ouverture des débats, cela dans le souci d'assurer une meilleure information du public. Les professionnels, ayant estimé que l'accès de la télévision au prétoire n'était pas assez ouvert, le garde des Sceaux décida de réunir une commission qui proposa un projet de loi. La loi du 11 juillet 1985 ne donne finalement pas satisfaction aux partisans de l'enregistrement des débats, puisque la loi se contente d'organiser des enregistrements destinés à la constitution d'archives audiovisuelles de la justice.

« Séances » ou « audiences » devant les juridictions administratives pour lesquelles la publicité n'est pas expressément exigée ? Séance renvoie au secret des décisions administratives, audience à la publicité des décisions juridictionnelles. Il semblerait que la terminologie change et qu'audience devienne plus fréquent. Certains ont voulu voir dans un arrêt très remarqué du CE du 27 octobre 1978, Debout, *Rec.*, 395, concl. Lateboulle (v. aussi CE 3 avril 1981, Bourgeade, *Rec.*, 181) une évolution : le CE ayant précisé que la publicité des débats ne s'imposait pas en matière disciplinaire. S'imposerait-elle donc dans les autres matières ? La solution est loin d'être certaine. Le CE a ainsi jugé, dans l'arrêt Debout, que la Convention européenne des Droits de l'homme, qui assujettit à la publicité le jugement pénal, ne s'appliquait pas aux juridictions disciplinaires. Il en avait jugé de même pour la commission des objecteurs de conscience (CE 21 décembre 1979, Vimare, *Rec.*, 478 ; *D.*, 1980, 225, note Madiot) et malgré des arrêts ultérieurs de la Cour européenne, il a maintenu sa jurisprudence (CE 11 juillet 1984, Subrini, *Rev. adm.*, 1984, 482, note Pacteau). On notera encore l'absence de publicité devant la Cour des comptes (*cf.* concl. Genevois, sous CE 19 décembre 1981, Roques, *Rev. adm.*, 1981, 146 ; v. aussi, sur cette question, *EDCE*, 1982-1983, p. 161). A noter, parmi les textes spéciaux prévoyant la publicité, la loi du 29 décembre 1983 portant loi de finances pour 1984, art. 93 II, laquelle concerne le contentieux fiscal.

DEUXIÈME PARTIE

LES JURIDICTIONS

Titre premier

L'ordre constitutionnel

Chapitre 1

La Haute Cour de Justice

120 ORIGINE ET CARACTÈRES. — La Haute Cour de Justice est une juridiction politique. Toutes les constitutions françaises depuis 1791 — sauf la Constitution montagnarde de l'an I — ont institué une juridiction chargée de juger le chef de l'Etat et les membres du gouvernement : ce furent la Haute Cour, la Cour de Justice ou la Cour suprême. Les monarchies constitutionnelles (1814, 1848) et la III⁰ République (lois constitutionnelles de 1875) suivirent l'exemple anglais de l'*impeachment* : la chambre des députés (« chambre basse ») décidait de la mise en accusation et la chambre des pairs ou le Sénat (« chambre haute »), se transformant en Cour de Justice, procédait au jugement. Les IV⁰ et V⁰ Républiques, abandonnant l'exemple anglo-saxon, ont institué une juridiction distincte des assemblées : la Haute Cour de Justice.

L'institution de la Haute Cour de Justice relève d'une double raison. La création d'une juridiction politique tient à la spécificité des crimes et des auteurs. Il paraît difficile de faire juger une violation de la Constitution par un juge de droit commun ; il paraît encore plus difficile de faire juger de hauts personnages par des juges ordinaires, susceptibles d'être trop influencés par le pouvoir des prévenus ou accusés (pouvoir passé, actuel mais aussi bien futur). Mais, par ailleurs, la création d'une juridiction autonome marque le souci de « juridictionnaliser » la justice politique, de la mettre à l'abri des haines partisanes à défaut de la protéger des indulgences coupables.

Section I
L'organisation de la Haute Cour de Justice

La Constitution de 1958 consacre son titre 9 à la Haute Cour de Justice. Ses articles (67 et 68) sont complétés par l'ordonnance organique du 2 janvier 1959.

I | Composition

La composition de la Haute Cour de Justice est mixte : politique d'une part, judiciaire d'autre part et empruntée à la Cour de cassation (cet emprunt marquant la volonté de conférer à la Haute Cour de Justice un caractère plus juridictionnel).

121 Formation de jugement. — La formation de jugement est exclusivement composée d'hommes politiques. Elle comprend 24 juges titulaires et 12 juges suppléants, appartenant pour moitié à l'Assemblée nationale et pour moitié au Sénat. L'Assemblée nationale, après renouvellement général, le Sénat, après chaque renouvellement partiel, élisent les juges de la Haute Cour de Justice au scrutin secret, à la majorité absolue des membres composant leur assemblée. Le président et les deux vice-présidents sont élus par les juges titulaires.

Les juges prêtent serment de se conduire en dignes et loyaux magistrats et de garder le secret des délibérations et votes. Ils sont tenus de siéger, faute de quoi leur siège est déclaré vacant. Ils peuvent être récusés en cas de parenté, de participation comme témoin à l'instruction ou en cas d'inimitié capitale avec l'accusé. Les fonctions sont gratuites.

122 FORMATION D'INSTRUCTION. — La formation d'instruction est exclusivement composée de magistrats du siège. La commission d'instruction, tel est son nom, est formée de cinq magistrats titulaires et de deux magistrats suppléants. Ils sont issus de la Cour de cassation, choisis par le bureau de la Cour siégeant hors la présence des membres du parquet (art. 12, ord. du 2 janvier 1959). Le président de la commission est désigné, de la même façon, parmi les membres titulaires.

123 MINISTÈRE PUBLIC ET GREFFE. — Les fonctions du ministère public sont tenues par le procureur général près la Cour de cassation, assisté de son premier avocat général et de deux avocats généraux désignés par lui-même (art. 3, ord. du 2 janvier 1959). Le greffier est de droit le greffier en chef de la Cour de cassation.

II | FONCTIONNEMENT PROCÉDURAL

L'hypothèse d'un procès reste d'école. La Haute Cour de Justice n'a jamais encore fonctionné. Son fonctionnement supposerait trois phases.

124 LA MISE EN ACCUSATION. — Le ministère public est dépourvu de tout droit de poursuite d'office. C'est au Parlement que revient ce droit, par la mise en accusation. Celle-ci émane du vote identique des deux assemblées, s'étant prononcées à bulletin secret et à la majorité absolue de leurs membres (non compris leurs membres juges de la Haute Cour de Justice). Toutefois, il ne peut être procédé au vote que si la proposition de résolution de mise en accusation est signée par au moins le dixième des membres composant chaque chambre. Il faut encore que la recevabilité de la proposition ait été admise par le bureau de la chambre. Il faut enfin que la proposition n'ait pas été rejetée par la commission spéciale chargée d'examiner son bien-fondé. On constate donc que les garde-fous sont nombreux et que les chances — ou risques — de voir aboutir une proposition de mise en accusation sont faibles. Les hommes politiques sont peu enclins à envoyer l'un des leurs devant la Haute Cour de Justice, fût-il leur ennemi. La procédure de mise en accusation exercée à l'encontre de M. Poniatowski a échoué devant la commission spéciale de l'Assemblée nationale, le 20 janvier 1981. Mais une nouvelle procédure, diligentée contre M. Nucci, est actuellement en cours.

A supposer franchis les divers barrages, à supposer votée la mise en accusation, le seul rôle du ministère public, saisi par le président de la chambre qui s'est prononcée en second, est de notifier, dans les vingt-quatre heures, cette mise en accusation au président de la Haute Cour de Justice et au président de la commission d'instruction.

125 L'INSTRUCTION. — La commission d'instruction instruit l'affaire selon les règles de droit commun de la procédure pénale. Elle doit en particulier assurer le respect des droits de la défense. Deux particularités marquent toutefois cette instruction. La commission d'instruction est d'abord saisie *in rem* (comme tout juge d'instruction) mais aussi *in personam*. Cela veut dire qu'elle ne peut étendre son instruction ni à des faits nouveaux ni à des personnes non visées dans l'acte de mise en accusation. Il faudrait pour cela un nouveau vote des deux assemblées, dans les conditions précitées. La commission d'instruction est ensuite une juridiction unique, souveraine. Aucun recours ne peut être exercé contre ses actes ; elle statue elle-même sur les incidents et nullités de procédure ; même en matière criminelle, elle est le seul et unique degré de juridiction.

A l'issue de l'information, la commission peut rendre une décision de non-lieu. Les magistrats judiciaires ont ainsi la possibilité de bloquer définitivement une accusation qui ne serait pas justifiée. C'est là une garantie fondamentale pour les justiciables. Elle peut rendre une décision de renvoi devant la formation de jugement.

126 LE JUGEMENT. — Les débats devant la formation de jugement sont publics mais le huis-clos peut être exceptionnellement ordonné (art. 30, ord. du 2 janvier 1959). Les règles de procédure sont sensiblement les mêmes que celles suivies devant le tribunal correctionnel. Le vote se fait à bulletin secret et doit être acquis à la majorité absolue. La Haute Cour de Justice étant une cour souveraine, il n'existe aucun recours contre ses décisions.

Section II
La compétence de la Haute Cour de Justice

La compétence de la Haute Cour de Justice est une compétence personnelle, limitée. Elle ne peut juger que le Président de la République, les membres du gouvernement ainsi que leurs complices.

127 COMPÉTENCE À L'ÉGARD DU PRÉSIDENT DE LA RÉPUBLIQUE. — Le Président de la République ne peut être jugé que pour haute trahison. Celle-ci doit être distinguée de la trahison des articles 70 à 72 du Code pénal. La difficulté est que la Constitution n'en a pas donné de définition et que la doctrine est divisée à ce sujet. Il semble toutefois que l'on doive estimer que la haute trahison est un délit politique et non une infraction pénale, qu'elle échappe de ce fait au principe de la légalité des délits et des peines, que dès lors il revient à la Haute Cour de Justice elle-même de définir et le contenu exact de la qualification de haute trahison et la sanction applicable. On peut supposer que constituerait un acte de haute trahison une violation grave de la Constitution ou encore un crime ou délit de droit commun portant atteinte à la dignité de la fonction de Président de la République. On peut aussi supposer que la seule sanction possible serait la destitution, peut-être assortie de l'interdiction de se présenter à toute nouvelle élection. Il est à noter que le Président de la République ne peut être recherché par aucune autre juridiction : qu'il est donc irresponsable pénalement et civilement. Sa seule responsabilité est politique.

128 COMPÉTENCE À L'ÉGARD DES MEMBRES DU GOUVERNEMENT. — La Haute Cour de Justice est appelée à juger les actes accomplis par les membres du gouvernement dans l'exercice de leurs fonctions et qualifiés crimes ou délits au moment où ils ont été commis. La Constitution est ici claire : la responsabilité des membres du gouvernement est une responsabilité pénale et la Haute Cour de Justice est tenue par le principe de la légalité des délits et des peines. La question est alors posée du caractère exclusif ou concurrent de la compétence de la Haute Cour de Justice. La Cour de cassation a, contrairement à l'opinion doctrinale, opté pour le caractère exclusif de la compétence de la Haute Cour de Justice (Crim. 14 mars 1963) : les juridictions pénales ne peuvent donc pas connaître de ces crimes ou délits. C'est en pratique réduire très sérieusement les risques de poursuite. La compétence exclusive de la Haute Cour de Justice est toutefois strictement limitée. Toute infraction commise en dehors de l'exercice des fonctions est justiciable des tribunaux pénaux (par exemple, les diffamations proférées lors de débats non officiels)[1].

129 Compétence à l'égard des particuliers. — Les simples citoyens peuvent être déférés devant la Haute Cour de Justice en cas de crimes contre la sûreté de l'Etat (art. 70 à 103 cp) mais à la seule condition qu'ils soient complices de membres du gouvernement eux-mêmes poursuivis devant la Haute Cour de Justice. Cette compétence n'est que concurrente : le choix reste ouvert d'une poursuite soit devant la Haute Cour de Justice, soit devant les juridictions pénales.

Pour aller plus loin

130 Renvois bibliographiques. — J. Brouchot, La Haute Cour de Justice, *RSC*, 1947, p. 331 ; G. Vedel, La compétence de la Haute Cour de Justice, *Mélanges Magnol*, 1948, p. 393 ; J.-P. Rougeaux, La Haute Cour de Justice sous la Ve République, *RDP*, 1978, p. 1019 ; v. aussi Duverger, *Institutions politiques et droit constitutionnel*, 14e éd., 1976, II, p. 354 ; Gicquel et Hauriou, *Droit constitutionnel et institutions politiques*, Montchrestien, 1985, mise à jour 1987, p. 928. Ces deux derniers auteurs font remarquer le paradoxe de cet ordre constitutionnel qui englobe deux juridictions dont « le rapprochement peut paraître étonnant. Il l'est effectivement entre un pouvoir authentique (cc) et un pouvoir fantomatique (hcj) » (p. 921).

On insistera sur le fait que, concernant le Président de la République, le rôle de la Haute Cour de Justice est de rendre une justice *politique* (et non pénale). A la Cour de définir l'incrimination et de déterminer la sanction de la haute trahison. La Constitution de 1848 définissait ainsi cet acte : « Toute mesure par laquelle le Président de la République dissout l'Assemblée nationale, la proroge ou met obstacle à l'exercice de son mandat est un crime de haute trahison », et prévoyait la sanction : « Par ce seul fait, le Président est déchu de ses fonctions, les citoyens sont tenus de lui refuser obéissance ; le pouvoir exécutif passe de plein droit à l'Assemblée nationale » (art. 68). Mais définition et sanction ont disparu en même temps que la Constitution de 1848 et plus aucune autre ne s'est essayée à définir l'acte ni à prévoir la sanction.

---

1. C'est ainsi que Gaston Deferre, alors ministre de l'Intérieur, a été condamné pour diffamation à l'égard de Jacques Chirac au motif que les propos avaient été tenus lors d'une réunion électorale non officielle (T. cor. Paris, 14 mars 1982).

Le Conseil constitutionnel

131 ORIGINE. — Le Conseil constitutionnel est né de la Constitution de la Ve République (titre VII) dont il est, sans doute, la création la plus originale, car, pour la première fois, était introduite, dans notre droit, une juridiction chargée de contrôler la constitutionnalité de la loi. Certes, la Constitution de 1946 avait créé le Comité constitutionnel. Mais il n'était qu'un organe politique, chargé de régler les conflits entre les deux assemblées et dépourvu de tout droit de sanction sur la constitutionnalité des textes votés par elles. Le Comité était présidé par le Président de la République et se composait de membres de l'Assemblée nationale et du Conseil de la République. Son rôle était de dire si les lois votées supposaient la révision de la Constitution. Après tentative d'accord, si le Comité estimait que la loi impliquait révision de la Constitution, le Parlement devait à nouveau voter. Si le Parlement maintenait son vote, la loi votée ne pouvait être promulguée qu'après révision de la Constitution : la loi, en quelque sorte, était supérieure à la Constitution (*cf*. art. 91 à 93 Constitution 1946). Mais le Comité constitutionnel fut une institution fantôme qui ne se réunit qu'une fois (le 18 juin 1948).

132 CARACTÈRES. — Le Conseil constitutionnel, à la différence du Comité constitutionnel, est une institution fondamentale qui occupe une place considérable et tout à fait spécifique dans l'organisation juridictionnelle, une place qui n'a fait que croître au fur et à mesure que la Constitution de 1958 était mieux reçue et que le Conseil constitutionnel prenait plus d'autorité.

La fonction principale du Conseil constitutionnel est de limiter l'arbitraire des pouvoirs politiques, en les empêchant de transgresser les lois fondamentales exprimées par la Constitution. Sa création a rendu caduque une théorie, vieille d'un siècle et demi, selon laquelle le Parlement, porte-parole de la volonté populaire, ne peut mal faire : théorie d'autant plus dangereuse quand législatif et exécutif appartiennent à la même majorité politique. Le Conseil constitutionnel se devait, en faisant respecter la Constitution, de limiter les abus des majorités et d'être un défenseur des libertés. C'est ce qu'il est progressivement devenu et qui se marque très nettement à partir de 1971 (décision du 16 juillet sur la liberté d'association). La réforme de sa saisine, en 1974, a parachevé l'institution et son évolution : le recours au Conseil constitutionnel est ouvert aux minorités politiques, afin que la majorité ne puisse être partisane. Quelles que soient les critiques de ceux qui supportent mal la censure du Conseil constitutionnel, il est une juridiction indispensable dans un pays démocratique.

La force du Conseil constitutionnel réside dans celle de ses décisions. Elles s'imposent en effet à tous : exécutif, législatif, judiciaire (art. 62, al. 2, Const.). Parlements et gouvernements, malgré, sans doute, certains désappointements, n'ont jamais osé passer outre à une décision du Conseil constitutionnel. Quant au pouvoir judiciaire, les choses ne sont pas aussi simples. Mais il est clair, aujourd'hui, que se produit une « constitutionnalisation progressive des diverses branches du droit » (Favoreu) : qu'un droit juridictionnel constitutionnel est en train de se mettre en place (infra, n° 139).

La particularité du Conseil constitutionnel est qu'il est, plus que toute autre juridiction, investi, en sus d'une fonction judiciaire, d'une fonction politique. Son rôle le conduit, le cas échéant, à affronter la majorité politique. Pourtant, devant faire respecter la Constitution, il se doit de ne pas heurter de front l'opinion populaire dont le Parlement est l'émanation. Le Conseil constitutionnel doit ainsi être un juge impartial, au service de la Constitution, mais aussi un politique prudent. La réussite du Conseil constitutionnel est sur ce point exemplaire : un résultat atteint par un « dosage subtil de prudence et d'audace » (Pouille).

La composition, les attributions et le fonctionnement du Conseil constitutionnel sont fixés par l'ordonnance du 7 novembre 1958, portant loi organique sur le Conseil constitutionnel.

Section I
L'organisation du Conseil constitutionnel

Le Conseil constitutionnel siège à Paris, au Palais-Royal.

133 COMPOSITION. — Aux termes de l'article 56 de la Constitution, le Conseil constitutionnel se compose de membres de droit et de membres nommés. Les *membres de droit* sont les anciens Présidents de la République. Les anciens Présidents de la IVe République, à savoir Vincent Auriol et René Coty, ont utilisé leur droit de siéger. A l'inverse, aucun ancien Président de la Ve République ne l'a fait à ce jour. Pour autant, ce droit ne saurait être remis en cause et rien n'interdirait à M. Valéry Giscard d'Estaing, seul ancien Président vivant, de siéger au Conseil constitutionnel[1]. Les *membres nommés* sont au nombre de neuf. Ils sont désignés, pour un mandat de neuf ans, à raison de trois par le Président de la République, trois par le président de l'Assemblée nationale, trois par le président du Sénat. Le renouvellement s'opère par tiers, tous les trois ans, chaque autorité (Présidents de la République, de l'Assemblée nationale et du Sénat) désignant un membre, afin de maintenir au Conseil constitutionnel une certaine « unité »[2]. La désignation est discrétionnaire. Toutefois, la pratique montre qu'ont souvent été choisis des juristes et des hommes politiques d'expérience[3]. Le président du Conseil constitutionnel est nommé par

1. Toutefois, M. Giscard d'Estaing, ayant été élu député, devra s'abstenir de siéger au Conseil constitutionnel, tant que durera son mandat, pour respecter l'incompatibilité édictée par l'article 57 de la Constitution (CC 7 novembre 1984).
2. A l'origine, chaque autorité a désigné un membre pour trois ans, un pour six ans, et un troisième pour neuf ans, afin d'amorcer le renouvellement triennal.
3. Actuellement, deux conseillers d'Etat, trois professeurs de droit, trois avocats ou avoués (dont un, ancien président de la CJCE).

le Président de la République. Cette règle n'est pas sans influence lorsque le Président de la République n'appartient pas à la même majorité politique que le Sénat ou l'Assemblée : le président du Conseil constitutionnel dispose, en effet, d'une voix prépondérante en cas de partage égal des voix[4].

134 STATUT DES MEMBRES. — Pour préserver *l'indépendance* des membres du Conseil constitutionnel, leur mandat n'est pas renouvelable (ce qui les soustrait à certaines pressions). Dans le même souci, certaines incompatibilités ont été édictées. Les fonctions de membre du Conseil constitutionnel sont incompatibles avec celles de membre du gouvernement, du Parlement ou du Conseil économique et social. L'incompatibilité avec la fonction publique n'est que partielle. Si un membre du Conseil constitutionnel ne peut être nommé à un emploi public, il peut conserver celui qui était le sien, sauf à ne bénéficier d'aucun avancement au choix. Comme tous les juges, les membres (nommés) sont tenus à une *prestation de serment,* par laquelle ils s'engagent à juger en toute impartialité, dans le respect de la Constitution, de garder le secret des délibérations, de ne prendre aucune position publique et de ne donner aucune consultation sur les questions relevant de la compétence du Conseil constitutionnel. Les membres du Conseil constitutionnel reçoivent des *indemnités* importantes, correspondant au traitement de la catégorie la plus haute des emplois de l'Etat. Ces indemnités sont entièrement cumulables avec des rémunérations privées, mais ne le sont que partiellement avec des rémunérations publiques. La *sanction* de ces règles est confiée au Conseil constitutionnel. Les membres de droit sont soumis aux mêmes obligations que les membres nommés, à l'exclusion de la prestation de serment (CC 7 novembre 1984).

4. Sur les controverses qu'ont soulevées, d'une part, la nomination de Robert Badinter comme président du Conseil constitutionnel et, d'autre part, l'élection de Valéry Giscard d'Estaing comme député, v. Favoreu, *RDP*, 1986, pp. 402 et s. ; sur les critiques concernant l'existence de membres de droit, *ibid.*, pp. 404 et s.

Section II
Les attributions du Conseil constitutionnel

135 ATTRIBUTIONS JURIDICTIONNELLES. — Le Conseil constitutionnel est, d'abord, *juge de la constitutionnalité des lois*[5]. Ce rôle essentiel du Conseil constitutionnel est d'autant plus important que ce dernier a donné une interprétation large au mot Constitution. Il y inclut, en effet, outre la Constitution elle-même, la Déclaration des droits de l'homme et du citoyen de 1789 et le Préambule de la Constitution de 1946. Il a, ainsi, donné contenu et autorité aux principes généraux que formulent ces textes, sous une forme assez vague : « principes fondamentaux reconnus par les lois de la République » ou « principes politiques, économiques et sociaux particulièrement nécessaires à notre temps ». En outre, le Conseil constitutionnel, s'affranchissant de toute interprétation, s'est référé « aux principes généraux du droit », principes qu'il reste maître de consacrer[6].

Le Conseil constitutionnel est, ensuite, juge de la *compétence du Parlement* à légiférer, lorsque s'élève entre ce dernier et le gouvernement une contestation : le gouvernement prétendant que l'on est en présence d'une matière réglementaire.

Le Conseil constitutionnel est, enfin, *juge du contentieux des élections présidentielles, parlementaires et des référendums*. A noter que son rôle ne consiste par uniquement à régler le contentieux, mais qu'il est aussi de garantir le mieux possible la régularité des opérations (il est ainsi associé à leurs différentes phases).

5. Dans sa décision du 16 décembre 1962, le Conseil constitutionnel s'est estimé incompétent pour juger de la constitutionnalité d'une loi référendaire : « Les lois que la Constitution a entendu viser, dans son article 61, sont uniquement les lois votées par le Parlement et non point celles qui, adoptées par le peuple à la suite d'un référendum, constituent l'expression directe de la souveraineté nationale. » V. Garrigou-Lagrange, *RDP*, 1986, p. 663, selon lequel le législateur ordinaire est un partenaire habituel et docile du Conseil constitutionnel, tandis que le pouvoir constituant, partenaire exceptionnel, peut lui donner efficacement la réplique.
6. Ces principes généraux sont souvent empruntés à la jurisprudence administrative : principes de continuité du service public, de protection de la santé, de sécurité des personnes et des biens, etc. Toutefois, certains contestent le pouvoir du Conseil constitutionnel en la matière, estimant qu'il glisse vers « le gouvernement des juges » en raison de la force toute particulière de ses décisions.

136 ATTRIBUTIONS DE CONSTAT ET DE CONSULTATION. — Le Conseil
constitutionnel est appelé à se prononcer sur la compatibilité
des engagements internationaux avec la Constitution. Si l'engagement
à ratifier ou approuver comportait une clause contraire à cette dernière,
le Parlement ne pourrait autoriser sa ratification ou approbation
qu'après la révision de la Constitution.

Les règlements et modifications des règlements des assemblées
doivent lui être soumis. Le Conseil constitutionnel doit constater
l'empêchement du Président de la République (empêchement définitif
ou provisoire) ou la vacance de la présidence (démission, décès). Seul,
ce constat ouvre l'intérim ou de nouvelles élections. Le Conseil constitutionnel doit enfin donner son avis, (publié) préalablement à la mise
en œuvre de l'article 16 de la Constitution, qui confère au Président
de la République des pouvoirs exceptionnels en cas d'événements
constitutifs de crise grave.

Section III
Le fonctionnement du Conseil constitutionnel

137 SAISINE. — Elle est obligatoire ou facultative. Le Conseil
constitutionnel est *obligatoirement* saisi, par le Premier Ministre,
de toutes les lois organiques avant leur promulgation ; il en est de
même lorsque le gouvernement envisage de modifier, par décret, des
lois votées, depuis l'instauration de la Ve République, dans des matières
réglementaires. Son intervention est encore obligatoire pour constater
l'empêchement du Président, la vacance de la présidence ou pour donner
avis sur l'application de l'article 16. Le président de l'assemblée en
cause doit obligatoirement lui soumettre le règlement ou la modification du règlement de son assemblée.

La saisine *facultative* peut être générale. En matière de contentieux
électoral, tout électeur a le droit de contester la régularité des opérations. S'agissant des élections parlementaires, requête est adressée
par l'électeur au secrétariat du Conseil constitutionnel et au préfet.
S'agissant des élections présidentielles, l'électeur doit faire porter mention de son recours sur le procès-verbal de vote ; transmission en est

faite par le préfet au Conseil constitutionnel. Tout candidat peut aussi contester la régularité des élections, en saisissant directement le Conseil constitutionnel.

La saisine facultative peut encore être *restreinte*. Ont seuls qualité pour saisir le Conseil constitutionnel, en cas de contestation de la compétence du Parlement, le Premier Ministre et le président de l'assemblée concernée. Ont qualité pour saisir le Conseil constitutionnel, de la constitutionnalité des lois, de la conformité des engagements internationaux à la Constitution, le Président de la République, le Premier Ministre, les présidents de l'Assemblée nationale et du Sénat ou encore 60 députés ou sénateurs[7]. Le droit des sénateurs ou députés ne leur a été accordé que par la révision constitutionnelle du 29 octobre 1974. Cette révision s'avère essentielle : surtout lorsque les quatre personnalités susvisées appartiennent à la même majorité politique, le recours des parlementaires est la seule arme des élus minoritaires. La saisine du Conseil constitutionnel, assez rare avant 1974, tend à devenir systématique et confère donc, à ce dernier, une place d'autant plus considérable.

La saisine du Conseil constitutionnel doit s'opérer entre la signature et l'autorisation de ratification ou d'approbation d'un traité international ; elle doit s'opérer entre le vote et la promulgation d'une loi interne. Dans l'hypothèse d'un recours, le délai de promulgation de la loi est suspendu. Dès lors qu'une loi est promulguée et publiée au *JO,* sa constitutionnalité ne peut plus être juridiquement discutée[8]. Toutefois, par une décision du 25 janvier 1985, le Conseil constitutionnel a amorcé une solution différente, d'un contrôle *a posteriori*. Il a, en effet, admis que « la régularité au regard de la Constitution d'une loi promulguée peut être utilement contestée à l'occasion de l'examen de dispositions législatives qui la modifient, la complètent ou affectent son domaine »[9].

---

7. Pour les traités internationaux, en principe, le déclenchement de la saisine n'appartient qu'aux quatre hautes autorités, mais la voie a été ouverte à la saisine par 60 députés ou sénateurs, par la décision des 29-30 décembre 1976 du Conseil constitutionnel (*cf.* Favoreu et Philip, p. 351).

8. Ainsi, doivent être appliquées des lois « matériellement » inconstitutionnelles mais dont l'inconstitutionnalité n'a pas été soulevée en temps utile (par exemple, la loi de 1972 sur le juge unique du tribunal correctionnel).

9. DC 25 janvier 1985, Etat d'urgence en Nouvelle-Calédonie, *JCP*, 1985, II, 20356, note Franck ; *D.*, 1985, 361, Luchaire. Selon F. Luchaire « on ne voit pas comment le Conseil constitutionnel pourrait s'opposer à une loi déjà promulguée ; tout ce qu'il pourrait faire, c'est de s'opposer à la loi nouvelle en raison de l'inconstitutionnalité de la loi qu'elle complète ».

138 SÉANCES. — En *séances ordinaires,* le Conseil constitutionnel
se réunit sur convocation de son président (ou, en cas d'empêchement, du plus âgé de ses membres). Un quorum de sept membres
est exigé. Mais, en cas de force majeure dûment constatée par procès-
verbal, ce quorum peut ne pas être requis. Il n'y a pas de ministère
public. Des *règles particulières* au contentieux des élections parlementaires existent. Lorsque le Conseil constitutionnel n'a pas rejeté,
d'emblée, les requêtes comme irrecevables, l'instruction des affaires se
fait devant trois sections. Chaque section se compose de trois membres
tirés au sort. Dans chaque section, doit se trouver un membre nommé
par chacune des trois autorités : le tirage au sort s'opère donc par
« catégories ». Sont adjoints à ces sections des maîtres des requêtes
au Conseil d'Etat et des conseillers référendaires à la Cour des
comptes ; ils n'ont pas voix délibérative. L'affaire, une fois instruite,
est jugée par le Conseil assemblé.

139 DÉCISIONS. — Les décisions du Conseil constitutionnel doivent
intervenir dans le délai d'un mois (sauf, en cas d'urgence, dans
les huit jours). Les décisions, en matière de contrôle de la constitutionnalité, sont motivées et publiées au *JO.* Les autres sont notifiées aux
autorités publiques ou personnes intéressées.

Aux termes de l'article 62, alinéa 2, de la Constitution, les décisions
du Conseil constitutionnel s'imposent aux pouvoirs publics et à toutes
les autorités administratives et juridictionnelles. S'agissant des décisions juridictionnelles, il faut entendre qu'elles ont, comme toute décision juridictionnelle, autorité de chose jugée et que le Conseil constitutionnel ne dispose pas d'un pouvoir d'une nature différente de
celui des autres juges. Tout simplement, ce pouvoir doit être adapté à la
particularité de son contentieux. Ont ainsi seuls autorité de chose
jugée le dispositif et les motifs soutien nécessaire du dispositif. Cette
règle traditionnelle permet, au gouvernement et aux juges, de s'abstenir
d'appliquer ce qui n'est qu'une « opinion » du Conseil constitutionnel,
contenue dans les simples motifs de sa décision[10].

10. Pour un exemple, v. la décision du 28 novembre 1973 : le Conseil constitutionnel y contestait
le pouvoir de l'exécutif de créer des peines d'emprisonnement en matière de contraventions. La
Cour de cassation s'abstint d'appliquer cet *obiter dictum* et le garde des Sceaux s'empressa de
prendre une circulaire demandant au parquet de continuer à requérir l'application de peines
d'emprisonnement en matière contraventionnelle.

Mais il n'est pas possible d'appliquer au Conseil constitutionnel les règles habituelles d'autorité de chose jugée, ne serait-ce que parce qu'il n'y a pas véritablement de parties au procès constitutionnel. Il faut en conclure que les décisions du Conseil constitutionnel ont autorité de chose jugée quant aux textes mêmes soumis à son appréciation. Exiger plus serait priver de toute autorité véritable les décisions du Conseil constitutionnel. C'est une tentation qu'ont eue la Cour de cassation et le Conseil d'Etat, en adoptant, dès le début, une conception stricte de l'autorité de la chose jugée, leur permettant ainsi de jouer une certaine indifférence à l'égard du Conseil constitutionnel. C'était là une position critiquable. Il faut accepter que les juges judiciaires et administratifs soient tenus par la décision du Conseil constitutionnel lorsque la loi qu'ils doivent appliquer a fait l'objet, par lui, d'une interprétation, contenue dans le dispositif ou les motifs soutien nécessaire. Or, il est remarquable que ces interprétations du Conseil constitutionnel, qui sont, en raison de la fréquence de sa saisine, de plus en plus nombreuses et précises, ont été expressément admises tant par la Cour de cassation que par le Conseil d'Etat en même temps[11]. « Le hasard (?) fait qu'en 1985 les deux cours suprêmes de l'ordre judiciaire et de l'ordre administratif ont, pour la première fois, appliqué officiellement des décisions du Conseil constitutionnel. Dans les deux cas, la position du Conseil constitutionnel a conduit les hautes juridictions à changer leur jurisprudence et à tenir compte des nouvelles dimensions constitutionnelles de notre droit. Ceci constitue un événement capital » (Favoreu). La diffusion des normes constitutionnelles dans l'ordre juridique est ainsi en marche. En particulier, « le développement de la jurisprudence du Conseil constitutionnel fait apparaître la non-conformité à la Constitution d'une grande partie de notre arsenal juridique » (Luchaire). La réception des normes constitutionnelles par la Cour de cassation et le Conseil d'Etat peut aider à réduire singulièrement cette non-conformité.

---

11. Crim. 25 avril 1985, *D.*, 1986, chron. Favoreu, p. 169 ; CE 20 décembre 1985, *D.*, 1986, 283, note Favoreu.

Pour aller plus loin

140 RENVOIS BIBLIOGRAPHIQUES. — Ouvrages généraux : L. Favoreu et L. Philip, *Les grandes décisions du Conseil constitutionnel*, Sirey, 1984, 3ᵉ éd. et Sirey, 1986, 4ᵉ éd. ; C. Franck, *Les grandes décisions de la jurisprudence. Droit constitutionnel*, PUF, « Thémis », 1978 ; F. Luchaire, *Le Conseil constitutionnel*, Economica, 1980 ; L. Favoreu et L. Philip, *Le Conseil constitutionnel*, « Que sais-je ? », 3ᵉ éd., 1985 ; C. Franck, *Les fonctions juridictionnelles du Conseil constitutionnel et du Conseil d'Etat dans l'ordre constitutionnel*, LDGJ, 1974 ; J. Rivero, *Le Conseil constitutionnel et les libertés*, Economica, 1984 ; Th. Renoux, *Le Conseil constitutionnel et l'autorité judiciaire*, Economica, 1984. V. aussi « Le Conseil constitutionnel », revue *Pouvoirs*, nº 13, nouv. éd. 1986.

Pour les articles et chroniques, consulter la revue *Pouvoirs*, *op. cit.* : on y trouvera, établie par G. Saccone et mise à jour par Th. Renoux et P. Gaia, une rubrique intitulée « Bibliographies et bilans » qui ne comporte pas moins de 200 références. Les travaux y sont classés par thèmes (composition, saisine, procédure, fonctions, droit constitutionnel, etc.). On se contentera d'y ajouter des articles parus postérieurement à l'établissement de cette rubrique, à savoir : D. Rosenberg, Les anciens présidents et le Conseil constitutionnel, *RDP*, 1985, p. 1263 ; L. Philip, Le Conseil constitutionnel en 1986, *RDP*, 1986, p. 191 (renouvellement/affaires) ; R. Etien, Le Conseil constitutionnel sous la VIIᵉ législature 1981-1986, *Rev. adm.*, 1986, p. 33 (confrontation des opinions des commentateurs de la jurisprudence du Conseil constitutionnel sur les questions actuelles du contrôle de la constitutionnalité des lois) ; Th. Renoux, Indépendance de la justice et respect du principe d'égalité : à propos des deux décisions du Conseil constitutionnel du 18 janvier 1985, *D.*, 1986, 425 ; J.-M. Garrigou-Lagrange, Les partenaires du Conseil constitutionnel, *RDP*, 1986, p. 647 ; C. Franck, L'évolution des méthodes de protection des droits et libertés par le Conseil constitutionnel sous la VIIᵉ législature, *JCP*, 1986, I, 3256 : cet auteur étudie, en particulier, l'autorité absolue des décisions du Conseil constitutionnel et s'intéresse à la question des lois déclarées constitutionnelles « sous les strictes réserves d'interprétation énoncées » par le Conseil constitutionnel (décision des 10-11 octobre 1984). C'est là, en effet, une question nouvelle et particulièrement importante que celle de la conformité sous réserve. L'intérêt de la décision des 10-11 octobre 1984 est que ces « réserves » et « interprétations » avaient nécessairement autorité de chose jugée dans la mesure où elles étaient le soutien nécessaire au dispositif ; or, le Conseil constitutionnel a éprouvé le besoin d'inclure, pour la première fois, les interprétations dans le *dispositif* même de sa décision. « Le problème qui sera posé dans doute progressivement est celui du caractère normatif de décisions de ce type et cela peut ouvrir une controverse sur la légitimité de cette activité à caractère normatif du juge. Mais la même question a été posée à propos de la jurisprudence du Conseil d'Etat » (Favoreu et Philip, pp. 661 et s.). De manière générale, sur l'autorité des décisions du Conseil constitutionnel, v. *ibid.*, pp. 160 et s.

Une telle jurisprudence est-elle susceptible de réouvrir un débat qui semblait clos : celui de la nature du Conseil constitutionnel ? Une conception a été, un temps, défendue, par le gouvernement et certains auteurs (*cf.* Larché, Le Conseil constitutionnel organe du pouvoir d'Etat, *AJDA*, 1982, p. 132) que le Conseil constitutionnel ne statuerait pas comme une juridiction mais serait investi d'un pouvoir normatif qui lui permettrait de créer une règle de droit objectif. Cette conception fut rapidement abandonnée, même par le gouvernement, à partir du moment où le Conseil constitutionnel l'eût déjugé (*supra*, note 10). Ainsi que le disait le commissaire du gouvernement Baudouin :

« Force est de conclure que les attributions du Conseil constitutionnel sont de nature juridictionnelle » (CE (Ass.) 12 décembre 1969, Conseil national de l'ordre des pharmaciens, *AJDA*, 1970, 103). Pour une présentation très claire de la nature juridique du Conseil constitutionnel (organe juridictionnel ou politique ?), v. Ch. Debbasch, J. Bourdon, J.-M. Pontier et J.-C. Ricci, *La Ve République*, Economica, 1985, pp. 65 et s. Ces auteurs tranchent pour le juridictionnel : c'est une juridiction / c'est une juridiction d'attribution / c'est une juridiction soumise au droit commun juridictionnel. Il va de soi que nous partageons l'opinion de ces auteurs.

Données chiffrées : entre 1974 et 1984, le nombre des décisions du Conseil constitutionnel a oscillé, chaque année, entre 13 et 28 (21 en 1984). Toutefois, ce nombre a été de 69 en 1981. La grande majorité concerne la constitutionnalité des lois : en 1984, sur 21 décisions, 18 concernaient cette matière (*ASJ*, 1986).

Titre deuxième

L'ordre judiciaire

Chapitre 1

Les juridictions
de première instance

Section I
Les juridictions civiles

Dans la *diversité* qui caractérise la première instance, s'opposent deux types de juridictions : les juridictions *spécialisées* dont la magistrature est essentiellement occasionnelle, et les juridictions *ordinaires* dont la magistrature est exclusivement de carrière.

Sous-section I
Les juridictions ordinaires

I | LE TRIBUNAL DE GRANDE INSTANCE

141 CARACTÈRE. — Le tribunal de grande instance occupe, dans l'organisation judiciaire, une place toute particulière. Cette primauté, qui est la sienne, s'explique par le fait que le tribunal de grande instance est la juridiction de droit commun. Cela lui confère une compétence de principe, mais laisse, toutefois, entière la question d'une possible plénitude de juridiction.

La compétence de principe du tribunal de grande instance n'est pas toujours de même nature. Ce peut être une compétence *partagée* (c'est l'ordinaire). L'article 311-1 COJ la limite aux seules affaires de *nature proprement civile* et aux seules demandes dont le montant excède la somme de 30 000 F (D. 10 avril 1985)[1]. Ce peut être une compétence *exclusive*. Celle-ci joue, selon l'article 311-2 COJ, pour l'état des personnes (mariage, divorce, filiation, adoption, absence, nationalité, etc.), la propriété immobilière, la propriété industrielle, l'exécution des jugements et titres exécutoires, la dissolution des associations, le redressement et la liquidation des associations ou personnes morales de droit privé non commerçantes, etc.[2]. Le monopole de juridiction ainsi créé a une double conséquence. D'une part, le tribunal de grande instance est compétent, quelle que soit la valeur du litige (il statue en premier et dernier ressort jusqu'à 13 000 F, à charge d'appel au-delà). D'autre part, le tribunal de grande instance ne peut jamais être frustré de sa compétence, même par le jeu d'une prorogation (*supra*, n° 49). Ce peut être une compétence virtuelle ou *résiduelle*. La compétence du tribunal de grande instance renaît, selon l'article 311-3 COJ, en matière commerciale, lorsqu'il n'existe pas de tribunal de commerce dans le ressort, ou lorsque, par suite de circonstances (démission, absence de candidats aux élections), un tribunal de commerce est mis hors d'état de fonctionner (25 tribunaux de grande instance sont dans ce cas, *cf. ASJ*, 1986).

La plénitude de juridiction du tribunal de grande instance est une question controversée. Avant la réforme de 1958, il était habituel d'affirmer cette plénitude des tribunaux civils d'arrondissement, en l'absence pourtant de texte exprès et en présence d'une jurisprudence incertaine. La réforme de 1958 n'a pas levé les doutes. On peut le regretter. L'attribution d'une plénitude de juridiction au tribunal de grande instance aurait peut-être mis fin, au moins partiellement, aux procès de pure compétence qu'engendre la multiplicité de juridictions spécialisées. On remarquera, toutefois, que le tribunal de grande instance peut juger d'une demande incidente formée par le

---

1. Toujours à charge d'appel.
2. On constate, en pratique, que les matières relevant de la compétence exclusive du tribunal de grande instance sont souvent confiées à des juges uniques : juge de l'exécution, juge aux affaires matrimoniales, juge des enfants.

défendeur, quand bien même celle-ci prise isolément et à titre principal aurait échappé à sa compétence (art. 51, al. 1, NCPC), et que ce pouvoir lui est propre, les autres juridictions n'en disposant pas (art. 51, al. 2, NCPC).

142 ORIGINE. — Le tribunal de grande instance a pour ancêtres les anciens « tribunaux de district », puis « départementaux », puis « d'arrondissement » : de telles vicissitudes — trois structures en dix années — ayant pour cause le conflit d'intérêts entre justiciables (proximité de la justice) et Etat (justice la mieux organisée et la moins coûteuse possible) (*supra*, n° 50). La Constituante fit prévaloir le premier de ces intérêts. La loi des 16-24 août 1790 institua en effet 545 tribunaux de district. Mais, très rapidement, il apparut que le district était un ressort territorial trop exigu. Le Directoire substitua, par la Constitution du 5 fructidor an III (22 août 1795), les tribunaux départementaux aux tribunaux de district. Pourtant, tout aussi rapidement, ce nouveau ressort s'avéra trop grand, à une époque où les communications étaient toujours difficiles, voire dangereuses. Le Consulat, par une loi du 27 ventôse an VIII (18 mars 1800), remplaça les tribunaux départementaux par 366 tribunaux d'arrondissement. C'est cette formule que consacra la loi du 20 avril 1810, instituant les tribunaux civils d'arrondissement (que l'on prit l'habitude d'appeler aussi tribunaux de première instance). Une telle implantation devait rester à peu près identique pendant plus d'un siècle, bien que, depuis la fin de la première guerre mondiale pour le moins, la carte judiciaire fût devenue totalement inadaptée, en raison de l'évolution démographique et sociale. Certains tribunaux urbains étaient surchargés, alors que d'autres, ruraux, connaissaient un nombre dérisoire d'affaires. Certains tribunaux avaient été maintenus, mais avec un effectif réduit, ce qui impliquait qu'ils devaient être complétés, pour juger, par des magistrats « forains » venus du tribunal voisin. Enfin, les facilités modernes de communication auraient permis d'envisager un certain éloignement du juge, sans grand dommage pour les intérêts des justiciables. Mais c'était sans compter avec les résistances locales. Les tentatives de modification de la carte judiciaire se heurtèrent aux refus parlementaires (tel, ce décret-loi de Poincaré, en date du 3 septembre 1926, créant des tribunaux départementaux, qui fut abrogé par la loi du 16 juillet 1930, laquelle rétablit la situation antérieure à 1919).

C'est par une ordonnance du 22 décembre 1958 que le gouvernement du général de Gaulle, moins soumis aux aléas parlementaires que ceux des IIIe et IVe Républiques, remplaça les tribunaux civils d'arrondissement par les tribunaux de grande instance. Cette réforme suscita d'abord les critiques des professionnels (magistrats déplacés, auxiliaires de justice voyant disparaître leur tribunal...). Il semble aujourd'hui qu'elle soit bien admise, du moins dans son principe (peut-être faudrait-il, ici ou là, revoir la carte judiciaire).

A - Organisation

La réforme de 1958 reprend en fait, mais en les assouplissant, les idées de Poincaré. La volonté de créer des juridictions à l'activité véritable conduisit le gouvernement à agrandir le ressort territorial. Mais, à la différence de 1926, ce ressort n'est plus nécessairement lié à une circonscription administrative. C'est par décret, et en fonction de variables diverses, que sont fixés le siège, le ressort et la composition des tribunaux de grande instance.

143 SIÈGE ET RESSORT. — Les tribunaux de grande instance sont au nombre de 185, dont 4 dans les territoires d'outre-mer, qui conservent la dénomination de tribunaux de première instance (cf. ASJ, 1986). Le principe est qu'il existe au moins un tribunal de grande instance par département, lequel a alors pour siège le chef-lieu de département. 32 départements sont, à l'heure actuelle, dans ce cas. Pour les autres, le nombre de tribunaux (et donc leur ressort et leur siège) est variable en fonction de considérations historiques, démographiques ou économiques. Par exemple, c'est la tradition historique qui dote la Vendée de 2 tribunaux de grande instance ; ce sont leur densité de population et leur importance économique qui justifient que le Pas-de-Calais compte 4 tribunaux de grande instance et le Nord 7. Les mêmes raisons ont conduit à réformer l'ordonnance de 1958, premièrement en substituant l'appellation de tribunal de grande instance de Paris à celle de tribunal de grande instance de la Seine, deuxièmement en créant et renforçant les tribunaux de grande instance de Nanterre, Bobigny, Créteil d'une part et de Corbeil, Versailles, Pontoise d'autre part (cf. loi du 12 juillet 1967).

144 Composition. — Le principe même de la réforme de 1958 était que chaque tribunal de grande instance ait un effectif complet, c'est-à-dire à même d'assurer le jugement en formation collégiale. C'est pourquoi le nombre minimal est de trois membres du siège (un président et deux juges), auxquels il faut ajouter un procureur de la République et un greffier. Mais il n'y a que 15 tribunaux de grande instance qui sont réduits à ce minimum. Tous les autres sont pourvus d'un personnel plus étoffé (pour le siège, président, premiers vice-présidents, vice-présidents, premiers juges, juges ; pour le parquet, procureur de la République, procureurs adjoints, premiers substituts, substituts ; pour le greffe, greffier en chef, greffiers), mais dont le nombre varie avec leur importance. Ainsi, le tribunal de grande instance le plus important, celui de Paris, se composait, en 1985, pour le siège, de 1 président, de 3 premiers vice-présidents, de 60 vice-présidents, de 17 premiers juges et de 109 juges. Mais quel que soit leur effectif, les tribunaux de grande instance ne forment qu'une classe unique, sauf pour ceux qui, comportant au moins trois chambres, sont hors classe. En effet, lorsqu'un tribunal compte plus de cinq juges, il peut former plusieurs chambres, chacune comportant trois membres. A la tête de chacune, se trouve un vice-président (ou premier vice-président), le président conservant le droit de présider une chambre quand il le juge opportun. Ces mêmes chambres, suivant l'importance du tribunal de grande instance, peuvent encore être divisées en sections (2 par chambre). Ces divisions n'impliquent pas un cloisonnement institutionnel. Chaque chambre (ou section) admet certes une certaine spécialisation. Pour autant, elle a vocation à connaître de toute affaire, même étrangère à cette spécialisation, relevant de la compétence du tribunal de grande instance. Les chambres ne sont que les organes du tribunal de grande instance tout entier : les jugements sont considérés comme l'œuvre du tribunal et non de la chambre qui a statué. C'est au président du tribunal de grande instance qu'il revient d'affecter les magistrats aux diverses chambres. On remarquera, d'abord qu'un même magistrat peut être affecté à plusieurs chambres, ensuite que le Code de l'organisation judiciaire impose la règle du roulement. Dans le souci d'éviter la sclérose due à la routine, d'empêcher que ne soit entravée la liberté de décision par un trop grand ascendant des anciens sur les plus jeunes, de favoriser l'expérience, chaque année les magistrats doivent être affectés à une nouvelle chambre. Mais la pratique montre que la spécialisation devenant une exigence de plus en plus forte, la règle du roulement est loin d'être effective (*cf.* sur l'ensemble de la question les art. R 311-16 et s. du COJ).

B - *Fonctionnement*

Comme tout service public, le tribunal de grande instance comporte des formations administratives. Mais son rôle étant de rendre la justice, les formations juridictionnelles y sont essentielles.

▶ FORMATIONS ADMINISTRATIVES

145 LES ASSEMBLÉES. — Il était de tradition de réunir tous les magistrats dans une formation, l'assemblée générale, pour les faire débattre de l'administration de la juridiction. La volonté d'instaurer, dans la justice comme ailleurs, la concertation a entraîné une modification profonde. A la suite d'expériences pilotes, tentées depuis 1981, le décret du 23 décembre 1983 a introduit plus de 60 articles nouveaux dans le Code de l'organisation judiciaire (*cf.* le nouveau titre VI du livre II du COJ, désormais intitulé « Assemblées générales » : art. R. 761-1 à R 761-50, R 762-1 à R 762-8 et R 763-1), et mis en place un système fort lourd et complexe de concertation, puisqu'il règle la tenue, devant le tribunal de grande instance, de cinq sortes d'assemblées générales et de deux sortes de commissions dont chacune est dotée d'attributions propres. Les auteurs de la réforme en espèrent une démocratisation du service, une meilleure « responsabilisation » des magistrats, sans qu'il soit porté atteinte, pour autant, à l'autorité des chefs de juridiction. La question reste posée, toutefois, d'une certaine perte de temps...

Les différentes structures mises en place sont les suivantes. Il existe d'abord cinq assemblées générales : l'assemblée plénière des magistrats et des fonctionnaires du greffe, l'assemblée générale des magistrats du siège et du parquet, l'assemblée générale des magistrats du siège qui sont toutes les trois présidées par le président du tribunal de grande instance ; l'assemblée générale des magistrats du parquet, présidée par

le procureur de la République ; l'assemblée générale des fonctionnaires du greffe, présidée par le greffier en chef. Il existe ensuite
deux sortes de commissions. La commission permanente, émanation
de l'assemblée plénière, est obligatoire. Présidée par le président du
tribunal de grande instance, elle se compose, outre les membres de
droit (chefs du parquet et du greffe), d'un nombre égal de magistrats
et de fonctionnaires élus. Les commissions restreintes ne sont obligatoires que dans les juridictions comportant au moins trois chambres
et sont formées au sein de l'assemblée générale des magistrats du
siège et du parquet, de celle des magistrats du siège et de celle des
fonctionnaires du greffe. Elles sont présidées par le président de
l'assemblée générale correspondante, lequel fixe le nombre de membres
de la commission qui sont à élire par l'assemblée.

Ces différentes structures ont pour attributions principales d'émettre
des *avis* sur un certain nombre de questions relatives au fonctionnement interne de la juridiction. Chaque assemblée a une compétence
propre. Mais, globalement, ces avis ont trait à la fixation des audiences,
à la répartition des fonctionnaires entre les services du siège et du
parquet, à l'organisation interne de chaque service (siège, parquet,
greffe), aux « prévisions » budgétaires, dépenses de fonctionnement,
aux conditions de travail et de sécurité du personnel, etc. L'assemblée
plénière a, plus précisément, pour rôle de procéder à un « échange de
vues » sur les opinions émises par les différentes assemblées. Certaines
de ces structures peuvent aussi avoir des attributions *délibératives*.
L'assemblée générale du siège et du parquet habilite les enquêteurs
de personnalité, les contrôleurs judiciaires et les associations contri-
buant à la mise en œuvre du travail d'intérêt général. L'assemblée
générale du siège désigne le magistrat habilité à remplacer le juge de
l'application des peines ou le juge d'instruction défaillant ; elle désigne
encore les membres de la commission d'indemnisation des victimes et
les magistrats appelés à siéger dans des commissions administratives
ou dans les conseils de prévention. Les commissions ont pour tâche
essentielle la préparation des assemblées. Mais la commission permanente a aussi pour rôle d'établir le règlement intérieur de l'assemblée
plénière et d'être la structure de liaison avec le public, les organismes
sociaux et professionnels, les autorités locales. Quant aux commissions
restreintes, elles ont vocation à intervenir lorsque se pose une question
urgente relevant de la compétence d'une assemblée.

Les différentes assemblées doivent être réunies, au moins annuellement, dans le courant du mois de novembre. Elles sont en outre convoquées par leur président, soit à son initiative, soit à la demande de la majorité. La même demande peut être formulée par les deux tiers de la commission permanente pour la réunion de l'assemblée plénière, ou d'une commission restreinte pour la réunion de l'assemblée dont elle est l'émanation. Enfin, lorsque le ministre de la Justice sollicite l'avis des tribunaux, le président du tribunal de grande instance détermine, après consultation du chef de parquet et de la commission permanente, l'assemblée qui aura à émettre cet avis.

146 LE PRÉSIDENT. — Il veille à l'administration du tribunal, prépare le budget et répartit les affaires entre les chambres, en liaison avec les assemblées compétentes. Il exerce un pouvoir de surveillance et note les juges du tribunal[3]. Il assure la présidence et la police des audiences, conjointement avec les vice-présidents. Il représente la juridiction à l'extérieur.

► FORMATIONS JURIDICTIONNELLES

Elles revêtent des formes variables selon la nature de l'audience ou la composition du tribunal.

147 AUDIENCE PUBLIQUE OU CHAMBRE DU CONSEIL. — La formation la plus habituelle, en raison du principe de la publicité des débats (*supra*, n° 112), est l'*audience publique*. Cette formation peut être une formation collégiale ou à juge unique.

Lorsque se trouve écartée la publicité des débats, la formation compétente devient la *chambre du conseil*. Cette dernière ne constitue nullement une chambre spéciale du tribunal de grande instance. Ces termes désignent simplement le local attenant à la salle d'audience, dans lequel la formation de jugement se retire et indiquent seulement que celle-ci siège à huis clos. La compétence de droit commun de la chambre du conseil est la *matière gracieuse* (art. 434 NCPC), « lorsqu'en

---

3. Le procureur, d'une part, le greffier en chef, d'autre part, exercent les mêmes pouvoirs sur les membres de leur service.

l'absence de litige, le juge est saisi d'une demande dont la loi exige en raison de la nature de l'affaire ou de la qualité du requérant, qu'elle soit soumise à son contrôle » (art. 25 NCPC). La chambre du conseil est aussi juridiction d'exception, lorsqu'en matière contentieuse la publicité est exceptionnellement écartée. Un certain nombre de textes édictent que telle question doit être débattue à huis clos (divorce, autorité parentale, filiation). Le Nouveau Code de procédure civile prévoit aussi que le président peut ordonner le huis clos « s'il doit résulter de la publicité des débats une atteinte à l'intimité de la vie privée ou si toutes les parties le demandent ou s'il survient des désordres de nature à troubler la sérénité de la justice » (art. 435). Ces règles, audience publique ou chambre du conseil, sont édictées à peine de nullité (art. 436).

148 FORMATIONS COLLÉGIALES. — La première est la formation du tribunal de grande instance proprement dit. En raison du principe de la collégialité (*supra*, n° 46), la composition ordinaire du tribunal est un collège de juges siégeant en nombre impair, la loi imposant qu'il ne soit inférieur à trois (art. L 311-7 et 8 COJ). Si le tribunal n'est pas en nombre suffisant au moment de tenir audience, il a le droit de se compléter, à des conditions strictes, par l'assistance d'un avocat. Celui-ci doit nécessairement être inscrit au barreau même du lieu du tribunal de grande instance, être le plus ancien dans l'ordre du tableau se trouvant dans la salle et ne pas avoir à plaider (art. L 311-9 COJ).

La deuxième est une formation *issue* du tribunal de grande instance. Constitue, en effet, une formation collégiale spécifique la *commission d'indemnisation des victimes* de certains dommages résultant d'une infraction pénale, lorsque l'auteur demeure inconnu ou se révèle insolvable. Des lois successives (3 janvier 1977, 2 février 1981, 30 décembre 1985) ont aménagé puis étendu son domaine d'intervention, tant quant au dommage subi qu'à la nature de l'infraction commise. Créée par la loi du 3 janvier 1977, mais dans le ressort de la cour d'appel, la commission doit à la loi du 8 juillet 1983 d'être une formation du tribunal de grande instance. La commission, qui existe dans le ressort de chaque tribunal de grande instance, est composée de trois membres (désignés pour trois ans par l'assemblée générale du siège) : deux magistrats du siège (deux titulaires et deux suppléants) et une personnalité (de nationalité française, majeure, jouissant de ses droits civiques et portant un intérêt particulier aux problèmes des victimes d'infractions) (*cf*. art. 706-4 CPP). La commission statue en premier et dernier ressort ; sa décision est susceptible d'un recours en cassation. (Le président de la commission dispose du pouvoir juridictionnel propre d'accorder, dans certaines limites, une provision, ce qui en fait un juge unique.)

149 FORMATIONS À JUGE UNIQUE. — Certaines formations, en premier lieu, constituent des formations du tribunal de grande instance proprement dit.

Les unes sont *facultatives*. Il est, tout d'abord, loisible au président du tribunal de grande instance, ou au président d'une chambre, pour toute matière autre que disciplinaire ou touchant à l'état des personnes, de décider qu'une affaire sera *jugée à juge unique* et non en formation collégiale (art. 801 et s. NCPC et L 311-10 COJ), ce dernier exerçant les pouvoirs normalement conférés au juge de la mise en état et au tribunal. Ensuite, le tribunal de grande instance connaît à juge unique de tout ce qui a trait à l'*exécution* (exécution forcée des jugements, exequatur, contestations sur le fond du droit au cours de l'exécution, vente des biens des mineurs : *cf*. art. L 311-11 COJ). Mais il faut noter que, dans ces deux hypothèses, le renvoi à la formation collégiale est de droit à la demande d'une partie ou du juge. Enfin, le tribunal de grande instance connaît à juge unique des litiges auxquels peuvent donner lieu les accidents de la circulation terrestre. Le juge saisi peut toujours renvoyer à la formation collégiale (art. L 311-10-1 COJ issu de la loi du 5 juillet 1985).

D'autres sont *obligatoires* et constituent les formations des juges à compétence *spécialisée*. Ce sont des magistrats du tribunal affectés, pour une durée déterminée, à l'exécution de certaines fonctions précises[4]. La plus ancienne institution est celle du *juge des enfants*, qui, outre sa compétence pénale, a aussi une compétence civile en matière d'assistance éducative. Le *juge délégué aux affaires matrimoniales* connaît du divorce, de la séparation de corps et de leurs conséquences

---

4. Le juge des enfants est nommé par décret du Président de la République alors que les autres juges spécialisés, ici cités, sont désignés, pour exercer de telles fonctions, par l'assemblée générale des magistrats du siège.

(dans les cas prévus aux art. 247 et s. et 298 CC) ; en vertu de l'article 1074 NCPC, il est aussi, en ces matières, juge de la conciliation, de la mise en état et des référés. Le *juge de la mise en état* est chargé de l'instruction des affaires : il vérifie que les formalités procédurales ont été accomplies par les parties, que les pièces ont été produites, que le débat va pouvoir être complet, utile et que le tribunal pourra le trancher (*cf.* art. 817 et s. NCPC pour sa désignation et art. 763 et s. NCPC pour ses pouvoirs).

Une formation mérite une attention toute particulière : c'est celle de la *juridiction présidentielle*. Le président du tribunal de grande instance a, en effet, une juridiction propre, qu'il exerce seul mais qu'il peut déléguer. De manière occasionnelle, le président dispose d'une juridiction *contentieuse et définitive* (en matière de loyers commerciaux). Mais, de manière plus fréquente, sa juridiction est *provisoire* et prend la forme soit d'une ordonnance sur requête, soit d'une ordonnance de référé. L'ordonnance sur *requête* prescrit une mesure ou délivre une autorisation. Divers textes spéciaux prévoient cette procédure mais c'est l'article 812 NCPC qui institue un pouvoir général, en disposant que peuvent être ordonnées sur requête toutes mesures urgentes, lorsque les circonstances exigent qu'elles ne soient pas prises contradictoirement. Toutefois, pour préserver les intérêts de celui à qui une ordonnance sur requête peut faire grief, l'article 496 NCPC prévoit que ce dernier peut en référer au juge qui a rendu l'ordonnance. L'ordonnance de *référé* peut, dans tous les cas d'urgence, prescrire toutes les mesures qui ne se heurtent à aucune contestation sérieuse et que justifie l'existence d'un différend (art. 808 NCPC). Le référé permet, ainsi, à un plaideur d'obtenir, dans une instance contradictoire (l'adversaire étant présent ou appelé), une mesure provisoire rapide, dont l'exécution pourra être poursuivie immédiatement (parfois avec la seule minute, *supra*, n° 59) et ne sera pas suspendue par l'appel (art. 484 et s. NCPC). Le président peut ordonner ainsi des mesures conservatoires ou de remise en état (art. 809 NCPC), octroyer une provision (art. 809, al. 2), prononcer des condamnations sous astreinte qui peuvent être liquidées à titre provisoire (art. 491 NCPC) ou encore statuer sur les contestations relatives à l'exécution d'un jugement ou d'un titre (art. 811 NCPC). Il convient de mentionner que ces deux procédures (requête, référé) sont pratiquées devant toutes les juridictions civiles mais que la primauté du tribunal de grande instance fait que les attributions de son président revêtent une importance toute particulière : ses pouvoirs s'étendent à toutes les matières pour lesquelles il n'existe pas de procédure spéciale de référé (art. 810 NCPC).

Le *juge de l'expropriation*, en second et dernier lieu, constitue une formation *issue* du tribunal de grande instance. Les juridictions de l'expropriation sont des juridictions départementales. Leur nombre est fixé par arrêté : il est, à l'heure actuelle, de 99 (*ASJ*, 1986). Ce sont des juridictions à juge unique mais plusieurs juges peuvent être nommés pour un même département. S'ils sont trois au moins, l'un d'eux tient le rôle de coordonnateur. La juridiction de l'expropriation constitue, en quelque sorte, un « démembrement » du tribunal de grande instance. Dotée d'une compétence propre, elle fait partie intégrante du tribunal de grande instance. C'est, en effet, en son sein, que le premier président de la cour d'appel désigne, pour une durée de trois ans renouvelable, le juge (ou les juges) chargé(s) des affaires d'expropriation. Pour l'essentiel, la compétence de la juridiction est de fixer les indemnités d'expropriation, à défaut d'accord amiable. Elle s'étend aussi au contentieux du remembrement urbain et des droits de préemption accordés par le Code de l'urbanisme.

II | LE TRIBUNAL D'INSTANCE

150 CARACTÈRES. — Le tribunal d'instance est une juridiction d'exception qui présente la particularité d'ignorer la collégialité et de juger nécessairement à juge unique. Ce caractère de juridiction d'exception ne doit pourtant pas cacher que le tribunal d'instance constitue, comme le tribunal de grande instance, une juridiction ordinaire, que son évolution et l'accroissement de ses compétences le rapprochent très sûrement du tribunal de grande instance et l'éloignent de plus en plus de ses origines de justice de paix. Sa vocation première de conciliation s'estompe pour faire du tribunal d'instance le juge des petites affaires civiles (le domaine purement civil est ainsi partagé entre tribunal de grande instance et tribunal d'instance) et sa composition manifeste clairement qu'il est devenu une émanation du tribunal de grande instance.

151 ORIGINE. — Les tribunaux d'instance, institués, tout comme les tribunaux de grande instance, par l'ordonnance du 22 décembre 1958, ont succédé aux justices de paix dont la création avait été le fait des assemblées révolutionnaires. La Constituante avait créé des justices de paix cantonales, dont les juges élus au suffrage universel avaient pour mission de concilier les parties et, dans les petits procès, de rendre une justice prompte, économique et largement accessible par sa proximité. Issue d'institutions anglaises *(justice of the peace)*, et conforme à l'idéal révolutionnaire, la justice de paix traversa, sans changement important, le XIXᵉ siècle et la première moitié du XXᵉ siècle, sauf à signaler que le juge de paix cessa d'être un juge élu pour devenir un juge nommé à partir du Consulat. Les juges de paix restèrent pourtant un corps particulier de magistrats, plus notables que juristes (il fallut attendre 1926 pour que la licence en droit devienne une condition d'accès à ces fonctions). L'important, il est vrai, apparaissait la nécessité de concilier, de pacifier, dans une justice très proche du justiciable, plus encline au bon sens et au paternalisme qu'à l'application de la règle de droit. En 1958, il existait encore 2 092 justices de paix. Mais, alors qu'à l'origine chaque justice de paix se composait d'un juge, l'effectif des juges de paix n'était plus que du tiers de ce nombre (environ 700). Des textes intervenus en 1919, 1953 avaient en effet autorisé la réunion de plusieurs justices de paix, sous l'autorité d'un même magistrat, la justice devenant ainsi ambulatoire. Par ailleurs, les attributions du juge de paix s'étaient considérablement accrues, surtout depuis la loi du 12 juillet 1905, faisant de la justice de paix une sorte de diminutif de la juridiction de droit commun. La réforme paraissait alors nécessaire. Elle a consisté essentiellement à modifier le ressort, pour répondre au dépeuplement des campagnes, et à unifier le statut et les attributions des magistrats.

A - Organisation

152 SIÈGE ET RESSORT. — Il existe actuellement 471 tribunaux d'instance (*ASJ*, 1986). Dans le souci de regrouper les juridictions cantonales en solides unités à l'activité juridictionnelle véritable, le législateur n'a pas choisi une circonscription territoriale unique. Le ressort et le siège sont fixés par décret (art. L 321-3 COJ).

Toutefois, deux règles président à cette fixation. La première est qu'il
existe nécessairement un tribunal d'instance au chef-lieu de département (conjointement avec le tribunal de grande instance) et un tribunal d'instance au chef-lieu de chaque arrondissement. La seconde
est que le ressort se détermine toujours par rapport aux cantons :
leur regroupement variant en fonction du volume des affaires et de la
situation géographique[5]. Toutefois, pour tempérer la rigueur du regroupement, le premier président de la cour d'appel peut autoriser un
tribunal d'instance à tenir des audiences foraines (art. R 321-32 COJ)[6].

153 COMPOSITION. — Avec l'ordonnance de 1958, les magistrats
du tribunal d'instance ont cessé de composer un corps spécial :
ils appartiennent au même corps que les juges du tribunal de grande
instance. Et, depuis 1970, les tribunaux d'instance ne sont plus dotés
d'un effectif propre (art. R 321-33 COJ). Leur service est assuré, conformément à l'article L 321-5 COJ, par des magistrats du siège choisis
parmi les vice-présidents ou les juges des tribunaux de grande instance.
Ils sont désignés par décret du Président de la République, pour une
durée de trois ans renouvelable, et soumis au pouvoir d'inspection
du président du tribunal de grande instance. Ces magistrats peuvent
donc, en cas de nécessité, siéger au tribunal de grande instance
(art. R 321-41 COJ) ; à l'inverse, au cas d'empêchement d'un magistrat
affecté au service du tribunal d'instance, le président du tribunal de
grande instance peut désigner, pour assurer ses fonctions, un membre
du tribunal de grande instance (art. R 321-34 COJ). De même, alors
que les justices de paix et les tribunaux d'instance jusqu'en 1970
n'avaient jamais eu de représentant du ministère public, le procureur
de la République[7] est autorisé à occuper, quand il le juge bon, le siège
du ministère public devant les tribunaux d'instance de son ressort. Là
encore, le tribunal d'instance n'a pas d'effectif propre. Mais, ce qui est
notable, c'est que, par cette appartenance à un corps unique, trans-
paraît l'absence d'autonomie propre des tribunaux d'instance. A défaut
d'absorption réelle des tribunaux d'instance par les tribunaux de

5. La moyenne se situe autour de 10 cantons, la moyenne de cantons par département étant de 35.
Par exemple, le tribunal d'instance de Château-Chinon étend son ressort sur 6 cantons, celui
de Nevers sur 12.
6. Le même tribunal d'instance peut avoir plusieurs greffes disséminés dans son ressort (art. 6,
ord. 22 décembre 1958).
7. Par le truchement de l'un de ses substituts, le plus souvent.

grande instance, cette unicité assure, très certainement, la promotion des premiers.

Quant à l'effectif, la création des tribunaux d'instance apporte, au système antérieur, deux grandes modifications. La première est que tout tribunal d'instance se compose toujours au minimum d'un juge (alors qu'un seul juge pouvait exercer dans plusieurs justices de paix). Cette règle est conforme à celle déjà évoquée pour le tribunal de grande instance, à savoir qu'il ne doit pas y avoir de tribunal à effectif incomplet. Le tribunal d'instance, jugeant à juge unique, il suffit mais il faut, pour que l'effectif soit complet, qu'un juge lui soit affecté. La deuxième est que les tribunaux d'instance peuvent comporter plusieurs juges (à la différence des justices de paix, qui ne se composaient jamais que d'un seul juge). En fonction de la population et du nombre d'affaires à juger, l'effectif du tribunal d'instance est fort variable.

B - Fonctionnement

154 L'ADMINISTRATION DU TRIBUNAL. — La direction et l'administration sont attribuées, dans l'hypothèse de pluralité de juges, au juge du grade le plus élevé (en cas d'égalité, le choix appartient au président du tribunal de grande instance). Il lui revient, entre autres, de répartir les affaires entre les différents juges. Il a la direction des formations administratives du tribunal. Toutefois, les textes s'abstiennent de lui conférer le titre de « président », le tribunal d'instance n'étant pas un tribunal collégial.

Le système des assemblées générales constitue un diminutif de celui que connaît le tribunal de grande instance. Dans chaque tribunal d'instance, il est tenu une assemblée plénière des magistrats et des fonctionnaires ; il est créé une commission permanente. Lorsque le tribunal d'instance comporte au moins trois magistrats, il est tenu une assemblée des magistrats du siège et une assemblée des magistrats du siège et du parquet (le parquet étant représenté par le magistrat exerçant les fonctions de ministère public devant ce tribunal). Des commissions restreintes peuvent être créées. Les magistrats, qui composent le tribunal d'instance appartenant au tribunal de grande instance, sont naturellement membres des diverses assemblées et commissions du tribunal de grande instance.

155 Les attributions du tribunal d'instance. — Certaines sont *extrajudiciaires*. Le juge d'instance s'est vu conférer diverses attributions, telles la présidence des conseils de famille, l'apposition et la levée de scellés, la délivrance des certificats de nationalité, l'établissement des actes de notoriété, etc. Les attributions *juridictionnelles* relèvent soit de la compétence du tribunal, soit de celles propres du juge d'instance.

La compétence du tribunal d'instance se subdivise en une compétence générale, qui fait de lui le juge des petites affaires civiles, et une compétence spéciale qui ne cesse de s'accroître. Le tribunal d'instance a *compétence générale* pour statuer sur les actions personnelles et mobilières (ex. : demande en paiement), en premier et dernier ressort jusqu'à 13 000 F, et à charge d'appel jusqu'à 30 000 F. Le tribunal d'instance a *compétence spéciale* pour statuer, en premier et dernier ressort jusqu'à 13 000 F, à charge d'appel au-delà, dans des hypothèses très diversifiées : telles les actions immobilières possessoires, les actions en bornage, les actions pour dommages causés aux champs et cultures, fruits, récoltes, clôtures, bâtiments agricoles..., les baux d'habitation, le contentieux électoral social, etc. (*cf.* art. R 321-2 et s. COJ). On retiendra, plus particulièrement, que le juge d'instance est *juge des tutelles* : il est compétent pour organiser la protection des incapables mineurs et majeurs. Il s'agit là d'un contentieux important, qui représente environ 10 % des mesures prises par le tribunal. Le contentieux du recouvrement des créances par la voie de l'*injonction de payer* incombe aussi au tribunal d'instance : les difficultés économiques accroissent ce contentieux, tout comme celui lié au crédit à la consommation pour lequel le tribunal d'instance est également compétent. Enfin, les modifications dans les relations familiales (la multiplication de relations de fait) fournissent au tribunal d'instance un important contentieux en matière de *pensions alimentaires* et de *contribution aux charges du mariage*. Il est à noter que, dans les limites de sa compétence, le tribunal d'instance peut, désormais, rendre des ordonnances de *référé* ou *sur requête*. Ses pouvoirs sont alors les mêmes que ceux dévolus au président du tribunal de grande instance (*supra*, n° 149).

Le juge d'instance se voit conférer des attributions personnelles. Il est le président du tribunal paritaire des baux ruraux ; il préside occasionnellement le conseil des prud'hommes lorsque cela est nécessaire pour que se dégage une majorité : on l'appelle alors « juge-départiteur ».

156 LES AUDIENCES DU TRIBUNAL D'INSTANCE. — Les révolution-naires avaient rendu obligatoire l'*audience de conciliation,* pour que les justices de paix soient essentiellement des organes de pacifi-cation. La réalité s'est révélée autre et si le Nouveau Code de procédure civile encourage le juge d'instance, comme tout juge d'ailleurs, à concilier les parties (*cf.* art. 127 à 131), la conciliation n'est plus obli-gatoire, même devant le tribunal d'instance (*cf.* art. 829 NCPC). La tentative de conciliation, lorsqu'elle a lieu, peut être publique, mais peut aussi se tenir dans le cabinet du juge (art. 840 NCPC)[8].

L'*audience de jugement* est toujours une audience publique (sous réserve de l'art. 435 NCPC : *supra,* n° 147). Elle est toujours, aussi, une audience à juge unique. La pluralité de juges affectés au même tribunal d'instance ne doit pas tromper. L'article L 321-4 COJ est formel : le tribunal d'instance statue toujours à juge unique. Au sein d'un même tribunal, chaque juge tient donc sa propre audience et rend ses propres jugements. L'absence de collégialité est l'originalité du tribunal d'instance mais il faut bien reconnaître qu'elle s'est large-ment affaiblie depuis que la règle de la collégialité est battue en brèche devant le tribunal de grande instance. Le rapprochement des deux juridictions s'opère, cette fois-ci, par l'ébauche d'un alignement du tribunal de grande instance sur le tribunal d'instance.

Sous-section II
Les juridictions spécialisées

I | LE TRIBUNAL DE COMMERCE

157 CARACTÈRES. — Le tribunal de commerce est une juridiction d'exception qui présente plusieurs particularités. Celle, d'abord, d'être, en quelque sorte, la juridiction d'un état : c'est très largement la

---

8. Seul véritable vestige d'un idéal où la justice était une solution d'apaisement, les parties peuvent se présenter en personne devant le tribunal d'instance, sans être nécessairement repré-sentées par un avocat.

qualité de commerçant qui justifie sa compétence. Celle, ensuite, d'être composée de juges élus dans et par les professions commerciales et qui exercent leurs fonctions de manière bénévole. Celle, enfin, de connaître une procédure simplifiée, sans ministère obligatoire d'avocat.

A vrai dire, ces différentes particularités sont diversement appréciées. Certains, défenseurs farouches de cette institution, assurent que les tribunaux de commerce sont fort bien adaptés à leur mission : qu'il est bon que les juges soient eux-mêmes commerçants ; que le droit du commerce repose largement sur des usages, inconnus des magistrats ; que des juges commerçants, par sens pratique, sont plus enclins à inciter à la conciliation que la magistrature ordinaire. Ils voient aussi, dans la magistrature commerciale, une justice justement spécialisée, rapide, peu coûteuse pour les parties et pour l'Etat, qui n'a pas à rétribuer ses juges. D'autres, plus sceptiques, font remarquer que les juges commerçants ne connaissent guère que les usages de leur propre profession et ignorent tout des autres, qu'ils connaissent encore moins le droit, surtout dans des matières complexes telles que les faillites, que les statistiques ne font pas état d'une particulière réussite de la conciliation, qu'enfin les juges commerçants sont juges et parties puisque ayant à juger des professionnels qui peuvent être des concurrents. Le débat resurgit régulièrement, les projets aussi, qu'ils soient de suppression pure ou d'échevinage. La première s'appuie sur la constatation que certains pays étrangers, dans lesquels le commerce est florissant (par exemple, les Etats-Unis ou les Pays-Bas), ne connaissent pas de juridictions commerciales spécialisées. Le second renvoie à la pratique de pays voisins (Belgique, Allemagne) ou encore à celle que connaît l'Alsace-Lorraine[9].

Mais l'heure n'est pas aux réformes. Les résistances professionnelles, d'une part, les contraintes budgétaires, d'autre part (il est financièrement impossible de remplacer ces juges bénévoles par des magistrats qui devraient être payés ; même l'échevinage supposerait, à moins d'imposer un surcroît de travail intolérable aux magistrats actuellement en fonction, la création de nouveaux postes), ont eu raison des projets, et les consultations, menées par la Chancellerie dans les années 1981 à 1984,

---

9. *Cf.* les chambres commerciales présidées par un magistrat assisté d'assesseurs commerçants, au sein des tribunaux de grande instance de Colmar, Metz, Mulhouse, Strasbourg, Sarreguemines et Thionville : art. L et R 913 coj.

n'ont abouti qu'à une modification de compétence en matière de
faillites. Les tribunaux de commerce semblent devoir se maintenir.
Qui plus est, le rôle accru du ministère public auprès des tribunaux de
commerce (rôle accru par les lois du 15 octobre 1981 et du 25 janvier 1985), loin d'être la mise en tutelle que certains ont cru y voir — le
siège n'est jamais tenu par les réquisitions du parquet —, confère
une plus grande crédibilité à ces tribunaux et assure ainsi leur promotion dans l'organisation judiciaire.

158 ORIGINE. — Les tribunaux de commerce sont, dans notre organisation judiciaire, les juridictions les plus anciennes. A l'instar
des « juges consuls » des républiques marchandes de Gênes et de
Venise, des commerçants, élus par leurs pairs, tinrent justice intermittente, lors des foires et des marchés à partir du XIVe siècle. C'est par
un édit de 1563 que l'institution devint permanente. Diverses juridictions consulaires furent créées à Paris et en province. Ces juridictions, compétentes pour connaître des affaires commerciales, étaient
composées d'un juge et de quatre consuls, élus chaque année par les
commerçants notables de la ville. A la fin de l'Ancien Régime, on en
comptait 77. La Révolution et la loi des 16-24 août 1790 épargnèrent
les juridictions consulaires — ce furent les seules juridictions d'Ancien
Régime à se maintenir — en raison de leur mode de composition,
l'élection, conforme à l'idéal révolutionnaire. Les compétences des
tribunaux de commerce s'élargirent même aux affaires commerciales
maritimes qui ressortaient, sous l'Ancien Régime, aux tribunaux
d'amirauté (ou parfois, aux prud'hommes ou jurés de la mer). La loi
de 1790 autorisait la création de tribunaux de commerce dans les
villes qui en feraient la demande. Ces tribunaux demeurent de nos
jours et la réforme de 1958 les a maintenus dans notre organisation
judiciaire. Depuis les tribunaux de commerce n'ont cessé de se développer en nombre et en importance pour répondre aux besoins de
l'expansion économique[10].

---

10. Le Code de l'organisation judiciaire réglemente brièvement le tribunal de commerce : *cf.* les
     art. L 411-1 à L 411-10 et R 411-1 à R 411-4.

A - *Organisation*

159 SIÈGE ET RESSORT. — Le nombre et le siège des tribunaux de
commerce sont fixés par décret en Conseil d'Etat, le ressort
l'étant par décret simple. Ils ne cessent de se modifier par des créations
nouvelles ou, à l'inverse, par des regroupements, selon les fluctuations
de l'activité économique. Le ressort ne correspond pas nécessairement
à une circonscription administrative. Cependant, en règle générale,
il y a un tribunal de commerce par arrondissement. Mais, alors que
certains arrondissements possèdent plusieurs tribunaux de commerce,
d'autres n'en possèdent aucun[11]. La faiblesse de l'activité économique
justifie le plus souvent ces absences qui sont palliées par la compétence
du tribunal de grande instance (*supra,* n° 141). C'est, à l'inverse,
l'importance de certaines matières économiques qui a conduit le législateur à réduire le nombre de tribunaux de commerce habilités à
connaître des affaires de faillites. Ainsi, la loi du 25 janvier 1985 et le
décret du 27 décembre 1985 opèrent un partage de compétence, selon
l'importance en effectif de l'entreprise ou son chiffre d'affaires. Les
tribunaux de commerce « ordinaires » ne peuvent juger que des
« petites » affaires de faillite. Les autres affaires, celles qui concernent
des entreprises occupant plus de 50 salariés ou dont le chiffre d'affaires
hors taxes dépasse 20 millions de francs, relèvent de la compétence
de « grands » tribunaux de commerce. Ces « grands » tribunaux de
commerce ont le département pour ressort et le chef-lieu de département pour siège (*cf.* le décret du 27 décembre 1985).

160 COMPOSITION. — Un tribunal de commerce comprend un président, un nombre variable de juges titulaires et de juges suppléants,
fixé par décret, et un greffier. Il doit y avoir au moins un président et
deux juges, pour qu'aucun tribunal de commerce n'ait un effectif

---

11. L'*ASJ* 1986 indiquait le nombre de 227 tribunaux de commerce. Il n'existe aucun tribunal
de commerce en Alsace-Lorraine (*supra*, n. 9) ni dans les départements d'outre-mer où le
système est celui des tribunaux mixtes de commerce. Ils sont créés par décret, selon les besoins.
Le président du tribunal de grande instance en est le président ; il est assisté de juges titulaires et
de trois juges suppléants élus dans les mêmes conditions que les juges consulaires de la métropole (art. L 921-4 COJ).

incomplet, inapte à tenir audience. Lorsqu'un tribunal comprend plus de huit membres, il est divisé en chambres, qui ont à leur tête un président de chambre, élu par l'assemblée générale du tribunal[12].

Les règles de nomination des juges ont changé à diverses reprises, sous l'influence des conceptions idéologiques : suffrage universel, élection par les notables, élection à un degré, élection à deux degrés. C'est ce dernier système qui est actuellement en vigueur, afin de lutter ou plus exactement de cacher l'indifférence des milieux d'affaires à l'égard des élections consulaires[13]. Les professionnels élisent des délégués consulaires, chargés, eux-mêmes, d'élire les juges[14].

Sont électeurs : les commerçants et les chefs d'entreprise immatriculés au registre des métiers ainsi que leurs conjoints, à la condition d'une inscription au registre du commerce (ces personnes doivent être de nationalité française et n'avoir subi aucune des condamnations visées à l'art. 4 du décret de 1961) ; certaines personnes morales (sociétés anonymes ou à responsabilité limitée, sociétés nationales, établissements publics à caractère industriel et commercial, entreprises publiques soumises aux règles du droit commercial), par l'intermédiaire de leurs représentants, dont le nombre est limité à trois ; les membres en exercice ou anciens membres des tribunaux et chambres de commerce dont l'expérience peut être précieuse.

Sont éligibles aux fonctions de délégués consulaires les personnes inscrites sur les listes électorales, à l'exception des conjoints de commerçants ou chefs d'entreprise et des membres en exercice ou anciens membres des tribunaux et chambres de commerce. Sont éligibles aux fonctions de juges consulaires, les personnes inscrites sur les listes, à l'exception des précédentes, à la double condition qu'elles justifient de cinq années d'exercice professionnel et soient âgées de 30 ans.

Les juges sont élus pour deux ans, renouvelables par moitié tous les ans, rééligibles pour deux autres mandats seulement. Il faut avoir été juge suppléant pendant trois ans pour pouvoir être juge titulaire. Le président est élu par les juges, réunis en assemblée générale. Il doit

12. Par exemple, le tribunal de commerce de Créteil, créé par le décret du 22 août 1985, comprend un président, huit juges titulaires, sept juges suppléants et est divisé en trois chambres.
13. A cette raison officielle, il faudrait en ajouter une autre : le scrutin à deux degrés serait destiné à « notabiliser » les élections et à atténuer l'impact des mouvements politiques extrémistes (Pouille, p. 328).
14. Les textes relatifs aux élections sont ceux du décret du 23 août 1961, modifiés par les décrets du 22 décembre 1972 et du 13 juillet 1979 (art. 1 à 16).

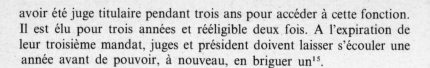

avoir été juge titulaire pendant trois ans pour accéder à cette fonction. Il est élu pour trois années et rééligible deux fois. A l'expiration de leur troisième mandat, juges et président doivent laisser s'écouler une année avant de pouvoir, à nouveau, en briguer un[15].

B - Fonctionnement

161 L'ADMINISTRATION DU TRIBUNAL. — Elle est partagée entre le président et l'assemblée générale. Le *président,* comme tout chef de juridiction, se voit conférer des attributions qui dérivent du principe de hiérarchie : il dirige le tribunal, répartit les affaires, veille à la discipline, assure, avec les présidents de chambre, la police des audiences, surveille le greffe, etc. Il représente le tribunal à l'extérieur. L'*assemblée générale,* assemblée unique à la différence du système instauré devant le tribunal de grande instance, est composée de tous les juges du tribunal. Son rôle est d'élire le président du tribunal et, éventuellement, les présidents de chambre. Elle fixe également le règlement intérieur, le service des audiences et dresse la liste des juges appelés, le cas échéant, à compléter le tribunal.

162 LES FORMATIONS JURIDICTIONNELLES. — Le *tribunal* siège en collégialité. La règle normale est de trois juges, dont au moins un titulaire, à peine de nullité. Toutefois, la règle de l'imparité peut être écartée. Le tribunal peut décider de s'adjoindre un quatrième juge, afin de parer, dans les affaires nécessitant plusieurs jours d'audience, à l'éventuelle défaillance d'un juge[16]. Dans l'hypothèse où quatre juges délibéreraient et en cas de partage des voix, celle du président est prépondérante. Le tribunal statue normalement en audience publique. Il peut toutefois se réunir en chambre du conseil, soit en raison d'un texte spécial (*cf.,* par exemple, l'art. 6 de la loi du 25 janvier 1985 sur le

15. A noter, toutefois, que des lois récentes ont prorogé les présidents et juges titulaires dans leurs fonctions : pour une durée d'un an, par la loi du 25 janvier 1985, renouvelée par la loi du 6 janvier 1986 (les juges titulaires en bénéficiant étant en surnombre). A noter également qu'en cas de création d'un tribunal de commerce, les conditions d'ancienneté ou d'interruption des fonctions soit ne sont pas exigées, soit se trouvent assouplies (*cf.* décret du 22 août 1985).

16. Ce système évite d'avoir à recommencer les débats. Le risque d'une défaillance n'est pas à négliger, car il ne faut pas oublier que les juges consulaires, bénévoles, ne peuvent consacrer un temps plein à leurs fonctions.

redressement judiciaire), soit en raison du texte général de l'article 435 du Nouveau Code de procédure civile. « Si l'affaire n'est pas en état d'être jugée, la formation de jugement la renvoie à une prochaine audience ou confie à l'un de ses membres le soin de l'instruire en qualité de juge rapporteur » (art. 861 NCPC). La fonction du juge rapporteur se rapproche de celle du juge de la mise en état du tribunal de grande instance. Le juge rapporteur peut entendre les parties, les inviter à fournir des explications ou des pièces, ordonner des mesures d'instruction ; il peut aussi constater la conciliation des parties.

Le *président* dispose de fonctions juridictionnelles propres. Dans les limites de la compétence du tribunal, il rend des ordonnances sur requête et est juge des référés (art. 872 à 876 NCPC) ; dans ces mêmes limites, il rend des ordonnances portant injonction de payer (art. 1406 NCPC). Il peut déléguer tout ou partie de ses pouvoirs.

163 LES ATTRIBUTIONS JURIDICTIONNELLES. — Le tribunal de commerce est juge des affaires commerciales. Plus précisément, sa compétence est fixée par les articles L 411-2 et suivants du Code de l'organisation judiciaire. Le tribunal de commerce connaît des contestations relatives aux engagements et transactions entre négociants, marchands, banquiers ; des contestations entre associés pour raison d'une société de commerce ; de celles relatives aux actes de commerce entre toutes personnes[17]. Le Code de l'organisation judiciaire rappelle les articles 632 et 633 du Code de commerce et les définitions qu'il donne de l'acte de commerce (acte de commerce par nature ou par forme). Le tribunal de commerce connaît aussi des procédures de redressement et liquidation judiciaires lorsque le débiteur est commerçant ou artisan (art. 7 loi 25 janvier 1985). Il juge en premier et dernier ressort jusqu'à concurrence de 13 000 F, à charge d'appel au-delà.

II | LE CONSEIL DE PRUD'HOMMES

164 CARACTÈRES. — Le conseil de prud'hommes est une juridiction d'exception dont la compétence est limitée aux conflits individuels nés d'un contrat de travail ou d'apprentissage. La double

---

17. Cette compétence du tribunal de commerce n'exclut pas l'arbitrage (*cf.* art. L 411-2 *in fine* COJ).

originalité du conseil de prud'hommes est d'être premièrement une juridiction élective et paritaire, deuxièmement un organe de conciliation avant d'être une juridiction de jugement. Les conseillers sont en effet élus, en nombre égal, par et parmi les employeurs d'une part, les salariés d'autre part ; et la volonté de stricte parité conduit à une composition très spécifique des conseils de prud'hommes. Quant à la fonction primordiale d'apaisement des conflits confiée au conseil de prud'hommes, elle se traduit par la procédure obligatoire du préliminaire de conciliation et par l'existence structurelle d'un bureau de conciliation.

Le conseil de prud'hommes et le tribunal de commerce présentent ainsi certains traits communs. Ils se composent, l'un et l'autre, de juges élus par les professionnels. Pourtant, le conseil de prud'hommes ne fait pas l'objet des mêmes réticences. On a souvent regretté son mauvais fonctionnement ; on ne conteste guère son existence. Peut-être, est-ce parce que le conseil de prud'hommes est la juridiction d'un contrat alors que le tribunal de commerce, juridiction d'un état, fait quelque peu figure de juridiction corporatiste.

165 ORIGINE. — L'Ancien Régime connaissait, là où fonctionnaient les corporations, des juridictions chargées de trancher les conflits de travail et qui se nommaient les « jurandes ». Pourtant, ce n'est pas en ces jurandes qu'il faut voir les ancêtres des conseils de prud'hommes mais, plutôt, dans une institution fonctionnant à Lyon, dans les arts et métiers et plus précisément dans le milieu des « soyeux », et qui avait pour rôle de régler les différends entre les fabricants de soierie et leurs ouvriers. Malgré son caractère paritaire et à cause de son aspect corporatiste, la Révolution supprima cette juridiction du travail. Napoléon, saisi d'une requête des Lyonnais, la restaura en 1806 et autorisa l'implantation d'une même juridiction dans toutes les régions où le développement du commerce et de l'industrie nécessiterait une telle création. Depuis lors, le nombre des conseils de prud'hommes n'a cessé de croître. La composition des conseils excluait toutefois la représentation des salariés, puisqu'il fallait être patenté pour être électeur et éligible. C'est la Révolution de 1848 qui a donné au conseil de prud'hommes le caractère paritaire qu'il a conservé depuis, en faisant siéger côte à côte des élus patronaux et ouvriers. Le régime du conseil de prud'hommes est longtemps resté défini par la loi du 27 mars 1907. La réforme de l'organisation judiciaire en 1958 ne le modifia qu'assez peu. Pourtant, la juridiction prud'homale suscitait de nombreuses critiques : une implantation géographique insuffisante, un contentieux très largement traité par d'autres tribunaux, une désaffection des électeurs. Aussi les conseils de prud'hommes furent-ils l'objet d'une profonde réforme réalisée par les lois du 18 janvier 1979, du 6 mai 1982 (et leurs décrets respectifs) auxquelles il faut ajouter la loi du 30 décembre 1986. Les textes concernant le conseil de prud'hommes figurent au livre V du Code du travail. Certains articles sont repris par le Code de l'organisation judiciaire (aux art. L 421-1 et s. et R 421-1 et s.).

A - Organisation

166 SIÈGE ET RESSORT. — Jusqu'à la veille de la réforme de 1979, les conseils de prud'hommes n'étaient créés que dans les régions dont l'activité économique le justifiait. Bon nombre n'avait donc pas de conseil de prud'hommes. A l'inverse, la loi de 1979 a généralisé, sur le territoire français, leur implantation, en imposant qu'existe un conseil dans le ressort de chaque tribunal de grande instance. Les ressorts du tribunal de grande instance et du conseil de prud'hommes sont alors identiques mais leurs sièges peuvent être différents. Toutefois, pour des raisons d'ordre géographique, économique ou social, plusieurs conseils de prud'hommes peuvent être créés dans le ressort d'un même tribunal de grande instance (art. 511-3 C. trav.). La création ou la suppression d'un conseil de prud'hommes, ainsi que la fixation, la modification de leur ressort ou de leur siège, se fait par décret en Conseil d'Etat mais après consultation ou avis de diverses institutions : le conseil général, le conseil municipal, le ou les conseils de prud'hommes intéressés, le premier président de la cour d'appel, les organisations professionnelles et syndicales les plus représentatives sur le plan national, les chambres de commerce, de métiers, d'agriculture (art. L 511-3 *in fine* C. trav.). La loi du 6 mai 1982 a, pour sa part, supprimé le régime propre à l'Alsace-Lorraine qui reposait sur l'échevinage et limitait la compétence des conseils de prud'hommes, tant professionnelle que géographique, pour y imposer le régime général. Il existe ainsi 282 conseils de prud'hommes (*ASJ*, 1986). Ce n'est que dans l'hypothèse où un conseil de prud'hommes ne peut se constituer ou ne peut fonctionner que le premier président de la cour d'appel peut donner compétence, à défaut d'un autre conseil de prud'hommes, à un tribunal d'instance (art. L 512-11 C. trav.). La généralisation de la compétence, géographique, des conseils de prud'hommes est donc bien achevée.

167 STRUCTURES. — Chaque conseil de prud'hommes est d'abord divisé en *sections*. La première innovation de la loi de 1979 les concernant avait été l'uniformité. Alors qu'avant cette réforme, la structure des conseils de prud'hommes pouvait varier en fonction des données économiques et sociales de leur lieu d'implantation, ces derniers présentaient, depuis 1979, une structure strictement identique. Ils comprenaient cinq sections autonomes : la section de l'encadrement, la section de l'industrie, la section du commerce et des services commerciaux, la section de l'agriculture et la section des activités diverses (art. L 512-2 C. trav.). Mais la loi du 30 décembre 1986, abandonnant quelque peu ce souci d'uniformité, fait un retour partiel au réalisme économique. En effet, « lorsque le ressort d'un tribunal de grande instance comprend plusieurs conseils de prud'hommes, il est constitué une section agricole unique pour l'ensemble du ressort. Cette section est rattachée à l'un des conseils de prud'hommes par décret en Conseil d'Etat » (art. L 512-2 nouv. C. trav.)[18]. La deuxième innovation de la réforme de 1979 résidait (et réside toujours) dans la création de la section de l'encadrement : quelles que soient leurs origines professionnelles, les cadres y sont réunis.

En raison du principe de la parité, chaque section se compose d'un nombre égal d'employeurs et de salariés : au moins quatre conseillers de chaque catégorie, sauf circonstances exceptionnelles (art. L 512-2). En fonction de l'importance des sections, plusieurs chambres peuvent être constituées en leur sein, chacune se composant normalement d'au moins quatre conseillers prud'hommes salariés et quatre conseillers employeurs. La constitution de chambres est décidée par le premier président de la cour d'appel, sur proposition de l'assemblée générale

18. Les difficultés qui pourront naître d'un tel regroupement seront tranchées, sans recours possible, par le premier président de la cour d'appel (art. 15 loi 30 décembre 1986).

du conseil de prud'hommes (art. L 512-3). Aux termes de la loi du 30 décembre 1986 (art. L 512-3 nouv.), toute section comportant plusieurs chambres doit en spécialiser une dans la connaissance des litiges relatifs aux licenciements économiques et à la rupture du contrat de travail intervenant dans les conditions prévues à l'article L 321-6, alinéa 3.

Chaque section ou chaque chambre a, à sa tête, un président et un vice-président, l'un des deux étant employeur, l'autre salarié, élus par l'assemblée de la section ou celle de la chambre (art. L 512-7).

Chaque conseil de prud'hommes se divise ensuite en *bureaux*. Il en existe deux, à l'intérieur de chaque section ou de chacune des chambres internes aux sections. L'un est le bureau de conciliation. Il se compose d'un conseiller salarié et d'un conseiller employeur. Le règlement particulier à chaque section (ou chambre) établit un roulement entre tous les conseillers. L'autre est le bureau de jugement. Il se compose, à part égale, de prud'hommes salariés et employeurs, y compris le président ou le vice-président siégeant alternativement : la composition minimale est de quatre conseillers (art. L 515-2).

Chaque conseil de prud'hommes comprend enfin — « obligatoirement » (loi du 30 décembre 1986) — une *formation de référé*, commune à l'ensemble des sections. Cette formation est composée d'un conseiller salarié et d'un conseiller employeur, désignés chaque année par l'assemblée générale du conseil de prud'hommes (art. L 515-2 et R 515-4).

168 MEMBRES. — L'effectif de chaque conseil de prud'hommes est fixé par décret, le nombre de conseillers prud'hommes variant avec l'importance du conseil et le volume d'affaires à juger.

Leur mode de recrutement est l'*élection*. Tous les conseillers prud'hommes sont élus et, comme il s'agit d'une juridiction paritaire, il doit être élu un nombre égal d'employeurs et de salariés. Les élections ont lieu à la représentation proportionnelle, section par section, avec deux collèges distincts : celui des employeurs et celui des salariés. Le mode d'élection rend ainsi importante la détermination de l'appartenance à une section. Celle-ci s'opère par référence à l'activité principale : l'activité principale de l'employeur détermine son appartenance à une section, l'activité principale de l'entreprise à laquelle il appartient détermine celle du salarié. Pour les cadres, leur appartenance est déterminée par la nature des fonctions qu'ils occupent[19] ; quant aux employeurs, employant des cadres, ils doivent choisir entre la section correspondant à leur activité principale — mais cette voie leur est fermée s'ils n'emploient que des cadres — et la section de l'encadrement. En effet, on ne peut être électeur, candidat ou élu que dans une seule section (art. L 513-1, L 513-2).

Pour être électeur, il faut avoir 16 ans accomplis, être employeur ou salarié, exercer une activité professionnelle ou être sous contrat d'apprentissage, ou encore être privé involontairement d'emploi, n'avoir encouru aucune des condamnations prévues aux articles L 5 et L 6 du Code électoral. Aucune condition de nationalité n'est exigée (art. L 513-1, alinéa 1).

Est éligible tout électeur de nationalité française, âgé de 21 ans au moins ; est encore éligible tout ancien électeur ayant été inscrit au moins pendant trois ans sur les listes prud'homales, à la condition qu'il ait cessé son activité professionnelle depuis moins de dix ans. Il s'agit, par cette mesure, de permettre le recrutement de conseillers retraités plus disponibles à l'exercice de leur mandat (art. L 513-2).

L'élection est à un seul degré. Le mandat des conseillers est de cinq ans. Ils sont rééligibles[20].

Par leur *statut*, les conseillers prud'hommes sont de véritables juges qui participent au service public de la justice. A ce titre, ils prêtent serment et sont soumis aux obligations et charges qui pèsent sur les magistrats de carrière. La règle de l'indépendance des magistrats prend ici une coloration particulière. Il est interdit aux conseillers prud'hommes d'accepter un quelconque mandat impératif (art. L 514-6). Il s'agit d'éviter que des conseillers, élus sur des listes professionnelles ou syndicales, ne prennent l'engagement de juger conformément aux ordres de leurs organisations, mettant ainsi en péril l'indépendance judiciaire.

Mais les conseillers sont des juges occasionnels. Ce sont avant tout des professionnels qui exercent, parallèlement à leur mandat de juges, une activité principale. Cela a conduit le législateur à prévoir deux séries de règles. La première série est financière. L'employeur

---

19. Sont *électeurs employeurs* les cadres détenant une délégation particulière d'autorité, établie par écrit, permettant de les assimiler à un employeur (art. L 513-1). Les autres sont électeurs salariés.
20. La réglementation des opérations électorales a été modifiée par le décret du 18 février 1987.

est tenu de rémunérer intégralement son salarié, conseiller prud'homme, quand bien même celui-ci s'absenterait pendant ses heures de travail pour accomplir sa mission de juge. En compensation, l'Etat rembourse à l'employeur le montant des heures d'absence ainsi payées. Si les fonctions de juge sont exercées en dehors du temps de travail, l'Etat paye alors au prud'homme salarié des vacations. C'est la formule aussi utilisée pour les conseillers employeurs, le montant de ces vacations étant du double pendant les heures de travail (8 h - 18 h). La deuxième série de règles est de protection. Le conseiller salarié a tout d'abord la liberté de participer aux séances du conseil et donc de s'absenter de son lieu de travail, sans autorisation préalable et ponctuelle de l'employeur. Sa disponibilité au profit de l'entreprise pouvant être diminuée, il est réputé salarié protégé et bénéficie des mêmes garanties contre le licenciement que les délégués syndicaux. Il a enfin droit à des autorisations d'absence pour formation, une formation destinée à faciliter l'exercice de ses fonctions judiciaires (art. L 514-1 et s.).

B - Fonctionnement

169 L'ADMINISTRATION DU CONSEIL. — A la tête de chaque conseil de prud'hommes, se trouve placé un *président* (que la pratique nomme parfois « président général » pour le distinguer des présidents de sections ou de chambres), assisté d'un *vice-président,* élus l'un et l'autre pour un an par l'assemblée générale. Le principe est celui de l'alternance. « Le président du conseil de prud'hommes est alternativement un salarié ou un employeur. Le sort détermine la qualité de celui qui est élu la première fois » (art. L 512-8). Si le sort désigne comme président un conseiller employeur, le vice-président doit être un salarié et inversement. De plus, l'alternance doit être observée d'année en année, de sorte que si, une année, le président est un employeur, l'année suivante, le président sera nécessairement un salarié[21].

Le président dispose des attributions administratives habituelles des chefs de juridiction : organisation intérieure du conseil de pru-

---

21. Il est à noter que les présidents et vice-présidents de sections ou de chambres sont élus exactement dans les mêmes conditions par les sections et les chambres (art. L 512-10).

d'hommes, discipline, répartition des affaires entre les différentes sections, représentation du conseil de prud'hommes.

L'*assemblée générale* est une formation unique. Elle réunit tous les conseillers prud'hommes. Son rôle est important, puisqu'elle désigne le président et le vice-président. Elle élabore le règlement intérieur du conseil et propose la constitution de nouvelles chambres[22].

170 LES ATTRIBUTIONS JURIDICTIONNELLES. — Chaque *section,* à l'intérieur d'un même conseil de prud'hommes, constitue une juridiction autonome (à la différence des chambres du tribunal de grande instance, par exemple). La section de l'industrie serait rigoureusement incompétente pour statuer sur un litige opposant un ouvrier agricole à son employeur. Le traitement d'une affaire suppose nécessairement un préalable de conciliation. C'est le bureau de conciliation qui a mission de tenter de concilier les parties. Celles-ci doivent être présentes[23] et la séance n'est pas publique. Le bureau peut aussi, à défaut de conciliation, et à certaines conditions, prendre des mesures importantes : octroi d'une provision sur salaire, remise de pièces justificatives telles que fiches de paye, astreinte, mesures d'instruction, etc. Ces mesures ne peuvent être que provisoires et la séance doit alors être publique (art. R 516-13 et s. et plus particulièrement R 516-18). En cas d'échec de la conciliation, c'est au bureau de jugement qu'il revient de juger définitivement les affaires au fond. L'audience est publique, sauf application de l'article 435 NCPC.

La *formation de référé,* commune à toutes les sections, statue sur les demandes en référé. Le président du conseil de prud'hommes, à la différence des autres chefs de juridiction, ne dispose, en effet, d'aucun pouvoir juridictionnel propre. Cela aurait été contraire à la règle de la parité. C'est donc à une formation particulière, paritaire, qu'est confié le référé prud'homal. Les conditions et les mesures sont identiques à celles du référé devant le président du tribunal de grande instance, dans le cadre, bien entendu, des compétences du conseil de prud'hommes.

Afin de mettre l'affaire en état, le bureau de conciliation, celui de

---

22. Les conseils de prud'hommes bénéficient d'un véritable secrétariat-greffe dont les membres sont soumis au même statut que ceux des juridictions de droit commun mais dont le rôle est encore plus important (*supra*, n°s 59 et 60).

23. Elles ne peuvent se faire représenter qu'en cas de motif légitime, mais elles peuvent toujours se faire assister. Les règles sont identiques devant le bureau de jugement (*cf.* art. R 516-4 et R 516-5).

jugement ou la formation de référé, peut désigner un conseiller rapporteur (voire deux). Son rôle est d'entendre les parties, de procéder aux mesures d'instruction utiles, d'enjoindre la production de pièces. A défaut de production, le conseiller rapporteur peut passer outre et renvoyer devant la formation qui tirera toute conclusion utile de ce refus. Il peut constater la conciliation des parties (art. R 516-21 et s.).

L'*acquisition des décisions* devant le conseil de prud'hommes pose des difficultés particulières. Les décisions des diverses formations doivent être acquises à l'unanimité, quand les conseillers sont au nombre de deux, à la majorité absolue quand leur nombre est plus élevé. Or, la parité crée un risque de partage des voix. Dans une telle hypothèse, le juge d'instance sert de « juge départiteur ». « En cas de partage, l'affaire est renvoyée devant le même bureau de conciliation, le même bureau de jugement ou la même formation de référé présidée par un juge du tribunal d'instance dans le ressort duquel est situé le siège du conseil de prud'hommes. Si, lors de l'audience de départage, le bureau ou la formation ne peut se réunir au complet, le juge d'instance statue seul après avoir pris l'avis des conseillers présents » (art. L 515-3)[24]. Il faut constater qu'en pratique, le partage de voix et le recours au juge départiteur sont de plus en plus fréquents. Ce qui tendrait à prouver une certaine rigidité des attitudes, une certaine tension des rapports entre employeurs et salariés, même au sein des conseils de prud'hommes.

La *compétence* du conseil de prud'hommes est déterminée par l'article L 511-1. La juridiction prud'homale est compétente pour connaître des différends *individuels,* nés entre employeurs et salariés à l'occasion du contrat qui les lie ou les a liés ou entre salariés à l'occasion du travail. Les litiges individuels les plus fréquents concernent les salaires, les primes, les congés ou encore les licenciements. La loi du 30 décembre 1986 a également accordé au conseil de prud'hommes la connaissance des litiges relatifs aux licenciements pour motif économique ainsi qu'aux ruptures de contrat intervenues dans les conditions prévues à l'article L 321-6, alinéa 3 (art. L 511-1 nouv.). La compétence du conseil de prud'hommes s'étend à tout le secteur privé, mais aussi aux services

---

24. En cas d'empêchement d'un conseiller, il est *d'abord* tenté un remplacement, à l'initiative soit du conseiller empêché soit du président ou vice-président (*cf.* art. R 516-40 nouv., issu du décret du 18 février 1987).

publics, lorsque leurs personnels sont employés dans les conditions du droit privé. En revanche, les litiges collectifs échappent à sa compétence et relèvent de celle des tribunaux ordinaires. La compétence du conseil de prud'hommes est une compétence exclusive. La loi du 6 mai 1982 a renforcé cette exclusivité en supprimant l'option, offerte au cadre demandeur, entre le tribunal de commerce et le conseil de de prud'hommes et en interdisant le recours à l'arbitrage. Restent des compétences qui échappent au conseil : le contentieux relevant du Code du travail maritime, le contentieux de la participation (ce sont le tribunal de grande instance et le tribunal d'instance qui sont compétents pour connaître des contestations relatives aux droits individuels nés de la participation : art. L 442-13 *in fine*), le contentieux préalable du règlement collectif dont la compétence revient au tribunal de commerce. Les conseils de prud'hommes jugent en premier et dernier ressort jusqu'à 15 000 F (décret du 31 décembre 1986), à charge d'appel au-delà.

171 ANNEXE : LE CONSEIL SUPÉRIEUR DE LA PRUD'HOMIE. — La loi du 6 mai 1982, complétée par le décret du 10 mai 1984, a créé le Conseil supérieur de la prud'homie. Ce Conseil est appelé à formuler des avis et suggestions, ainsi qu'à effectuer des études sur l'organisation et le fonctionnement des conseils de prud'hommes. Il propose toutes mesures utiles au ministre de la Justice ; il est consulté sur les projets de lois et de règlements relatifs à l'institution, l'organisation, le fonctionnement des conseils de prud'hommes, à l'élection, le statut, la formation des conseillers ainsi qu'à la procédure suivie devant les conseils de prud'hommes (*cf.* art. R 511-4 à R 514-4-8). L'existence d'un tel Conseil montre l'intérêt que le législateur porte aux conseils de prud'hommes. Elle laisse aussi sous-entendre que le pari est difficile. Les mentalités françaises ne sont guère enclines à la concertation : une certaine rigidité chez les conseillers, une grande intransigeance chez les partenaires sociaux, dont les recours en appel, quasiment systématiques, sont la preuve... L'amélioration du fonctionnement des conseils de prud'hommes passe aussi par celle des relations sociales.

III | LE TRIBUNAL PARITAIRE DES BAUX RURAUX

172 CARACTÈRES. — Le tribunal paritaire des baux ruraux est une
juridiction d'exception qui, par sa compétence d'attribution,
est la juridiction d'un contrat, celui du bail rural[25]. Par sa composition,
cette juridiction est élective et paritaire : ses juges, élus, sont à égalité
des représentants des bailleurs et des preneurs. Mais elle est aussi
une juridiction échevinale : son président est un magistrat de carrière,
le juge d'instance. Les règles du ressort et du fonctionnement du
tribunal paritaire des baux ruraux en font d'ailleurs une sorte de
« satellite » du tribunal d'instance.

Le tribunal paritaire des baux ruraux est la juridiction civile de
première instance la plus contestée, et sans doute la plus contestable.
Au-delà du désintérêt que les professionnels lui manifestent, son existence même a pu être qualifiée d' « hérétique » (Solus). La question
est de savoir si le bail rural justifie une juridiction particulière. Si la
matière des baux suscite des litiges nombreux, les baux commerciaux
et d'habitation y tiennent une large part et ne bénéficient pas pour
autant d'une juridiction spéciale (les baux commerciaux relèvent de
la compétence du tribunal de grande instance, les baux d'habitation
de celle du tribunal d'instance). Par ailleurs, la compétence du tribunal
paritaire des baux ruraux est très spécifique et bien des conflits liés au
bail rural (action en paiement de fermage, conflits nés de l'action
des SAFER, etc.) sont justiciables de la juridiction de droit commun.

173 ORIGINE. — Le tribunal paritaire des baux ruraux a une courte
histoire. Il est issu d'une loi du gouvernement de Vichy, en date
du 4 septembre 1943, qui, dans l'esprit d'une politique corporatiste,
créa, dans les cantons, des commissions paritaires de conciliation et
de jugement chargées de régler les litiges entre bailleurs et preneurs.
A la Libération, ce texte fut remplacé par les ordonnances du 4 septembre 1944, du 17 octobre 1945 et par la loi du 13 avril 1946. L'insti-

---

25. Le bail rural est le contrat par lequel le propriétaire d'une terre ou d'une exploitation agricole
(le bailleur) loue celle-ci à un fermier ou à un métayer (le preneur).

tution fut largement modifiée. Elle devenait échevinale, par l'introduction d'un magistrat de carrière. Elle devenait aussi à double
degré : une commission de première instance siégeait, dans les cantons,
présidée par le juge de paix ; une commission paritaire d'arrondissement, présidée par le président du tribunal civil servait de juridiction
d'appel. La réforme de 1958 donna au tribunal paritaire des baux
ruraux son visage actuel : la juridiction d'appel spéciale disparut ;
le tribunal paritaire des baux ruraux n'est plus qu'une juridiction de
première instance.

A - *Organisation*

174 SIÈGE ET RESSORT. — Un tribunal paritaire des baux ruraux est
institué au siège de chaque tribunal d'instance (art. 1er, D. 22 décembre 1958). Le siège du tribunal paritaire des baux ruraux n'est
donc plus le canton mais l'arrondissement, d'une part ; d'autre part, son
siège et son ressort correspondent à ceux du tribunal d'instance. Il y a
toutefois moins de tribunaux paritaires des baux ruraux que de tribunaux d'instance. D'abord, parce que certains arrondissements qui
sont urbains ont un tribunal d'instance, mais n'ont guère besoin d'un
tribunal paritaire des baux ruraux. Ensuite, parce que la désaffection
des professionnels, ou l'absentéisme des juges élus, empêche que soit
organisé ou maintenu un tribunal paritaire des baux ruraux. Le tribunal
est alors supprimé par décret et ses attributions dévolues au tribunal
d'instance. Le nombre de tribunaux paritaires des baux ruraux s'élève
à 412 (*ASJ*, 1986).

175 COMPOSITION. — La composition du tribunal paritaire des baux
ruraux (*cf*. art. 2, D.) ne présente de particularités que quant
aux magistrats du siège. Le représentant du ministère public est
emprunté au tribunal de grande instance et son intervention est libre ;
le secrétariat est tenu par le secrétariat-greffe du tribunal d'instance.
   Le tribunal paritaire des baux ruraux est une juridiction échevinale.
Se trouve donc à sa tête, exerçant les fonctions de *président*, un magistrat
de carrière, qui est le juge d'instance (ou l'un des juges d'instance si
le tribunal d'instance du ressort en comprend plusieurs). C'est aussi
une juridiction élective et paritaire. Les *assesseurs* sont donc des juges

élus. Ils sont au nombre de quatre : deux étant bailleurs, deux étant preneurs, élus respectivement par le collège de leurs pairs, pour un mandat de cinq années (art. 6). Pour être électeur, il faut être de nationalité française ou ressortissant d'un état membre de la Communauté économique européenne, être majeur, jouir de ses droits civils, civiques et professionnels, avoir son domicile ou sa résidence dans le ressort du tribunal paritaire des baux ruraux. Est éligible tout électeur, âgé de 26 ans, possédant depuis cinq ans au moins la qualité de preneur ou de bailleur et ayant fait acte de candidature (art. 4).

Il peut exister, au sein du tribunal paritaire des baux ruraux, une ou deux sections, suivant les particularités rurales du ressort. Lorsqu'il se constitue deux sections, l'une est chargée des baux à ferme, l'autre des baux à métayage. Dans ce cas, les assesseurs siègent dans la section qui correspond à la qualité pour laquelle ils ont été élus. Chaque section comporte quatre assesseurs (deux bailleurs, deux preneurs).

B - Fonctionnement

176 PARTICULARITÉS. — Le tribunal paritaire des baux ruraux n'est pas une formation permanente. A la différence des autres juridictions civiles de première instance qui siègent de façon continue, le tribunal paritaire des baux ruraux se réunit par *sessions,* dont la fréquence et la durée varient avec le nombre d'affaires à juger.

Le tribunal paritaire des baux ruraux tient normalement des audiences publiques. Mais, il peut choisir de se réunir en chambre du conseil.

Le tribunal paritaire des baux ruraux est soumis à l'obligation de la tentative préalable de conciliation. Les parties sont donc tenues de comparaître, sauf motif légitime, et la procédure est sans représentation obligatoire (*cf*. art. 883, 884 et 887 NCPC).

177 FORMATIONS DE JUGEMENT. — La formation normale est la *formation collégiale*. Elle se compose de cinq membres : le président et quatre assesseurs. Lorsque le tribunal paritaire des baux ruraux comporte deux sections, chaque section se réunit en formation collégiale complète : l'une pour juger des baux à ferme, l'autre des baux à métayage. En principe, chaque section constitue un tribunal autonome et n'est compétente que pour le type de baux pour lequel elle a été constituée. Toutefois, à l'inverse de la règle prud'homale, le cloisonnement n'est pas étanche et si l'une des sections ne peut être mise en place ou se trouve hors d'état de fonctionner, l'autre peut valablement connaître d'un bail qui normalement ne relève pas de sa compétence (art. 881 NCPC).

Le tribunal paritaire des baux ruraux connaît aussi une *formation à juge unique*. En sus de ses fonctions administratives de chef de juridiction, le président est doté de pouvoirs juridictionnels importants. Ce sont d'abord — ces pouvoirs-là sont comparables à ceux de la plupart des présidents — des pouvoirs quant au provisoire. Le président dispose du pouvoir très général de rendre, dans le cadre de la compétence du tribunal paritaire des baux ruraux, des ordonnances sur requête ou des ordonnances de référé. Il peut, en référé, statuer sur les difficultés d'exécution d'un jugement du tribunal paritaire des baux ruraux (art. 893 à 898 NCPC). Ce sont ensuite — et ces pouvoirs-ci sont très spécifiques — des pouvoirs quant au fond. Le président statue seul, en remplacement du tribunal, lorsque celui-ci ne peut se réunir au complet, en raison de l'absence, de la démission ou de la récusation d'un ou des assesseurs. Il lui est seulement fait obligation de recueillir l'avis des assesseurs présents (art. 18 D.).

178 Compétence. — Le tribunal paritaire des baux ruraux est seul compétent pour connaître des contestations entre bailleurs et preneurs de baux ruraux relatives à l'application des titres I à V du livre VI du Code rural. Sa compétence est donc très spéciale. Elle ne s'attache pas à toutes les contestations nées du contrat de bail mais seulement à celles visées par lesdits titres. Ne relèvent, entre autres, de la compétence du tribunal paritaire des baux ruraux que les seuls litiges opposant les parties au contrat de bail[26]. En pratique, les litiges du ressort du tribunal paritaire des baux ruraux concernent la fixation des prix, les congés, le droit de reprise du propriétaire, les indemnités dues au preneur sortant, la conversion du métayage en fermage.

---

26. Par exemple, la demande du fermier en annulation de la vente du bien rural, en dépit de son droit de préemption, échappe à la compétence du tribunal paritaire des baux ruraux, puisque le litige oppose une partie au contrat de bail (le fermier) à un tiers à ce contrat (l'acquéreur), et cela quand bien même le fermier fonde ses prétentions sur le contrat de bail.

La compétence du tribunal paritaire des baux ruraux est exclusive. Toutefois, n'est plus imposée aux autres juridictions l'obligation de surseoir à statuer afin que le tribunal paritaire des baux ruraux décide si le litige relève ou non de sa compétence. L'exclusivité ne leur impose que de se déclarer incompétentes si elles estiment, elles-mêmes, que le litige relève de la compétence du tribunal paritaire des baux ruraux[27].

Le tribunal paritaire des baux ruraux statue en premier et dernier ressort jusqu'à 13 000 F, à charge d'appel au-delà[28].

IV | LES JURIDICTIONS DE LA SÉCURITÉ SOCIALE

La sécurité sociale connaît un droit très spécifique. Aussi, lors de sa création, le législateur a-t-il institué des juridictions spécialisées dites « commissions » pour statuer sur les différends auxquels pouvait donner lieu l'application des textes la concernant (loi du 24 octobre 1946). Le contentieux, en la matière, est en effet extrêmement abondant et varié. A côté des questions proprement juridiques, il en est d'autres de technique médicale. Apparaissent ainsi deux contentieux, l'un dit général, l'autre dit technique, auxquels correspondent des juridictions différentes.

A - Le tribunal des affaires de sécurité sociale

179 CARACTÈRES. — Le tribunal des affaires de sécurité sociale est la juridiction chargée de juger le contentieux général de la sécurité sociale. Cette juridiction d'exception est échevinale, paritaire et non élective. Sa saisine suppose un préalable : qu'ait été déposée une réclamation devant la commission du recours gracieux, instituée au sein de tout organisme de sécurité sociale et que cette réclamation

---

27. Le tribunal paritaire des baux ruraux compétent est toujours celui de la situation de l'immeuble donné à bail.
28. Les textes relatifs au tribunal paritaire des baux ruraux sont le décret n° 1293 du 22 décembre 1958 et les art. 880 à 898 NCPC.

se soit soldée par un échec pour le demandeur (la « conciliation » est, en quelque sorte, extérieure au tribunal des affaires de sécurité sociale).

180 Origine. — A la Libération, le législateur avait créé des commissions de sécurité sociale siégeant en première instance et en appel. La réforme de 1958 supprima les commissions régionales d'appel, ne maintenant que les commissions de première instance. C'est à ces commissions de première instance que succède le tribunal des affaires de sécurité sociale, né de la loi du 3 janvier 1985 modifiée par celle du 25 juillet 1985. La nouvelle institution est assez proche de l'ancienne. On note, toutefois, certains glissements de pouvoirs : ceux qui appartenaient au président du tribunal de grande instance appartiennent désormais au premier président de la cour d'appel.

181 Organisation. — *Le siège et le ressort* des tribunaux des affaires de sécurité sociale sont fixés par arrêté ministériel. Le ressort correspond soit à tout ou partie de la circonscription d'un organisme de sécurité sociale ou de mutualité agricole, soit aux circonscriptions de plusieurs de ces organismes. Les tribunaux des affaires de sécurité sociale sont au nombre de 110 (*ASJ*, 1986).

Le tribunal des affaires de sécurité sociale se *compose* d'un président et d'assesseurs. Le président n'est plus le président du tribunal de grande instance, ou son délégué. Le nouvel article L 191-1 css (issu de la loi du 25 juillet 1985) dispose que le tribunal des affaires de sécurité sociale est présidé par un magistrat du siège du tribunal de grande instance dans le ressort duquel le tribunal des affaires de sécurité sociale a son siège, ou par un magistrat honoraire. Ce magistrat est désigné, pour trois ans, par ordonnance du premier président de la cour d'appel, après avis de l'assemblée générale des magistrats du siège de la cour d'appel. Les assesseurs sont des représentants, d'une part des travailleurs salariés, d'autre part des employeurs et travailleurs indépendants. Ils sont nommés, pour trois ans, par ordonnance du premier président de la cour d'appel, après avis du président du tribunal des affaires de sécurité sociale, sur une liste dressée, par les autorités compétentes de l'Etat en matière de sécurité sociale et de mutualité agricole, sur propositions des organisations patronales et ouvrières les plus représentatives, des organismes d'allocation et d'assurance vieillesse. Un nombre égal d'assesseurs suppléants est nommé dans les mêmes conditions. Ne peuvent être assesseurs titulaires ou suppléants ceux qui sont privés de leurs droits civils et politiques, ou qui ont été, dans les cinq années qui précèdent, condamnés pour une infraction aux règles de la sécurité sociale. Enfin, une incompatibilité est édictée entre les fonctions d'assesseurs et celles de membres des conseils d'administration des organismes de sécurité sociale ou de mutualité agricole (art. L 191-2). Le statut des assesseurs leur impose des obligations et leur confère des droits. Les assesseurs sont tenus de prêter serment ; ils sont tenus d'assister aux audiences. La démission d'un assesseur, qui s'est abstenu de venir à une audience sans motif légitime, peut être déclarée par la cour d'appel à la demande du président du tribunal des affaires de sécurité sociale. Les assesseurs ont le droit de s'absenter de leur lieu de travail, les employeurs étant tenus de laisser aux salariés de leur entreprise, membres assesseurs du tribunal des affaires de sécurité sociale, le temps nécessaire pour se rendre et participer aux audiences auxquelles ils ont été convoqués (art. L 191-1, L 191-2, L 191-3)[29].

Le tribunal des affaires de sécurité sociale peut être divisé en sections entre lesquelles sont répartis les litiges.

182 Fonctionnement juridictionnel. — La *formation collégiale* est la règle. Le tribunal des affaires de sécurité sociale se compose de trois membres : le président et deux assesseurs, l'un représentant les salariés, l'autre les employeurs et travailleurs indépendants. Les assesseurs appartiennent aux professions agricoles lorsque le litige intéresse un ressortissant de ces professions ; ils appartiennent aux professions non agricoles dans le cas contraire. Toutefois, cette formation peut être élargie à cinq membres lorsque le tribunal doit déterminer si le régime applicable à l'instance est de nature agricole ou non agricole : les assesseurs appartiennent alors aux deux catégories professionnelles (art. L 191-1 css).

Le *président* peut statuer à *juge unique,* si, par défaillance d'un assesseur la formation collégiale n'a pu être composée. Lors de la première audience, le président ne peut statuer seul qu'avec l'accord des parties. Si les parties préfèrent être jugées par la formation collégiale, le président renvoie à une audience ultérieure. En cas de nouvelle

29. Un remboursement de l'employeur est organisé : *cf.* art. 38 loi 25 juillet 1985.

défaillance à la seconde audience, le président statue seul (art. L 191-4).

Le tribunal des affaires de sécurité sociale a *compétence* pour tous les litiges qui se rattachent directement à l'application des règles relatives à la sécurité sociale. Il s'agit des différends opposant les organismes et leurs usagers en matière de cotisations, prestations, assujettissement... Le tribunal des affaires de sécurité sociale juge en premier et dernier ressort jusqu'à concurrence de 13 000 F, à charge d'appel au-delà[30].

B - Les commissions techniques

183 COMPÉTENCE. — Le contentieux technique a pour objet de régler les contestations relatives au degré d'invalidité, d'incapacité permanente et d'inaptitude au travail, en cas de maladies professionnelles et d'accidents du travail. Ce contentieux dépend largement d'appréciations médicales et repose sur une procédure d'expertise.

184 ORGANISATION. — Les *commissions régionales techniques* fonctionnent dans le ressort de chaque direction régionale de la sécurité sociale. Elles sont au nombre de deux : l'une dite d'invalidité et d'incapacité permanente, l'autre d'inaptitude au travail. Ce sont des juridictions de première instance. Ces commissions, présidées par le directeur régional de la sécurité sociale (ou par l'inspecteur divisionnaire des lois sociales en agriculture) sont composées de plusieurs médecins (désignés par la sécurité sociale, l'intéressé, le requérant — qui peut ne pas être l'intéressé : par exemple, l'employeur contestant le taux d'IPP reconnu à un de ses salariés), d'un représentant de l'administration du travail, d'un assesseur représentant les salariés et d'un assesseur représentant les employeurs. La commission statue en premier et dernier ressort, lorsque le taux, en matière d'incapacité permanente, retenu par la caisse est inférieur à 10 %[31].

La *Commission nationale technique* est composée de magistrats, de fonctionnaires et d'assesseurs employeurs et salariés. Elle est divisée

---

30. Le tribunal compétent est celui du domicile du bénéficiaire ou de l'employeur intéressé. En cas d'accident, l'accidenté a le choix entre le lieu de sa résidence et le lieu de l'accident.

31. Les décisions rendues en dernier ressort par les commissions régionales et nationales sont susceptibles d'un recours en cassation.

en sections. Le président et le vice-président de la Commission ainsi que les présidents de sections sont choisis parmi les membres magistrats. Des commissaires du gouvernement auprès de la Commission sont désignés. La Commission nationale statue en premier et dernier ressort sur les litiges relatifs à la tarification du risque accident du travail. Elle statue en *appel* sur les décisions des commissions régionales. La Commission nationale constitue donc la *seule juridiction d'exception d'appel* dans l'ordre judiciaire[32].

Section II
Les juridictions pénales

185 Séparation des organes et séparation des fonctions. — La matière pénale impose, d'abord, la présence du ministère public. Au procès pénal, celui-ci est partie principale et nécessaire. Il représente les intérêts de la société et demande l'application de la loi pénale (*supra,* n° 39).

La matière pénale impose, ensuite, qu'il soit distingué entre juridiction d'instruction et juridiction de jugement. La nécessité d'une instruction préparatoire n'est certes pas spécifique du pénal. Les affaires civiles, elles aussi, ont besoin d'être instruites. Mais, ce qui est propre au contentieux pénal, c'est l'existence de juridictions organiquement distinctes. Un tel particularisme ne doit pas étonner. Il trouve sa source, d'une part, dans la gravité des actes accomplis et des sanctions encourues. Il est nécessaire que la juridiction de jugement soit le plus complètement possible éclairée avant de prendre une décision qui peut porter de lourdes atteintes aux libertés individuelles. D'autre part, le particularisme de l'infraction fait qu'il n'existe pas, ou très rarement, de preuve pré-constituée. Il ne saurait être question d'imposer aux parties la tâche d'apporter les éléments de preuve nécessaires au juge-

---

32. Les textes relatifs aux juridictions sociales sont le décret n° 1291 du 22 octobre 1958, les art. L 191-1 et s., L. 143-2 et s. css.

ment. Ce serait laisser la victime entièrement démunie car elle ne peut guère disposer des moyens d'investigation nécessaires. Ce serait trop attendre de l'inculpé qu'il apporte des éléments de preuve contre lui-même : le procès pénal doit ou devrait savoir se passer de la collaboration de celui que l'on suspecte.

Cette distinction organique se complète par une séparation des fonctions. Alors que dans tous les autres contentieux, le juge instructeur ou rapporteur participe au jugement, en matière pénale un tel cumul est interdit. Dans le souci du respect des droits de la défense — « en séparant les fonctions on protège mieux les libertés individuelles car des magistrats différents vont pouvoir se contrôler, les excès de l'un étant compensés par la prudence de l'autre » (J. Pradel, n° 7) —, la loi impose, en effet, la séparation des fonctions de poursuite, confiée au ministère public, d'instruction et de jugement. Concernant les deux dernières fonctions, la séparation a pour effet d'interdire au juge d'instruction qui aurait accompli, dans une affaire donnée, ne serait-ce qu'un acte d'instruction, de participer au jugement[33].

Sous-section I
Les juridictions de droit commun

I | Les juridictions de droit commun
À compétence générale

A - *La juridiction d'instruction*

La seule juridiction d'instruction de droit commun est, pour l'heure, le juge d'instruction. Peut-être le restera-t-il. Une loi du 10 décembre 1985, dont l'entrée en vigueur a été fixée au 1er janvier 1988, a créé à ses côtés la chambre d'instruction. Mais on ne sait quel sera l'avenir de ce texte.

33. La séparation des fonctions ne repose que sur des textes spéciaux. Selon la chambre criminelle, on ne peut donc la retenir à défaut de texte. C'est ainsi qu'il n'y a pas nécessairement séparation entre les fonctions de jugement et d'exécution : le juge de l'application des peines qui a fixé les modalités du travail d'intérêt général peut faire partie du tribunal correctionnel appelé à statuer sur la violation de cette mesure (Crim. 6 novembre 1986, Lemoine ; à paraître). On pourrait toutefois se demander s'il n'y a pas là une atteinte à l'égalité. A l'inverse, l'art. 733-1 CPP, issu de la loi du 9 septembre 1986, dispose que le juge de l'application des peines ne peut, à peine de nullité, siéger au sein du tribunal saisi de l'une de ses décisions concernant un détenu.

▶ LE JUGE D'INSTRUCTION

Institué par la loi d'organisation judiciaire du 20 avril 1810, le juge d'instruction succède au lieutenant criminel de l'Ancien Régime et au directeur du jury de la Révolution.

186 DÉSIGNATION. — Le juge d'instruction est un juge du tribunal de grande instance, nommé par décret du Président de la République, pour une durée de trois ans renouvelable. Il peut être renouvelé, sans limitation, mais aussi bien révoqué dans les mêmes conditions, ce qui semble contraire à son indépendance[34]. Il constitue à lui seul une juridiction à juge unique. Le ressort territorial de sa juridiction est identique à celui du tribunal de grande instance. Le juge d'instruction peut se consacrer uniquement à ses fonctions ou, au contraire, les combiner avec une participation aux audiences civiles, voire pénales (sous la réserve de ne pas siéger dans les affaires qu'il a instruites : art. 49 CPP). Tout dépend de l'importance du tribunal de grande instance auquel il appartient. Dans les grands tribunaux, plusieurs juges d'instruction peuvent être nommés, qui constituent chacun une juridiction. Il arrive même qu'une certaine spécialisation s'établisse au sein des cabinets d'instruction. Dans l'hypothèse de pluralité de juges, l'un d'eux est le « doyen des juges d'instruction ». Le doyen ne dispose pas pour autant de tâches de direction : c'est au président du tribunal de grande instance que revient la répartition des affaires entre les juges.

187 SAISINE. — A l'instar des autres juridictions, le juge d'instruction ne peut se saisir d'office. Il l'est normalement par la victime ou par les autorités de poursuite. Deux actes saisissent ainsi le juge d'instruction : la plainte avec constitution de partie civile de la victime (adressée au doyen des juges d'instruction lorsqu'il en existe plusieurs), le réquisitoire introductif (ou à fin d'informer) émanant du procureur de la République. Il est exceptionnellement saisi par une autre juridiction[35]. Lorsque le tribunal de grande instance comprend plusieurs

---

34. Il existe des modes exceptionnels de désignation d'un juge d'instruction prévus par l'art. 50 CPP, qui envisage les hypothèses d'encombrement des cabinets ou d'empêchement, remplacement du juge titulaire.
35. Pour exemples, on citera simplement les cas suivants. Lorsque plusieurs juges d'instruction ont été saisis de la même affaire, l'un d'eux peut se dessaisir au profit de l'autre ; en cas de conflits, la chambre d'accusation ou la chambre criminelle attribue compétence à l'un des juges (procé-

juges d'instruction, la désignation de celui qui sera effectivement saisi de l'affaire est faite par le président du tribunal de grande instance. Cette procédure assure au juge d'instruction une indépendance vis-à-vis du parquet (jusqu'en 1959, en effet, c'était le procureur de la République qui opérait ce choix).

Lorsque le juge d'instruction est saisi, il doit ouvrir une information, quelle que soit l'origine de la saisine (la partie civile a, depuis l'arrêt Laurent-Atthalin (Crim. 8 décembre 1906, *D.*, 1907, I, 207), autant de droits que le ministère public). Cette obligation cède devant deux règles. Le juge d'instruction peut se déclarer incompétent ; il peut rendre une ordonnance de refus d'informer, s'il estime que toute poursuite est impossible, soit que les faits ne correspondent à aucune qualification pénale, soit que cette qualification ait disparu (prescription, chose jugée, amnistie...). Mais la chambre criminelle tient la main à ce que le refus d'informer reste exceptionnel.

Le juge d'instruction est saisi *in rem*. Cela signifie qu'il est saisi des seuls faits décrits dans l'acte de saisine. Il ne peut étendre sa compétence à d'autres faits qu'il viendrait à découvrir dans son enquête. Il ne peut qu'attendre un nouvel acte de saisine. Mais le juge d'instruction n'est pas saisi *in personam*. Cela signifie que, s'agissant des personnes, il est libre d'étendre sa compétence à toute personne impliquée dans les faits, même non visée dans l'acte de saisine.

188 ATTRIBUTIONS. — Aux termes de l'article 79 CPP, le juge d'instruction est compétent pour instruire les crimes, délits et contraventions. Les règles sont différentes, cependant, selon la catégorie d'infraction. L'instruction préparatoire est obligatoire pour les crimes, facultative pour les délits et tout à fait exceptionnelle pour les contraventions.

La mission du juge d'instruction est, comme l'indique précisément la terminologie, d'instruire l'affaire. Mais, pour ce faire, le juge d'instruction dispose de deux séries de pouvoirs : les premiers sont d'information, les seconds de juridiction.

---

dure de règlement de juges, art. 658 et 659 CPP). De même, la chambre criminelle peut saisir tout juge d'instruction, lorsque le juge d'instruction compétent est dessaisi, soit dans l'intérêt d'une bonne administration de la justice, soit pour cause de suspicion légitime (art. 662 CPP). Ces exemples de saisines exceptionnelles reposent donc sur un dessaisissement préalable, volontaire ou forcé.

Le juge d'instruction a, d'abord, un rôle d'enquêteur, chargé de rassembler les éléments utiles au jugement. Ces éléments utiles sont, premièrement, ceux qui concernent la commission de l'infraction et l'éventuelle culpabilité de l'inculpé. Il faut au juge d'instruction rechercher les circonstances de l'acte, la participation des personnes, etc. La manifestation de la vérité lui fait obligation d'instruire à charge et à décharge, c'est-à-dire de rechercher objectivement toutes les preuves, qu'elles accusent ou disculpent l'inculpé. Ces éléments utiles sont aussi, deuxièmement, ceux qui doivent permettre à la juridiction de jugement de choisir une sanction, dans l'hypothèse où la culpabilité serait retenue. Le juge d'instruction doit donc faire procéder à un certain nombre d'examens médicaux, à une enquête sur la personnalité de l'inculpé, sur sa situation matérielle, familiale ou sociale (*cf.* art. 81, al. 6 et 7, CPP). Pour remplir cette mission, le juge d'instruction peut accomplir, et faire accomplir sur commission rogatoire[36], tous actes d'instruction qu'il juge nécessaires (interrogatoires de l'inculpé, auditions de la partie civile et des témoins, confrontations, descentes sur les lieux, perquisitions, saisies, expertises de toutes sortes, etc.). Les pouvoirs dévolus au juge d'instruction sont coercitifs. Tout témoin est tenu de comparaître sous peine d'être amené par la force publique et condamné à une amende (art. 109 CPP). Mais, surtout, le juge d'instruction dispose, pour faire comparaître l'inculpé ou s'assurer de sa personne, de moyens tout à fait redoutables. La première prérogative du juge d'instruction est de commandement. Le mandat est ordre : ordre de comparaître devant le juge d'instruction (mandat de comparution), ordre donné à la force publique de conduire l'inculpé devant le juge d'instruction (mandat d'amener), ordre adressé au surveillant-chef d'une maison d'arrêt de recevoir l'inculpé (mandat de dépôt), ordre donné à la force publique d'arrêter puis de détenir un inculpé en fuite (mandat d'arrêt). La deuxième prérogative du juge d'instruction est de privation de liberté. Mandat d'arrêt, mandat de dépôt sont les préliminaires ou la réalisation de la mise en détention provisoire. Si la détention provisoire apparaît utile à la manifestation de la vérité

---

36. La commission rogatoire est l'acte par lequel le juge d'instruction délègue une partie de ses pouvoirs à un officier de police judiciaire ou à un autre magistrat pour accomplir certains actes d'instruction en ses lieu et place. La délégation à la police ou à la gendarmerie est essentielle, le juge d'instruction ne pouvant matériellement accomplir, seul, tous les actes : toutefois, celles-ci ne peuvent jamais interroger l'inculpé.

ou à la préservation de l'ordre public, le juge d'instruction peut priver, préventivement, avant toute condamnation au fond, et alors qu'il est toujours présumé innocent, l'inculpé de sa liberté. La mesure, entourée de la garantie d'un débat contradictoire depuis la loi du 9 juillet 1984, est plus facilement mise en œuvre en matière criminelle qu'en matière délictuelle où le législateur voudrait la rendre très exceptionnelle. La troisième prérogative du juge d'instruction est de restriction de liberté. La loi du 17 juillet 1970, dans le souci de réduire le nombre des détentions provisoires, a introduit le contrôle judiciaire. L'inculpé, laissé en liberté, est soumis, par le juge d'instruction, à un certain nombre d'obligations (ne pas sortir de certaines limites territoriales, ne pas fréquenter certains lieux, s'abstenir de rencontrer certaines personnes, suivre une cure, fournir un cautionnement, etc., cf. art. 138 CPP).

Le juge d'instruction est, ensuite, un juge. A ce titre, il rend des ordonnances juridictionnelles susceptibles d'appel. Certaines constituent les limites formelles de l'information : ordonnances de refus d'informer, d'incompétence lors de la saisine ou, à l'inverse, ordonnances de clôture de l'information. Lorsque le juge d'instruction estime son information terminée, il lui appartient de décider s'il y a lieu ou non de poursuivre. Si les charges lui paraissent insuffisantes, il rend une ordonnance de non-lieu (l'inculpé ne sera pas jugé) ; au cas contraire, il rend une ordonnance de renvoi devant la juridiction compétente (tribunal correctionnel, tribunal de police ou chambre d'accusation). Le juge d'instruction ne se prononce pas sur la culpabilité ou sur l'innocence mais seulement sur le point de savoir s'il y a des charges suffisantes pour déférer en jugement. D'autres ordonnances juridictionnelles peuvent être prises, en cours d'instruction. Elles concernent principalement le contentieux de la détention provisoire ou du contrôle judiciaire.

Si l'on s'en tient à la pratique, l'on constate que le rôle d'enquêteur du juge d'instruction décroît grandement : l'encombrement des cabinets, la complexité de certaines affaires, le haut degré de technicité de certaines méthodes d'investigation contraignent de plus en plus le juge d'instruction à saisir des experts et des policiers et à se cantonner dans son rôle juridictionnel. D'autant que de nouvelles missions lui ont été confiées : par l'intermédiaire du contrôle judiciaire entre autres, le juge « soigne », « rééduque » et par celui de la détention provisoire, il « pré-sanctionne » (le temps relativement long qui s'écoule entre l'instruction et le jugement donne à une détention provisoire qui se prolonge les allures d'une « peine », à défaut d'en être une techniquement). L'accroissement de ces pouvoirs et aussi quelques « affaires » dont la presse s'est emparée violemment ont conduit le législateur à penser que ces tâches étaient parfois trop lourdes pour un homme seul. De là, la création de la chambre de l'instruction.

▶ LA CHAMBRE D'INSTRUCTION

L'idée qui a présidé à la loi du 10 décembre 1985 a été d'instaurer la collégialité de l'instruction : la collégialité apparaissant tout à la fois comme un rempart contre la « toute-puissance » du juge d'instruction et comme un remède technique et peut-être surtout psychologique à la solitude d'un juge, parfois trop harcelé (par les journalistes, le ministère public...).

189 ORGANISATION. — Il est institué, auprès de chaque tribunal de grande instance, une ou plusieurs chambres d'instruction, composées de trois magistrats du siège titulaires dont deux au moins sont juges d'instruction, ainsi que de deux magistrats suppléants. C'est le président du tribunal de grande instance, après avis de l'assemblée générale, qui procède à l'affectation des membres de la chambre d'instruction, pour une durée de trois ans.

190 FONCTIONNEMENT. — La chambre d'instruction dispose d'une compétence exclusive. Elle est compétente pour statuer sur l'ouverture de l'information (incompétence, refus d'informer), sur son propre dessaisissement ou sur une disjonction de procédure. Elle désigne en son sein le juge d'instruction chargé de conduire l'information. Lorsque l'importance ou la complexité de l'affaire le justifie, elle peut, à tout moment, désigner plusieurs juges dont elle précise et coordonne les activités. Elle veille au bon déroulement de l'instruction. Elle peut publier, pour l'information du public, des communiqués portant sur les éléments de fait recueillis ou sur les actes accomplis. La chambre d'instruction dispose ensuite d'une compétence partagée. Elle est compétente pour statuer sur la clôture de l'instruction, mais à deux occasions seulement : soit lorsqu'elle a désigné plusieurs juges

d'instruction pour conduire l'information, soit lorsque le procureur
ou les parties en font la demande. Dans les autres hypothèses, le juge
d'instruction qui a instruit décide seul de la clôture et des suites à donner
à l'affaire. La chambre d'instruction se prononce sur les mesures
privatives de liberté (incarcération provisoire[37], détention provisoire),
sauf au juge d'instruction à prononcer l'incarcération provisoire, si
la chambre d'instruction ne peut être réunie le jour même, et à prononcer la détention provisoire si l'inculpé, assisté de son conseil,
l'accepte. On remarquera, donc, que s'il est possible à un juge d'instruction de mener seul l'information, de la clôturer comme il l'entend, il
ne peut mettre en détention provisoire que si l'inculpé le veut bien. Il
faut remarquer, aussi, qu'il suffit à la chambre d'instruction de désigner un second juge d'instruction, à n'importe quel moment, pour
priver le premier de tout pouvoir juridictionnel[38].

Les dispositions relatives à la composition des chambres d'instruction seront applicables à compter du 1er janvier 1988. Les dispositions
relatives à leur fonctionnement entreront en vigueur le 1er mars 1988.
Mais, l'application sera-t-elle, véritablement ? De nouveaux projets se
préparent et, même à supposer que la loi ne soit pas abrogée, l'on ne
voit pas comment pourrait fonctionner la chambre d'instruction, en
l'absence d'une augmentation sérieuse, mais non envisagée, de l'effectif
des juges.

B - *Les juridictions de jugement*

Les principes généraux de l'organisation des juridictions pénales
résultent, pour la plupart, des textes révolutionnaires. Du moins,
retrouve-t-on dans l'actuel Code de l'organisation judiciaire les mêmes
juridictions. Deux principes essentiels président à cette organisation.
Le premier est l'unité de la justice civile et pénale. Le deuxième est la
division fondée sur la classification tripartite des infractions en contra-

---

37. L'incarcération provisoire, créée par la loi du 9 juillet 1984, est une mesure de courte durée
(cinq jours) permettant au juge d'instruction de s'assurer de l'inculpé et à ce dernier d'organiser
sa défense pour le débat contradictoire préalablement nécessaire à la décision sur la détention
provisoire.
38. Faut-il de là en conclure à l'inapplicabilité de la loi ? On se souviendra que c'était le système
instauré par le Code d'instruction criminelle (le juge d'instruction était un simple enquêteur,
les décisions juridictionnelles étant prises par le tribunal en chambre du conseil) et que la loi
du 17 juillet 1856 avait supprimé ce système assez impraticable.

vention, délit, crime. A chaque catégorie correspond une juridiction :
le tribunal de police connaît des contraventions (art. 521 CPP), le
tribunal correctionnel des délits (art. 381 CPP), la cour d'assises des
crimes (art. 231 CPP).

► LE TRIBUNAL DE POLICE

Le tribunal de police, appelé de simple police jusqu'en 1959, n'est
rien d'autre que le tribunal d'instance siégeant au pénal.

191 SIÈGE ET RESSORT. — Ce sont ceux du tribunal d'instance (*supra,*
n° 152). Toutefois, par exception, il est possible, aux termes
de l'article L 623-2 COJ, que soient institués des tribunaux d'instance
ayant compétence exclusive en matière pénale. Il en existe ainsi à
Paris, Lyon et Marseille. Tout comme en matière civile, des audiences
foraines peuvent être tenues. Mais la circulaire du 23 février 1959
recommande de limiter ces audiences au jugement des contraventions
des quatre premières classes.

192 COMPOSITION. — Le personnel du tribunal de police est celui
du tribunal d'instance. Si le tribunal est composé d'un seul
juge, celui-ci siège alternativement au civil et au pénal. Lorsque le
tribunal comprend plusieurs juges, celui qui est chargé de sa direction
peut désigner l'un d'entre eux pour s'occuper des affaires pénales du
ressort. Lorsque le juge d'instance siège au pénal, il prend le nom de
juge de police. En l'absence de magistrat du parquet attaché au tribunal
d'instance, c'est le procureur de la République, ou l'un de ses substituts,
qui assure les fonctions du ministère public pour les contraventions
de cinquième classe. Pour les contraventions des quatre premières
classes, le procureur peut se déplacer s'il l'estime utile, mais c'est
généralement le commissaire de police qui exerce les fonctions du
ministère public.

193 PROCÉDURE ORDINAIRE. — Le tribunal de police, qui statue toujours à juge unique, tient des audiences publiques pour le
jugement des contraventions commises dans son ressort[39]. Sa compé-

---

39. Pour les règles de la compétence territoriale, *cf.* art. 522 CPP.

tence est de principe pour toutes les infractions passibles au maximum de deux mois d'emprisonnement ou d'une amende de 10 000 F (art. 521 CPP)[40]. Il existe néanmoins des contraventions qui échappent à la juridiction du tribunal de police. Ce sont, tout d'abord, les contraventions de cinquième classe commises par des mineurs, qui relèvent de la compétence des juridictions pour mineurs (art. 1, ord. 2 février 1945). Ce sont, ensuite, les contraventions qui, par le mécanisme de la prorogation de compétence, peuvent être jugées par une autre juridiction[41]. Ce sont, enfin, les contraventions sanctionnées selon la procédure de l'amende forfaitaire ou de l'amende pénale fixe. Le contrevenant doit s'acquitter d'une certaine somme d'argent, soit entre les mains d'un agent verbalisateur, soit auprès d'un service administratif. Depuis la loi du 30 décembre 1985, qui a entièrement modifié le régime de l'amende forfaitaire et en a accru le domaine, l'exclusion de compétence du tribunal de police est presque totale. En effet, alors que, dans le système antérieur, le tribunal de police redevenait compétent en cas de non-paiement par le contrevenant, la loi nouvelle organise, à la place, un recouvrement forcé (*cf.* aussi le décret du 18 septembre 1986). Elle permet, toutefois, à l'intéressé de former une requête auprès du procureur de la République, lequel peut saisir le tribunal de police. Ces requêtes resteront très certainement rares, car la loi impose au juge de police, au cas de condamnation, de prononcer une sanction qui ne peut être inférieure au montant de l'amende forfaitaire (*cf.* art. 529 à 530-1 nouv. CPP).

Le tribunal de police statue à charge d'appel. Toutefois, si aucune peine d'emprisonnement n'est prononcée ou si la peine encourue n'excédait pas cinq jours, l'appel est fermé au prévenu. Le procureur général, quant à lui, peut toujours faire appel (art. 546 CPP).

194 PROCÉDURE SIMPLIFIÉE : L'ORDONNANCE PÉNALE. — Selon l'article 524, alinéa 1, CPP, toute contravention de police[42] peut être soumise à la procédure simplifiée. Mais, il faut premièrement que

---

40. Le tribunal de police peut prononcer à titre de peine principale une peine accessoire ou complémentaire : art. 473 nouv. CPP (loi du 30 décembre 1985).
41. Tribunal correctionnel : contravention connexe à un délit (art. 382, al. 3), qualification contraventionnelle définitivement reconnue (art. 466). Cour d'assises : sa plénitude de juridiction s'étend aussi aux contraventions.
42. Sont exclues les contraventions commises par un mineur, celles prévues par le Code du travail et celles pour lesquelles la victime a fait directement citer le prévenu avant que soit rendue l'ordonnance (art. 524 CPP).

le ministère public et le juge aient opté pour elle : or, cette procédure est doublement facultative, puisqu'elle l'est tant pour l'un que pour l'autre. Il faut, deuxièmement, que le juge n'envisage de prononcer qu'une peine d'amende. La procédure simplifiée ne peut aboutir au prononcé d'une peine d'emprisonnement. La procédure est alors écrite, non contradictoire puisque sans débats. Le juge rend une ordonnance pénale, non motivée. La simplification ne sacrifie pas définitivement l'intérêt des parties. Le parquet, dans les dix jours, le prévenu, dans le délai d'un mois en cas de silence du parquet, peuvent faire opposition si la décision rendue ne leur convient pas. Le tribunal de police doit alors juger l'affaire selon la procédure ordinaire (art. 527 et 528 CPP). En pratique, les oppositions sont rares.

▶ LE TRIBUNAL CORRECTIONNEL

Le tribunal correctionnel n'est rien d'autre que le tribunal de grande instance siégeant au pénal.

195 ORGANISATION. — Le siège et le ressort sont ceux du tribunal de grande instance. Dans bon nombre de tribunaux de grande instance, il n'y a qu'une seule chambre qui statue tantôt au civil, tantôt au pénal. Dans les tribunaux les plus importants, s'opère une division en chambres, dont une ou plusieurs sont correctionnelles. Les règles d'affectation, de roulement, de remplacement sont les mêmes que pour la formation civile.

196 FORMATIONS DE JUGEMENT. — La *formation collégiale* est la formation ordinaire. Le tribunal correctionnel, ou l'une de ses chambres, est composé de trois magistrats : un président, qui peut être le président du tribunal de grande instance, un vice-président ou un des juges les plus anciens du tribunal, et de deux juges. Lorsque de longs débats sont prévus, il est possible d'adjoindre un ou plusieurs juges supplémentaires. Ils assistent aux audiences, mais ne participent au délibéré qu'en cas de défaillance d'un des membres du tribunal correctionnel (cette solution évite d'avoir à recommancer un procès : art. 398 CPP). Le ministère public est tenu par le procureur de la République ou l'un de ses substituts. Le tribunal correctionnel est compétent pour juger les délits, c'est-à-dire les infractions que la loi punit d'une peine de plus de deux mois d'emprisonnement ou d'une amende supérieure à 10 000 F (art. 381 CPP). La compétence du tribunal correctionnel s'attache au lieu de l'infraction mais aussi à celui de la résidence du prévenu, celui de l'arrestation et dans certains cas celui de la détention (art. 382 CPP).

Depuis la loi du 29 décembre 1972, le tribunal correctionnel peut siéger à *juge unique* pour le jugement de certains délits. La liste en est limitative. Il s'agit des délits en matière de chèques, de circulation routière y compris le défaut d'assurance, des homicides involontaires commis à l'occasion de la conduite d'un véhicule, des blessures involontaires quelle qu'en ait été la cause, des délits relatifs à la coordination des transports et de ceux de chasse et de pêche réprimés par le Code rural (art. 398-1 CPP). Toutefois, aucun de ces délits ne peut être jugé à juge unique si le prévenu est en détention provisoire. C'est au président du tribunal de grande instance qu'il revient de décider si ces délits seront jugés en collégialité ou à juge unique. Le choix du président est une mesure d'administration judiciaire non susceptible de recours. Seul, le juge désigné par le président peut demander que l'affaire soit renvoyée devant la formation collégiale (art. 398 CPP) (*supra,* n° 101).

197 FORMATION SPÉCIALISÉE. — Dans chaque tribunal de grande instance, un ou plusieurs magistrats du siège sont chargés des fonctions de juge de l'application des peines. Ces magistrats sont désignés par décret du Président de la République, pour une durée de trois ans renouvelable. Il peut être mis fin à leur fonction dans la même forme. Dans certains tribunaux de grande instance, a été créée, par le décret du 14 mars 1986, la fonction de premier juge de l'application des peines (art. 709-1 CPP). Le juge de l'application des peines est chargé du contrôle et de l'aménagement des condamnations à une peine d'emprisonnement ferme, avec sursis avec mise à l'épreuve, ou à une peine de travail d'intérêt général (art. 720 à 747-7 CPP). Les décisions du juge de l'application des peines, que la loi du 9 septembre 1986 a réputées être des mesures d'administration judiciaire, peuvent faire l'objet d'un recours devant le tribunal correctionnel (art. 733-1 CPP).

▶ LA COUR D'ASSISES

198 CARACTÈRES. — De toutes les juridictions, la cour d'assises est incontestablement la plus originale. Elle l'est, d'abord, de par sa composition et son organisation. Elle est propre à la matière pénale et ne connaît pas d'équivalent civil. Elle est une juridiction de première instance mais constitue une sorte d'émanation de la cour d'appel laquelle, dit-on, « tient ses assises ». Ses décisions ne peuvent faire l'objet d'un appel et ne sont pas motivées. Elle n'est pas une juridiction permanente mais siège par session. Elle est enfin, et c'est l'essentiel, hétérogène, composée de magistrats de carrière et d'un jury populaire. Elle est encore originale par la place qu'elle occupe dans la conscience collective. La cour d'assises est chargée de toute une mystique et de toute une magie. La magie est celle de « l'horrible » : nul, et surtout pas « l'opinion publique », ne reste insensible aux crimes justiciables des assises, au déroulement quasi théâtral du procès, aux peines qui y sont infligées — même si l'abolition de la peine de mort a quelque peu dépassionné la répression. La mystique est celle de la souveraineté : c'est le peuple souverain qui y rend la justice par la voix du jury, lequel fait figure de contre-pouvoir. Voilà pourquoi les décisions de la cour d'assises ne sont pas susceptibles d'appel, car on ne réforme pas la volonté populaire. L'importance de l'investissement collectif n'a d'égal que les controverses que suscite l'existence même de la cour d'assises. Les défenseurs de la cour d'assises voient dans le juré, juge occasionnel, un juge plus attentif, plus consciencieux, car à l'abri des pièges de la routine. Le juré, dit-on, est le gardien des libertés publiques. Il est indépendant des pouvoirs, alors que le magistrat professionnel, nommé par le gouvernement, peut parfois manquer de courage. Le juré parle de la voix du citoyen ordinaire. Ce contact de la justice pénale et de l'opinion publique prévient tout divorce entre elles deux. Le jury, par ses décisions, constitue une sorte d'étalon de l'utilité, du bien-fondé d'un texte, ou de la nécessité de sa réforme. Les pourfendeurs de la cour d'assises et du jury voient dans le juré un homme trop ignorant des règles de droit, trop néophyte pour comprendre un rapport d'expertise, trop simple, parfois même, pour comprendre la langue du palais. Ils y voient aussi un homme trop influençable par le talent d'un avocat, ou, à l'inverse, par son peu de métier, par les propos de la presse ; trop partial en

fonction de sa profession et du crime commis ; trop versatile aussi (le
même jury peut se montrer sévère un jour, indulgent le lendemain :
l'ordre de passage devant la cour d'assises devient un facteur d'importance et d'inégalité...). La vérité est sans doute médiane, et certains
jurés remplissent de façon exemplaire une fonction que d'autres, il
est vrai, ne remplissent que fort mal (le tirage au sort n'a fait
qu'accroître le risque de recrutement de certains jurés inaptes *en fait*
à l'exercice de cette tâche). Mais une chose est certaine. Les Français
sont très attachés à la cour d'assises et à ses symboles. Elle est en
quelque sorte intouchable.

199 SESSIONS D'ASSISES. — Aux termes de l'article 232 CPP, « il est
tenu des assises à Paris et dans chaque département ». Ainsi, la
cour d'assises est-elle départementale. Elle prend le nom du département où elle siège (cour d'assises de la Vienne ou des Bouches-du-Rhône),
et se tient, en principe, à son chef-lieu (ou au siège de la cour d'appel
lorsque le département en compte une), exceptionnellement dans une
autre ville (exceptions énumérées par l'art. R 41 CPP : par exemple,
Saintes pour la Charente-Maritime ou Coutances pour la Manche).
A titre encore plus exceptionnel, la cour d'appel peut décider qu'une
session se tiendra en un autre lieu que celui dans lequel les assises se
tiennent habituellement (art. 235 CPP). Le Code de procédure pénale
permettrait de multiplier les cours d'assises, puisque l'article 233
autorise une cour d'appel à créer des sections d'assises si les besoins
l'exigent. Mais, seule, la cour d'appel de Paris a usé de cette faculté
en créant deux sections.

Aux termes de l'article 236 CPP, « la tenue des assises a lieu tous
les trois mois ». La cour d'assises est ainsi une juridiction non
permanente, qui se réunit par sessions trimestrielles. Toutefois, le
premier président de la cour d'appel peut ordonner, après avis du
procureur général, une ou plusieurs sessions supplémentaires. Cette
solution est systématique à Paris où les sessions interviennent avec
une périodicité de quinze jours. La durée de chaque session est
variable et dépend du nombre d'affaires à juger. Toutefois, une session
ne saurait excéder quinze jours[43]. La date de l'ouverture de chaque
session est fixée par le premier président de la cour d'appel.

---

43. On remarquera que la cour d'assises de Paris est une juridiction permanente de fait. Car lorsque
se clôt une session qui a duré quinze jours, s'en ouvre une nouvelle.

200 COMPOSITION DE LA COUR D'ASSISES. — La cour d'assises comporte deux éléments distincts : l'un professionnel, ou cour proprement dite, l'autre populaire, ou jury.

La *cour proprement dite* comprend trois magistrats : un président et deux assesseurs. La cour d'assises, étant une émanation de la cour d'appel, son président pour le moins en est issu. Ce peut être le premier président lui-même (art. 247), soit plus fréquemment un président de chambre ou un conseiller (art. 244 CPP). Les assesseurs sont des conseillers à la cour d'appel ou des magistrats du tribunal de grande instance du lieu où siègent les assises (art. 249). Des assesseurs supplémentaires peuvent être désignés, afin de parer à toute défaillance (art. 248). Président et assesseurs sont désignés pour la durée d'un trimestre par le premier président de la cour d'appel. Le choix du premier président ne peut s'étendre aux magistrats ayant déjà eu à connaître de l'affaire, conformément au principe de la séparation des fonctions (art. 253 CPP).

Le *jury* est une institution née de la Révolution. Introduite en France, sous l'impulsion de Voltaire et par la loi des 16-21 septembre 1791, elle apparaît comme une transposition du droit anglais. Originairement, la Révolution avait créé deux jurys : le jury d'accusation, chargé de l'instruction, et le jury de jugement, chargé de participer à la décision définitive. Le premier disparut dès le Code d'instruction criminelle. L'organisation du second a fait, depuis 1810, l'objet de très nombreuses réformes.

Les unes ont trait au nombre des jurés. De 12 dans le Code d'instruction criminelle, 6 dans la loi du 25 novembre 1941, 7 dans l'ordonnance du 27 avril 1945, il est aujourd'hui, depuis le Code de procédure pénale, de 9 (art. 296). En sus des 9 jurés dits titulaires, la cour doit, par arrêt, ordonner que soit tiré au sort un ou plusieurs jurés supplémentaires, qui assistent aux débats et peuvent ainsi remplacer un juré titulaire défaillant (art. 296). D'autres ont trait au recrutement des jurés. Selon l'article 254, « le jury est composé de citoyens ». La généralité de cette formule ne doit pas tromper, car les conditions, imposées aux articles suivants, modèlent le profil d'un citoyen honnête, indépendant, apte à l'exercice des tâches qui vont lui être confiées. La fonction de juré est donc moins conçue comme un droit civique, accordé à tous, que comme une charge réservée à certains. « Peuvent seuls être jurés les citoyens de l'un ou l'autre sexe, âgés de plus de 23 ans, sachant lire et écrire en français, jouissant des droits politiques, civils et de famille et ne se trouvant dans aucun cas d'incapacité ou d'incompatibilité » (art. 255 CPP). L'âge minimum, l'instruction requise constituent des gages théoriques d'une certaine aptitude intellectuelle à comprendre et juger. C'est le même souci qui fait écarter les majeurs protégés. Les incapacités sont destinées à garantir la moralité des jurés : elles sont énumérées à l'article 256 et écartent les condamnés à une peine d'emprisonnement ou réclusion, les contumax, les inculpés, les personnes révoquées, destituées, les faillis... Les incompatibilités sont destinées à garantir l'indépendance, la liberté de décision des jurés. La liste en est dressée par l'article 257 : certaines sont absolues et visent les membres du Parlement, des corps constitués, les magistrats de l'ordre administratif ou judiciaire, les membres du corps préfectoral, les fonctionnaires de la police ou de l'administration pénitentiaire, les militaires... ; d'autres sont relatives et visent certaines personnes en fonction de l'affaire à juger (conjoint, parent, allié mais aussi témoins, experts...). La fonction de juré est une charge civique dont on ne peut se désister, sauf dispense. Sont dispensés les septuagénaires qui en font la demande à la commission et ceux qui invoquent un motif grave reconnu valable par celle-ci, le motif grave consistant, en pratique, en une maladie ou infirmité.

La désignation des jurés se fait selon le principe de tirages au sort successifs aboutissant à la constitution d'une liste annuelle départementale, puis d'une liste de session, enfin d'une liste de jugement. L'établissement de la liste annuelle a donné lieu à une profonde réforme par la loi du 28 juillet 1978 (art. 259 et s. CPP). Le changement fondamental est le tirage au sort à partir des listes électorales. La pratique antérieure était que le maire, ou le secrétaire de mairie, établissait une liste de citoyens, qu'il choisissait en fonction de critères de disponibilité, d'aptitude, de pondération, etc. Les études faites ont montré qu'étaient principalement choisis des hommes, retraités, de milieu moyen ou aisé, aux opinions politiques non extrémistes. La modification de 1978 a eu pour effet de rétablir l'égalité, le hasard présidant seul au choix. Elle a, par contrecoup non souhaité, instauré l'inégalité dans les compétences des jurés et dans le prononcé des sanctions. Le système ancien, inégalitaire certes, avait l'avantage d'un recrutement fiable et assez uniforme dans toute la France, ce qui permettait une certaine homogénéité et une certaine identité des peines prononcées. Il y aurait sans doute beaucoup à dire sur la concomitance de la réforme de 1978 et de la plus grande sévérité constatée des jurys. Mais le recrutement actuel correspond mieux à la philosophie même du jury populaire, représentatif de la nation dans toutes ses couches. L'établissement de la liste annuelle départementale s'effectue en trois phases : répartition par le préfet du nombre de jurés à tirer au sort dans chaque commune ; tirage public sur les listes électorales d'un nombre de noms triple de celui fixé par le préfet ; examen des diverses listes ainsi constituées par une commission départementale qui élimine les noms des personnes qui ne remplissent pas les conditions requises et tirage au sort par la même commission du nombre de noms nécessaires à la constitution de la liste annuelle départementale. De cette liste annuelle, est extraite la liste de session, par tirage au sort effectué par le premier président de la cour d'appel ou le président du tribunal de grande instance, trente jours au moins avant l'ouverture de la session. Cette liste comporte 35 jurés titulaires et 10 jurés suppléants. C'est de la liste de session qu'est extraite la liste de jugement, par tirage au sort avant chaque affaire et en audience publique. Le président de la cour d'assises doit tirer autant de noms que nécessaire pour constituer un jury de 9 membres titulaires (l'accusé pouvant récuser, sans motivation, à la lecture de leur nom, 5 personnes, le ministère public pouvant en récuser 4), auxquels doivent s'ajouter un ou plusieurs jurés suppléants.

La fonction de juré étant une charge publique, les jurés doivent l'accepter et siéger, sous peine d'amende (sauf motif légitime : art. 288 CPP). Les jurés sont tenus de prêter serment, à peine de nullité. La formule donnée par l'article 304 CPP leur impose entre autres de décider selon leur intime conviction et de garder le secret des délibérations.

201 LES ATTRIBUTIONS DE LA COUR D'ASSISES. — Elles sont fixées par l'arrêt de mise en accusation rendu par la chambre d'accusation. Cela veut dire que la cour d'assises ne peut connaître d'aucune accusation qui ne serait visée par l'arrêt de renvoi, mais qu'elle doit connaître de toutes les accusations qui y sont portées.

La cour d'assises est normalement compétente pour juger de tous les crimes de droit commun commis par les majeurs, que dans le ressort de la cour d'assises se trouve le lieu de la commission du crime, le lieu de résidence de l'accusé ou le lieu de son arrestation. En réalité, les compétences matérielle et territoriale de la cour d'assises sont considérablement élargies par le principe de plénitude de juridiction. Selon ce principe, l'arrêt de mise en accusation fixe la compétence de la cour d'assises. Ainsi donc, elle doit juger un accusé quand bien même l'infraction relèverait, territorialement, d'une autre cour d'assises. De même, elle doit juger des actes qui s'avéreraient n'être que des délits ou des contraventions ou encore des infractions qui relèveraient, matériellement, de la compétence d'une juridiction d'exception (*cf.* art. 231 et 594 CPP).

202 LES RÔLES RESPECTIFS. — Au cours de l'audience, le rôle des jurés, ainsi que celui des assesseurs (mais dans une moindre mesure), est des plus restreints. Ils ne peuvent poser de questions aux accusés et aux témoins qu'après avoir demandé la parole au président. Ils ont le devoir de ne pas manifester leur opinion. C'est au président que revient l'essentiel des pouvoirs. Le président de la cour d'assises est le seul président d'une juridiction de droit commun à disposer d'un pouvoir discrétionnaire, pendant la durée des débats (art. 310 CPP). Cette prérogative lui permet de prendre toute mesure utile à la manifestation de la vérité. Il peut faire appeler, au besoin par mandat d'amener, toute personne ou se faire apporter toute pièce. Il peut, s'il l'estime opportun, saisir la cour pour statuer sur les mesures à prendre, mais ce n'est là qu'une faculté. La seule véritable limite à ses pouvoirs se trouve dans les principes fondamentaux de la procédure et des droits de la défense.

Lors des délibérations, les rôles évoluent. Jury et cour collaborent à la prise de la décision. Le Code d'instruction criminelle avait conçu une séparation absolue entre les deux éléments de la cour d'assises. Le jury statuait d'abord sur ce qu'il était convenu d'appeler le « fait » (matérialité et culpabilité). La cour en tirait la conclusion de droit qui s'imposait : acquittement ou condamnation et dans ce dernier cas prononçait la peine. Ce système se révéla mauvais. Outre que la culpabilité est une question de droit et non de fait, et que les jurés ne sont pas juristes, on vit des jurés demander, à l'issue même du procès, la grâce de condamnés trop lourdement punis à leur goût (*cf.* A. Gide, *Souvenirs de cour d'assises, ad.* « La séquestrée de Poitiers ») ; on vit des acquittements nombreux, certains scandaleux, par crainte des jurés d'une trop grande sévérité de la cour. Un premier correctif avait été apporté par la loi du 28 avril 1832 qui donna au jury le droit d'accorder les circonstances atténuantes ; mais ce texte ne changea pas grand-chose, la loi n'obligeant alors la cour à ne descendre que d'un seul degré dans l'échelle des peines. Une seconde modification fut apportée par la loi du 5 mars 1932 : le jury ayant statué sur le « fait » se joignait à la cour pour délibérer sur le droit. Ce système donnait au jury un rôle qui fut considéré comme excessif. Une nouvelle réforme fut réalisée par la loi du 25 novembre 1941, validée par l'ordonnance du 20 avril 1945. Elle organisait la collaboration totale du jury et de la cour, l'un et l'autre se réunissant pour décider ensemble de la culpabilité puis de la peine. C'est ce système, auquel on donne les noms de « collaboration généralisée », « d'échevinage » ou encore « d'assessorat », qu'a conservé le Code de procédure pénale. Cette collaboration semble avoir donné aux arrêts d'assises plus de cohérence et supprime le grief d'incompétence juridique. Toutefois, dans cette collaboration, le rôle du jury reste primordial. Dans le souci d'éviter que les magistrats ne prennent un trop grand ascendant sur le jury, les décisions défavorables à l'accusé doivent être acquises par une majorité de huit voix au moins. A supposer donc, que la cour vote la culpabilité, il faut encore que cinq jurés, c'est-à-dire la majorité du jury, en fassent autant pour qu'une condamnation soit prononcée. La « voix du peuple » l'emporte toujours sur celle de la cour. C'est une constatation qu'il serait bon de méditer avant de reprocher à la magistrature de carrière sa trop grande « indulgence ».

II | LES JURIDICTIONS DE DROIT COMMUN À COMPÉTENCE SPÉCIALISÉE

La politique législative moderne tend, d'un côté, sous l'influence d'une philosophie égalitaire, à supprimer les juridictions d'exception, de l'autre, par réalisme, à ne confier certains contentieux qu'à certaines juridictions de droit commun, composées, d'ailleurs parfois, de manière quelque peu inhabituelle. Il n'est pas sûr, cependant, que le choix d'un droit commun « spécialisé » respecte mieux le principe de l'égalité. Les hypothèses et fondements sont divers, mais on relève une volonté commune d'efficacité et des techniques assez voisines.

203 LA FORMATION ÉCONOMIQUE ET FINANCIÈRE. — La loi du 6 août 1975 a ajouté au livre IV du Code de procédure pénale un titre XIII intitulé « De la poursuite, de l'instruction et du jugement des infractions en matière économique et financière ». Dans chaque cour d'appel, un tribunal de grande instance, fixé par décret[44] et composé de magistrats spécialisés (désignés par l'assemblée du tribunal de grande instance), est chargé de juger des infractions d'affaires. La notion d'infraction d'affaires est largement conçue. La loi vise les matières économiques, financières, fiscales, douanières mais aussi les infractions relatives aux sociétés civiles et commerciales, à la construction et l'urbanisme (art. 705 CPP). Ces affaires ne relèvent d'un tribunal spécialisé qu'à certaines conditions. Il faut d'abord qu'il s'agisse d'une infraction apparaissant d'une « grande complexité ». Il faut ensuite une décision du président de la chambre d'accusation, qui peut être prise, soit à la requête du procureur de la République lors de l'ouverture de l'information, soit à la demande, au cours de l'information, du juge d'instruction saisi. La décision de renvoi devant la formation spécialisée est prise par ordonnance qui n'est susceptible que d'un pourvoi en cassation, non suspensif. Une fois saisie, la juridiction spécialisée demeure compétente quand bien même le délit ne relèverait pas de la liste de l'article 705.

La loi de 1975 méconnaît quelques principes fondamentaux : les intérêts du justiciable (éloignement du juge), le principe de l'égalité des citoyens. Il faut espérer qu'elle ait en compensation quelque utilité. A vrai dire, il n'est pas sûr qu'elle soit vraiment utilisée : les affaires importantes relèvent, généralement, « naturellement » des tribunaux les plus importants (il est rare qu'une infraction d'affaires d'une « grande complexité » se développe en rase campagne...) ; quant aux très grands tribunaux, ils possédaient déjà des formations spécialisées.

---

44. La liste est donnée par le décret du 17 décembre 1975 (Paris, Nanterre et un tribunal de grande instance par cour d'appel).

204 LES FORMATIONS MILITAIRES. — La loi du 21 juillet 1982, en supprimant les tribunaux militaires sur le territoire français en temps de paix, a soumis les affaires, jadis dévolues aux tribunaux permanents des forces armées, à la compétence des juridictions de droit commun. Celles-ci sont ainsi compétentes pour juger des infractions militaires visées au livre III du Code de justice militaire et des infractions de droit commun commises par des militaires agissant dans l'exécution du service (art. 697-1 CPP). Dans le ressort de chaque cour d'appel, compétence est attribuée à un tribunal correctionnel et à une cour d'assises. A quelques exceptions près, ont compétence le tribunal correctionnel et la cour d'assises de la ville siège de la cour d'appel. Le tribunal correctionnel se compose de magistrats affectés, après avis de l'assemblée générale des magistrats, à la formation spécialisée. La cour d'assises est plus que particulière. Elle ne comporte, en effet, aucun juré mais seulement un président et six assesseurs désignés par le premier président de la cour d'appel parmi les magistrats du siège. On justifie ce particularisme par la nécessité de protéger les secrets de la défense nationale[45]. Aussi, lorsque le crime est de droit commun, commis dans l'exécution du service, et qu'il n'existe pas de risque de divulgation d'un secret de la défense nationale, la cour d'assises est normalement composée (art. 698-6 et 698-7 CPP).

Il est à noter que la procédure suivie n'est pas exactement celle de droit commun (la partie civile ne peut pas, par exemple, déclencher l'action publique : *cf.* art. 698-1 à 698-8 CPP).

La loi du 4 août 1981 ayant supprimé la Cour de sûreté de l'Etat, les infractions qui en étaient justiciables ont dû être réparties entre les juridictions existantes. En temps de paix, la compétence est dévolue aux juridictions de droit commun. Toutefois, pour les infractions prévues aux articles 70 à 85 CP, c'est-à-dire les crimes de trahison, d'espionnage et les atteintes à la défense nationale, sont compétentes les formations militaires spécialisées. Dans le ressort de chaque cour d'appel, le même tribunal correctionnel avec les mêmes magistrats, la même cour d'assises à sept membres ont donc seuls compétence.

---

45. Il est piquant de se souvenir que c'est justement pour juger les infractions militaires que les révolutionnaires ont introduit le jury en 1790.

205 Les juridictions spécialisées en matière de terrorisme. —
La loi du 9 septembre 1986 a institué, pour poursuivre, instruire et juger les actes de terrorisme, une compétence concurrente
(*cf.* art. 706-17 à 706-22 CPP). En effet, lorsqu'un acte est qualifié de
terroriste (selon les conditions posées par le nouvel art. 706-16), sa
poursuite, son instruction et son jugement peuvent être menés par les
autorités et juridictions territoriales compétentes. Mais l'entière procédure peut aussi être confiée au procureur de la République, au juge
d'instruction, au tribunal correctionnel et à la cour d'assises de Paris.
Lorsqu'il en est ainsi, compétence est donnée sur l'étendue du territoire
national aux autorités et juridictions parisiennes.

Schématiquement, la procédure de « concurrence » est la suivante.
Le procureur près le tribunal correctionnel normalement compétent
requiert le juge d'instruction saisi de se dessaisir au profit d'un juge
d'instruction de Paris. Mais le dessaisissement opéré ne lie pas les
juridictions parisiennes. Le magistrat saisi, ou le tribunal, peut se
déclarer incompétent. Le dossier fait alors retour à la juridiction territorialement compétente. Il faut noter que toutes les décisions sont
susceptibles d'un pourvoi, suspensif, devant la chambre criminelle,
laquelle statue dans les huit jours, et peut, si elle le juge utile à une
bonne administration de la justice, confier l'affaire aux juridictions parisiennes quand bien même elles ne seraient pas compétentes (l'acte ne
remplissant pas les conditions pour être qualifié de terroriste).

Les juridictions spécialisées sont donc des formations « ordinaires » :
juge d'instruction, tribunal correctionnel. Il s'opère simplement une
concentration sur Paris des procédures. Toutefois, la cour d'assises
appelée à juger n'est pas la formation ordinaire mais une formation
spécialisée, comme en matière militaire, c'est-à-dire une cour d'assises
sans jury. Il faut noter que cette composition particulière vaut non
seulement pour la cour d'assises de Paris mais aussi pour toutes les
cours d'assises amenées à juger des actes de terrorisme (la règle ne
vaut que pour la cour d'assises des majeurs : art. 706-25 CPP)[46].

46. L'article 10 de la loi du 9 septembre 1986 prévoyait que la loi ne s'appliquerait qu'aux faits
commis postérieurement à son entrée en vigueur. Mais, le jugement de membres présumés
d'Action directe n'ayant pu avoir lieu à cause des défaillances des jurés, inquiétés par les menaces
reçues, la loi du 30 décembre 1986, modifiant celle du 9 septembre, a rendu immédiatement
applicable la composition particulière de la cour d'assises (un système, un peu complexe, de
renvoi devant la chambre d'accusation pour vérifier la qualification des actes a été instauré).

Sous-section II
Les juridictions d'exception

206 ETAT DE LA QUESTION. — Les juridictions d'exception sont celles qui n'ont vocation à connaître que des infractions ou des délinquants pour lesquels la loi leur a donné expressément compétence.

De tout temps, pour des raisons qui peuvent être de technique ou de politique, le législateur a créé des juridictions d'exception. Nombreuses sous l'Ancien Régime, ces juridictions furent abolies par la Révolution qui s'empressa, toutefois, d'en créer de nouvelles. Et si le XIXe siècle eut assez peu recours aux juridictions d'exception, le XXe en organisa un nombre certain. Les unes furent temporaires, limitées à la répression des infractions nées de la seconde guerre mondiale (le gouvernement de Vichy en créa 11 dont les sections spéciales des tribunaux militaires ; le gouvernement provisoire, à la Libération, créa, pour réprimer les faits de collaboration, les cours de justice et les chambres civiques), ou encore de la guerre d'Algérie (avec la création successive du Haut Tribunal militaire, du Tribunal militaire, des cours martiales, du Tribunal de l'ordre public, de la Cour militaire de Justice). D'autres avaient vocation à la permanence : juridictions pour militaires ou pour mineurs (créées au XIXe), Cour de sûreté de l'Etat (instituée, à la fin de la guerre d'Algérie, par la loi du 15 janvier 1963).

Or, on constate un *déclin actuel* des juridictions d'exception, lié à une volonté d'égalité. C'est ainsi que la Cour de sûreté de l'Etat a été supprimée par la loi du 4 août 1981. Sans doute, pouvait-on lui reprocher une composition et une structure trop exorbitantes du droit commun. Mais celles-ci étaient aménageables. Le vrai est que la Cour de sûreté de l'Etat a cristallisé sur elle tous les reproches que l'on pouvait adresser aux juridictions extraordinaires qui l'avaient précédée. Or, si ces juridictions étaient effectivement haïssables car trop négligentes des droits de la défense, la Cour de sûreté de l'Etat ne leur ressemblait en rien et pouvait davantage apparaître comme une juridiction techniquement spécialisée. Sa suppression avait valeur symbolique : à travers elle, et en dépit de sa véritable nature, c'est l'idée même de juridiction extraordinaire que l'on a voulu atteindre. Les juridictions militaires devaient subir un sort voisin. La loi du 21 juillet 1982 les supprima en temps de paix sur le territoire national, confiant la connaissance des affaires qui leur étaient dévolues à des juridictions de droit commun à compétence spéciale (*supra,* n° 204). Mais la suppression n'est pas totale. D'abord, les juridictions militaires ont vocation à renaître en temps de guerre ; ensuite, certaines sont maintenues en temps de paix pour juger des infractions commises hors du territoire national[47]. En droit positif, les juridictions militaires d'exception apparaissent donc quelque peu tronquées et résiduelles. Le véritable domaine de l'exception reste ainsi les juridictions pour mineurs.

I | LES JURIDICTIONS MILITAIRES

Aux termes de l'article 1 CJM (issu de la loi du 21 juillet 1982), « la justice militaire est rendue sous le contrôle de la Cour de cassation » (l'appel n'est jamais ouvert contre les jugements des juridictions militaires).

207 SUR LE TERRITOIRE DE LA RÉPUBLIQUE (TEMPS DE GUERRE). — La loi du 21 juillet 1982, ayant supprimé les tribunaux permanents des forces armées, a néanmoins prévu qu'en cas de guerre, mobilisation, état de siège ou d'urgence, seraient immédiatement établis des *tribunaux territoriaux des forces armées* (art. 1 CJM, art. 699-1 et 700 CPP). Le ressort de chaque tribunal s'étend à une ou plusieurs régions militaires. Ces tribunaux sont désignés par le nom de la localité où leur siège a été fixé. Ils se composent d'une ou plusieurs chambres de jugement et d'une chambre de contrôle de l'instruction destinée à contrôler l'instruction menée par le juge d'instruction. La chambre de contrôle de l'instruction est une juridiction de second degré, établie auprès des juridictions militaires ; elle se compose de trois membres : deux juges judiciaires et un juge militaire. Chaque chambre de jugement

---

47. Le ministre de la Justice avait déclaré devant le Sénat : « Ce projet marque l'achèvement de l'unification de notre justice pénale en temps de paix ; tous les citoyens français adultes ne connaîtront plus qu'une même justice pénale offrant à tous les mêmes droits et les mêmes garanties. Ce projet constitue un moment essentiel dans l'histoire de nos libertés judiciaires. Il est un acte de confiance, un acte de foi dans notre magistrature civile » (Déb. Sénat, 18 mai 1982).

comprend cinq membres : deux magistrats judiciaires (le président et un assesseur, le premier issu de la cour d'appel) et trois juges militaires dont la désignation est soumise au respect du principe hiérarchique (un juge ne pouvant être d'un grade inférieur à celui du prévenu (art. 24 et s. CJM). Les règles de procédure sont celles édictées par le Code de justice militaire. Il y a auprès de chaque tribunal un commissaire du gouvernement (art. 28 CJM). Les tribunaux territoriaux sont compétents pour connaître des infractions militaires et des infractions de droit commun commises dans l'exécution du service. Ils sont aussi compétents pour juger les crimes et délits contre la sûreté de l'Etat et les infractions qui leur sont connexes (art. 701 CPP).

Le Code de justice militaire a maintenu la compétence du *Haut Tribunal des forces armées,* dont le siège est à Paris mais qui peut se réunir en tout lieu du territoire de la République, pour juger les maréchaux, amiraux, officiers généraux ou assimilés et les membres du contrôle général des armées. La composition du Haut Tribunal est identique à celle des tribunaux territoriaux, le président devant être un magistrat hors hiérarchie (art. 26 et 30 CJM).

208 HORS DU TERRITOIRE DE LA RÉPUBLIQUE (TEMPS DE PAIX - TEMPS DE GUERRE). — En vertu de l'article 3 CJM, des *tribunaux aux armées* peuvent être établis, en temps de *paix,* lorsque les armées stationnent (ex. : en Allemagne) ou opèrent (ex. : au Tchad) hors du territoire de la République. Ces tribunaux sont créés par décret. Ils sont exclusivement composés de magistrats du siège appartenant à l'ordre judiciaire, désignés pour une année. Lorsqu'il juge des contraventions et des délits, le tribunal se compose d'un président et de deux assesseurs ; lorsqu'il juge des crimes, le tribunal est composé d'un président et de six assesseurs. Le président a rang de président de chambre ou de conseiller de cour d'appel. Il y a auprès du tribunal un commissaire du gouvernement. L'instruction est menée par un juge d'instruction, sous le contrôle de la chambre de contrôle de l'instruction, composée de trois membres, tous magistrats du siège[48]. Le décret du 23 décembre 1982 a créé le *tribunal des forces armées* de Paris,

48. L'article 13 CJM dispose que les fonctions de la chambre de contrôle de l'instruction peuvent être assurées par une chambre d'accusation de droit commun. C'est le cas pour les deux tribunaux existants : chambre d'accusation de Colmar pour le tribunal de Landau, chambre d'accusation de Paris pour le tribunal des forces armées (décret du 23 décembre 1982).

compétent pour juger les militaires en opérations extérieures et un *tribunal aux armées* à Landau, compétent pour les troupes stationnées en Allemagne. Les magistrats qui le composent sont issus de la cour d'appel de Colmar. Les tribunaux aux armées sont compétents pour toute infraction de toute nature commise par les membres des forces armées ou les personnes à la suite de l'armée (art. 59 CJM). Lorsqu'il n'est pas institué de tribunal aux armées, les affaires sont portées devant la juridiction de droit commun compétente (art. 5 CJM).

Les *tribunaux militaires aux armées,* qui ont les mêmes fonctions que les tribunaux aux armées en temps de paix, se substituent à eux en temps de guerre. Ils sont composés de cinq membres : un président qui est un magistrat militaire ou un magistrat judiciaire mobilisé et quatre assesseurs, tous militaires. Leur compétence est celle des tribunaux aux armées mais s'étend en outre aux crimes et délits commis par des nationaux ennemis à l'encontre d'un national ou protégé français (art. 49, 52, 53, 70 CJM).

Les *tribunaux prévôtaux* sont prévus par l'article 479 CJM, lequel dispose : « Hors du territoire de la République, si des tribunaux sont établis, les prévôts peuvent par eux-mêmes exercer leur juridiction ». Les prévôts sont des gendarmes établis aux armées (art. 477 CJM). Le tribunal prévôtal est une juridiction à juge unique qui connaît des contraventions encourant une peine qui n'est pas supérieure à dix jours d'emprisonnement ou 2 500 F d'amende. Toute personne justiciable des tribunaux aux armées est justiciable du tribunal prévôtal (art. 480 CJM).

II | LES JURIDICTIONS POUR MINEURS

209 SPÉCIFICITÉ. — Le caractère particulier de la délinquance juvénile, la protection nécessaire de l'enfant, le souci de le rééduquer plus que de le punir ont progressivement détaché le droit pénal applicable au mineur du droit pénal commun. Le mineur est en principe irresponsable pénalement. Les mineurs de 13 ans bénéficient d'une présomption irréfragable, ce qui interdit le prononcé de toute peine à leur encontre : ils ne peuvent faire l'objet que de mesures éducatives.

Les mineurs âgés de 13 à 18 ans bénéficient d'une présomption simple, ce qui permet le cas échéant que leur soit infligée une peine. Mais, le mécanisme de l'excuse atténuante de minorité, obligatoire pour les 13-16 ans, facultative pour les 16-18 ans, aboutit à réduire de moitié la peine encourue.

La même volonté de protection et d'adéquation a conduit le législateur à adopter pour les mineurs un régime procédural et des juridictions spécifiques. C'est ainsi que la loi du 22 juillet 1912 instituait pour la première fois un tribunal pour enfants et adolescents. Mais, c'est l'ordonnance du 2 février 1945, complétée par la loi du 24 mai 1951, qui a donné, aux juridictions pour mineurs, la compétence générale et exclusive qu'elles connaissent aujourd'hui. C'est elle aussi qui a fait du juge des enfants la pièce maîtresse d'un système qui tend à unifier entre ses mains un contentieux répressif avec des mesures préventives d'assistance éducative[49].

210 LES JURIDICTIONS D'INSTRUCTION. — Les crimes et délits commis par les mineurs doivent toujours donner lieu à instruction. Quelle que soit la simplicité ou la complexité de l'affaire, il est en effet indispensable de procéder à une enquête de personnalité afin de déterminer la mesure la plus appropriée à la situation sociale et psychologique du mineur.

L'instruction, à l'égard des mineurs, peut être assurée soit par le juge des enfants soit par un juge d'instruction. Le juge des enfants est un magistrat du tribunal de grande instance, nommé par décret pour une durée de trois ans renouvelable. Il est choisi en fonction de l'intérêt qu'il porte aux questions de l'enfance (art. L 532-1 COJ). Au siège de chaque tribunal pour enfants, il existe un ou plusieurs juges des enfants (art. L 551-1 COJ). Auprès de chacun de ces tribunaux, le premier président de la cour d'appel désigne un ou plusieurs juges d'instruction, qui, restant le plus souvent juges d'instruction de droit

---

49. Le juge des enfants dispose d'attributions diverses. Ce sont d'abord des attributions civiles en matière d'assistance éducative. L'article 375 CC lui confie les mineurs en danger physique ou moral. Ce domaine constitue l'un des lieux privilégiés de l'action du juge des enfants, d'autant que les jeunes délinquants sont de plus en plus souvent traités comme jeunes en danger. Par ailleurs, le juge des enfants joue le rôle de juge de l'application des peines, pour suivre l'exécution des peines infligées aux mineurs. Il contrôle aussi les établissements qui accueillent des mineurs et dirige les divers services qui, dans son ressort, s'occupent des mineurs (par exemple, service des délégués à la liberté surveillée).

commun, sont en outre chargés spécialement des affaires des mineurs (art. L 522-6 COJ).

Le choix entre le juge des enfants et le juge d'instruction, dans une affaire donnée, appartient au ministère public. Toutefois, lorsqu'il s'agit d'un crime, seul le juge d'instruction est compétent (art. 5 et 20-1 ord. 2 février 1945). Lorsque l'instruction est menée par le juge des enfants, la procédure se trouve assouplie. La règle la plus remarquable, car elle est contraire au principe de séparation des fonctions, est que le juge des enfants, après avoir instruit le dossier, statue en tant que juridiction de jugement (art. 8 et s. ord. 2 février 1945). L'exception se veut *in favorem* : le juge des enfants est le mieux à même d'apprécier la mesure à prendre.

211 LES JURIDICTIONS DE JUGEMENT. — Tribunaux pour enfants, juge des enfants, et cour d'assises des mineurs présentent certaines particularités dérogatoires qui leur sont communes et qui ont pour fondement la protection du mineur. Premièrement, le jugement est toujours à huis clos pour sauvegarder le mineur de toute publicité. Deuxièmement, chaque mineur est jugé séparément, en l'absence des autres participants et peut même être dispensé de comparaître (art. 14 ord. 2 février 1945). Troisièmement, quel que soit l'acte accompli, la juridiction peut toujours préférer une mesure de protection, d'assistance, de surveillance et d'éducation au prononcé d'une peine ; il est même des hypothèses où le prononcé d'une peine est exclu (art. 16 à 19 ord.). Les mesures non pénales peuvent être révisées à tout moment, en fonction de l'état dangereux ou de l'intérêt du mineur (art. 27 ord.).

Le *tribunal pour enfants* présente cette double caractéristique d'être tout à la fois rattaché au tribunal de grande instance et d'en être totalement autonome. Si l'article L 521-1 COJ dispose : « Il y a dans le ressort de chaque cour d'appel une ou plusieurs juridictions de première instance dénommées tribunaux pour enfants », il faut constater que ces tribunaux sont implantés là où se trouvent des tribunaux de grande instance. Le siège et le ressort des premiers sont donc, en principe, ceux des seconds[50]. Le tribunal se compose d'un ou plusieurs

50. Mais il existe moins de tribunaux pour enfants que de tribunaux de grande instance : 128 contre 185 (*ASJ*, 1986). S'il existe au moins un tribunal pour enfants par département,

juges des enfants (issus du tribunal de grande instance) et d'assesseurs titulaires et suppléants qui sont, et c'est là son originalité, de simples particuliers. Ils sont nommés pour une durée de quatre années[51] par le ministre de la Justice parmi les personnes de nationalité française, âgées de plus de 30 ans, connues pour leur compétence et l'intérêt qu'elles portent aux questions de l'enfance (art. L 522-3 COJ). Leurs fonctions sont indemnisées. A l'audience, le tribunal se compose du juge des enfants, président, et de deux assesseurs. Il est compétent pour juger les contraventions de cinquième classe[52] et les délits commis par les mineurs de 18 ans ainsi que les crimes commis par les mineurs de 16 ans (art. L 521-2 COJ).

Le juge des enfants, qui fait partie du tribunal pour enfants et le préside, peut statuer seul. Dans ce cas, il constitue une juridiction autonome, appelée la juridiction du juge des enfants. Il est compétent pour juger des contraventions de cinquième classe et des délits. Son jugement ne peut en aucun cas comporter le prononcé d'une peine. La mesure prise ne peut être que de protection, assistance, surveillance, éducation (art. L 531-2 COJ et 8 ord. 2 février 1945).

En pratique, dans les hypothèses de compétence concurrente entre le juge des enfants et le tribunal, le juge des enfants, après avoir étudié, voire instruit le dossier, dispose d'un choix. S'il estime qu'une simple mesure de rééducation suffit, il statue seul ; si, à l'inverse il pense qu'une peine serait opportune, il réunit ses assesseurs pour constituer le tribunal pour enfants qui statuera collégialement. C'est là un point remarquable : ce n'est pas la gravité de l'infraction qui détermine la compétence, comme ordinairement au pénal, mais la gravité de la sanction que le juge envisage de prendre.

La *cour d'assises des mineurs* se distingue assez peu, de par son organisation, de la cour d'assises ordinaire, dite cour d'assises des majeurs : son siège, son ressort, son fonctionnement intermittent, les dates de ses sessions sont identiques, tout comme est commune l'impossibilité d'appel contre les arrêts rendus. La ressemblance est suffi-

certains départements comptent plus de tribunaux de grande instance que de tribunaux pour enfants.

51. A partir d'une liste établie par le premier président de la cour d'appel. Un renouvellement s'opère par moitié tous les deux ans.

52. C'est le tribunal de police qui juge les contraventions des quatre premières classes commises par des mineurs. Il doit respecter les règles particulières prévues à l'art. 21 ord. 2 février 1945.

samment grande pour que la cour des mineurs puisse juger les majeurs complices ou coauteurs d'un mineur et pour que certains projets envisagent de la supprimer, parce que trop peu spécialisée, pour la remplacer par une formation spéciale du tribunal pour enfants (proposition de la commission Martaguet, 1983). La cour comprend un conseiller de cour d'appel qui la préside, deux assesseurs qui sont choisis parmi les juges des enfants du ressort de la cour d'appel ; le jury se compose de neuf jurés, tirés au sort sur la liste annuelle (la même que celle utilisée pour composer la cour d'assises des majeurs) (art. 20 ord.). Elle est compétente pour juger les crimes commis par les mineurs âgés de plus de 16 ans.

Pour aller plus loin

212 L'ORGANISATION JUDICIAIRE. — L'organisation actuelle est le fruit de la réforme de 1958 : Constitution (art. 64 et 65), ordonnances, assorties de décrets, toutes promulguées le même jour, à savoir le 22 décembre 1958. Pour la plupart, ces textes se trouvent codifiés dans le Code de l'organisation judiciaire (COJ), promulgué par le décret du 18 mars 1978. La législation de 1958 a été classée et commentée par M.-C. Giverdon et J. Larguier, *Procédure civile, droit pénal, procédure pénale,* 1959 ; v. G. Cornu et J. Foyer, *Procédure civile,* PUF, « Thémis », 1958 et le *Supplément,* 1960 ; R. Perrot, nos 5 à 19 et plus spécialement à partir du no 13. Il faut aussi se référer à P. Hébraud, *Justice* 1959 : 1. L'autorité judiciaire ; 2. Les juridictions, *D.,* 1959, chron. 77 et 151 ; J. Martin de La Moutte, La réforme des juridictions civiles du 22 décembre 1958, *Mélanges Maury,* t. I, p. 242 ; H. Pinsseau, L'organisation judiciaire de la France. *Notes et Etudes documentaires.* La Documentation française. 1985-2 : A. Ortolland. La justice, ses moyens financiers, ses actions, *Notes et Etudes documentaires,* La Documentation française, 1985-3 ; E. Tailhades, *La modernisation de la justice,* rapport au Premier Ministre, « Coll. des Rapports officiels », La Documentation française, août 1985, et les éléments de référence cités *supra* au no 114.
Selon l'*ASJ,* 1986, les juridictions judiciaires (au nombre total de 2 057) ont jugé, en 1984, 12 112 559 affaires. Une énorme part revient aux tribunaux de police (9 995 371). Viennent ensuite les tribunaux correctionnels (492 000), les tribunaux d'instance (387 705) et les tribunaux de grande instance (380 278), les tribunaux de commerce (283 497), les conseils de prud'hommes (150 000), les cours d'appel (128 285), les tribunaux des affaires de sécurité sociale (87 577), les juridictions de la jeunesse (24 116), la Cour de cassation (13 335), les tribunaux paritaires des baux ruraux (4 933) et les cours d'assises (2 160). On notera qu'en dix années (1974-1984), le nombre des affaires jugées a environ doublé : c'est le cas pour les tribunaux de grande instance, conseils de prud'hommes, tribunaux correctionnels et cours d'appel. Le gonflement est légèrement inférieur au doublement (+ 60 % à + 70 %) pour les tribunaux d'instance, tribunaux de commerce et la Cour de cassation. En revanche, le nombre d'affaires est sensiblement le même pour les tribunaux des affaires de sécurité sociale et a diminué de plus du tiers pour les tribunaux paritaires des baux ruraux. Le reliquat des affaires enregistrées

et non jugées a lui aussi subi un gonflement qui avoisine le doublement : le stock étant à peu près équivalent au nombre d'affaires jugées. On notera que le reliquat est particulièrement important devant les tribunaux de grande instance (environ 450 000 contre 200 000 en 1974), les cours d'appel (210 000 contre 60 000) et la Cour de cassation (20 000 contre 8 000).

Les magistrats de carrière de l'ordre judiciaire étaient, en 1984, au nombre de 168 pour la Cour de cassation, 1 087 pour les cours d'appel et 4 410 pour les tribunaux de grande instance et tribunaux d'instance (dont 265 juges des enfants) (les greffiers étaient au nombre de 5 944 et les fonctionnaires du service judiciaire de 10 643). Un calcul sommaire, qui bien sûr ne correspond pas à la réalité de la pratique, voudrait qu'un magistrat participe au jugement de 2 000 affaires par an (un calcul identique pour les juridictions administratives donne le nombre de 200).

Selon les statistiques fournies par A. Pouille, p. 117, l'appel est peu fréquent. En 1980-1981, appel aurait été formé contre 10 % des décisions des tribunaux de commerce, 17 % de celles des tribunaux de grande instance, 26 % de celles des tribunaux paritaires des baux ruraux. En revanche, 83 % des décisions des conseils de prud'hommes auraient fait l'objet d'un appel. Ce pourcentage ne vient pourtant pas de ce que les conseils de prud'hommes jugeraient plus mal — leurs jugements sont confirmés à plus de 70 %, comme les jugements des autres tribunaux (environ 75 %) — mais d'un raidissement des parties. La justice semble remplir, sauf en matière prud'homale, sa fonction d'apaisement des conflits, de paix sociale, et cela dès la première instance (la même réflexion peut être faite pour la justice administrative : 15 % des décisions des tribunaux administratifs auraient fait l'objet d'un appel, en 1981, la réformation n'intervenant que dans 45 % des cas).

213 INDICATIONS BIBLIOGRAPHIQUES SUR LES JURIDICTIONS.

1 / CIVIL. — *Tribunal de grande instance* : N. Fricero, *Rép. proc. civ.*, 2ᵉ éd., vᵒ « Tribunal de grande instance » ; D. Emsellem, *Le tribunal de grande instance dans l'évolution du système judiciaire français. Une analyse sociologique d'une organisation professionnelle*, Unité de recherche de sociologie criminelle, 1977 ; *Pratique et organisation dans l'institution française*, La Documentation française, 1982 ; Hébraud, Seignolle et Odoul, *Traité des référés et des ordonnances sur requête*, 1978, suppl. 1981 ; R. Perrot, *L'évolution du référé*, *Mélanges Hébraud*, 1981, p. 645 ; J. Vincent, *Les pouvoirs du juge en matière de provision*, *Mélanges Kayser*, 1979, t. II, p. 417 ; XIIᵉ Colloque des Instituts d'études judiciaires, *Les procédures d'urgence*, *Cahiers de l'Université de Pau*, 1981 ; IXᵉ Colloque des Instituts d'études judiciaires, *Les juges uniques en droit français*, *op. cit.* ; R. Perrot, *Le juge unique en droit français*, *RIDC*, 1977, p. 699 ; J.-C. Maestre, *Un nouveau cas de responsabilité publique : l'indemnisation de certaines victimes de dommages corporels résultant d'une infraction* (la loi du 3 janvier 1977), *D.*, 1977, chron. 145 ; A. Decocq, *Commentaire de la loi du 3 janvier 1977*, *RSC*, 1977, p. 618 ; P. Couvrat, *La protection des victimes d'infractions. Essai d'un bilan*, *RSC*, 1983, p. 577 ; J. Pradel, *Commentaire de la loi du 3 juillet 1983*, *D.*, 1983, chron. 241.

Tribunal d'instance : N. Fricero, *Rép. proc. civ.*, 2ᵉ éd., vᵒ « Tribunal d'instance » ; Romanetti, *La justice de paix*, 2 vol., 1953-1954 ; Ph. Bonnet, *Du suppléant du juge de paix au conciliateur*, *JCP*, 1979, I, 2949 ; Solus, *Le tribunal d'instance, juridiction de droit commun*, *D.*, 1964, chron. 133 ; A. Bouchet, *Le tribunal d'instance, contribution à l'étude de sa nature et de sa compétence*, thèse, Lyon, 1971 ; Michelet, Faut-il fusionner les tribunaux d'instance avec ceux de grande instance?, *La vie judiciaire*, 18-23 avril 1966 ; F. Warembourg-Auque, *La compétence du juge d'instance en matière de crédit à la consommation* (note sous Civ. 1ʳᵉ, 11 juin 1985), *D.*, 1986, 138 ; Guinchard et Moussa, *Compétence des tribunaux d'instance et protection des consommateurs* (Civ. 1ʳᵉ, 11 juin 1985), *GP*, 1985, J, 476.

Tribunal de commerce : L. Léauté-Pavie, *Rép. proc. civ.*, 2ᵉ éd., vᵒ « Tribunal de commerce » ; J.-L. Herzog, La réforme judiciaire et les tribunaux de commerce, *RTD com.*, 1959, 285 ; R. Ithurbide, *Histoire critique des tribunaux de commerce*, 1970 ; B. Soinne, Le droit de la faillite et l'organisation consulaire française, *D.*, 1979, chron. 57.

Conseil de prud'hommes : Hébraud et J.-J. Dupeyroux, Les juridictions sociales dans la réforme judiciaire. I : Les juridictions du travail, *DS*, 1960, p. 80 ; W.-H. Mac Pherson, Les conseils de prud'hommes, une analyse de leur fonctionnement, *DS*, 1962, p. 19 ; G. Lyon-Caen, A propos de la réorganisation des juridictions sociales, *D.*, 1969, chron. 21 ; B. Alibert, La loi du 18 janvier 1979 sur les conseils de prud'hommes, *D.*, 1979, chron. 169 ; Pautrat et Jeandidier, *La justice prud'homale*, Sirey, 1981 ; Pautrat et Le Roux-Cocheril, *Les conseils de prud'hommes, organisation, administration, compétence, procédure*, Sirey, 1984 ; *Liaisons sociales*, « Les prud'hommes », numéro spécial, 30 janvier 1986, nᵒ 9655 ; J. Normand, Les procédures d'urgence en droit du travail, *DS*, 1980, p. 45 ; M.-P. Champenois-Marmier, Les conseils de prud'hommes : cadres juridiques et cadres sociaux de leur environnement, *Année sociologique*, 1976, p. 143 ; v. encore bibliographie citée par Vincent, Montagnier et Varinard, nᵒ 204, n. 35.

Tribunal des affaires de sécurité sociale : J.-J. Dupeyroux, Les juridictions sociales dans la réforme judiciaire. II : Les juridictions de la sécurité sociale, *DS*, 1960, p. 153 ; *Sécurité sociale*, Dalloz, 9ᵉ éd., 1984, nᵒˢ 375 et s.

Tribunal paritaire des baux ruraux : R. Savatier, *Rép. proc. civ.*, 2ᵉ éd., vᵒ « Tribunal paritaire des baux ruraux » ; La réforme judiciaire et la compétence des tribunaux paritaires des baux ruraux, *D.*, 1960, chron. 127 ; Béraud, Une expérience judiciaire : les tribunaux paritaires des baux ruraux, *DS*, 1947, p. 398 ; Solus, Le statut hérétique des tribunaux paritaires des baux ruraux, *D.*, 1950, chron. 153 ; L.-H. Tiney, Les tribunaux paritaires des baux ruraux et leurs perspectives d'avenir, *DS*, 1951, p. 453 ; Ourliac et de Juglart, La réforme des tribunaux paritaires des baux ruraux, *JCP*, 1958, I, 1409.

2 / Pénal. — Ouvrages généraux : Bouzat et Pinatel, *Traité de droit pénal et de criminologie*, t. II, 2ᵉ éd., 1970, mise à jour 1975 ; Brière de L'Isle et Cogniart, *Procédure pénale*, 2 t., coll. « U », Armand Colin, 1971-1972 ; R. Garraud, *Traité théorique et pratique d'instruction criminelle*, Sirey, 5 t., 1906-1929 ; on y ajoutera les ouvrages déjà cités de Merle et Vitu, Pradel, Stéfani, Levasseur et Bouloc. On se référera tout particulièrement au Merle et Vitu dont la bibliographie est toujours fort importante.

Sur la séparation des fonctions : pour les incertitudes et les oppositions lors des travaux préparatoires du Code d'instruction criminelle (Merlin et Treilhard plaidant pour la confusion, Cambacérès pour la séparation), v. R. Vouin, Le projet de réforme du Code d'instruction criminelle, *D.*, 1950, chron. 37 ; v. aussi A. Esmein, *Histoire de la procédure criminelle en France et spécialement de la procédure inquisitoire depuis le XIIIᵉ siècle jusqu'à nos jours*, Paris, 1882, rééd. Verlag Sauer & Awermann, Francfort-sur-le-Main, 1969 ; *cf.* aussi C. Bergoignan-Esper, *La séparation des fonctions de justice répressive*, Travaux et recherches de l'Université de Droit et d'Economie et de Sciences sociales de Paris, 1973 ; J. Pradel, La fonction de jugement est-elle compatible avec les autres fonctions de la justice répressive ? Réflexions autour d'une jurisprudence récente. *D.*, 1987, 237. Le Conseil constitutionnel a reconnu au principe de la séparation des fonctions d'instruction et de jugement la valeur d'un principe fondamental reconnu par les lois de la République : cc 27 juillet 1978 et 22 novembre 1978.

Sur le juge d'instruction : v. les ouvrages généraux de P. Chambon, *Le juge d'instruction*, Dalloz, 2ᵉ éd., 1980 ; et B. Bouloc, *L'acte d'instruction*, LGDJ, 1965. V. les études particulières : nomination et révocation, Henry, La réforme du statut du juge d'instruction, *DH*, 1935, chron. 73 ; Morizot-Thibaut, *De l'instruction préparatoire. Etude critique du Code d'instruction criminelle*, LGDJ, 1906, p. 100 (indiquant que Napoléon était partisan d'un système garantissant mieux l'indépendance du juge d'instruction).

Sur la saisine, v. J. Brouchot, L'arrêt Laurent-Atthalin, sa genèse et ses conséquences, *Mélanges Patin*, 1966, p. 411 ; C. Bolze, Le refus d'informer, une sanction exceptionnelle en procédure pénale, *RSC*, 1982, p. 311. Sur la non-contradiction, P. Chambon, *L'instruction contradictoire et la jurisprudence*, Ed. Techniques, 1953 ; G. Levasseur, Vers une procédure d'instruction contradictoire, *RSC*, 1959, p. 297 ; J. Pradel, La loi du 9 juillet 1984 sur le recul de la détention provisoire : un pas en avant utile ?, *D.*, 1985, chron. 7. Sur la détention provisoire et le contrôle judiciaire, Journées franco-belgo-luxembourgeoises, *Publication Fac. Dr. Poitiers*, 1971 ; Travaux du VIIᵉ Congrès de l'Association française de Droit pénal, Les atteintes à la liberté de l'inculpé, détention provisoire et contrôle judiciaire, Bordeaux, novembre 1984, *Cahiers du droit*, 1985.

Tribunal de police : J. Lorentz et J. Wolff, L'ordonnance pénale, une procédure simple, rapide et peu coûteuse, *JCP*, 1968, I, 2192 ; La procédure simplifiée ou l'adaptation de la procédure de l'ordonnance pénale en droit français, *GP*, 1972, I, doctr., p. 274 ; A. Mayer-Jack, Une réforme à la Janus, *JCP*, 1972, I, 2456 ; J. Pradel, La simplification de la procédure applicable aux contraventions, *D.*, 1972, chron. 153.

Tribunal correctionnel : G. Levasseur, La juridiction correctionnelle depuis l'application du Code de procédure pénale, *RSC*, 1959, p. 577 ; G. Roujou de Boubée, Le juge unique en droit pénal, *Ann. Univ. Toulouse*, t. XXII, p. 111 ; sur les lois du 9 septembre 1986 et les pouvoirs du juge de l'application des peines, v. J. Pradel, Vers un retour à une plus grande certitude de la peine avec les lois du 9 septembre 1986, *D.*, 1987, p. 5.

Cour d'assises : R. Vouin, La cour d'assises française de 1808 à 1958, *Mélanges Hugueney*, 1964, p. 225 ; J. Brouchot, La cour d'assises sous le régime du Code de procédure pénale, *JCP*, 1959, I, 1479 ; F. Chapar, *Manuel de la cour d'assises*, Dalloz, 1961 ; A. Vitu, La cour d'assises dans le Nouveau Code de procédure pénale, *RSC*, 1959, p. 539 ; M. Patin, Le problème de l'organisation des cours d'assises, in *Les principaux aspects de la politique moderne*, Cujas, 1960, p. 221 ; A. Vitu, La récusation en matière pénale, *Mélanges Vincent*, 1981, p. 427 ; P. Mimin, Prépotence du jury, *D.*, 1958, chron. 1 ; J.-M. Aussel, La loi du 28 juillet 1978 et le recrutement des jurés d'assises, *JCP*, 1978, I, 2919 ; F. Chapar, Le nouveau jury criminel, *D.*, 1980, chron. 203 ; Fac. Dr. Lyon (IEJ), *Enquête sur le jury criminel du Rhône*, années 1970-1971-1972, 2 vol. ; J.-C. Wenberger et A.-M. Cousin, Classe sociale, régime politique et jury d'assises, *Actes*, nᵒ 18, automne 1978, p. 33 ; C. Baberger, Le choix des jurés, *Annales internationales de Criminologie*, 1977, nᵒ 1, p. 63.

Juridictions d'exception : A. Vitu, Une nouvelle juridiction d'exception : la Cour de Sûreté de l'Etat, *RSC*, 1964, p. 1 ; G. Levasseur, La Cour de Sûreté de l'Etat, *GP*, 1963, I, doctr. 26 ; R. Vouin, La Cour de Sûreté de l'Etat, *JCP*, 1963, I, 1764 ; Y.-E. Jafre, *Les tribunaux d'exception (1940-1962)*, 1963 ; Coucoureux, *Rép. dr. pén. et proc. pén.*, vᵒ « Justice militaire » (histoire des juridictions militaires) ; L. Barc, Les tribunaux permanents des forces armées, *Mélanges Patin*, 1966, p. 583 ; P.-J. Doll, *Analyse et commentaire du Code de justice militaire*, 1966 ; B. Charron, Le tribunal prévôtal, juridiction disciplinaire ou véritable tribunal de police aux armées ?, *RSC*, 1976, p. 399 ; Pichereau, Commentaire de la loi du 21 juillet 1982, *Rev. Gend. nationale*, janvier 1983 ; H. de Touzalin, La réforme des juridictions militaires, M. Roger, La nouvelle procédure, B. Schnapper, Le droit pénal militaire sous la Révolution : prophétisme ou utopie ?, *in* Travaux de l'Institut de Sciences criminelles de Poitiers, *Armée, guerre et droit pénal*, Cujas, 1986-5 ; W. Jeandidier, Les juridictions pénales d'exception dans la France contemporaine, *JCP*, 1985, I, 3173 ; J. Pradel, Les infractions de terrorisme, un nouvel exemple d'éclatement du droit pénal (loi nᵒ 86-1020 du 9 septembre 1986), *D.*, 1987, chron. 39 ; Ch. Lazerges-Rothé, *La cour d'assises des mineurs. Etude sociologique et juridique*, LGDJ, 1972 ; A. Vitu, Réflexions sur les juridictions pour mineurs délinquants, *Mélanges Hugueney*, 1964, p. 239 ; Ph. Robert, *Traité de droit des mineurs,*

Cujas, 1969 ; Ph. Robert et R. Zauberman, La détention provisoire des mineurs de seize ans : des textes et des pratiques, *RSC*, 1982, p. 83 ; sur les travaux des commissions Costa, v. *RSC*, 1979, p. 768 ; Martaguet, v. rapport Chancellerie, septembre 1982 ; Martaguet, *Le nouveau droit pénal du mineur*, VIᵉ Congrès de l'Association française de Droit pénal, novembre 1983, Montpellier.

Chapitre 2

Les juridictions des instances sur recours

Section I
Les cours d'appel

Les cours d'appel ne sont pas nées de la Révolution, l'Assemblée constituante ayant préféré le système de l'appel circulaire à celui de l'appel hiérarchique (*supra*, n° 45). Le Consulat fit un choix inverse et créa des juridictions d'appel, hiérarchiquement supérieures, les tribunaux d'appel, auxquels le sénatus-consulte du 28 floréal an XII donna le nom de cours d'appel et à leurs décisions le nom d'arrêts.

I | ORGANISATION

Le siège, le ressort, le nombre de chambres, la composition des cours d'appel sont fixés par décret pris en Conseil d'Etat.

214 SIÈGE ET RESSORT. — Il existe 35 cours d'appel dont 30 métropolitaines[1]. Le ressort de chaque cour d'appel s'étend sur plusieurs départements : de deux à quatre en principe. Mais certains

---

1. Cours d'appel métropolitaines : Agen, Aix-en-Provence, Amiens, Angers, Bastia, Besançon, Bordeaux, Bourges, Caen, Chambéry, Colmar, Dijon, Douai, Grenoble, Limoges, Lyon, Metz (création 1973), Montpellier, Nancy, Nîmes, Orléans, Paris, Pau, Poitiers, Reims (création 1967), Rennes, Riom, Rouen, Toulouse, Versailles (création 1975). Cours d'appel d'outre-mer : Basse-Terre, Fort-de-France, Saint-Denis de la Réunion, Papeeté, Nouméa et les tribunaux supérieurs d'appel de Saint-Pierre et de Mayotte (ce dernier créé en 1981).

ressorts sont plus vastes. Le siège de la cour d'appel est généralement la ville la plus importante du ressort mais il est des exceptions. En effet, la tradition veut que, si dans le ressort de la cour d'appel se trouvait, jadis, un parlement de l'Ancien Régime, la cour d'appel siège dans les locaux de cet ancien parlement. C'est ainsi que la cour d'appel est fixée à Douai et non à Lille, à Colmar et non à Strasbourg, à Aix-en-Provence et non à Marseille, à Riom et non à Clermont-Ferrand, etc. Les cours d'appel portent le nom de la ville où elles siègent.

215 COMPOSITION. — La composition du siège est indiquée par l'article L 212-1 COJ. A la tête de chaque cour d'appel se trouve le « chef de cour », qui est un magistrat hors hiérarchie et qui se nomme le *premier président*. A ses côtés, se trouvent les *conseillers*. Ils tirent leur titre des parlements d'Ancien Régime et des « conseillers en robe longue », jurisconsultes qui conseillaient le roi. Les conseillers sont des magistrats de carrière d'un rang élevé qui ont eu une longue expérience des juridictions de première instance avant d'accéder à ces fonctions. Le nombre de conseillers varie en fonction de l'activité judiciaire de chaque cour d'appel. La juridiction d'appel étant collégiale et afin qu'il n'y ait pas de juridiction incomplète, le nombre minimal est de trois. Mais, plus aucune cour d'appel ne comporte ce simple effectif. En revanche, certaines cours d'appel ont un effectif important (plus de 120 à Paris, de 40 à Aix-en-Provence). Chaque cour d'appel se divise en chambres. Là encore, le nombre est variable : 25 à Paris, 16 à Aix. Depuis 1980, il n'existe plus de cour d'appel à une seule chambre[2]. Chaque chambre comprend un président, qui porte le titre de *président de chambre* et deux conseillers assesseurs. Toutefois, le même conseiller peut être affecté à plusieurs chambres. La répartition, dans les chambres, des présidents de chambre et des conseillers est faite annuellement par le premier président, après avis de l'assemblée générale des magistrats du siège.

Le ministère public est représenté auprès des cours d'appel par un procureur général, entouré d'un ou plusieurs avocats généraux et de substituts dits substituts généraux (art. R 213-21 COJ). Le procureur

---

2. Le décret du 28 août 1980 a en effet créé une deuxième chambre à Bastia et Chambéry, les deux dernières cours d'appel à n'avoir encore qu'une chambre.

général, qui est le « chef du parquet », occupe une fonction hiérarchiquement égale à celle du premier président. Toutefois, le protocole donne préséance à ce dernier (*cf.*, pour un exemple, n° 216).

II | FONCTIONNEMENT

216 FORMATIONS ADMINISTRATIVES. — L'administration se partage entre le premier président et les assemblées.

Le *premier président*, comme tout chef de juridiction, est responsable de l'administration de sa juridiction et la représente à l'extérieur. Mais il dispose, en outre, de prérogatives importantes. Il est en effet chargé de procéder à l'inspection des juridictions de son ressort et de s'assurer de leur bonne administration. Il doit en faire rapport chaque année au ministre de la Justice. Il est, par ailleurs, chargé de la notation de tous les magistrats du siège de son ressort[3]. Il est enfin doté d'un pouvoir propre de nomination[4] et du pouvoir organique de décider des audiences foraines.

Le décret du 23 décembre 1983 a profondément modifié le régime des *assemblées*. Les formations et les pouvoirs sont très largement identiques devant la cour d'appel à ceux que connaît le tribunal de grande instance (*supra*, n° 145). On retrouve les diverses assemblées de magistrats, l'assemblée des fonctionnaires, l'assemblée plénière, la commission permanente et les commissions restreintes, si la cour d'appel comporte au moins trois chambres. Les formations présidées, devant le tribunal de grande instance, par son président, le sont, devant la cour d'appel, par le premier président ; celles présidées par le procureur de la République le sont, devant la cour d'appel, par le procureur général. Il suffira d'indiquer ici les spécificités qui concernent la seule assemblée des magistrats du siège. Aux termes de l'article 761-23 COJ, cette assemblée

---

3. Le procureur général se voit attribuer les mêmes pouvoirs d'inspection et de notation (des magistrats du parquet) et la même obligation de faire rapport : art. R 213-29 COJ.
4. Il désigne la cour composant la cour d'assises, le juge d'instruction chargé des affaires de mineurs, le président du tribunal des affaires de sécurité sociale, ou encore le président et certains membres de la commission régionale d'inscription sur la liste des mandataires et liquidateurs (*cf.* art. 34, D. 27 décembre 1985), etc.

désigne le président et les conseillers composant la chambre d'accusation et, dans le cas de pluralité de chambres d'accusation, celui des
présidents qui exercera des pouvoirs propres (*cf*. art. 219 CPP) ; elle
établit la liste annuelle des experts ; elle détermine le nombre des
audiences correctionnelles (*cf*. art. 511 CPP) ; elle émet des avis
(sur la répartition des dossiers entre les chambres, des présidents et des
conseillers dans les diverses chambres...)[5].

217 FORMATIONS JURIDICTIONNELLES. — L'examen des affaires et
le prononcé des arrêts se fait, comme devant les autres juridictions, en *audience*. Le plus généralement, celle-ci est publique. Toutefois, selon des règles identiques à celles du tribunal de grande instance,
la cour d'appel peut statuer en chambre du conseil (*supra*, n° 147).

L'audience peut être *ordinaire*. C'est la formation habituelle de la
cour d'appel. Elle comprend au moins trois conseillers, le président
compris (art. L 212-2 COJ)[6].

L'audience peut être *solennelle*. La cour d'appel se compose alors
de cinq magistrats au moins, président compris (art. L 212-2 COJ).
L'audience se tient dans les locaux de la première chambre civile, et les
conseillers portent la robe rouge. La cour d'appel doit se réunir en
audience solennelle, tout particulièrement pour statuer sur les renvois
après cassation (*supra*, n° 77). Ces audiences se tiennent devant deux
chambres, sous la présidence du premier président (art. R 212-5 COJ).
Les règles concernant les audiences ordinaires et solennelles sont
édictées à peine de nullité (art. 212-2).

Dans les cas énumérés à l'article R 212-4 COJ[7], les arrêts doivent être
rendus par une formation que l'on appelle *l'assemblée des chambres*
et qui regroupe les deux premières chambres de la cour d'appel (les trois
premières à Paris). Dans les cours d'appel qui ne comportent qu'une
seule chambre civile, il est fait recours à la chambre des appels correctionnels (art. R 212-5 COJ).

---

5. L'assemblée générale n'est plus investie du pouvoir de choisir les juges départiteurs du conseil
   de prud'hommes. La loi du 30 décembre 1986 a donné ce pouvoir au premier président.
6. Quel que soit le nombre de conseillers, la règle de l'imparité doit être respectée. Le plus jeune
   conseiller doit, en cas de parité, s'abstenir de délibérer : art. L 213-1 COJ.
7. Elle connaît des demandes en annulation de l'élection des bâtonniers ou des membres des conseils
   de l'ordre, des recours dirigés contre les décisions ou délibérations de ces conseils.

III | COMPÉTENCE

218 COMPÉTENCE GÉNÉRALE DE LA COUR. — La cour d'appel a
compétence territoriale à l'égard de tous les tribunaux qui
ont leur siège dans son ressort et compétence d'attribution pour
juger tous les appels portés contre les décisions rendues par toutes les
juridictions de première instance, qu'elles soient civiles, de droit
commun, ordinaires, d'exception (tribunal de grande instance, tribunal
d'instance, tribunal de commerce, conseil de prud'hommes, tribunal
des affaires de sécurité sociale, tribunal paritaire des baux ruraux),
qu'elles soient pénales, d'instruction ou de jugement. Sont bien sûr
exclues de sa compétence les décisions non susceptibles d'appel
soit en raison du taux du ressort, soit en raison de leur nature
(comme celles des cours d'assises ou des juridictions militaires
d'exception).

Cette pleine compétence de la cour d'appel résulte de la réforme
de 1958, qui a eu pour souci de favoriser l'unification et l'uniformité
de l'interprétation judiciaire, en instaurant l'unité de juridiction du
second degré. Antérieurement, la cour d'appel n'était juge que des
décisions des tribunaux civils d'arrondissement et de celles des tribunaux de commerce : les tribunaux civils étant juges des décisions
des justices de paix et des conseils de prud'hommes ; les tribunaux
paritaires des baux ruraux et les commissions de sécurité sociale
existant au premier et au second degré.

219 ATTRIBUTIONS DU PREMIER PRÉSIDENT. — A la différence du
président du tribunal de grande instance, le premier président
ne constituait pas traditionnellement une juridiction. Ce n'est que
depuis 1972 que le premier président est investi d'un pouvoir juridictionnel propre. Il peut prescrire toutes les mesures urgentes qui
s'imposent, par ordonnance de référé ou sur requête. Il peut ordonner
ou suspendre l'exécution provisoire des jugements rendus en première
instance (*cf.* art. 956 à 958 NCPC). Il faut toutefois bien comprendre
que la juridiction du premier président n'est pas une juridiction d'appel.
Il ne juge pas de l'appel des référés de première instance (cet appel est
porté devant la cour) ; il juge des mesures urgentes qui apparaissent
en cours d'appel.

Le premier président peut présider l'une des chambres quand il le juge convenable. Le président de cette chambre siège alors comme premier assesseur (art. R 213-4 et R 213-5 COJ). Il préside les audiences solennelles et l'assemblée des chambres (art. R 212-5 et R 213-3 COJ).

220 ATTRIBUTIONS DES CHAMBRES CIVILES. — Plus l'activité d'une cour d'appel est importante, plus le nombre de chambres l'est aussi, plus grande est leur spécialisation : chambres civiles proprement dites, chambre commerciale, chambre sociale. A l'inverse, dans les plus petites cours d'appel, la même chambre traite tous les contentieux. Mais, quelle que soit la spécialisation, chaque chambre a vocation à connaître de tous les aspects du contentieux de la cour : les chambres ne sont que les organes de la cour d'appel tout entière.

Le Code de l'organisation judiciaire fait obligation à chaque cour d'appel de constituer une *chambre sociale* pour juger « les affaires portées plus spécialement à son rôle en raison de leur caractère et relatives à la sécurité sociale, au contrat de travail et à l'application des lois sociales. Les magistrats appelés à composer cette chambre sont désignés en fonction de leur aptitude et connaissances particulières » (art. R 221-1). C'est donc nécessairement la chambre sociale qui juge les appels portés contre les jugements du conseil de pru-d'hommes, du tribunal des affaires de sécurité sociale, du tribunal paritaire des baux ruraux. Mais il est à noter que la chambre sociale ne constitue pas une juridiction autonome au sein de la cour d'appel. Dans une grande cour d'appel, comportant plusieurs chambres, la chambre sociale se compose d'un personnel permanent. La règle du roulement l'affecte peu, le législateur souhaitant que les affaires soient examinées par les magistrats les plus familiarisés avec ce type de contentieux. Dans les cours d'appel plus petites, les conseillers affectés à la chambre sociale peuvent se voir confier d'autres tâches dans les autres chambres ; et il arrive même que la chambre sociale ait besoin d'être complétée par des magistrats appartenant à une autre chambre (art. R 221-1 COJ).

L'article 910 NCPC dispose que l'affaire est instruite sous le contrôle d'un magistrat de la chambre à laquelle elle a été distribuée. Globalement, ce magistrat, qui prend le nom de *conseiller de la mise en état*, dispose des mêmes pouvoirs que le juge de la mise en état devant le tribunal de grande instance.

221 ATTRIBUTIONS DES CHAMBRES PÉNALES. — Les chambres pénales constituent, au sein de la cour d'appel, des juridictions autonomes. Elles sont au nombre de trois : deux d'entre elles sont des formations de jugement, la troisième est principalement une juridiction d'instruction.

La *chambre d'accusation* se compose d'un président[8] exclusivement attaché à ce service et de deux conseillers qui peuvent, en cas de besoin, dans les petites cours d'appel, assurer d'autres tâches. Ce n'est que, très exceptionnellement et par décret, que le président peut assurer d'autres tâches (art. 191 CPP). La chambre d'accusation se réunit au moins une fois par semaine et sur convocation de son président, ou à la demande du procureur général, chaque fois qu'il est nécessaire.

Par ces règles, le législateur de 1959 a voulu réagir contre la pratique qui avait fait de la chambre des mises en accusation, créée par le Code d'instruction criminelle, le « parent pauvre » de la cour d'appel. Une ordonnance du 5 août 1844 avait décidé que ses conseillers devraient siéger dans les autres chambres et une loi du 3 juillet 1873 lui avait même retiré son président. Le rôle joué par la chambre des mises en accusation était donc des plus discrets, ce qui laissait, en fait, pleins pouvoirs aux juges d'instruction qui ne subissaient plus de contrôles réels. Car la tâche principale de la chambre d'accusation, comme celle de l'ancienne chambre des mises en accusation, est en effet le contrôle de l'instruction.

La chambre d'accusation est la *juridiction d'instruction du second degré pour les affaires de droit commun* et tient, à ce titre, un double rôle. D'une part, en matière de crime, l'instruction préparatoire étant nécessairement à deux degrés, elle procède à un nouvel examen de l'affaire. Le juge d'instruction ayant rendu une ordonnance de renvoi dite de transmission des pièces parce que, par cette ordonnance, il est demandé au procureur général de transmettre le dossier à la chambre d'accusation, celle-ci se livre à une nouvelle instruction et accomplit, si nécessaire, de nouveaux actes d'instruction. Par la clôture de cette deuxième instruction, la chambre d'accusation décide du sort de l'inculpé. Soit elle rend un arrêt de non-lieu, soit, considérant qu'il

---

8. Le président dispose de pouvoirs propres : il s'assure du bon fonctionnement des cabinets d'instruction de son ressort ; il peut saisir la chambre pour qu'il soit statué sur le maintien en détention provisoire d'un inculpé : *cf.* art. 220 à 223 CPP.

s'agit d'un délit ou d'une contravention, renvoie devant le tribunal compétent, soit, enfin, rend un arrêt de mise en accusation qui renvoie l'accusé devant la cour d'assises (art. 212 à 214 CPP). D'autre part, en toutes matières, la chambre d'accusation est juge des appels interjetés contre les ordonnances juridictionnelles prises par le juge d'instruction (art. 185 à 187 CPP).

Pour les affaires relevant des juridictions d'exception, la compétence de la chambre d'accusation n'est pas, dans le principe, aussi complète. S'agissant des affaires de mineurs, elle est pleinement compétente pour exercer son contrôle sur l'instruction. S'agissant des affaires militaires ou d'atteintes à la sûreté de l'Etat, la chambre d'accusation est, bien entendu, compétente pour contrôler l'instruction menée par une juridiction de droit commun, même à compétence spécialisée. En revanche, concernant les affaires qui relèvent de la compétence des juridictions militaires d'exception, le contrôle se fait par la chambre de contrôle de l'instruction, instituée auprès de chaque tribunal militaire (*supra*, n° 207). Toutefois, il faut noter que pour les deux seuls tribunaux existants, la France étant fort heureusement en paix, le rôle de la chambre de contrôle de l'instruction est tenu, conformément à la possibilité offerte par le Code de justice militaire, d'une part par la chambre d'accusation de Colmar, d'autre part par celle de Paris. A l'heure actuelle donc, les chambres d'accusation ont, en pratique, complète compétence pour le contrôle de toute instruction.

Des *tâches annexes* sont encore confiées à la chambre d'accusation. Elle est une juridiction disciplinaire (des fonctionnaires civils, militaires, des officiers de police judiciaire, etc., *cf.* art. 224 et 230 CPP). Elle examine les demandes d'extradition formulées par les Etats étrangers (art. 4 loi 20 mars 1927). Son avis défavorable à l'extradition lie le gouvernement (art. 17). Elle procède aux règlements de juges en cas de conflits sur leur compétence (art. 658 CPP). Elle statue sur les demandes de réhabilitation judiciaire (art. 794, 795 CPP) et sur les requêtes en rectification des mentions du casier judiciaire (art. 778 CPP) ou sur les incidents d'exécution des arrêts d'assises (art. 710 CPP)[9].

---

9. Depuis la loi du 9 septembre 1986, les recours contre les décisions du juge de l'application des peines ne sont plus portés devant la chambre d'accusation mais devant le tribunal correctionnel.

La chambre des appels correctionnels est la *juridiction de jugement de droit commun*. Elle connaît des jugements rendus en premier ressort par le tribunal de police et le tribunal correctionnel (qu'il s'agisse de formations à compétence générale ou spécialisée). Tous les jugements du tribunal correctionnel sont rendus en premier ressort et donc susceptibles d'appel, qu'ils soient de condamnation ou d'acquittement. Seuls certains jugements du tribunal de police sont rendus en premier ressort et donc susceptibles d'appel (*supra*, n° 193). Les arrêts de la cour d'assises ne sont jamais susceptibles d'appel (*supra*, n° 198).

La *chambre spéciale* connaît des appels formés contre les jugements rendus à l'égard de mineurs par le tribunal de police, le tribunal pour enfants ou le juge des enfants statuant en tant que juridiction de jugement. Cette formation est exclusivement composée de magistrats professionnels, comme toutes les autres chambres de la cour mais à la différence des autres juridictions pour mineurs. Le président est le conseiller dit « délégué à la protection de l'enfance », nommé par le ministre de la Justice pour une durée de trois ans renouvelable (art. L 223-2 COJ). Ce conseiller siège à la chambre d'accusation lorsque celle-ci doit se prononcer sur une affaire impliquant un mineur (art. 23, ord. 2 février 1945).

Section II
La Cour de cassation

222 CARACTÈRES. — Aux termes des articles L 111-1, L 111-2 et R 121-1 du COJ, « il y a, pour toute la République, une Cour de cassation. Elle a son siège à Paris. Elle statue sur les pourvois en cassation contre les jugements en dernier ressort rendus par les juridictions de l'ordre judiciaire. Elle ne connaît pas du fond des affaires, sauf disposition législative contraire ».

L'énoncé de ces quelques articles suffit à montrer le particularisme de la Cour de cassation. Juridiction unique, la Cour de cassation est compétente pour juger de tous les pourvois, quelle que soit leur localisation géographique. Juge du droit, et non troisième degré de juridiction, la Cour de cassation n'est compétente que pour juger des jugements et non des affaires. Juge de « tout le droit », elle est compétente pour juger de toutes les décisions rendues en dernier ressort, quel que soit le montant de la demande ou la qualité des parties. Le recours en cassation apparaît ainsi et tout à la fois comme un recours extraordinaire et comme un recours de droit commun. Recours extraordinaire, il l'est, puisqu'il ne peut être intenté que si les voies de recours ordinaires sont épuisées ; puisqu'il ne permet pas de saisir le juge de l'ensemble du litige mais seulement de la non-conformité de la décision attaquée aux règles de droit : il est ainsi une simple voie d'annulation, le juge de cassation ne peut pas réparer un mal jugé en fait. Recours de droit commun, il l'est néanmoins puisqu'il permet d'assurer le respect du principe — constitutionnel — d'égalité : l'égalité de tous les citoyens devant la loi ne peut être une réalité que s'il existe une unité d'application et d'interprétation (l'unité de la jurisprudence est le corollaire indispensable de l'unité de législation).

223 ORIGINE. — La Cour de cassation tire ses origines de l'ancien Conseil du Roi et plus précisément de l'une de ses sections, le Conseil des Parties, fonctionnant depuis 1578 pour juger les recours formés par les particuliers contre les arrêts des parlements. A la Révolution, lorsque fut réorganisée l'institution judiciaire, le Tribunal de cassation fut créé par la loi des 27 novembre - 1er décembre 1790. Son rôle était d'annuler toutes les procédures dans lesquelles les formes avaient été violées et tout jugement qui contenait une contravention expresse au texte de la loi (art. 3 loi 1790). Et bien que le Tribunal fût une juridiction, ce que n'avait pas été le Conseil des Parties[10], la filiation n'en était pas moins directe. La loi de 1790 disposait en effet : « Le

10. L'origine du recours en cassation se rattache à l'exercice de la justice retenue qui permettait au roi d'évoquer en son Conseil une affaire contentieuse. La cassation est, donc, à l'origine, une prérogative du roi, complément naturel de son droit de légiférer. Ce n'est qu'à partir du XVIe siècle que, sous l'influence du chancelier Guillaume Poyet, apparaît le recours des parties. D'abord simple pratique (on note un arrêt en 1566), il s'institutionnalise en 1578. Toutefois, le Conseil des Parties ainsi créé n'est pas une véritable juridiction : n'existent ni ministère public, ni plaidoiries, ni audiences publiques. Il n'est pas non plus une cour régulatrice du droit, faute pour lui de motiver ses arrêts. Le recours des parties restait un moyen auxiliaire, la cassation visant plus au maintien des ordonnances qu'à l'intérêt de la justice. Le changement ne commençait qu'à s'amorcer (contrôle du respect des coutumes, des jurisprudences établies...) lorsque intervint la Révolution...

Conseil des Parties est supprimé et il cessera ses fonctions le jour où le Tribunal de cassation sera installé. » La loi disposait encore que la procédure suivie devant le Tribunal serait « provisoirement et jusqu'à ce qu'il en ait été autrement statué » celle de l'ordonnance du 28 juin 1738, c'est-à-dire la procédure suivie devant le Conseil (le « provisoire » a duré puisque cette procédure n'a été abrogée que par la loi du 3 janvier 1979).

I │ ORGANISATION

A - *Evolution*

224 DE 1790 À 1938. — Le Tribunal de cassation, lors de sa création, se composait de deux sections (requêtes, cassation) et de 42 juges élus, entre lesquels n'existait aucune hiérarchie. Le décret du 29 septembre 1793 autorisa la création de trois sections et l'élection par chacune d'elles d'un président. La loi du 2 brumaire an IV rendit définitive la division en sections et la désignation pour chacune d'un président et d'un vice-président. La Constitution de l'an VIII supprima l'élection des juges. La loi du 27 ventôse an VIII créa la formation des sections réunies (qui devait prendre le titre de chambres réunies en 1826 quand les sections devinrent des chambres) et créa le poste de président du Tribunal. Le sénatus-consulte du 28 floréal an XII, en même temps qu'il attribua au Tribunal la dénomination de Cour de cassation, conféra à son président le titre de premier président. Ce sont ces réformes successives qui donnèrent à la Cour de cassation la structure qu'elle devait garder jusqu'en 1938[11].

La Cour de cassation était alors composée de trois chambres : une chambre civile, une chambre des requêtes et une chambre criminelle. Alors que les recours en matière pénale étaient directement portés devant la chambre criminelle afin qu'ils fussent jugés sans tarder, les recours en matière civile étaient soumis au filtrage de la chambre des requêtes. Celle-ci rejetait par un arrêt motivé les pourvois qui ne

---

11. Dès 1790, fut organisé auprès du Tribunal un parquet général.

paraissaient pas sérieusement fondés et renvoyait les autres devant la chambre civile.

Mais, dès 1930, on enregistrait un accroissement considérable des pourvois et, par voie de conséquence, des délais de règlement : vers 1810, la Cour de cassation jugeait environ 250 affaires par an et le délai moyen de règlement était de vingt-quatre mois ; en 1935, la Cour jugea environ 2 500 affaires et la durée moyenne fut de quarante-quatre mois (record jamais plus égalé d'ailleurs...). Le législateur se vit contraint d'intervenir. Il le fit par le décret-loi du 17 juin 1938, décret-loi qui devait être l'amorce d'une longue série de réformes.

225 DE 1938 à 1979. — Cette période est celle de la *modification des structures*, par l'augmentation des effectifs mais surtout par la création de nouvelles chambres.

La Cour, en 1790, comptait 42 conseillers, 48 en l'an VIII. Ce nombre resta inchangé jusqu'en 1938. Le décret-loi l'éleva à 55, la loi du 15 juillet 1947 à 60, la loi du 21 juillet 1952 à 63, le décret du 22 décembre 1967 à 77 et le décret du 15 février 1978 à 84. Apparut aussi un nouveau corps. Depuis le 28 floréal an XII, les membres de la Cour de cassation étaient : le premier président, les présidents de chambre et les conseillers. La loi organique du 20 février 1967 introduisit les conseillers référendaires, de jeunes magistrats, en début de carrière, chargés d'assister les conseillers, d'alléger leurs tâches (la loi du 12 juillet 1978 devait élargir leurs pouvoirs).

Le décret-loi du 17 juin 1938 créa une nouvelle chambre, la chambre sociale : elle avait pour double attribution d'examiner les pourvois en matière sociale et de seconder la chambre des requêtes. Aucune amélioration ne s'étant, pour autant, fait sentir, une réforme radicale fut opérée par la loi du 15 juillet 1947. La chambre des requêtes fut supprimée. On lui reprochait de ralentir les procédures, tant par son existence même qui faisait que certains pourvois étaient examinés deux fois, que par la conception, perfectionniste, qu'elle se faisait de sa mission (elle allait bien au-delà du simple examen de la recevabilité). L'effectif de la chambre disparue fut affecté à une nouvelle chambre dite chambre commerciale. Les trois chambres civiles ainsi constituées (chambre civile proprement dite, chambre sociale, chambre commerciale) étaient saisies directement des pourvois, tout comme la chambre criminelle. Le risque apparaissait alors, avec la multiplication de chambres civiles, d'une divergence de jurisprudence. Le législateur de 1947 créa donc une formation commune à ces chambres : l'assemblée plénière civile destinée à mettre fin aux possibles oppositions entre chambres. Mais l'accroissement des pourvois ne cessant pas, deux nouvelles chambres furent créées : la « quatrième » par la loi du 21 juillet 1952, la « cinquième » par celle du 3 juillet 1967. Cette dernière loi supprima les chambres réunies et l'assemblée plénière civile pour créer l'assemblée plénière et la chambre mixte. Avec la loi de 1967, la structure de la Cour de cassation devenait la suivante : cinq chambres civiles (trois chambres civiles proprement dites, une chambre commerciale et financière, une chambre sociale) et une chambre pénale (chambre criminelle). C'est la structure que connaît toujours la Cour de cassation car, à compter de 1979, les réformes cessèrent d'être de structure pour devenir de fonctionnement et de procédure.

226 DEPUIS 1979. — S'ouvre une deuxième période, celle de l'action sur le *fonctionnement et la procédure*, laquelle signe l'échec de la première. La solution d'accroître les effectifs, de multiplier les chambres a rapidement trouvé ses limites, budgétaires bien sûr. Mais il était tout aussi paradoxal de démultiplier ce qui doit être un instrument d'uniformité. Une cour suprême ne saurait excéder certaines dimensions sans courir le risque de ne plus répondre à sa raison d'être. Il fut décidé d'améliorer l'efficacité de la Cour en lui conservant le même potentiel.

On procéda d'abord à l'*abaissement du quorum*, c'est-à-dire à un allégement des formations de jugement. Alors qu'en 1810, une chambre devait comporter 11 membres pour que la délibération fût valable, il en suffisait de 9 en 1952, de 7 en 1979. La loi du 6 août 1981 abaissa le quorum à 5 pour la formation ordinaire, à 3 pour la formation restreinte.

Ont été instaurées de nouvelles formations, les *formations restreintes*. La loi du 3 janvier 1979 avait en effet permis à chaque chambre de se réunir en formation restreinte pour juger des pourvois manifestement peu sérieux (on y a vu le renouveau de la chambre des requêtes mais interne à chaque chambre). La loi du 6 août 1981 leur permit de statuer sur tous les pourvois dont la solution paraît s'imposer. C'est là un réaménagement fondamental de leur rôle.

On modifia ensuite la procédure. Alors que, traditionnellement, la Cour de cassation, ayant admis le bien-fondé d'un pourvoi, ne pouvait que renvoyer l'affaire devant une juridiction du fond, la loi du 3 juillet 1967 avait instauré, au profit de l'assemblée plénière, la *cassation sans renvoi*. La loi du 3 janvier 1979 accorda ce droit à toutes les formations de la cour. Aux termes de l'article L 131-5 coj « la Cour peut casser sans renvoi pour mettre fin au litige, lorsque les faits tels qu'ils ont été souverainement constatés et appréciés par les juges du fond, lui permettent d'appliquer la règle de droit appropriée ». La même loi disposa que les décisions de l'assemblée plénière s'imposeraient toujours à la juridiction de renvoi (art. L 131-4 coj).

Aucune de ces réformes ne s'est avérée efficace et la question de l'encombrement est toujours à l'ordre du jour. La raison en est très certainement que cet encombrement de la Cour de cassation ne tient pas uniquement à son organisation ou à son fonctionnement, que bon nombre de causes sont extérieures à la Cour : l'inflation législative galopante, la rédaction défectueuse des textes, la multiplication des cas de dispense d'avocats, l'évolution de l'attitude des plaideurs ou de façon plus générale celle des citoyens, à l'égard de la justice, génèrent un encombrement des juridictions, qu'elles soient de première instance, d'appel ou de cassation.

Mais, pour inefficaces qu'elles soient, ces réformes n'en sont peut-être pas moins risquées. L'abaissement du quorum pourrait enlever une part de leur autorité aux décisions de la Cour de cassation et l'existence de plusieurs formations au sein de la même chambre peut concourir à la multiplication de divergences, non seulement entre chambres mais à l'intérieur d'une même chambre. Reste qu'une crainte, née de la loi de 1981, de voir avec les formations restreintes se constituer des juridictions au rabais semble ne pas s'être concrétisée. Les formations restreintes se composent le plus souvent des magistrats les plus chevronnés de la chambre, à savoir le président, le doyen auxquels se joint le rapporteur.

B - La composition actuelle

227 MEMBRES. — Aux termes de l'article L 121-1 COJ, « la Cour de cassation se compose du premier président, des présidents de chambre, des conseillers, des conseillers référendaires, du procureur général, du premier avocat général, des avocats généraux, du greffier en chef, des greffiers de chambre ». Il faut aussi y ajouter les auditeurs à la Cour de cassation.

L'effectif est fixé par décret. En vertu du décret du 16 mai 1983, l'effectif de la Cour de cassation est le suivant : un premier président, 6 présidents de chambre, 84 conseillers, 36 conseillers référendaires, 1 procureur général, 1 premier avocat général, 19 avocats généraux (auxquels s'ajoutent 2 avocats généraux de la cour d'appel de Paris délégués à la Cour de cassation : cf. art. L 121-2 COJ).

Nul ne peut être nommé à la Cour de cassation, sauf les référendaires, s'il n'est ou n'a été magistrat hors hiérarchie (art. 39 ord. 22 décembre 1958)[12].

1 / *Magistrats du siège*. — Le *premier président* est le plus haut magistrat de l'ordre judiciaire. Ses attributions sont de juridiction. Il préside l'assemblée plénière et la chambre mixte. Il peut aussi présider l'une quelconque des chambres quand il l'estime convenable (art. L 131-1 COJ) et participer à ce titre à l'élaboration de certains arrêts. Les arrêts rendus sous sa présidence ont vocation à une plus grande autorité (en raison de la solennité de la formation, ou de son choix de participer à l'élaboration d'un arrêt que l'on présume, par ce simple fait, être de principe). Il préside encore le Conseil supérieur de la Magistrature statuant en matière disciplinaire. Toutefois, le premier président de la Cour de cassation n'est investi, en cette qualité, d'aucun pouvoir juridictionnel propre, à la différence d'un président de tribunal de grande instance ou d'un premier président de cour d'appel. Ses attributions sont aussi d'administration. Il veille, comme

12. Sauf recrutement par « tour extérieur » : conseillers d'Etat, professeurs agrégés des facultés de droit, etc. (*supra*, n° 55).

tout chef de juridiction, au bon fonctionnement de sa Cour. Il répartit
seul les conseillers entre les différentes chambres[13], fixe seul les attributions de chacune d'elles. Il décide encore du renvoi des affaires en
chambre mixte ou en assemblée plénière, ou devant une formation
restreinte. Il procède à un certain nombre de désignations[14]. Il est investi,
ainsi que le procureur général, de la mission de faire rapport au ministre
de la Justice de l'activité de la Cour, de la marche des procédures et de
leurs délais d'exécution (art. R 131-12 COJ). « Le premier président
et le procureur général peuvent appeler l'attention du garde des
Sceaux, ministre de la Justice, sur les constatations faites par la Cour
à l'occasion de l'examen des pourvois et lui faire part des améliora-
tions qui leur paraissent de nature à remédier aux difficultés consta-
tées » (art. R 131-13).

Chaque chambre est placée sous la responsabilité d'un *président
de chambre* dont la fonction est de diriger les débats mais aussi de
répartir les dossiers entre les conseillers, de veiller à la rédaction des
arrêts. Le président de chambre fait partie du bureau de la Cour et
siège de droit aux assemblées plénières et aux chambres mixtes si sa
chambre est concernée.

Les *conseillers* ont pour mission essentielle de faire rapport sur les
dossiers qui leur sont confiés, d'établir pour chacun un projet d'arrêt,
d'en faire lecture à l'audience et d'en reprendre le texte après le prononcé
de l'arrêt. Dans chaque chambre, le conseiller le plus ancien dans
l'ordre des nominations à la Cour de cassation porte le titre de doyen
(art. R 131-11 COJ). Ce titre n'est pas seulement honorifique puisqu'il
confère des attributions particulières à son titulaire : remplacement
du président, participation à l'assemblée plénière et à la chambre
mixte si elle comporte des représentants de sa chambre. Le plus ancien
des doyens de chambre porte le titre, purement honorifique, de doyen
de la Cour de cassation (art. R 131-11, al. 2). Les conseillers, qui ne
s'appellent ainsi que depuis 1810, se sont vu conférer, par une sorte

---

13. Dans la loi de 1947, cette répartition relevait de la compétence du bureau de la Cour.
14. Par exemple, il désigne les conseillers membres de l'assemblée plénière ou de la chambre
    mixte ou encore le conseiller qui présidera la Commission nationale d'inscription sur la liste
    des administrateurs judiciaires ainsi que le magistrat du siège d'une cour d'appel et un juge
    d'un tribunal de commerce en tant que membres de cette même commission (*cf.* loi
    25 janvier 1985 et décret 27 décembre 1985 : art. 2).

d'usage, le titre de hauts conseillers, sans doute pour mieux les distinguer des conseillers référendaires.

Les *conseillers référendaires* ont été institués par la loi organique du 20 février 1967. Ils sont, à l'inverse des conseillers qui trouvent à la Cour de cassation le couronnement de leur carrière, de jeunes magistrats affectés à la Cour pour une durée non renouvelable qui ne peut excéder dix ans. A l'origine, simples assistants des conseillers, ils ont, depuis la loi du 12 juillet 1978, acquis de plus grandes prérogatives. Ils ont voix délibérative dans le jugement des affaires qu'ils ont rapportées et peuvent être appelés à compléter, toujours avec voix délibérative, la chambre à laquelle ils appartiennent pour que le quorum soit atteint. La pratique, de certaines chambres du moins, montre que les conseillers référendaires jouent un rôle quasiment équivalent à celui des conseillers. La création de ce corps de référendaires a suscité bien des objections. On y a vu le moyen de favoriser de manière inégalitaire certains jeunes magistrats. C'est peut-être vrai. Il est vrai aussi que leur jeunesse a quelque peu « dynamisé » la Cour de cassation.

2 / *Magistrats du parquet.* — A la tête du ministère public de la Cour de cassation, se trouve le *procureur général*. Il porte la parole aux audiences des chambres mixtes et de l'assemblée plénière. Il peut prendre la parole devant l'une quelconque des chambres quand il le juge convenable. Il peut demander le renvoi en chambre mixte ou en assemblée plénière (celui-ci est alors de droit). Il préside la commission de discipline du parquet. Il appartient au bureau de la Cour de cassation. En tant que chef du parquet, il dispose de pouvoirs de répartition et d'affectation concernant les membres du parquet identiques à ceux dont dispose le premier président quant aux magistrats du siège. Les membres du parquet sont le *premier avocat général*, collaborateur direct du procureur général, et les *avocats généraux*. Les avocats généraux portent la parole, au nom du procureur général, devant les chambres auxquelles ils sont affectés ou devant toute autre formation de la Cour si le procureur général le décide (*cf.* art. L 132-1 et s. et R 132-1 COJ).

Le rôle du parquet près la Cour de cassation est particulier. Il n'est nullement chargé, en effet, de l'action publique. Il est l'organe de la loi. Sa mission est principalement d'observations : souligner l'opportunité d'une jurisprudence, ses conséquences, sa conformité au texte ou à l'esprit de la loi. Lorsque sa mission est de demande, c'est-à-dire que le parquet est à l'origine d'un pourvoi, c'est toujours dans l'intérêt de la loi, entendu largement (intérêt de la loi, révision, bonne administration de la justice) que le pourvoi est exercé.

3 / *Auditeurs à la Cour de cassation.* — Ce sont les derniers venus des membres de la Cour de cassation. Leur fonction apparaît avec le décret du 20 février 1984. Ce sont de très jeunes magistrats (appartenant au premier groupe du deuxième grade) qui exercent des attributions administratives. Selon le décret de 1984, ils peuvent participer aux travaux d'aide à la décision ainsi qu'à ceux du service de documentation. Ils peuvent assister aux audiences. Ils peuvent encore être délégués au parquet général mais sans pouvoir y exercer les fonctions du ministère public. Les auditeurs à la Cour de cassation sont ainsi des magistrats, mais qui n'exercent ni les fonctions du siège ni celles du ministère public. En pratique, le rôle des auditeurs reste mal défini. Pour l'heure, ils se consacrent uniquement au service de documentation. Il serait peut-être souhaitable, comme les textes le permettent, d'associer ces auditeurs au travail des chambres (recherche de documentation, préparation de projets...) afin qu'ils soient un jour à même de prendre la relève des conseillers référendaires. Ce serait assurer une sorte de continuité dans les fonctions, ainsi que cela se fait au Conseil d'Etat. C'est, semble-t-il, ce que souhaiterait l'actuel premier président de la Cour de cassation (*cf.* Discours de rentrée, 1987).

228 CHAMBRES. — « La Cour de cassation se divise en six chambres : cinq chambres civiles et une chambre criminelle » (art. R 121-3 COJ). Mais, dans le dessein de maintenir toute la souplesse nécessaire au fonctionnement de la Cour, la loi n'en a fixé de manière impérative ni la composition ni la compétence.

La répartition des conseillers au sein des chambres, l'effectif de chaque chambre sont fixés annuellement par le premier président. Le roulement des magistrats est largement tombé en désuétude, mais, suivant les besoins de chaque chambre, le premier président peut répartir différemment les conseillers. Chaque chambre comprend environ 15 membres, sauf traditionnellement la chambre criminelle, parce qu'elle est la seule à examiner tous les pourvois en matière pénale, qui se voit attribuer un effectif plus important que les autres chambres. La seule règle posée par le Code de l'organisation judiciaire est que chaque chambre comprend un président de chambre, des conseillers, des conseillers référendaires, un ou plusieurs avocats généraux, un greffier de chambre (art. R 121-4).

Chacune des chambres a une compétence particulière. « Les attributions des chambres civiles sont déterminées par ordonnance du premier président après avis du procureur général » (art. R 121-5). Ainsi, la première chambre civile statue en matière de droits des personnes et des contrats, d'assurances et de droit international, la deuxième chambre civile en matière de divorce, de procédure civile et de responsabilité délictuelle, la troisième chambre civile en matière de droits réels, de propriété et d'urbanisme, la chambre commerciale et financière en matière de droit des affaires, la chambre sociale en matière de législation sociale et de droit du travail. Mais, la répartition des compétences entre les chambres civiles est susceptible de modifications au gré des nécessités (art. R 121-6). A l'inverse, la compétence de la chambre criminelle, qui statue en matière pénale, est législativement déterminée (par les art. 567 et s. CPP et par les lois spéciales qui la prévoient ou l'impliquent : cf. art. L 111-3 COJ). La chambre criminelle présente la particularité d'être subdivisée en trois sections, que la pratique récente tend à spécialiser.

229 STRUCTURES ADMINISTRATIVES. — Les membres de la Cour de cassation peuvent se réunir en *assemblée générale*, sous la présidence du premier président (art. R 131-8 COJ). Mais, le Code de l'organisation judiciaire ne précise pas ses attributions. Elle joue indéniablement un rôle consultatif en matière administrative et élit les trois membres de la Cour qui siégeront au Tribunal des conflits. Mais la Constitution de 1946 lui a retiré ce qui était sa mission la plus importante, à savoir juger disciplinairement les magistrats du siège (cette mission a été confiée au Conseil supérieur de la Magistrature). L'assemblée générale siège à huis-clos. Il doit être dressé procès-verbal de ses réunions[15].

Le *bureau* de la Cour de cassation est constitué par le premier président, les présidents de chambre, le procureur général et le premier avocat général, siégeant avec l'assistance du greffier en chef

---

15. Le décret du 23 décembre 1983 réorganisant les assemblées générales du tribunal d'instance, du tribunal de grande instance et de la cour d'appel ne concerne pas la Cour de cassation.

(art. R 121-2 COJ). Sa mission générale est d'assister le premier président et d'être pour lui un organe de réflexion. Ses attributions particulières sont de fixer le nombre et la durée des audiences (art. R 131-1), d'établir la liste des magistrats proposés au Président de la République pour siéger au Conseil supérieur de la Magistrature, de dresser la liste nationale des experts.

Le *service de documentation et d'études* est un service administratif placé sous l'autorité du premier président et sous la direction d'un conseiller assisté dans sa tâche par les auditeurs à la Cour de cassation et le cas échéant par des conseillers référendaires (art. R 131-15 et s. COJ). C'est, d'abord, un service d'aide à la décision. En effet, il rassemble les éléments d'information utiles aux travaux de la Cour et procède aux recherches nécessaires. Il assure le classement de tous les pourvois et met en mémoire informatique les moyens de cassation aux fins de faciliter les rapprochements entre les affaires en cours. C'est, ensuite, un service de recensement de la jurisprudence, par le fichier central, en tenant les sommaires de toutes les décisions rendues par la Cour de cassation et ceux des décisions les plus importantes rendues par les autres juridictions et communiquées par les chefs de juridictions. C'est, enfin, un service de diffusion des arrêts de la Cour de cassation. C'est lui qui établit les deux *Bulletins de la Cour de cassation (Bulletin civil, Bulletin criminel)*, dans lesquels sont insérés les arrêts de la Cour dont la publication a été proposée par le président de chaque chambre.

II | FONCTIONNEMENT JURIDICTIONNEL

230 LES FORMATIONS DES CHAMBRES. — Elles peuvent être ordinaire ou restreinte.

1 / *La formation ordinaire*. — Depuis la loi du 6 août 1981, pour qu'une chambre siège régulièrement en audience ordinaire, elle doit comprendre au moins cinq membres ayant voix délibérative. L'obligation de juger en nombre impair ne s'applique pas à la Cour de cassation. Sauf exceptions, les audiences sont publiques.

2 / *La formation restreinte.* — La loi du 3 janvier 1979 avait imaginé de recréer un filtrage des pourvois. Mais, au lieu de confier cette mission à un seul organe, comme l'ancienne chambre des requêtes, le législateur avait conçu un filtrage au sein de chaque chambre. C'est ainsi que furent créées les formations restreintes. La loi du 6 août 1981 les conserva, mais, en élargissant leurs pouvoirs, elle a, sous une apparence anodine, complètement modifié l'esprit de la loi de 1979. Loin de se contenter d'en faire des organes de filtrage, elle a fait, des formations restreintes, la juridiction des affaires simples. Aux termes de l'actuel article 131-6 COJ, « lorsque la solution du pourvoi lui paraît s'imposer, le premier président ou le président de la chambre concernée peut décider de faire juger l'affaire par une formation restreinte ». Toutefois, cette formation peut renvoyer l'examen du pourvoi à l'audience de la chambre à la demande de l'une des parties ; le renvoi est de droit si l'un des magistrats composant la formation restreinte le demande. La formation restreinte se compose de trois membres (*supra*, n° 226).

231 LES FORMATIONS EXTRAORDINAIRES. — Ce sont la chambre mixte et l'assemblée plénière. Le renvoi devant ces formations intervient, avant l'ouverture des débats, soit sur réquisitions du procureur général, soit par ordonnance non motivée du premier président ; il peut encore être décidé par arrêt non motivé de la chambre saisie (art. L 131-3 COJ). La saisine de la chambre mixte et de l'assemblée plénière suppose que soient réunies certaines conditions. Toutefois, même si celles-ci n'étaient pas remplies, les formations extraordinaires devraient se prononcer sur le pourvoi (art. L 131-2 COJ). La chambre mixte et l'assemblée plénière ne peuvent siéger que si les membres qui les composent sont présents. En cas d'empêchement, il doit être désigné un remplaçant par le premier président (art. L 131-6 COJ).

1 / *La chambre mixte.* — Le renvoi devant la chambre mixte peut être obligatoire ou facultatif. Il est obligatoire lorsque le procureur général le requiert. Il l'est encore lorsque, au cours du délibéré, aucune majorité ne se dégage (art. L 131-2). Le partage égal de voix est une hypothèse théoriquement envisageable puisque la parité est possible devant la Cour de cassation et qu'aucun membre ne dispose d'une voix prépondérante. Toutefois, en pratique, l'hypothèse est rarissime.

Le renvoi est facultatif, « lorsqu'une affaire pose une question relevant normalement des attributions de plusieurs chambres ou si la question a reçu ou est susceptible de recevoir devant les chambres des solutions divergentes » (art. L 131-2). La chambre mixte a ainsi pour rôle de résoudre les conflits existants ou latents entre chambres. Ces conflits sont d'autant plus probables que la répartition de compétence entre chambres, si elle est une simplification, ne correspond pas à la complexité des affaires. Il n'est pas rare que la même affaire soulève des questions de droit dont le jugement, théoriquement, devrait être dévolu à plusieurs chambres, ce qui n'est bien sûr pas possible. Les chambres sont ainsi amenées, au fil des affaires, à connaître de points de droit similaires ; et, sur ces points, leurs positions peuvent être différentes.

La chambre mixte est présidée par le premier président, ou à défaut par le plus ancien des présidents de chambre (art. L 121-5). Elle doit être composée de magistrats appartenant à trois chambres au moins[16] de la Cour. Chaque chambre doit être représentée par son président, son doyen et deux conseillers. C'est le premier président qui, dans l'ordonnance de constitution de la chambre mixte, indique les chambres qui devront la composer et qui désigne, chaque année et pour chaque chambre, les conseillers qui devront y siéger (art. L 121-5 et R 131-4 COJ). La chambre mixte comprend ainsi au minimum, si la réunion n'est que de trois chambres, 13 membres.

2 / *L'assemblée plénière.* — La loi de 1967 avait fait de l'assemblée plénière l'héritière des chambres réunies. Elle avait seulement allégé la composition de la formation la plus solennelle de la Cour de cassation. Les chambres réunies, depuis la loi du 1er avril 1837, se composaient, en effet, de tous les membres de la Cour et ne pouvait valablement délibérer que si un quorum de 35 conseillers était atteint. La loi de 1979 a, pour sa part, élargi la compétence de la nouvelle formation.

La saisine de l'assemblée plénière est obligatoire, lorsque la Cour de cassation doit se prononcer sur les seconds pourvois : c'est-à-dire lorsque, après cassation d'un premier arrêt ou jugement, la décision rendue par la juridiction de renvoi est attaquée par les

---

16. En 1967, la chambre mixte pouvait ne comprendre que les représentants de deux chambres seulement. Il est apparu préférable, au législateur de 1979, de ne pas laisser face à face les seuls « protagonistes » : un différend tenace entre chambres faisait alors que la décision était celle du premier président, seule voix « étrangère » à l'une ou l'autre des chambres.

mêmes moyens (art. L 131-2). C'était là le rôle des chambres réunies dont l'assemblée plénière a hérité en 1967. La saisine de l'assemblée plénière est facultative « lorsque l'affaire pose une question de principe, notamment s'il existe des solutions divergentes soit entre les juges du fond, soit entre les juges du fond et la Cour de cassation » (art. L 131-2). Ce rôle nouveau de l'assemblée plénière a pour but de prévenir un conflit qui rendrait, de toute manière, obligatoire sa saisine. C'est un gain de temps, d'argent pour les plaideurs. C'est un instrument de plus grande sécurité juridique, en raison de l'autorité de droit ou de fait qui s'attache aux décisions de l'assemblée plénière : de droit, car la cour de renvoi doit s'incliner, que l'assemblée ait statué sur un premier comme sur un second pourvoi (art. L 131-4) ; de fait, car si les autres juridictions ne sont pas tenues par la solution dégagée, il n'en reste pas moins vrai qu'une décision de l'assemblée plénière pèse d'un grand poids sur la jurisprudence.

L'assemblée plénière comprend 25 membres : le premier président qui la préside et quatre représentants des six chambres qui composent la Cour, à savoir le président de chambre, le doyen et deux conseillers désignés par le premier président.

232 Les formations spécialisées. — Elles sont constituées par deux commissions juridictionnelles, la première civile, la seconde pénale.

1 / *La commission nationale d'indemnisation en matière de détention provisoire.* — Créée par la loi du 17 juillet 1970, « tendant à renforcer la garantie des libertés individuelles », cette juridiction civile est chargée d'accorder une indemnisation en cas de détention provisoire injustifiée (c'est-à-dire lorsque l'affaire s'est terminée par un non-lieu ou un acquittement)[17]. La commission est composée de trois magistrats de la Cour de cassation. C'est le bureau de la Cour qui désigne annuellement les trois magistrats titulaires affectés à cette fonction ainsi que trois magistrats suppléants. La commission statue en chambre du conseil et rend un arrêt non motivé, insusceptible de recours (art. L 141-1 et 2, R 141-1 coj et 149 et s. cpp).

---

17. Le préjudice subi doit être « manifestement anormal et d'une particulière gravité » (art. 149 cpp).

2 / *La commission juridictionnelle concernant les officiers de police judiciaire*. — Instituée par la loi du 6 août 1975, cette juridiction pénale est chargée de statuer sur les recours formés par les officiers de police judiciaire, ayant fait l'objet d'une suspension ou d'un retrait d'habilitation. La commission est composée de trois magistrats, désignés annuellement par le bureau de la Cour (ainsi que trois suppléants). Les débats, contradictoires, ont lieu en chambre du conseil, ainsi que le prononcé de la décision. Celle-ci n'est pas motivée mais peut être déférée devant la chambre criminelle pour violation de la loi (art. L 142-1 et 2 COJ, art. 16-2 et s. et R 15-16 CPP).

Pour aller plus loin

233 INDICATIONS COMPLÉMENTAIRES. — Sur la cour d'appel, v. Y. Lobin, *Rép. proc. civ.*, 2ᵉ éd., vᵒ « Cour d'appel » ; Bordeaux, Connaissance des cours d'appel, *Ann. Fac. Dr. Lyon*, 1970 ; Ph. Gerbay, Réflexions sur la juridiction du premier président de la cour d'appel, *D.*, 1980, chron. 65 ; P. Chambon, *La chambre d'accusation*, Dalloz, 1978 ; J. Brouchot, La chambre d'accusation, *JCP*, 1959, I, 1485 et *RSC*, 1959, p. 328 ; M. Gagne, La chambre d'accusation, *Mélanges Patin*, 1966, p. 525 ; P. Mimin, Pitié pour la chambre d'accusation, *JCP*, 1956, I, 1324 ; R. Vouin, Prière pour la chambre d'accusation, *JCP*, 1955, I, 1221 ; Justice pour la chambre d'accusation, *JCP*, 1956, I, 1327 ; J. Guyénot, Le pouvoir de révision et le droit d'évocation de la chambre d'accusation, *RSC*, 1964, p. 559 ; J. Michaud, Prestige de la chambre d'accusation, *RSC*, 1972, p. 685 ; W. Jeandidier, *La juridiction d'instruction du second degré*, thèse, Nancy, Cujas, 1975.
Sur la Cour de cassation, E. Faye, *La Cour de cassation*, Paris, 1903, rééd. Libr. Duchemin, 1970 ; J. Boré, *La cassation en matière civile*, Sirey, 1980 ; *La cassation en matière pénale*, LGDJ, 1985 ; G. Picca et L. Cobert, *La Cour de cassation*, « Que sais-je ? », PUF, 1986. Sur l'histoire, lire T. Sauvel, Le Tribunal de cassation de 1791 à 1795, *EDCE*, 1958, p. 194 ; Th. Hufteau, *Le référé législatif et les pouvoirs du juge dans le silence de la loi*, Travaux et recherches de la Fac. Dr. et Sc. écon. de Paris, série Dr. privé, nᵒ 2, PUF, 1965 ; Tarbé, *Lois et règlements à l'usage de la Cour de cassation*, 1840. Pour un approfondissement de l'histoire (Conseil des Parties, Tribunal de cassation, évolution de la Cour), lire aussi Boré, *La cassation en matière civile, op. cit.*, pp. 106 et s. (et la bibliographie citée). Sur la période moderne, Hébraud, La loi du 15 juillet 1947 sur la Cour de cassation, *D.*, 1947, chron. 127 ; Ropers, La réforme de la Cour de cassation. Evolution ou révolution, *JCP*, 1947, I, 664 ; La loi du 21 juillet 1952 créant une chambre civile à la Cour de cassation, *JCP*, 1952, I, 1054 ; Y. Lobin, Les réformes de la Cour de cassation, *Etudes Audinet*, 1968, p. 159 ; Hébraud, Aggiornamento de la Cour de cassation (lois du 12 juillet 1978 et du 3 janvier 1979), *D.*, 1979, chron. 205 ; Boré, Réflexions sur la sélection des affaires devant la Cour de cassation, *D.*, 1979, chron. 247 ; Ph. Jestaz, Chronique législative, *RTDCiv.*, 1979, p. 688 ; Lindon, De certaines récentes modifications de la procédure devant la Cour de cassation, *JCP*, 1980, I, 2967 ; Gulphe, A propos de la récente réforme de la Cour de cassation, *JCP*, 1981, I, 3013 :

Jeantin, Réformer la Cour de cassation, *Mélanges Hébraud*, 1981, p. 465 ; Hébraud, La part de la loi et du décret dans la réforme de la Cour de cassation, *Mélanges Vincent*, 1981, p. 155 ; Lindon, La loi du 6 août 1981 sera-t-elle la dernière loi modifiant la procédure devant la Cour de cassation ?, *JCP*, 1981, I, 3051 ; Boré, La loi du 6 août 1981 et la réforme de la Cour de cassation, *D.*, 1981, chron. 299.

On s'attachera plus particulièrement à ce dernier article, car il fait référence à des projets de réforme qui, fort heureusement, n'ont pas abouti : l'un concernait le retrait de la fonction de cassation, l'autre le retrait du contrôle de la motivation. La « troisième voie » (Perrot) était dangereuse. M. Foyer proposait, en effet, un système planétaire de cours interrégionales de cassation qui auraient eu le pouvoir de casser ou de rejeter. Au centre, soleil de ce système, l'actuelle Cour de cassation, laquelle n'aurait été saisie que des questions préjudicielles que les cours interrégionales lui auraient soumises en présence d'un point de droit nouveau ou d'une solution traditionnelle dépassée. Le risque d'un tel système planétaire, importé de systèmes politiques et juridiques fort différents du nôtre (cours fédérales), aurait été la multiplication des jurisprudences, des contradictions (outre celui des coteries locales...). « L'unité de la Cour de cassation est une condition de l'unité du droit. Est-il nécessaire de tuer la Cour de cassation pour sauver le pourvoi en cassation ? » (Boré). D'autres, constatant l'importance des pourvois pour défaut de motivation et manque de base légale, proposaient de retirer à la Cour le contrôle de la motivation pour la confier aux cours d'appel. C'était méconnaître totalement que seul le contrôle de la motivation permet le contrôle de la légalité : c'est le respect de l'obligation d'une motivation suffisante qui permet de vérifier que la loi a été appliquée dans tous ses éléments. La Cour de cassation module l'étendue de l'obligation de motiver en fonction de l'étendue du contrôle juridique qu'elle entend se ménager. En bref, le contrôle de la motivation est indispensable à la Cour de cassation pour exercer pleinement sa fonction.

Sur le fonctionnement de la Cour de cassation, v. P. Bellet, La Cour de cassation, *in* La cour judiciaire suprême, *RIDC*, 1978, n° 1, p. 193 (toutefois, ne pas oublier que ce texte est antérieur aux réformes de 1979 et 1981). On pourra, dans ce même ouvrage, comparer le fonctionnement et le rôle de la Cour à ceux du Conseil d'Etat (S. Grévisse, Le Conseil d'Etat, p. 217 ; J.-P. Calon, La Cour de cassation et le Conseil d'Etat, une comparaison, p. 229) et à ceux d'autres cours suprêmes étrangères.

Pour des études plus techniques, v. J. Voulet, L'étendue de la cassation en matière civile, *JCP*, 1977, I, 2877 ; L'interprétation des arrêts de la Cour de cassation, *JCP*, 1970, I, 2305 ; W. Jeandidier, Un exemple de cassation sans renvoi en matière criminelle, note sous Crim. 25 juin 1979, *D.*, 1980, 153. Sur l'arrêt lui-même, v. A. Breton, L'arrêt de la Cour de cassation, *Ann. Univ. Toulouse*, 1975, p. 7 (étude des arrêts de rejet ou de cassation tels qu'ils sont et tels qu'ils devraient être) ; A. Perdriau, Visas, chapeaux et dispositifs des arrêts de la Cour de cassation en matière civile, *JCP*, 1986, I, 3257 (présentation détaillée et technique). Sur leur motivation, Touffait et Tunc, Pour une motivation plus explicite des décisions de justice, notamment de celles de la Cour de cassation, *RTDCiv.*, 1974, p. 487 ; Lindon, La motivation des arrêts de la Cour de cassation, *JCP*, 1975, I, 2681. Pour une analyse critique des positions de MM. Touffait et Tunc, v. G. Giudicelli-Delage, *La motivation des décisions de justice*, thèse, Poitiers, 1979, t. II, pp. 628 et s.

Les rapports de la Cour de cassation sont publiés, chaque année, à la Documentation française (depuis 1968). Ces rapports font eux-mêmes l'objet de commentaires au *JCP* (de Solus, de 1968 à 1972 ; de Chabas, de 1973 à 1976 ; depuis cette date, de la section de droit privé de la Faculté de Droit de Saint-Maur sous la direction de M.-E. Cartier). L'évolution de ces rapports (quant au nombre de pages qui, entre le premier et le dernier, s'est multiplié par cinq, quant à la structure et l'importance des rubriques, quant au choix des arrêts) montre comment la Cour de cassation est passée d'un simple rapport d'activité à un outil de création. On le lui a, d'ailleurs, reproché. L'origine du « scandale » fut la conclusion du rapport de l'année 1975. La Cour avait attiré l'attention du législatif sur l'effort qu'elle avait accompli en vue d'adapter le droit aux besoins sociaux et terminait ainsi : « Notre Cour contribue à la création progressive de ce nouvel Etat de droit qui définira la société de demain. » H. Mazeaud, L'enfant adultérin et la super-rétroactivité des lois (à propos de la loi du 15 novembre 1976), *D.*, 1977, chron. I, dénia au juge « le rôle de révélateur ou d'inspirateur car ce serait le faire participer, fût-ce indirectement, à une fonction législative, qui sur le plan organique lui est incontestablement fermée ». La réponse, alerte, vint de J. Deprez, Sois juge et tais-toi. A propos du rapport annuel de la Cour de cassation, *RTDCiv.*, 1978, p. 503. La controverse n'a guère fait reculer la Cour : elle continue à proposer abrogations et réformes et le législateur n'y est pas insensible (*cf.* abrogation de l'art. 337 C. civ. ou loi du 4 janvier 1978 en matière de responsabilité du constructeur) ; *cf.* J.-L. Bergel, La loi du juge : dialogue ou duel?, *Mélanges Kayser*, t. I, p. 21. Dès le premier rapport, d'ailleurs, la Cour, appelée à faire part de tout malaise structurel ou de corps, a immédiatement fait part de ses « malaises jurisprudentiels » — l'encombrement n'est pas une préoccupation des rédacteurs du rapport. Les rapports sont aussi des outils de conviction. La Cour y trouve le lieu où expliquer son action, y faire adhérer, la rendre inattaquable. La publication du rapport lui donne plus de force ; s'y ajoutent les conférences de presse (tenues, dès 1970, par le premier président et le procureur général) souvent fort audacieuses et les discours de rentrée (qui sont l'aspect « politique » de l'activité de la Cour). Tout cela ressemble fort à une sorte de contre-pouvoir. On remarquera pourtant que « le » lecteur le plus assidu semble bien être le législateur. La doctrine boude quelque peu ces rapports — on ne trouve que fort peu d'auteurs en citant le contenu — et il n'est pas sûr que la magistrature y soit toujours beaucoup plus attentive (cela explique peut-être la « rupture » de présentation, en 1984 : le souci de faire du rapport un « produit » attractif ?).

Sur les formations spécialisées : Ch. Bryon, Des dispositions de la loi du 17 juillet 1970 tendant à une indemnisation en cas de non-lieu ou d'acquittement en raison d'une détention provisoire, *RSC*, 1971, p. 577 ; A. Touffait, Des principes applicables à l'allocation de l'indemnité réalisée à raison d'une détention provisoire, *D.*, 1971, chron. 189 ; G. Azibert, La commission nationale d'indemnisation en matière de détention provisoire, *RSC*, 1985, p. 517 (on y trouvera, en particulier, un tableau récapitulatif des indemnités allouées depuis 1971).

Sur le personnel de la Cour de cassation : on renverra, pour une comparaison du rôle des conseillers d'Etat et des conseillers à la Cour de cassation à J.-P. Calon, *op. cit.*, et sur l'idée qu'il développe de la nécessité d'un partage des rôles (accroître les référendaires pour qu'ils puissent préparer les dossiers, ne laissant aux conseillers que le soin de décider ; l'apport, à la préparation, des auditeurs ne serait pas à négliger). J.-P. Calon justifie sa position par la nécessité de faire face aux recours : loin d'avoir une politique frileuse de restriction et de repli, il faut adapter cette institution vivante aux besoins des justiciables qui lui font confiance.

Titre troisième

L'ordre administratif

Chapitre 1

Le Conseil d'Etat

234 Caractères. — Le Conseil d'Etat est la juridiction suprême de l'ordre administratif, comme la Cour de cassation l'est de l'ordre judiciaire. Deux grandes différences, toutefois, séparent ces deux hautes juridictions. La première est la dualité de fonctions du Conseil d'Etat : alors que la Cour de cassation n'est qu'une juridiction, le Conseil d'Etat est tout à la fois juge et conseil. En tant que juge, il tranche les litiges qui opposent administrés et administration ; en tant que conseil, il donne à l'exécutif des avis et participe, bien que ce dernier ne soit jamais tenu de les suivre, à la création de la règle de droit. La deuxième réside dans les pouvoirs juridictionnels du Conseil d'Etat : alors que la Cour de cassation n'est que juge du droit et juge de cassation mais toujours juge de droit commun, le Conseil d'Etat est, suivant les contentieux, juge de première instance, juge d'appel ou juge de cassation mais, dans la première hypothèse, n'est que juge d'attribution.

235 Origine. — Une filiation lointaine lie le Conseil d'Etat, comme la Cour de cassation, à l'Ancien Régime et au Conseil du Roi. Le Conseil du Roi se composait, entre autres, du Conseil des parties, ancêtre de la Cour de cassation (*supra*, n° 223), et des conseils des dépêches et des finances, qui exerçaient tout à la fois des fonctions administratives et juridictionnelles, connaissant des recours formés contre les décisions des intendants, et dans lesquels l'on peut voir transparaître ce que sera le Conseil d'Etat.

Ayant aboli toutes les institutions d'Ancien Régime, la Révolution institua, par la loi des 27 avril et 25 mai 1791, un Conseil d'Etat, organe politique réunissant le roi et ses ministres et disposant de quelques pouvoirs juridictionnels. Mais si la terminologie venait de naître, l'institution ne l'était pas encore. La tradition attribue à Bonaparte la création du Conseil d'Etat. Il est vrai que la Constitution du 22 frimaire an VIII (art. 52) décidait que « sous la direction des consuls, un Conseil d'Etat est chargé de rédiger les projets de lois et les règlements d'administration publique et de résoudre les difficultés qui s'élèvent en matière administrative ». Le règlement du 5 nivôse an VIII ajoutait que le Conseil d'Etat « se prononce sur les conflits qui peuvent s'élever entre l'administration et les tribunaux et sur les affaires contentieuses dont la décision était précédemment remise aux ministres ». Apparaissait donc une institution à double nature : organe d'administration et juge de l'administration. Il ne faudrait, toutefois, pas oublier que le Conseil d'Etat n'était juge que dans un système de justice retenue. Son rôle n'était pas de rendre des arrêts souverains mais de préparer les décisions du chef de l'Etat. Organe de justice retenue, le Conseil d'Etat le restera encore longtemps, jusqu'en 1872 — avec une « brèche », brève, de justice déléguée de la loi du 3 mars 1849 à la Constitution du 14 janvier 1852. C'est donc la IIIᵉ République qui, par la loi du 24 mai 1872, consacrant définitivement le système de justice déléguée, fit du Conseil d'Etat (comme elle le fit du Tribunal des conflits), une juridiction statuant souverainement (*supra*, nᵒ 8).

Restait au Conseil d'Etat à se « faire », à se former et se forger à coup de lois, d'arrêts et de crises (B. Pacteau). L'histoire du Conseil d'Etat apparaît comme un affermissement constant de son indépendance, de sa puissance et de son prestige. Les ruptures ont parfois été rudes, les réaménagements ne l'ont pas épargné, les crises politiques ont parfois tenté de le réduire. Rien n'y a fait. La vocation juridictionnelle du Conseil d'Etat était définitivement acquise.

Section I
L'organisation du Conseil d'Etat

Le Conseil d'Etat, juridiction unique, siège à Paris au Palais-Royal. Les règles relatives à son corps et à sa structure résultent principalement de l'ordonnance du 31 juillet 1945 — dite « charte du Conseil d'Etat » —, plusieurs fois modifiée, notamment par le décret du 30 juillet 1963 et plus récemment par ceux du 10 janvier 1980, du 16 janvier 1981, des 24 janvier et 29 novembre 1985. La particularité de son organisation tient à l'interpénétration constante de l'administratif et du juridictionnel.

I | CORPS

236 DUALITÉ DE COMPOSITION. — L'interpénétration est ici sans cesse sous-jacente, tant dans le corps de carrière, que dans le « corps » extraordinaire.

Le *corps de carrière* (ou service ordinaire) se compose d'environ 270 membres (bien que 200 — approximativement — soient en position d'activité réelle au Conseil d'Etat). C'est là un effectif peu important en fonction des nombreuses tâches dévolues au Conseil d'Etat, mais très supérieur à celui que le règlement de nivôse an VIII avait fixé : 30 à 40.

Le corps de carrière comprend, dans l'ordre hiérarchique décroissant, des conseillers d'Etat (une centaine), des maîtres des requêtes (aux alentours de 130) et des auditeurs (une quarantaine). La première remarque que l'on peut faire, concernant ce corps, est la spécificité de son recrutement. Les auditeurs sont tous issus de l'ENA, les maîtres des requêtes le sont pour les trois quarts, les conseillers pour les deux tiers. Le recrutement extérieur, qui intervient pour les maîtres des requêtes et les conseillers, permet au gouvernement de nommer discrétionnairement toute personne de son choix (sauf à respecter des critères d'âge ou d'ancienneté dans la fonction publique) (*supra*, n° 55). Une seule obligation est faite au gouvernement, depuis 1953, dans le souci d'établir un lien entre le Conseil d'Etat et les tribunaux administratifs, c'est que, dans le corps ordinaire, soient recrutés comme conseillers ou comme maîtres des requêtes des membres de ces tribunaux (à raison d'un sixième des vacances pour les conseillers, d'un quart pour les maîtres des requêtes : art. 3 nouv. du décret du 30 septembre 1953, modifié par le décret du 29 novembre 1985). La deuxième remarque qui peut être faite est celle de l'hétérogénéité d'âge. La raison en est que l'on fait carrière au Conseil d'Etat : du jour où, sortant de l'ENA, l'on est nommé auditeur jusqu'au jour où l'on prend sa retraite comme conseiller. Il se produit un « brassage de générations », dont on dit qu'il n'est pas sans influence sur le dynamisme du Conseil d'Etat (la Cour de cassation a essayé d'acclimater une telle composition avec la création des conseillers référendaires, voire maintenant des auditeurs, mais, différence capitale, les référendaires ne font pas carrière à la Cour de cassation : *supra*, n° 227).

Les *conseillers en service extraordinaire* sont au nombre de 12, choisis par le gouvernement « parmi les personnalités qualifiées dans les différents domaines de l'activité nationale, nommés pour une durée de quatre ans mais dont la mission n'est renouvelable qu'après une interruption de deux années ». Ces conseillers sont généralement issus de la haute fonction publique. L'usage veut que l'un d'eux soit un professeur de droit dont les compétences peuvent s'avérer précieuses dans l'examen des projets de lois.

237 DUALITÉ DES FONCTIONS. — L'interpénétration joue, une fois encore, en ce sens que les tâches des membres du Conseil d'Etat peuvent s'effectuer tant à l'extérieur qu'à l'intérieur du Conseil d'Etat.

Les fonctions internes sont réparties en fonction du grade. Aux auditeurs, revient la tâche de préparer les dossiers et d'en être rapporteurs. Les maîtres des requêtes se voient investis de la même fonction. Mais, de plus, c'est un maître des requêtes qui joue le rôle de commissaire du gouvernement devant les formations contentieuses (devant les formations administratives, ce rôle est tenu par un représentant de l'administration). C'est encore un maître des requêtes qui est chargé du secrétariat général et du greffe. Aux conseillers, revient la tâche de délibérer et de décider, cette fonction n'étant dévolue, devant les formations contentieuses, qu'aux seuls conseillers en service ordinaire.

Les fonctions externes témoignent de la volonté, apparue dès l'origine, dès Bonaparte, de faire du Conseil d'Etat un « vivier » d'administrateurs. Ses membres peuvent être détachés, comme tous les fonctionnaires, à d'autres emplois de la haute fonction publique : ils cessent, temporairement, d'exercer leurs fonctions au Conseil d'Etat. Ils peuvent aussi, tout en continuant à servir dans leur corps, participer à l'activité administrative (mission de conseil dans une administration, un cabinet ministériel, une commission...). Il semblerait que cette dualité de fonctions ait l'avantage de ne pas isoler le Conseil d'Etat de l'administration et de ne pas le couper des réalités administratives (*supra*, n° 55).

II | STRUCTURES

238 PRÉSIDENCE ET VICE-PRÉSIDENCE. — Paradoxalement, le Conseil d'Etat est placé sous la présidence effective d'un vice-président.

Car si la présidence appartient de droit au Premier Ministre, suppléé en cas d'empêchement par le garde des Sceaux, celui-ci n'exerce ses fonctions que de manière tout à fait exceptionnelle. En tout état de cause, le Premier Ministre ne pourrait pas présider le Conseil d'Etat siégeant au contentieux. C'est dire que le pouvoir réel est celui du vice-président : il est membre du corps, nommé par décret du Président de la République. Cette fonction fait de lui le plus haut fonctionnaire de l'Etat.

239 FORMATIONS-GÉNÉRALITÉS. — La double nature du Conseil d'Etat conduit à l'existence de deux types de formations. Les unes, administratives, émettent des avis à l'intention du gouvernement ; les autres, contentieuses, prennent des décisions juridictionnelles. La séparation institutionnelle n'est toutefois pas intangible. Les textes imposent une mixité de composition. Si les conseillers peuvent n'être affectés qu'à un seul type de formation, les maîtres des requêtes et les auditeurs[1] doivent en principe être affectés à la fois à une formation administrative et à une formation contentieuse (*cf.* art. 2 du décret du 30 juillet 1963 modifié par le décret du 24 janvier 1985). Il arrive aussi que des avis ou arrêts soient rendus par des formations qui excèdent les frontières de l'administratif et du juridictionnel : par exemple, l'assemblée générale plénière ou l'assemblée du contentieux. Cette mixité exprime, au-delà de la dualité, l'unité profonde du Conseil d'Etat, ou tout au moins la volonté d'y tendre.

A - *Formations administratives*

240 SECTIONS ADMINISTRATIVES. — Les cinq sections administratives du Conseil d'Etat sont la section de l'intérieur, celle des finances, celle des travaux publics, la section sociale et la section du rapport et des études. Les quatre premières sections, chacune en fonction de sa compétence propre, définie par arrêté du Premier Ministre, se voient soumis les projets de textes sur lesquels le Conseil d'Etat doit être obligatoirement consulté (lois, ordonnances, décrets en Conseil d'Etat) ; c'est également elles qui émettent les avis facultatifs que le gouvernement sollicite souvent de leur part. Sauf exceptions très limitées (cas des avis conformes), les avis du Conseil d'Etat n'ont pas force obligatoire. On discute aussi de leur autorité morale. Leur caractère secret ne permet pas de juger s'ils sont suivis. Il semblerait, toutefois, que le gouvernement y cherche une mise en garde contre l'illégalité et un perfectionnement juridique des projets.

Toute section se compose d'un président de section, de conseillers, de conseillers en service extraordinaire, de maîtres des requêtes et d'auditeurs. Les affectations sont faites par arrêté du vice-président, après avis des présidents de section.

La cinquième section, celle du rapport et des études, est née du décret du 24 janvier 1985, érigeant en section ce qui n'était jusqu'alors qu'une commission. Sa mission peut être de délégation ou bien propre. Elle a, par une mission de délégation, le soin d'élaborer les propositions que le Conseil d'Etat adresse aux pouvoirs publics ainsi que le rapport

---

1. Les auditeurs ayant plus de trois ans d'ancienneté : les plus jeunes ne peuvent être affectés qu'à la section du contentieux (c'est dans cette section que se fait l'apprentissage...).

d'activité que le Conseil d'Etat remet, chaque année, au Président de la République et qui mentionne les réformes d'ordre législatif, réglementaire ou administratif sur lesquelles le Conseil d'Etat a appelé l'attention du gouvernement. Par mission propre, la section se doit, d'une part de procéder à des études à la demande du Premier Ministre ou à l'initiative du vice-président, d'autre part de régler les difficultés auxquelles peut donner lieu l'exécution des décisions juridictionnelles du Conseil d'Etat et de celles des juridictions administratives (art. 14-1 nouv.).

241 Assemblée générale. — Les avis du Conseil d'Etat sont rendus soit par les sections concernées, soit au besoin par des sections regroupées, soit encore par l'assemblée générale[2]. Celle-ci peut prendre deux formes. L'*assemblée générale ordinaire* représente la formation normale. Elle se compose du vice-président, des présidents de sections (six), des 3 présidents adjoints de la section du contentieux, de 12 conseillers appartenant à la section du contentieux et de 15 conseillers appartenant aux sections administratives (3 par section) (art. 15 nouv.). Les textes les plus importants font généralement l'objet d'un premier examen en section puis d'un examen définitif devant l'assemblée générale ordinaire. L'*assemblée générale plénière* comprend, avec voix délibérative, le vice-président, les présidents de section et tous les conseillers. Elle se réunit au moins douze fois par an. Elle est compétente pour procéder à certaines élections (par exemple pour élire les membres du Tribunal des conflits) ou encore pour examiner les affaires qui lui auraient été transmises par l'assemblée générale ordinaire. En cas de partage des voix, celle du vice-président est prépondérante. En cas d'urgence, l'examen des projets de lois ou d'ordonnances peut être exceptionnellement porté devant une émanation de l'assemblée générale, la *commission permanente*, commission restreinte en mesure de siéger à très bref délai.

2. Les ministres ont « rang et séance » à l'assemblée générale. Ils ont voix délibérative pour les affaires dépendant de leur département. Cette prérogative n'est en fait jamais utilisée.

B - *Formations contentieuses*

242 SECTION DU CONTENTIEUX. — La sixième section du Conseil
d'Etat est la section du contentieux dont la fonction propre est
de statuer sur les recours contentieux qui relèvent de la compétence
du Conseil d'Etat. Cette section est la plus importante du Conseil
d'Etat : d'abord, parce que c'est par elle que le Conseil d'Etat est une
juridiction ; ensuite, car elle est la section la plus étoffée. En raison
de l'augmentation des litiges en effet, la section est divisée en dix
sous-sections. Chacune est composée de trois conseillers dont l'un
est président, de maîtres des requêtes et d'auditeurs dont le rôle
est d'être commissaires du gouvernement et rapporteurs. La section
du contentieux compte ainsi environ 140 membres : le président
de la section, les trois présidents adjoints, les présidents des dix
sous-sections, des conseillers, des maîtres des requêtes et des auditeurs.

243 FONCTIONNEMENT DE LA SECTION DU CONTENTIEUX. — Le fonctionnement de la section et des sous-sections a fait l'objet de
divers remaniements. Dans le dernier état des textes (décret 10 janvier 1980), le fonctionnement est le suivant. Après instruction, les
décisions peuvent être rendues par quatre formations différentes.

Chaque *sous-section*, selon sa compétence, se voit attribuer l'affaire
afin de l'instruire. L'instruction terminée, la sous-section peut rendre le
jugement si l'affaire s'avère simple. C'est la solution de rapidité
adoptée par le décret de 1980.

Si l'affaire est plus complexe, le jugement est rendu par les
sous-sections réunies[3]. En pratique, l'affaire est portée devant deux
sous-sections qui se réunissent ensemble pour délibérer[4]. L'une de
ces sous-sections est bien sûr celle qui a instruit.

La *section du contentieux en formation de jugement* est chargée
de juger les affaires soulevant des questions juridiques délicates ou
pouvant revêtir des implications politiques. Elle est juge de renvoi, en ce

---

3. Les sous-sections rendent plus de 90 % des décisions du Conseil d'Etat.
4. Trois en matière fiscale : on parle de « plénière fiscale ».

sens qu'elle ne peut être saisie que sur demande du vice-président, du président de la section, du président de la formation normalement compétente ou du commissaire du gouvernement. Les arrêts de section sont assez peu nombreux (environ une centaine par an). Cette formation, interne à la section, n'en comprend pas tous les membres. Elle se compose du président de la section, des trois présidents adjoints, des dix présidents de sous-section, du rapporteur et, manifestation de la mixité, de deux conseillers appartenant à une formation administrative.

L'*assemblée du contentieux* est la formation la plus solennelle. Présidée par le vice-président du Conseil d'Etat, elle est l'émanation du Conseil d'Etat dans son entier. Elle se compose, en effet, des présidents des six sections, des trois présidents adjoints de la section du contentieux (modification du décret de 1985), du président de la sous-section qui a instruit l'affaire et du rapporteur. L'assemblée du contentieux est, comme la section du contentieux en formation de jugement, juge de renvoi et dans les mêmes conditions. Sa réunion suppose que l'affaire soit d'importance et pose des questions de principe assez graves. Elle est également chargée, depuis la loi du 7 juillet 1977, du contentieux de l'élection des représentants français à l'Assemblée européenne. Les arrêts d'assemblée, encore plus rares que ceux de section (environ une cinquantaine) tiennent une place privilégiée dans la jurisprudence du Conseil d'Etat.

Si la collégialité est la règle, l'imparité n'est pas toujours exigée. Les sous-sections, en instruction, peuvent délibérer en nombre pair, faisant appel au plus ancien rapporteur présent en cas de partage des voix ; en jugement, elles ne peuvent valablement délibérer qu'en nombre impair et minimal de cinq (art. 35 du décret de 1963). Les sous-sections réunies se voient imposer la même double obligation de l'imparité et d'un nombre minimal de cinq membres (art. 38). La section doit au moins comporter neuf membres (art. 40) ainsi que l'assemblée, la voix du président étant prépondérante en cas de partage des voix (art. 44)[5].

244 PRÉSIDENT DE LA SECTION DU CONTENTIEUX. — Il joue un rôle éminent au sein du Conseil d'Etat. Outre qu'il a la responsabilité de la section la plus importante, il dispose de pouvoirs

---

5. Les rapporteurs ont toujours voix délibérative (art. 15 et 46 du décret de 1963).

juridictionnels propres considérables. Ses pouvoirs sont d'abord de compétence : il règle, en particulier, les difficultés de compétence d'attribution entre le Conseil d'Etat et les tribunaux administratifs, ou de compétence territoriale entre ces tribunaux (décret du 22 février 1972). Il peut, ensuite, mettre provisoirement fin au sursis, accordé par un tribunal administratif, à l'exécution d'une décision administrative attaquée. Il est encore juge du référé administratif lorsque cette procédure est engagée devant le Conseil d'Etat (pour un exemple récent, voir la loi du 30 septembre 1986 relative à la liberté de communication, art. 42). Il peut enfin exercer les pouvoirs dévolus au Conseil d'Etat en matière de condamnation de l'administration au paiement d'astreintes (art. 6 loi du 16 juillet 1980).

245 JUGES UNIQUES. — A côté et à la suite du président de la section du contentieux, d'autres juges se sont vus attribuer des pouvoirs propres. Le décret du 29 août 1984 a prévu que les présidents de sous-sections pourraient par ordonnance « donner acte des désistements, constater qu'il n'y a pas lieu de statuer sur requête et rejeter les conclusions entachées d'irrecevabilité manifeste non susceptible d'être couverte en cours d'instance » (art. 37-2 nouv. du décret de 1963). Le décret de 1984 contribue ainsi à l'accélération des procédures. Il participe, avec le décret de 1980, à un traitement particulier des affaires simples (voir, pour le même souci, *supra*, Cour de cassation, n° 230)[6].

Section II
Les attributions juridictionnelles du Conseil d'Etat

246 SINGULARITÉ DES FONCTIONS. — La singularité du Conseil d'Etat est d'être, tout à la fois, juge de droit commun et juge d'attribution. L'histoire explique cette singularité. La loi de 1872 puis l'arrêt Cadot avaient consacré la compétence de juge de droit commun du Conseil d'Etat. Mais, cette situation devait conduire à l'engorgement du Conseil d'Etat. Il apparut nécessaire de faire des juridictions les

---

6. Ces mesures ont été assez mal reçues dans la doctrine. très attachée au principe de la collégialité (« une solution détestable » : Odent).

plus nombreuses, qui se trouvaient être les conseils de préfecture, les juridictions de droit commun. C'est la réforme fondamentale que réalisa le décret du 30 septembre 1953 : les tribunaux administratifs, nouvelle dénomination des conseils de préfecture, devenaient les juridictions de première instance de droit commun, le Conseil d'Etat restant juge de droit commun des instances sur recours. Toutefois, le décret de 1953 jugea bon de conserver au Conseil d'Etat des attributions de première instance : il devenait ainsi juge d'attribution.

247 Le Conseil d'Etat, juge de première instance. — Pour désigner cette situation, on parle communément de « compétence directe » du Conseil d'Etat, ou encore de « compétence en premier et dernier ressort ». La première formule renvoie au fait que le Conseil d'Etat est directement saisi du litige, la deuxième au fait que la décision rendue est sans appel. Globalement, le Conseil d'Etat est compétent en premier et dernier ressort lorsqu'il s'agit de statuer sur un acte de portée nationale ; les hypothèses de compétence directe se rattachent alors à une volonté de centralisation, soit en raison de l'objet du contentieux, soit en raison de sa localisation. Du moins, est-ce que l'on peut dire si l'on schématise la liste assez disparate des compétences du Conseil d'Etat. L'objet du contentieux fait apparaître deux grandes catégories. D'abord, la nature de certains actes contestés est liée à la personnalité de leur auteur. C'est ainsi que les recours en annulation formés contre les décrets et les ordonnances, ainsi que contre les actes réglementaires des ministres relèvent de la compétence directe du Conseil d'Etat. Ces actes émanant d'une autorité nationale, il est bon que leur contentieux soit jugé par une juridiction de même nature. La compétence s'étend aussi aux recours pour excès de pouvoir contre les actes ministériels pris après avis du Conseil d'Etat. Il serait anormal qu'une juridiction locale soit amenée à remettre en cause la validité d'un tel acte. Ensuite, la nature de certains actes contestés est liée au statut de la personne intéressée, et plus précisément à celui des fonctionnaires nommés par décret du Président de la République (préfet, général, recteur, professeur d'université, etc.). Cette compétence directe joue, quel que soit l'auteur de l'acte contesté. Importe seule la qualité de l'agent concerné : c'est une sorte de « privilège » qui lui est accordé que de n'avoir pour seul juge le Conseil d'Etat.

La localisation du contentieux fait là encore apparaître deux grandes catégories. Il y a, d'abord, des actes dont le champ d'application s'étend au-delà du ressort d'un seul tribunal administratif. Objet et localisation peuvent parfois se cumuler : un décret peut avoir vocation générale. Mais, parfois certains actes administratifs très modestes peuvent avoir un champ d'application large. Pour éviter les risques de contrariété de décisions devant des tribunaux différents, le Conseil d'Etat est compétent en premier et dernier ressort. Il y a, ensuite, les litiges nés hors du ressort des juridictions territoriales, qui sont donc proprement insusceptibles de toute localisation et qui trouvent ainsi un rattachement au Conseil d'Etat (litiges à l'étranger, hors des eaux territoriales).

248 Le Conseil d'Etat, juge des instances sur recours. — Depuis 1953, le Conseil d'Etat est surtout une instance de contrôle des juridictions administratives. Tout jugement peut être déféré au Conseil d'Etat soit par la voie de l'appel, soit par celle de la cassation (*supra*, n° 80 et s.).

La fonction de *juge d'appel* est devenue la fonction ordinaire du Conseil d'Etat (environ 80 % des affaires). Il est juge de droit commun, c'est-à-dire qu'il est compétent pour juger de tout appel formé contre les décisions rendues en premier ressort par les juridictions administratives de première instance tant que compétence n'a pas été expressément attribuée à une autre juridiction.

Le Conseil d'Etat est le *juge de cassation* de l'ordre administratif. Toutes les décisions rendues en dernier ressort par les juridictions administratives peuvent lui être déférées (environ 4 % des affaires). Son rôle est alors comparable à celui de la Cour de cassation. Il ne juge pas l'affaire mais le jugement. Si une cassation est encourue, le Conseil d'Etat renvoie devant une juridiction du fond pour qu'il soit à nouveau statué. Mais des particularités marquent et ses pouvoirs et la force de sa décision (*supra*, n° 81).

Par sa qualité de juge d'appel, le Conseil d'Etat assure l'unification de la jurisprudence en contrôlant les décisions de juridictions nombreuses mais chargées d'appliquer le même droit. Par sa qualité de juge de cassation, il assure la rectitude d'application du droit administratif à l'égard de juridictions uniques à l'intérieur de leur contentieux.

Pour aller plus loin

249 RENVOIS BIBLIOGRAPHIQUES. — Renvoi général : Auby et Drago, n⁰ˢ 176 et s. ;
Chapus, pp. 6 et s. ; Pacteau, n⁰ˢ 14 et s. Sur l'histoire du Conseil d'Etat,
entre 1799 et 1974, on consultera *Le Conseil d'Etat : son histoire à travers les documents
de l'époque*, CNRS, 1974. Sur une approche sociologique, M.-C. Kessler, *Le Conseil
d'Etat*, Armand Colin, 1968 ; Maleville, *Conseiller d'Etat, témoignage*, Librairies Techniques, 1978. Pour une étude historique et contemporaine, Letourneur, Bauchet, Méric,
Le Conseil d'Etat et les tribunaux administratifs, Armand Colin, 1970.

Sur la « crise » de la justice administrative et particulièrement du Conseil d'Etat,
v. Auby et Drago, n⁰ˢ 351 et s. : tableaux statistiques et historiques (assortis de références
bibliographiques) ; vision sociologique du contentieux administratif et des causes de
« l'explosion ». En 1974, le Conseil d'Etat avait jugé 3 498 affaires (6 391 restant en
stock) ; en 1984, le Conseil d'Etat a jugé 6 676 affaires (le stock se montant à 19 024) :
on voit que si le nombre des jugements a doublé, le retard pris s'est très sérieusement
aggravé (*ASJ*, 1986). Selon Chapus, p. 15, en 1980-1981, les sous-sections ont rendu
6 665 arrêts, la section en a rendu une centaine et l'Assemblée une cinquantaine.

Sur les « crises » qu'a traversées le Conseil d'Etat (sur l'arrêt Cadot ou surtout
l'arrêt Canal) v. *Le Conseil d'Etat, son histoire...*, *op. cit.*, pp. 583 et 900 ; v. Drago,
Autour de la réforme du Conseil d'Etat, *AJDA*, 1963, p. 524.

Sur la « dualité » du Conseil d'Etat : dualité-ambiguïté, *cf.* O. Dupeyroux, L'indépendance du Conseil d'Etat statuant au contentieux, *RDP*, 1983, p. 566 ; dualité-
contradiction, *cf.* Drago, Incidences contentieuses des fonctions administratives du
Conseil d'Etat, *Mélanges Waline*, p. 379 : le Conseil d'Etat - juge censure parfois le
Conseil d'Etat - donneur d'avis ; le plus souvent toutefois, les « deux » Conseils d'Etat
s'épaulent.

Sur la dualité des pouvoirs juridictionnels et « disciplinaires » : *cf.* le pouvoir
d'inspection des juridictions inférieures ; la Mission, établie en 1945, composée de membres
du Conseil d'Etat, reste fondamentalement liée au rôle de juge suprême (discipline préven-
tive et pédagogie) ; v. Lachaze, Une attribution nouvelle du Conseil d'Etat, l'inspection
des juridictions administratives, *EDCE*, 1950, p. 42 ; Ordonneau, Les problèmes posés au
cours des dix dernières années *EDCE*, 1978-1979, p. 111.

Sur le rapport annuel : il n'est pas publié, mais on trouve un compte rendu de l'activité
de la section dans les *Etudes et Documents du Conseil d'Etat*, revue publiée par le Conseil
depuis 1947. A noter la création d'un fichier informatique SAGACE destiné à collecter les
informations relatives aux pourvois (arrêté du 5 mars 1985) et la création du système
informatique EUTERPE destiné à la saisie des décisions de la section du contentieux
(arrêté du 7 février 1986).

Sur un projet avorté — car ayant suscité de trop vives hostilités : celui des chambres
adjointes d'appel (au nombre de trois) destinées à juger de certains contentieux,
cf. 4 articles signés Chabanol, Cordelier et Lepage-Jessua, de La Bretesche et Viala, *GP*,
1985, doctr. 688 à 697.

Les juridictions subordonnées au Conseil d'Etat

Section I
Les juridictions de droit commun

Ce sont essentiellement les tribunaux administratifs, auxquels il faut ajouter, quasiment pour mémoire car ils sont en voie de disparition, les conseils du contentieux administratif.

I | LES TRIBUNAUX ADMINISTRATIFS

250 CARACTÈRES. — En schématisant, l'on pourrait dire que le tribunal administratif est à l'ordre administratif ce que le tribunal de grande instance est à l'ordre judiciaire : ils sont l'un et l'autre juridiction de droit commun et juridiction locale. Le tribunal administratif constitue, en effet, la juridiction de droit commun de l'ordre administratif. C'est dire qu'il a une compétence de principe, qu'il connaît de tous les litiges qui n'ont pas été expressément attribués à une autre juridiction. Le tribunal administratif constitue encore, à la différence du Conseil d'Etat, une juridiction locale dont le ressort territorial s'étend, suivant son importance, à un ou plusieurs départements.

Cette référence au tribunal de grande instance, accentuée par la loi du 6 janvier 1986 (sur le statut et l'indépendance des membres des tribunaux administratifs, *supra*, n° 58), marque une certaine reconnaissance des tribunaux administratifs et met fin au parallélisme que l'histoire avait tenté de créer entre l'institution, nationale, prestigieuse, qu'est le Conseil d'Etat et les institutions locales, de piètre autorité, qu'étaient les anciens conseils de préfecture.

251 ORIGINE. — Le tribunal administratif est une institution neuve, ou du moins que l'on voulait telle en 1953. Le changement d'appellation en est la manifestation. Le tribunal administratif a pourtant une origine fort ancienne. Tout comme le Conseil d'Etat ou la Cour de cassation, il pourrait trouver ancêtre lointain, sous l'Ancien Régime. Dans chaque province, existaient des conseils d'intendance, qui étaient chargés d'aider l'intendant à la prise de décisions administratives ou contentieuses. A la Révolution, ces conseils furent supprimés, mais la même philosophie soutint la création des directoires de départements, institués par la loi des 7-11 novembre 1791.

Sur ces modèles anciens, la loi du 28 pluviôse an VIII créa, dans chaque département, un conseil de préfecture. L'institution était présidée par le préfet. Son rôle était de conseil, à l'intention du préfet et de juge du contentieux administratif local. Dans l'esprit, le conseil de préfecture apparaissait donc comme le symétrique du Conseil d'Etat, à l'échelon départemental. Mais, dans la pratique, la symétrie ne fut pas réelle. Le conseil de préfecture a très peu joué son rôle de conseil du préfet : son activité consultative a été des plus réduites. Mais, surtout, le conseil de préfecture a, dès sa création, été considéré comme une véritable juridiction investie de la justice déléguée (ce que le Conseil d'Etat devra attendre jusqu'en 1872, voire 1889). Ce caractère de juridiction aurait dû conférer prestige au conseil de préfecture. Il n'en fut rien. La première raison tenait à sa compétence très restreinte : il n'avait qu'une compétence d'attribution, limitée aux contraventions de grande voirie, à la vente des biens nationaux, aux biens communaux indivis, aux redevances minières et aux travaux publics. La deuxième raison tenait au recrutement de ses juges. Ils furent longtemps de simples notables. La qualité du recrutement ne s'améliora que lentement. C'est une loi de 1865 qui imposa que les juges fussent au moins licenciés en droit. Une loi de 1926 organisa un concours de recrutement. A partir de 1948, les juges se recrutèrent parmi les élèves de l'ENA. La troisième raison tenait à la présidence du préfet et au fait que la procédure de chaque conseil était établie par celui-ci. La loi du 22 juillet 1889 organisa une véritable procédure, applicable devant tous les conseils de préfecture — on a dit de cette loi qu'elle était « le plus beau monument de procédure administrative du XIXᵉ siècle » — et le décret-loi du 6 septembre 1926 retira la présidence au préfet pour la confier à l'un des membres du conseil[1].

Deux autres réformes essentielles furent prises, préfigurant déjà ce que devaient être les tribunaux administratifs. La première a consisté en un regroupement. Le département s'avérait être un ressort trop étroit : certains conseils n'avaient qu'une activité dérisoire. Le décret-loi du 6 septembre 1926 créa les conseils de préfecture interdépartementaux, lesquels englobèrent dans leur ressort plusieurs départements, et, pour pallier les inconvénients que l'éloignement du juge pouvait occasionner aux justiciables, institua le conseiller délégué chargé d'assurer une justice itinérante. La seconde réforme consista à accroître les attributions des conseils de préfecture. Plusieurs textes furent pris. Se conjuguaient deux soucis : tenter de donner enfin prestige aux conseils, tenter de désengorger le juge de droit commun qu'était le Conseil d'Etat.

La réforme approchait qui devait inverser les principes : faire des anciens conseils de préfecture, devenus les tribunaux administratifs, les juridictions de droit commun et du Conseil d'Etat une juridiction d'attribution. Par le décret du 30 septembre 1953, portant réforme du contentieux administratif, naissaient les tribunaux administratifs, naissait aussi le nouveau système juridictionnel administratif (*supra*, n° 80).

1. Ce retrait étant lié à la création de conseils interdépartementaux.

A - *Organisation*

252 Siège et ressort. — Les tribunaux administratifs sont au nombre de 31. Tribunaux interdépartementaux, leur ressort coïncide, sauf quelques exceptions, avec les régions. Dans les départements d'outre-mer, leur ressort est celui du département. Les tribunaux administratifs portent le nom de la ville où ils siègent, qui est la capitale de région ou le chef-lieu de département.

253 Corps. — « Chaque tribunal administratif se compose d'un président et de plusieurs autres membres, appartenant au corps des tribunaux administratifs ou détachés dans ce corps » (art. L 2 cta). On continue à appeler ses membres conseillers par référence au Conseil d'Etat et/ou en souvenir des conseils de préfecture. Les conseillers des tribunaux administratifs étaient, en 1984, au nombre de 298 (*ASJ*, 1986). Nommés et promus par le Président de la République, ils sont essentiellement recrutés parmi les anciens élèves de l'ena. La loi du 6 janvier 1986 (art. 8) limite le nombre des conseillers pouvant être recrutés par un tour extérieur (un quart pour les fonctions de deuxième classe, un septième pour les fonctions de première classe). Leur statut s'est amélioré par la possibilité d'accéder au corps du Conseil d'Etat.

Un tribunal administratif comprend au moins trois conseillers, mais ce nombre varie avec l'importance du tribunal. L'un des conseillers est désigné, par décret présidentiel, pour remplir, au sein de chaque tribunal administratif (ou de chaque chambre), les fonctions de commissaire du gouvernement.

254 Structures. — Les *structures collégiales* varient avec l'importance des tribunaux administratifs.

Dans les petits tribunaux, n'existe qu'une formation de jugement composée du président et de deux conseillers. La règle de l'imparité est impérative (art. L 4 cta). Dès que l'affaire est enregistrée, elle est confiée à l'un des conseillers qui fait office de rapporteur. Le commissaire du gouvernement prononce sur chaque affaire des conclusions qui sont publiques (art. 18 et 19 de la loi de 1986).

Dans les tribunaux plus importants, existent plusieurs chambres dont le nombre varie entre deux et cinq. Le jugement est rendu par la chambre saisie, composée d'un président et de deux conseillers. Toutefois, dans certains cas exceptionnels, le tribunal statue en formation plénière, toutes chambres réunies. Les fonctions de rapporteur et de commissaire du gouvernement suivent les règles ci-dessus exposées.

Le tribunal administratif de Paris est soumis à un régime spécifique, qui s'explique par l'abondance du contentieux relevant de sa compétence territoriale (le pouvoir administratif étant largement concentré sur Paris). Il se compose d'un président, d'un vice-président, de 7 sections divisées en 14 chambres, composées chacune de 3 juges. Le président est un conseiller d'Etat en position de détachement. Les décisions sont rendues par les chambres, ou parfois par les sections (un président de section et quatre conseillers), voire, dans les cas les plus importants, par la formation plénière (le président du tribunal administratif, le vice-président, les sept présidents de section et le rapporteur : cf. art. 1 et 2 du décret du 11 mars 1980).

L'unicité est chose rare et les hypothèses en sont très strictement limitées par le Code des tribunaux administratifs. L'institution du conseiller délégué (créée en 1926) a été maintenue pour le jugement d'affaires fiscales mineures ou de contraventions de voirie. Sa compétence est de droit dans certaines hypothèses, sur accord du requérant dans d'autres (art. L 9 CTA). Tout comme en 1926, il peut exercer une justice itinérante pour rapprocher la justice administrative du justiciable. Cette institution est diversement appréciée. Pour certains, il serait bon de l'étendre pour accélérer le cours de la justice ; pour d'autres, le système est contestable en raison de l'absence d'un commissaire du gouvernement.

B - Attributions

255 LES ATTRIBUTIONS DU TRIBUNAL. — Elles sont, en premier lieu, administratives. Les tribunaux administratifs sont investis d'une mission, à l'instar de Conseil d'Etat ou des anciens conseils de préfecture. Les commissaires de la République ont la faculté de les

consulter sur des questions juridiques. Mais, tout comme les préfets
saisissaient peu les conseils, les commissaires de la République
saisissent peu les tribunaux administratifs. Leur rôle consultatif n'égale
en rien celui du Conseil d'Etat. Ils sont aussi investis d'un pouvoir de
délivrer autorisation de plaider, c'est-à-dire de permettre à un contri-
buable d'exercer une action à la place d'une commune négligente.

Leurs attributions sont, en second lieu et principalement, juridictionnelles. Le tribunal administratif est *juge de droit commun de
premier degré*. Ses jugements sont susceptibles d'appel devant le
Conseil d'Etat. On notera que la loi du 6 janvier 1986, complétant
l'article L 3 CTA, dispose que « les tribunaux administratifs exercent
également une mission de conciliation ». L'attribution de compétence
n'est pas forcément, en pratique, chose aisée, aussi bien pour la compétence matérielle (répartie entre le tribunal administratif et le Conseil
d'Etat : les limites de la compétence du Conseil d'Etat ne sont pas toujours nettes) que pour la compétence territoriale qui connaît de nombreuses règles suivant les types de contentieux. Toutefois, ces attributions
ne constituent pas un piège pour le justiciable. Il existe, au sein du
système juridictionnel administratif, un mécanisme de renvois entre
juges, destiné à pallier les erreurs de saisine.

Exceptionnellement, le tribunal administratif est *juge d'appel* : les
décisions du juge du référé fiscal sont déférées devant le tribunal
administratif (art. L 279 Livre des procédures fiscales). La décision
du tribunal administratif est susceptible d'un pourvoi en cassation.

256 Les attributions du président du tribunal administratif.
— Elles sont d'abord administratives. Comme tout chef de
juridiction, le président du tribunal administratif représente sa juridiction à l'extérieur, en dirige les services, en affecte les membres aux diverses
formations, leur confie les affaires à rapporter. Il possède un pouvoir
de notation des conseillers, propose leur avancement ou saisit le
Conseil supérieur des tribunaux administratifs s'il estime que des
mesures disciplinaires s'imposent (art. 17 de la loi de 1986). Par ailleurs,
chaque année, il adresse, au ministre de l'Intérieur, un compte rendu
relatif au fonctionnement des services de sa juridiction, avec une statis-
tique des affaires jugées et des affaires en instance (R 9 nouv. CTA,
issu du décret du 8 août 1986).

Ses attributions juridictionnelles sont également importantes.

Il peut décider de la dispense d'instruction d'une affaire. Il dispose du pouvoir de régler certains conflits de compétence. Il est juge des référés administratifs, sauf référé fiscal, attribué à un conseiller. Il est compétent en matière de constat d'urgence.

II | LES CONSEILS DU CONTENTIEUX ADMINISTRATIF

257 IMPLANTATION ET ORGANISATION. — Dans les territoires d'outre-mer, la justice administrative était assurée par les conseils du contentieux administratif, dont la spécificité d'organisation tenait à ce que leurs membres étaient essentiellement des représentants de l'administration, assistés de juges judiciaires. Or, il ne subsiste plus que deux conseils du contentieux administratif : celui de Wallis-et-Futuna et celui de Mayotte depuis que deux lois du 6 octobre 1984 ont doté la Nouvelle-Calédonie et la Polynésie française de tribunaux administratifs. Il semblerait que, pour l'heure, ces deux conseils du contentieux administratif ne soient pas menacés de disparition (*cf.* la loi organique du 6 août 1986, art. 6 IV). Mais, à défaut de disparaître, ils commencent à rentrer dans le droit commun. La loi du 6 janvier 1986 a, en effet, nettement atténué leur particularisme. A compter du 1er janvier 1988, les conseils du contentieux administratif encore existants devront être présidés par des membres du corps des tribunaux administratifs (art. 20). Pour l'instant, ces conseils du contentieux administratif sont présidés par le magistrat de l'ordre judiciaire le plus ancien dans le grade le plus élevé, assisté de trois fonctionnaires, « autant que possible » licenciés en droit, dont l'un exerce les fonctions de commissaire du gouvernement.

258 ATTRIBUTIONS. — Les conseils du contentieux administratif ne sont juges de droit commun que pour le contentieux des collectivités locales. Pour le contentieux des services de l'Etat, compétence a été maintenue au Conseil d'Etat. Ils statuent à charge d'appel, appel porté devant le Conseil d'Etat.

Section II
Les juridictions d'attribution

259 MULTIPLICITÉ ET DIVERSITÉ DES JURIDICTIONS ADMINISTRATIVES
À COMPÉTENCE SPÉCIALE. — Il existe de très nombreuses juridictions spéciales. Leur nombre doit se situer aux alentours de 50.
L'imprécision du nombre tient à l'imprécision de la nature de certains
organismes dont on ne sait s'ils sont administratifs ou juridictionnels
— bien que le Conseil constitutionnel ait affirmé que seule la loi
pouvait créer une juridiction. L'imprécision tient aussi aux incessantes
créations ou disparitions. L'existence de ces juridictions s'explique
par la multitude de secteurs dans lesquels intervient l'administration
et peuvent surgir des litiges : la spécialisation des juges paraît souhaitable. Ce n'est pas dire que cette spécialisation ne soit pas excessive
et ne tourne pas parfois au corporatisme. Le risque est, en tout cas,
d'une dilution de l'activité juridictionnelle, préjudiciable au prestige et
à l'unité de la justice. Le seul élément de cohérence, est donc de
satisfaction, est que toutes ces juridictions relèvent du contrôle du
Conseil d'Etat : certaines, les moins nombreuses, lui sont subordonnées par la voie de l'appel ; les autres le sont par la voie de la
cassation. On se contentera ici d'en citer quelques-unes, non sans
avoir fait remarquer qu'en dépit de leurs différences, ces juridictions
présentent une caractéristique quasi commune : celle de n'avoir pas
de personnel propre et d'emprunter le leur au Conseil d'Etat ou à
la fonction publique.

Les juridictions spéciales subordonnées au Conseil d'Etat par la
voie de l'appel sont en déclin : ce sont les commissions d'indemnisation
(du contentieux de l'indemnisation des Français dépossédés, ou de
dommages de guerres) ; ce sont les juridictions arbitrales (l'arbitrage
étant un mode très exceptionnel de règlement des litiges administratifs) ;
c'est le Conseil des Prises (prises maritimes).

Les juridictions spéciales subordonnées au Conseil d'Etat par la
voie de la cassation sont beaucoup plus nombreuses : leur contentieux

est souvent disciplinaire (Organisme supérieur des ordres professionnels, Conseil supérieur de l'Education nationale, Conseil supérieur de la Magistrature). On y trouve aussi, pêle-mêle, la commission
de recours des réfugiés, la commission centrale d'aide sociale, etc. Mais,
parmi ces juridictions spécialisées, trois sont particulièrement importantes. Il s'agit de juridictions financières : la Cour des comptes, les
chambres régionales des comptes, la Cour de discipline budgétaire et
financière. Ces juridictions présentent, comme trait commun, de constituer une sorte d'exception au système français de large irresponsabilité
des agents de l'Etat et des collectivités publiques. Les « finances »
ayant leurs exigences, se voient exclus, de cette irresponsabilité, les
comptables qui relèvent des juridictions des comptes et les ordonnateurs qui relèvent de la Cour de discipline budgétaire et financière.

I | LA COUR DES COMPTES

260 CARACTÈRES-ORIGINE. — Vérifier la régularité des finances
publiques est une fonction essentielle. Instaurer un organisme
chargé de cette fonction est pour tout Etat une nécessité. C'est ainsi
que, sous l'Ancien Régime, existait une Chambre des comptes.
L'actuelle Cour des comptes a été créée, sous Napoléon Ier, par la
loi du 16 septembre 1807. Constitutionnalisée en 1946, la Cour a vu
son organisation et ses attributions modifiées en 1967 puis en 1982.
Les règles actuelles concernant la Cour des comptes se trouvent dans
le décret n° 85-199 du 11 février 1985. Aux termes de l'article 47 de la
Constitution, la Cour des comptes est chargée « d'assister le Parlement
et le gouvernement dans le contrôle de l'exécution des lois de finances ».
Elle n'en est pas moins totalement indépendante. Son indépendance
est garantie par son statut de juridiction, par son prestige, par l'inamovibilité dont jouissent ses membres. Le seul contrôle que subit la Cour
des comptes est celui d'une autre juridiction, le Conseil d'Etat, auquel
elle est subordonnée par la voie de la cassation.

261 ORGANISATION.

1 / *Corps*. — La Cour des comptes se compose du premier président, des présidents de chambre, de conseillers maîtres, de conseillers référendaires et d'auditeurs. En sus, des conseillers maîtres en service extraordinaire assistent la Cour. Le corps de carrière se recrute à l'ENA ou, par tour extérieur, dans la haute fonction publique.

Fait remarquable, il existe auprès de la Cour un parquet général, composé d'un procureur général, assisté d'un premier avocat général et d'avocats généraux. Le procureur général y exerce le ministère public par voie de réquisitions et de conclusions.

Le greffe est assuré par des conseillers référendaires, sous la direction du premier président.

2 / *Structures*. — La Cour des comptes est divisée en sept chambres, ayant chacune à sa tête un président de chambre. A l'intérieur de chaque chambre, peuvent être créées des sections. La chambre et la section sont les organes ordinaires de jugement. Une chambre ne peut valablement délibérer que si un quorum de six membres est atteint, une section que si le quorum atteint est de trois. Le rapporteur, qui est toujours un conseiller maître, a voie délibérative. Mais la Cour des comptes peut aussi se réunir en d'autres formations. Ce peut être la formation interchambres, que l'on réunit lorsqu'une question relève des attributions de plusieurs chambres. La formation interchambres ne peut valablement délibérer que si les trois cinquièmes de ses membres, au moins, sont présents. Ce peuvent être aussi les chambres réunies qui comprennent le premier président, les présidents de chambre et deux conseillers maîtres par chambre, élus par leurs pairs pour une année. Les chambres réunies sont compétentes sur renvoi du premier président, sur réquisitoire du procureur général ou lorsque l'affaire est renvoyée devant la Cour après cassation. Ce peut être encore la chambre du conseil qui se compose du premier président, des présidents de chambre et des conseillers maîtres : elle peut être saisie sur renvoi du premier président, mais son attribution principale est l'étude de projets (de rapports, lois, etc.). Ce peut être enfin l'audience solennelle : tous les magistrats de la Cour y participent, en tenue de cérémonie. Les audiences solennelles sont publiques.

262 ATTRIBUTIONS.

1 / *Attributions non juridictionnelles.* — Ces attributions sont très importantes. La Cour est tout d'abord l'auxiliaire du Parlement. Elle contrôle l'exécution du budget ; et le projet de loi de règlement, qui vise à vérifier que le budget a été exécuté régulièrement, est déposé sur le bureau de l'Assemblée nationale avec un rapport de la Cour. Elle exerce ensuite un contrôle sur la gestion des entreprises publiques et des organismes bénéficiant de concours financiers publics ; elle contrôle les comptes de la Sécurité sociale. La Cour adresse des observations ponctuelles aux divers organismes, établit des rapports particuliers, mais surtout le rapport annuel, préparé par le comité du rapport public et des programmes (comité interne à la Cour des comptes). Ce rapport est remis par le premier président de la Cour au Président de la République et au Parlement ; publication en est faite au *Journal officiel.*

2 / *Attributions juridictionnelles.* — La Cour juge les comptes publics. Ce rôle se développe en dehors de tout litige. Les comptes publics étant transmis annuellement à la Cour, elle doit examiner si toutes les recettes qui devaient être perçues l'ont été et si, à l'inverse, n'ont été engagées que les seules dépenses qui devaient l'être. Lorsque les comptes sont réguliers, la Cour rend des arrêts de décharge (dits « de quitus » si le comptable cesse ses fonctions). Lorsque ceux-ci sont irréguliers, elle rend un arrêt de débet, qui entraîne l'obligation pour le comptable de combler le déficit de ses propres deniers. Pour autant, le jugement porte sur les comptes et n'est pas celui du comptable, c'est-à-dire que la Cour ne s'interroge jamais sur le degré de responsabilité (sur l'existence ou non d'une faute) du comptable.

Les arrêts sont susceptibles d'un recours en révision devant la Cour elle-même, d'un recours en cassation devant le Conseil d'Etat. En cas de cassation, le Conseil d'Etat renvoie l'affaire à la Cour pour qu'il soit à nouveau statué.

Depuis 1982, la Cour des comptes est soit juge de première instance, soit juge d'appel. La décentralisation a, en effet, conduit le législateur à créer des chambres régionales des comptes. La compétence d'attribution se divise donc entre Cour des comptes et chambres régionales. Le budget de collectivités locales relevant de la compétence en premier ressort des chambres régionales, la Cour des comptes n'est, en cette matière, que juge d'appel.

II | LES CHAMBRES RÉGIONALES DES COMPTES

263 ORIGINE. — Les chambres régionales des comptes sont de création récente. Elles sont issues des lois sur la décentralisation, l'article 84 de la loi du 2 mars 1982 prévoyant : « il est créé dans chaque région une chambre régionale de comptes ». En quelque sorte, elles étaient idéologiquement nécessaires à la décentralisation. Mais leur nécessité était aussi autre. De tout temps, en raison de leur grand nombre, les collectivités locales ont pesé trop lourd sur l'activité de la Cour des comptes. La Restauration avait confié certaines matières aux conseils de préfecture ; en 1935, on avait préféré dessaisir les conseils pour confier compétence aux trésoriers-payeurs généraux puis aussi, plus tard aux receveurs des finances. Nécessités pratiques et théoriques se combinant ont conduit à la création des chambres régionales des comptes[2].

264 ORGANISATION. — Il existe une chambre régionale des comptes par région (soit 22 en métropole et 4 en outre-mer). Elles sont désignées par le nom de la région. Chaque chambre régionale des comptes comprend au minimum un président et deux assesseurs. Ces magistrats forment un corps nouveau. Ils sont inamovibles. Avancement et discipline relèvent du Conseil supérieur des chambres régionales des comptes présidé par le premier président de la Cour des comptes. Le recrutement à la base se fait essentiellement à l'ENA. Mais le président est un conseiller référendaire de la Cour des comptes, afin de créer un lien entre les chambres et la Cour et de garantir la qualité du travail accompli. Les chambres régionales des comptes les plus importantes peuvent se diviser en sections. Les sections deviennent

---

2. Elles sont régies par la loi n° 82-594 du 10 juillet 1982. Le statut de leurs membres est fixé par le décret n° 87-307 du 5 mai 1987 modifiant le décret n° 82-970 du 16 novembre 1982.

alors la formation habituelle de jugement (à trois membres). Un commissaire du gouvernement est nommé par décret, choisi parmi les membres des chambres. A ce titre, il n'est pas inamovible mais bénéficie de certaines garanties disciplinaires.

265 ATTRIBUTIONS.

1 / *Attributions administratives.* — Les chambres régionales des comptes assurent d'abord un contrôle de la gestion des communes, départements, région, de leurs établissements publics et des organismes bénéficiant de leurs aides. Elles peuvent adresser des observations et faire insérer les plus importantes dans le rapport public annuel de la Cour des comptes. Les chambres régionales des comptes assurent aussi un contrôle budgétaire. C'est là une innovation, puisque la Cour des comptes ne dispose pas de tels pouvoirs. Les lois sur la décentralisation ayant supprimé la tutelle de l'Etat sur les budgets locaux, il a semblé utile de prévoir des garde-fous au désordre financier. Dans certaines hypothèses, le commissaire de la République est autorisé à prendre les mesures qui s'imposent, mais seulement après avoir recueilli l'avis — « la caution » — de la chambre régionale des comptes.

2 / *Attributions juridictionnelles.* — Les chambres régionales des comptes jugent en premier ressort les comptes des collectivités locales, de leurs établissements publics et des établissements publics nationaux de leur ressort géographique. Elles ont les mêmes pouvoirs, suivent la même procédure que la Cour des comptes. Leurs jugements peuvent être de décharge, quitus ou débet. Leurs décisions définitives peuvent faire l'objet d'une voie de rétractation ou d'un appel. Celui-ci est ouvert au comptable dont les comptes ont été critiqués, au commissaire du gouvernement et au procureur général près la Cour des comptes.

III | LA COUR DE DISCIPLINE BUDGÉTAIRE ET FINANCIÈRE

Instituée par la loi du 25 septembre 1948, réformée par les lois du 31 juillet 1963 et 13 juillet 1971, la cour de discipline a pour tâche de juger les ordonnateurs des dépenses publiques.

266 ORGANISATION. — La cour de discipline est installée à la Cour des comptes. Elle n'a pas de personnel propre ni au siège ni au parquet. Pour le siège, elle est composée de six membres, nommés pour cinq années, qui sont le premier président de la Cour des comptes, un président de section du Conseil d'Etat, deux conseillers maîtres de la Cour des comptes, deux conseillers d'Etat. La présidence revient au premier président de la Cour des comptes. Le parquet est celui de la Cour des comptes : le procureur général est assisté de ses avocats généraux, voire de deux commissaires pris parmi les conseillers maîtres.

267 ATTRIBUTIONS. — Son rôle est de juger les ordonnateurs qui ont commis des fautes de gestion à l'égard de l'Etat ou des collectivités publiques, ou dont les agissements ont entraîné la condamnation d'une personne morale de droit public par suite de l'inexécution ou de l'exécution tardive d'une décision de justice, en application de la loi du 16 juillet 1980. La Cour ne peut être saisie que par les présidents de l'Assemblée nationale et du Sénat, les membres du gouvernement, la Cour des comptes, le procureur général près la Cour, ou les chambres régionales des comptes. La procédure est de type pénal et contradictoire. Les rapporteurs, chargés d'instruire les affaires, sont choisis parmi les membres du Conseil d'Etat ou de la Cour des comptes. Le défendeur peut produire des témoins et se faire assister d'un avocat. Les sanctions sont des amendes qui peuvent aller jusqu'au double du traitement annuel de la personne incriminée. La décision peut être publiée au *Journal officiel*. Elle est susceptible d'un recours devant le Conseil d'Etat. A dire vrai, la Cour est rarement saisie. L'administration dispose sans doute de moyens autres que les recours juridictionnels pour sanctionner ses membres négligents.

Pour aller plus loin

268 RENVOIS BIBLIOGRAPHIQUES. — Renvoi général : Auby et Drago, nᵒˢ 221 et s. (tribunaux administratifs), nᵒˢ 259 et s. (conseils du contentieux administratif), nᵒˢ 295 et s. (juridictions financières).

Etudes particulières : sur les *tribunaux administratifs,* beaucoup d'études avant et autour de la réforme de 1953 : on citera J. Rivero, Sur la réforme du contentieux administratif, *D.,* 1951, chron. 163 ; La réforme du contentieux administratif, *RDP,* 1954, p. 926. Des bilans actuels : Actes du Colloque de Grenoble pour le 30ᵉ anniversaire des tribunaux administratifs, mars 1984, extraits in *EDCE,* 1983-1984, p. 325 et *RDP,* 1985, p. 157 ; Ordonneau, Les problèmes posés par l'organisation et le fonctionnement des tribunaux administratifs, *EDCE*, 1977-1978, p. 111 ; Bonifait, Plaidoyer pour les premiers juges, *AJDA*, 1978, p. 152 ; Viargues, Plaidoyer pour les tribunaux administratifs, *RDP*, 1971, 125 ; E.-P. Luce, Un tribunal administratif d'outre-mer : Saint-Denis de la Réunion, *AJDA*, 1981, p. 171 ; Excoffier et Davin, Les tribunaux administratifs du Pacifique, *AJDA*, 1986, p. 471 ; Paulin, Le conseiller délégué, *AJDA*, 1962, p. 143 ; V.-C. Courtine, Les attributions administratives et consultatives des tribunaux administratifs, *EDCE*, 1965-1966, p. 299. Sur les *conseils du contentieux administratif* : Lampué, *Les conseils du contentieux administratif.* thèse. 1924 : Luchaire. Les conseils du contentieux administratif, *Rev. jur. et pol. de l'Union française*, 1956, p. 705. Sur les *juridictions financières* : *La Cour des comptes. Histoire de l'administration française*, CNRS, 1984 ; Magnet, La Cour des comptes est-elle une juridiction administrative?, *RDP*, 1978, p. 1737 ; *La Cour des comptes*, Berger-Levrault, 1986 ; J. Raynaud, *La Cour des comptes*, PUF, 1980 ; F. Fabre, *Les grands arrêts de la jurisprudence financière*, Sirey, 2ᵉ éd., 1983 ; J. Raynaud, *Les chambres régionales des comptes*, « Que sais-je ? », PUF, 1984 ; VIᵉ Rencontre Université - Cour des comptes, Aix-Marseille, novembre 1984, *Les nouvelles chambres régionales des comptes* ; Fabre, La cour de discipline budgétaire et financière. *Rev. adm.*, 1970, p. 429 ; J.-C. Maitrot, Jouvence pour une inconnue : la cour de discipline budgétaire et financière, *AJDA*, 1971, p. 507 ; Molinier, La jurisprudence de la cour de discipline budgétaire et financière, *Mélanges Marty*, p. 839.

Données chiffrées : en 1984, les tribunaux administratifs, au nombre de 31, comptaient 298 conseillers dont 74 commissaires du gouvernement et ont jugé 43 582 affaires (c'est-à-dire le double des affaires jugées en 1974 ; le stock équivaudrait environ à deux années de travail). La Cour des comptes se composait de 271 magistrats et de 4 parquetiers ; elle avait reçu 1 857 comptes et rendu 943 arrêts (à noter que, malgré les réformes intervenues, les chiffres sont quasiment équivalents à ceux de 1974 : 1 826/821). N'ont été prononcés que 47 amendes et 25 débets. La cour de discipline budgétaire et financière a connu un doublement des affaires : 7 affaires enregistrées en 1974, 14 en 1984 (l'activité de la cour est assez symbolique).

Sur la notion de juridiction administrative : Auby et Drago, nᵒˢ 270 et s. ; Pacteau, nᵒˢ 69 et s. ; v. aussi Commission du rapport du Conseil d'Etat 1972-1973, Les organismes à caractère juridictionnel relevant du Conseil d'Etat par la voie de la cassation, cité in *EDCE*, pp. 151-152 ; pour des listes de juridictions, Odent, *Contentieux administratif*, 1970-1971, p. 694 ; v. encore les références citées *supra* au nᵒ 26 ; v. aussi de Soto, La notion de juridiction, *D.*, 1956, chron. 45 et surtout Chapus, Qu'est-ce qu'une juridiction ? La réponse de la jurisprudence, *Mélanges Eisenmann*, 1975, p. 265.

Sur la justice administrative : Huglo, Ombres sur la juridiction administrative, *GP*, 1980, 2, doctr., p. 377 ; Y. Gaudemet, L'avenir de la juridiction administrative, *GP*, 1979, 2, doctr., p. 511 ; J.-M. Woehrling, Réflexions sur une crise : la juridiction administrative à la croisée des chemins. Service public et libertés, *Mélanges Charlier*, 1981, p. 341 ; M. Levy, De quelques limites au taylorisme contentieux, *AJDA*, 1985, p. 602 ; X. Prétot, Réflexions sur la justice administrative, *D.*, 1986, chron. 271 ; R.-E. Charlier, *L'État et son droit, leur logique et leurs inconséquences*, Economica, 1984. « Contentieux administratif » ou « justice administrative »? Il faut bien reconnaître que la deuxième formule est peu usitée. Comme si l'on avait quelque réticence et devant le mot et devant la chose. La « justice » administrative ne serait encore qu'assez peu considérée comme une justice (l'administratif percerait trop sous le juridictionnel) et en tout cas serait « déconsidérée » par rapport à sa « sœur aînée », la justice judiciaire (elle-même déjà « seconde » par rapport aux autres pouvoirs...). La justice administrative existe indéniablement, mais la difficulté à la nommer n'en est pas moins le signe d'un malaise, né de l'*ambiguïté même de son existence, de ses fondements et de son fonctionnement.*

Titre quatrième

Le Tribunal des conflits

Il est traditionnel de dire que le principe constitutionnel de séparation des pouvoirs explique la division du pouvoir juridictionnel. Rien n'est moins certain. Le fait qu'un procès concernant l'administration soit jugé par un tribunal judiciaire ne constitue nullement une ingérence de ce pouvoir dans les affaires de l'exécutif. Et pourtant l'histoire, c'est-à-dire la crainte idéologique des révolutionnaires de voir le pouvoir judiciaire, nécessairement réactionnaire à leurs yeux, contrôler et brimer l'action de l'exécutif, et la pratique, à savoir le rôle éminemment positif joué par le Conseil d'Etat, ont conduit à maintenir, en France, cette séparation des ordres juridictionnels que le Conseil constitutionnel analyse comme un « principe fondamental reconnu par les lois de la République » (*cf.* CC 23 janvier 1987).

Mais qui dit dualité dit possibilité de conflit. Dès lors qu'il existe deux ordres juridictionnels, il faut des frontières pour fixer ce qui relève de leur compétence respective. Pour résoudre les éventuels conflits, la loi détermine, attribue compétence à chacun. Mais, dans le silence de la loi, il revient aux tribunaux eux-mêmes de la préciser : des divergences peuvent naître alors. Il devient nécessaire de trancher ces conflits. C'est le rôle du Tribunal des conflits.

269 ORIGINE. — L'histoire de la juridiction des conflits est indissolublement liée à celle des justices retenue et déléguée. A l'époque de la justice retenue, c'est tout naturellement le roi en son Conseil du Roi, ou le chef de l'Etat en son Conseil d'Etat qui joue le rôle de régulateur suprême des compétences entre les corps administratif et judiciaire. C'est ainsi que la Constitution de l'an VIII, en remettant la connaissance des conflits au Conseil d'Etat, nouvellement créé, la laisse entre les mains du chef de l'Etat, l'idée de justice retenue persistant. Ce n'est que lorsque apparaît la justice déléguée que voit le jour un tribunal indépendant de l'exécutif, chargé de trancher les conflits de compétence.

La première création du Tribunal des conflits est constitutionnelle. C'est celle de la Constitution du 4 novembre 1848 dont l'article 89 confiait le règlement des conflits entre les autorités administratives et judiciaires à un « tribunal spécial », composé paritairement de conseillers d'Etat et de conseillers à la Cour de cassation. Ce premier Tribunal des conflits disparut avec le décret du 15 janvier 1852, qui remit sur pied la justice retenue et la compétence du Conseil d'Etat.

La seconde création, toujours actuelle, du Tribunal des conflits est législative. C'est la loi du 24 mai 1872 qui, posant définitivement le principe de la justice déléguée, réinstalla le Tribunal des conflits comme juridiction arbitre entre les deux ordres juridictionnels.

I | ORGANISATION

Le Tribunal des conflits est organisé selon une conception arbitrale qui se traduit par une parité génératrice de conséquences tant sur sa composition que sur son fonctionnement.

270 COMPOSITION. — Le principe paritaire d'organisation du Tribunal des conflits assure une représentation égalitaire des deux juridictions suprêmes de chaque ordre, la Cour de cassation, le Conseil d'Etat, et s'applique à tous les membres qui la composent (ou presque...).

Les *juges* du Tribunal des conflits sont au nombre de huit titulaires et deux suppléants. Leur répartition est la suivante : trois conseillers d'Etat et trois conseillers à la Cour de cassation élus respectivement par leurs pairs. Ces six membres élisent deux autres juges titulaires ainsi que deux suppléants. La pratique veut qu'ils soient eux aussi issus, à part égale, des deux hautes juridictions. Les élections ont lieu tous les trois ans, les membres du Tribunal des conflits étant indéfiniment rééligibles.

Le *ministère public* est représenté par quatre commissaires du gouvernement, deux titulaires et deux suppléants. Nommés par décret au début de chaque année judiciaire, ils sont choisis, à part égale, parmi les maîtres des requêtes du Conseil d'Etat et les avocats généraux près la Cour de cassation. Ils ne sont en aucune façon soumis au pouvoir hiérarchique du ministre de la Justice.

Comme dans le système issu de la Constitution de 1848, le *président* du Tribunal des conflits est le ministre de la Justice. La vice-présidence revient, par élection triennale, au sein du tribunal, à un membre titulaire, alternativement choisi dans chaque ordre. Le *vice-président* assure normalement la présidence effective. Le ministre de la Justice ne siège que dans deux hypothèses. L'une est protocolaire : la loi lui fait obligation d'assister au renouvellement triennal du tribunal. La deuxième hypothèse est juridictionnelle : la loi lui confère le rôle de juge départiteur. Lorsque, à la suite d'un premier vote, il y a eu partage des voix, le ministre de la Justice doit siéger. La présidence du ministre a fait l'objet de vives critiques. Certains, voyant en lui le chef des services judiciaires, ont craint qu'il ne favorise trop l'ordre judiciaire. D'autres, voyant en lui un membre du gouvernement, ont redouté qu'il ne soit, au contraire, systématiquement hostile au pouvoir judiciaire. L'expérience a démontré l'inanité de ces critiques. Les ministres qui se sont succédé pour vider un partage de voix — assez rarement d'ailleurs, ce qui témoigne que le Tribunal des conflits ne se compose pas de deux blocs indéfectiblement hostiles — ont toujours fait preuve d'une grande impartialité.

271 FONCTIONNEMENT. — Le fonctionnement du Tribunal des conflits marque une nette influence du Conseil d'Etat, même si quelques aspects d'autonomie se manifestent.

Le Tribunal des conflits siège, tout comme le Conseil d'Etat, au Palais-Royal. Son secrétariat est pris en charge par le secrétariat du contentieux du Conseil d'Etat.

Le Tribunal des conflits suit une procédure globalement inspirée de celle du Conseil d'Etat. Toutefois, le Tribunal des conflits s'estime affranchi de certains principes habituels : il refuse, par exemple, que ses membres puissent faire l'objet d'une récusation.

L'audience ne peut valablement se dérouler que si un quorum de cinq membres est réuni. Peu importe la provenance de ces cinq membres. A défaut de quorum, il est fait appel à un membre suppléant, sans davantage de considération pour le corps dont il émane. En fait, les huit membres titulaires du Tribunal des conflits sont généralement présents. Les délibérations ont lieu à huis clos. Seule la lecture de la décision doit être publique. Aucun recours ne peut être exercé contre les décisions du Tribunal des conflits, qui est une juridiction souveraine. Le ministre de la Justice est chargé de leur exécution. Celles-ci s'imposent aux juridictions des ordres administratif et judiciaire qui ne peuvent que les exécuter.

Si la règle de la parité semble céder du terrain quant à la constitution de la formation de jugement, elle prend toute sa vigueur quant à l'instruction de l'affaire. En effet, le rapporteur, qui doit présenter un rapport écrit, est désigné tour à tour parmi les conseillers d'Etat et ceux à la Cour de cassation (en pratique, la répartition des affaires se fait selon leur numéro d'enregistrement : les numéros impairs sont confiés aux conseillers d'Etat, les numéros pairs aux conseillers à la Cour de cassation). La provenance du rapporteur détermine celle du commissaire du gouvernement, qui présente les conclusions orales : celui-ci n'appartient jamais au même ordre que le rapporteur. L'impartialité est ainsi sauvegardée.

II | ATTRIBUTIONS

Les attributions originaires du Tribunal des conflits étaient de trancher les conflits de compétence entre les ordres administratif et judiciaire. La loi du 20 avril 1932 lui a accordé des attributions nouvelles par lesquelles il est conduit à statuer au fond pour trancher un conflit de décisions.

272 LES CONFLITS DE COMPÉTENCE. — Ils sont positifs, négatifs ou éventuels.

Le *conflit positif* supposerait à l'état pur qu'une juridiction judiciaire, d'une part, et une juridiction administrative d'autre part, s'estimant l'une et l'autre compétentes, se disputent cette compétence. Or, ce n'est pas ainsi que se déroulent les choses. Le conflit positif met en présence une juridiction judiciaire qui s'estime valablement saisie et l'administration qui conteste cette compétence. Le conflit positif est foncièrement une technique aménagée au service de l'administration et destinée à interdire au corps judiciaire de troubler ses opérations. Le conflit positif sert ainsi à l'administration, soit pour dessaisir le juge judiciaire en vertu de la compétence du juge administratif soit pour faire juger de l'absence de tout recours juridictionnel en présence d'actes de gouvernement. Voilà pourquoi l'inverse n'existe pas : il n'y a aucun « conflit » lorsque la juridiction administrative s'estime valablement saisie. Le judiciaire ne dispose d'aucun moyen pour « sauvegarder » sa compétence. Le conflit positif est d'intérêt public — un particulier ne pourrait pas l'élever — et unilatéral, au seul bénéfice de l'administration.

La procédure est relativement simple, en trois phases. La première phase est « amiable ». L'administration soumet à la juridiction judiciaire un déclinatoire de compétence, par le truchement du ministère public. Si la juridiction se déclare incompétente, la procédure s'arrête là. Si la juridiction se déclare valablement saisie, l'administration peut se ranger à son avis ou bien, maintenant sa position, l'autorité administrative, c'est-à-dire le commissaire de la République, ouvre la deuxième phase, qui est conflictuelle, et par laquelle elle va dessaisir provisoirement la juridiction judiciaire en prenant un arrêté de conflit. Cet arrêté a un double effet : obliger la juridiction judiciaire à surseoir à statuer, ouvrir la troisième phase, celle du jugement par le Tribunal des conflits. La mission du Tribunal des conflits est d'apprécier cet arrêté : de l'annuler ou de le confirmer, selon qu'il estime que c'est à tort ou à bon droit que le conflit a été élevé. Si l'arrêté est annulé, la juridiction judiciaire retrouve compétence et le procès reprend son cours. Si l'arrêté est confirmé, compétence générale est donnée à l'ordre administratif, sans que soit précisée la juridiction compétente.

Le *conflit négatif,* à l'état pur, suppose une double déclaration d'incompétence, l'une provenant d'une juridiction administrative, l'autre d'une juridiction judiciaire. L'hypothèse est qu'un plaideur, ayant saisi successivement les deux ordres, se soit vu débouter par chaque ordre jugeant que la compétence appartenait à l'autre ordre. Pour le plaideur, qui ne peut trouver son juge, il y a déni de justice. A la différence du conflit positif, aucune menace d'empiétement n'existe et pour cause... Le conflit négatif n'est donc pas d'intérêt public. Au plaideur, privé de juge, de saisir le Tribunal des conflits pour que celui-ci désigne l'ordre compétent.

Mais, ce schéma pur présente de lourds inconvénients pour les justiciables, ne serait-ce que celui de la lenteur : obtenir deux décisions de justice, définitives, d'incompétence avant de pouvoir saisir le Tribunal des conflits conduit à attendre des années le règlement de la seule question de compétence.

C'est pourquoi la pratique est autre. Le décret du 25 juillet 1960 a institué une procédure de renvoi devant le Tribunal des conflits. Lorsqu'un ordre a décliné sa compétence, et cela de manière définitive, la juridiction de l'ordre, saisi en second lieu, si elle estime que la compétence appartenait à l'ordre qui s'est déclaré incompétent, doit surseoir à statuer et renvoyer l'affaire devant le Tribunal des conflits. On évite ainsi que le conflit négatif n'apparaisse et on accélère la solution définitive.

Les *conflits éventuels* ont été prévus par le décret du 25 juillet 1960. Ce texte permet à toute juridiction souveraine (c'est-à-dire en pratique le Conseil d'Etat et la Cour de cassation) de saisir directement le Tribunal des conflits pour faire « trancher une question de compétence soulevant une difficulté sérieuse et mettant en jeu la séparation des autorités administrative et judiciaire ». Le remarquable de cette règle est qu'elle est destinée à intervenir en dehors de tout conflit existant. Son avantage pratique est d'apporter un éclaircissement immédiat sur une question de compétence et d'éviter ainsi la naissance de conflits, de prévenir d'éventuelles divergences de jurisprudence entre le Conseil d'Etat et la Cour de cassation dans des matières où l'attribution de compétence paraît particulièrement délicate. Les renvois pour conflits éventuels sont assez fréquents, ce qui témoigne d'une part de la persistance de l'incertitude en matière de répartition des compétences, d'autre part de l'ouverture d'esprit des magistrats des deux hautes juridictions.

273 Les conflits de décisions. — Le conflit de décisions suppose qu'un déni de justice ait été commis : non parce que les deux ordres se sont déclarés incompétents, mais parce que, ayant l'un et l'autre statué au fond, ils ont rendu des décisions contradictoires privant le justiciable de la satisfaction à laquelle il a droit.

L'affaire célèbre est l'affaire Rosay qui a conduit au vote de la loi du 20 avril 1932. Victime d'une collision entre un véhicule privé et un véhicule administratif, M. Rosay avait demandé réparation de son préjudice au juge civil d'abord, qui le débouta au fond au motif que la responsabilité incombait au conducteur du véhicule administratif ; au juge administratif ensuite, qui le débouta au fond au motif que la responsabilité incombait au conducteur du véhicule privé. Le déni de justice était intolérable. La loi du 20 avril 1932, rétroactive[1], donna au Tribunal des conflits pouvoir pour trancher au fond ces conflits de décisions.

Les conditions sont les suivantes. Deux décisions définitives, tranchant le fond, et contradictoires doivent avoir été rendues par deux juridictions, appartenant l'une à l'ordre judiciaire, l'autre à l'ordre administratif. Ces deux décisions doivent avoir été rendues sur le même objet. L'identité de parties n'est pas nécessaire. La situation la plus fréquente d'ailleurs est celle de la dualité de défendeurs, l'un relevant du juge administratif, l'autre du juge judiciaire. La contrariété peut s'appliquer indifféremment au fait ou au droit, l'essentiel étant qu'elle aboutisse à un déni de justice. La jurisprudence du Tribunal des conflits montre qu'il a eu plus souvent à refuser qu'à réaliser la mise en œuvre de la loi de 1932, à en préciser strictement le domaine et les limites. Le Tribunal des conflits exige que la contrariété prive le plaideur de *tout* droit. Ce ne sont donc pas tous les conflits qui seront jugés au fond par le Tribunal des conflits. La satisfaction des plaideurs n'est que partielle.

La solution au fond est donnée par le Tribunal des conflits lui-même, saisi par la ou l'une des parties. Il connaît de l'affaire sous tous ses aspects. Sa décision n'est susceptible d'aucun recours. Elle met fin définitivement au contentieux et s'impose à toutes les parties.

De cette dernière compétence, il ne faudrait pas conclure que le Tribunal des conflits est une juridiction suprême commune aux deux ordres. En aucune manière, il n'a qualité pour harmoniser les divergences de jurisprudence entre la Cour de cassation et le Conseil d'Etat dans une matière donnée : si le même arrêté, mais dans deux espèces

---

1. La loi fut rétroactive pour pouvoir régler l'affaire Rosay. Le Tribunal des conflits décida que la responsabilité était partagée entre les conducteurs des deux véhicules...

différentes, est jugé légal par l'une et illégal par l'autre, le Tribunal des conflits ne peut intervenir pour unifier les solutions. Cependant, même limitée à la compétence, la jurisprudence du Tribunal des conflits a largement contribué à façonner les grandes caractéristiques d'un droit séparé en un droit civil et en un droit administratif, et à donner une véritable ampleur au système juridictionnel administratif.

Pour aller plus loin

274 RENVOIS BIBLIOGRAPHIQUES. — Maleville, *Juris-classeur administratif,* fasc. 600-610 ; Langavant, Le Tribunal des conflits et le conflit de jurisprudence, *AJDA,* 1956, I, 13 ; Weil, Conflits de décisions au fond et conflits négatifs de compétence, *D.,* 1956, chron. 51 ; Bardonnet, *Le Tribunal des conflits, juge du fond,* LGDJ, 1959 ; Lindon, La récente réforme en matière de conflits d'attribution, *JCP,* 1960, I, 1587 ; Bilan de trois ans d'application de la récente réforme de la procédure des conflits d'attribution, *JCP,* 1963, I, 1782 ; Auby, Le décret du 25 juillet 1960 portant réforme de la procédure des conflits d'attribution, *AJDA,* 1961, 1 ; Flauss, La pratique du conflit positif de 1962 à 1977, *RDP,* 1979, p. 1592 ; Chouvel, Lambert, Pélissier, Les cas de partage au Tribunal des conflits, *RDP,* 1983, p. 1313 ; se reporter à Chapus, pp. 887 et s. ; Auby et Drago, n⁰ˢ 575 et s. ; Pacteau, n⁰ˢ 97 et s. ; on y trouvera la référence de nombreuses décisions et des éléments de réflexions sur la présidence du ministre de la justice (« sans grand inconvénient pratique » : Jèze cité par Pacteau au n⁰ 124).
En 1984, 51 affaires ont été enregistrées, 41 jugées (dont 12 conflits positifs, 1 conflit négatif, 10 renvois du Conseil d'Etat, 2 renvois de la Cour de cassation, 16 renvois de juridictions). On notera que, de 1980 à 1984, le Tribunal des conflits n'a pas eu à connaître de conflits de décisions (2 en 1975, 2 en 1979, 1 en 1980) ; que les renvois du Conseil d'Etat étaient, les années précédentes, moins importants et que l'essentiel des affaires vient, chaque année, des renvois par les juridictions (prévention du conflit négatif). En 1974, le Tribunal des conflits avait jugé 12 affaires : dans le même ordre, 3, 1, 1, 2, 5 (*ASJ,* 1986).
En précision d'une remarque faite au texte sur les actes de gouvernement : ce sont des actes « chargés d'un fort potentiel politique » (actes relatifs aux relations du gouvernement avec le Parlement, aux relations internationales). V. Montané de La Roque, Les actes de gouvernement, *Ann. Fac. Dr. Toulouse,* 1960, p. 71.

Index des matières[1]

---

1. Le présent index renvoie aux numéros des paragraphes

Table des matières

DEUXIÈME PARTIE — LES JURIDICTIONS

Imprimé en France
Imprimerie des Presses Universitaires de France
73, avenue Ronsard, 41100 Vendôme
Octobre 1987 — N° 33 148

117 P